普通高等教育"十一五"国家级规划教材

# 票据法

（第五版）

刘心稳　张　静　刘征峰　著

中国政法大学出版社

2023·北京

图书在版编目（ＣＩＰ）数据

票据法/刘心稳,刘征峰,张静著.—5版.—北京：中国政法大学出版社,2023.10
ISBN 978-7-5764-1036-5

Ⅰ.①票…　Ⅱ.①刘…②刘…③张…　Ⅲ.①票据法－中国　Ⅳ.①D922.287

中国版本图书馆CIP数据核字(2023)第144472号

-------------------------------------------------------------------------------------------------------

出 版 者　　中国政法大学出版社
地　　址　　北京市海淀区西土城路 25 号
邮　　箱　　fadapress@163.com
网　　址　　http://www.cuplpress.com (网络实名：中国政法大学出版社)
电　　话　　010-58908435(第一编辑部) 58908334(邮购部)
承　　印　　保定市中画美凯印刷有限公司
开　　本　　720mm×960mm　1/16
印　　张　　24.25
字　　数　　449 千字
版　　次　　2023 年 10 月第 5 版
印　　次　　2023 年 10 月第 1 次印刷
印　　数　　1～4000 册
定　　价　　69.00 元

# 作者简介

**刘心稳**　中国政法大学民商法学教授，曾获司法部"部级优秀教师"奖；主要著作有《民法学原理》（合著）、《合同法通论》（合著）、《商法学》（合著）、《商法学教程》（合著）、《中国民法》（主编）、《中国民法学研究述评》（主编）、《中华人民共和国公司法原理和实务》（主编）、《中华人民共和国合同法原理和实务》（主编）、《民法》（主编）、司法部"高等政法院校规划教材"《票据法》（独著）、《债权法总论》（独著）、《票据流转中的风险防范》（主编）等。

**张静**　中南财经政法大学副教授，荷兰莱顿大学博士，中南司法案例研究中心副主任、《私法研究》编辑、国际人才交流法律服务研究院特聘研究员，入选湖北省楚天学者计划。曾在《中外法学》《法学家》《法学》《环球法律评论》、Uniform Law Review、RabelsZ 等期刊发表学术论文若干，出版学术专著一部，主持国家社会科学基金青年项目一项。

**刘征峰**　中南财经政法大学副教授，中国政法大学博士，文澜青年学者，南湖青年学者，《私法研究》编辑部主任，入选湖北省楚天学者计划，湖北省青年法学法律人才，湖北省首席法律咨询专家团队民法领域法律咨询专家。兼任中国法学会民法学研究会理事、中国法学会婚姻家庭法学研究会理事、中国婚姻家庭研究会理事。曾在《法学研究》等期刊发表论文若干，出版学术专著《论民法教义体系与家庭法的对立与融合：现代家庭法的谱系生成》，主持多项国家级和部级研究课题。

# 出版说明

中国政法大学出版社是国家教育部主管的，我国高校中唯一的法律专业出版机构。多年来，中国政法大学出版社始终把法学教材建设放在首位，出版了研究生、本科、专科、高职高专、中专等不同层次、多种系列的法学教材，曾多次荣获新闻出版总署良好出版社、国家教育部先进高校出版社等荣誉称号。

自 2007 年起，我社有幸承担了教育部普通高等教育"十一五"国家级规划教材的出版任务，本套教材将在今后陆续与读者见面。

本套普通高等教育"十一五"国家级规划教材的出版，凝结了我社二十年法学教材出版经验和众多知名学者的理论成果。在江平、张晋藩、陈光中、应松年等法学界泰斗级教授的鼎力支持下，在许多中青年法学家的积极参与下，我们相信，本套教材一定会给读者带来惊喜。我们的出版思路是坚持教材内容必须与教学大纲紧密结合的原则。各学科以教育部规定的教学大纲为蓝本，紧贴课堂教学实际，力求达到以"基本概念、基本原理、基础知识"为主要内容，并体现最新的学术动向和研究成果。在形式的设置上，坚持形式服务于内容、教材服务于学生的理念。采取灵活多样的体例形式，根据不同学科的特点，通过学习目的与要求、思考题、资料链接、案例精选等多种形式阐释教材内容，争取使教材功能在最大程度上得到优化，便于在校生掌握理论知识。概括而言，本套教材是中国政法大学出版社多年来对法学教材深入研究与探索的集中体现。

中国政法大学出版社始终秉承锐意进取、勇于实践的精神，积极探索打造精品教材之路，相信倾注全社之力的普通高等教育"十一五"国家级规划教材定能以独具特色的品质满足广大师生的教材需求，成为当代中国法学教材品质保证的指向标。

中国政法大学出版社
2008 年 2 月

# 第五版说明

　　自本书四版以来，我国票据实践和票据法律制度发生了显著变化。随着信息技术和商业模式的不断革新，票据正经历"衰落"和"重生"的辩证发展过程。衰落的缘由乃是银行支付等新型支付方式的流行，挤压了票据的运用空间，票据法和票据法原理似乎成了囿于学术一隅的知识性供给。重生的标志是电子票据的兴起，票据电子化成为现代财产数字化的潮流之一，传统票据法的原理及其规则因此面临着挑战。党的二十大报告提出，加强和完善现代金融监管，强化金融稳定保障体系，依法将各类金融活动全部纳入监管，守住不发生系统性风险底线。在推动票据业务创新的同时，需要不断完善票据相关规则，防范票据市场风险。

　　正是在上述背景下，本书第五版得以修订完成。第五版延续了第四版的主体结构和内容，主要修订内容如下：

　　第一，扩充讨论电子票据这一新兴类型。现代贸易正处于全程电子化的趋势之中，合同、提单、仓单、票据等文书的电子化程度不断提高，各国都在积极探索与票据电子化相适应的法律变革之道。我国票据电子化始于2006年的全国支票影像交换系统，历经电子商业汇票系统，于2022年发展至"新一代票据业务系统"，为实体经济的发展提供了重要保障。为充分展示现行法与电子票据之间的张力和互动，本次修订一方面单独增加了一节"现代电子票据系统"，另一方面在阐述票据制度具体内容的同时关注电子票据的特性。

　　第二，增加票据法的典型实践案例。当前法学教育的实务导向日渐明显，鉴定式案例研习如火如荼。培养学生寻找请求权基础、运用现行规范解决法律纠纷的能力，已成为培养法律人的首要目标。除此之外，案例也参与法律的内涵塑造和发展，是法律图景的必要组成部分。是故，本次修订纳入了我国票据司法实践中的典型判决，以案例生动地阐释票据法的适用细节，更好地体现法律规范的实务面向。

　　第三，更新相关法律规范。2020年，《民法典》得以颁行，《民法通则》等单行法随之失效，最高人民法院开展了相应的司法解释清理。为适应电子票据制度的发展，中国人民银行、上海票据交易所等部门或修订了部分规范，或制定了新的规范。因此，本次修订一方面更新了相关法律的条文和内容，另一方面增加了新的规范内容。

第四，增调部分文献资料。本书所参考的部分文献资料业已更新，本次修订做了相应调整。除此之外，本次修订还扩充了部分文献，比如吸收国内学界的最新研究成果，适度介绍和比较分析域外票据法学理论，在充分把握国内理论和实践动向的同时合理地借鉴和引入他山之石。

法学教研与法律实践是一种商谈过程，本书是商谈的途径之一。本书第五版以刘心稳教授独撰的第四版为基础，刘征峰副教授修订了"汇票"部分，张静副教授修订了其他部分。希望本书能对票据法的教学、研究和实践有所助益，也衷心地向读者表达诚挚的谢意。

最后，本书的修订承蒙中国政法大学出版社的协助，特别感谢责任编辑高露女士的悉心校阅。

本书编写组
2023 年 7 月

# 第四版说明

本教材四刷之际，我首先向读者、中国政法大学出版社、本教材的编辑、不知名的审稿人、封面制作者等，表达诚挚的谢意！正是由于你们的抬爱，使得这本教材的内容和形式能够不断改进、提升，为法学教育奉献绵薄之力。

本次修订，除匡正错失、修补缺漏之外，主要有以下较大的修订：

1. 增写了第一章第二节"票据的种类"中的"三、纸质票据和电子票据"一目。该目除概要介绍电子票据的基本概念、基本知识和基本原理外，适当引述了中国人民银行《电子商业汇票业务管理办法》的一些内容，目的是帮助读者对电子票据及相关规章制度有所了解。

2. 在第二章第四节"我国票据立法的发展史"中增加一目"五、《上海票据交易所票据交易规则》"。极为简要地介绍了该规则的主要内容，对其在票据法制建设中的积极作用予以肯定。该规则虽然没有法律、法规的性质，但是在我国票据立法进程中应当有历史地位。

3. 对第十二章第三节"我国的失票救济制度"调整了内容结构，补充了《最高人民法院关于适用〈中华人民共和国民事诉讼法〉的解释》有关公示催告的规定，在第三目"公示催告和除权判决"中添加了"公示催告公告的媒体和地点"一段内容。

4. 对第二编的体例、结构、内容做了调整，补充了一些内容，包括：将该编拆解为"第二编之一汇票的基本原理""第二编之二无记名背书商业汇票纠纷案件的法律适用"。第二编之二分为第二十二章"无记名背书商业汇票纠纷案件法律适用概述"、第二十三章"无记名背书商业汇票纠纷案件法律适用中的重点问题"。这两章中，章、节的标题都较长，与其他章、节相比，显得不协调，我虽然极力想简化但是思虑很久终无能为力，只好献丑。

"第二编之二无记名背书商业汇票纠纷案件的法律适用"这两章的内容的品性、写作目的，和其他章也有所不同。相对而言，内容的品性属于侧重法律适用方面的实证研讨和学理论述，因此，在勉力对相关法律、法规的适用问题进行客观论证的同时，有不少主观理解和认识。这两章的写作目的，是试图给读者展现我国社会经济生活中一些票据纠纷案件的成因、形态、适用法律分析和解决纠纷的基本方法。这两章中主观性的内容，属于主观推论，难免贻笑大方。两章的写作目的虽好，但是作者只有些许个案的诉讼经历，没有法官长久判案的实操历练，能力和水平所限，读者能否从中收获一二，实在不敢妄言。倘有错失，诚望读者不吝赐教。

5. 调整了部分内容和文字。

6. 对全书体例做了调整，第三版全书分为四编，现调整为五编，将原第二十九章"涉外票据的法律适用"改为"第五编涉外票据"，以求匡正先前体例安排上的不妥之处。

作者在研讨票据法律制度和理论之余，兼职参与了少量票据纠纷案件的诉讼，胜诉和败诉的都有，无论胜诉败诉，经历之中和之后的深切感受，就是票据法的理论和实务确实复杂。尤其是票据实务中，有许多匪夷所思的案情，用普通的法律知识和能力、常人的一般社会经验，实在难以察见其中端倪，纵使作者研习票据法三十余年，面对蹊跷案情往往也愁眉苦脸，个中滋味，"用时方知读书少"也难以形容，"大千世界、无奇不有""知无涯、学无涯"才是真实的心思。

我作为一名大学教师，属于"院校派"学者群体的一员，多年来，仗着胆大，给一些中级人民法院、高级人民法院的法官群体、银行业人士群体等宣讲过一些票据法的课程，也参加过一些票据法制建设的研讨会议。在和这些法官群体、银行业人士群体交流过程中，感知到我国票据市场的发展和复杂性，超乎我等这些"院校派"学者群体的想象。在给一些法院的法官讲课、交流中，了解到法官群体中有不少真知灼见，也有许多疑难和思考。窃以为，"院校派"学者和法官群体之间的学术交流，包括一般理论的交流和个案的研讨，是一个很好的事情，不但能够给法官群体带来一些帮助，也能使"院校派"学者的理论结构增强务实性，在大学法学教育中真正形成"务实求真"的局面。但愿"院校派"学者、教育机构、法院，尤其是高级别的教育机构和法院，能够有相同体认，有所行动。大而言之，不仅票据法，其他各个实体法和程序法，都有必要把"院校派"学者群体和法官群体连结在一起，共同研讨、共同交流、共同提高。诚能如此，定会把我国法学教育和法学理论、司法审判和司法理论、法制建设和经济发展推向新的高度，满足新时代的需要。

刘心稳

2018 年 7 月 20 日于中国政法大学

# 内容简介

票据法是技术性、专业性极强的法律体系，即使有一定法学基础的人，学习和掌握这个法律也颇为耗费精神，本书贯彻"使读者明白法理、知晓法律、会运用法理和法律解决具体问题"的思想，力图化深奥为通俗、解复杂为简约，向读者清晰地阐释票据法的基本概念、基本知识、基本原理，相对完整地说明票据法理和我国现行票据法律规范，较为深入地揭示票据行为和票据关系的规则，努力地帮助读者构建票据法律知识结构、培养票据法律思维，引导读者形成运用票据法理和法律解决票据问题的能力。

本书注重理论说明。作者以票据关系、票据行为为主线，展开述、释、论。全书主要分成总论、分论两个部分。在总论部分，主要讲解票据、票据关系、票据行为、票据权利的一般理论和我国有关的法律规范；在分论部分，以汇票为核心，阐释了出票、背书、承兑、保证、追索等票据行为的公认原理及我国现行法律规则。

本书强调法律适用，力求帮助、引导读者形成运用票据法理和法律规范，分析、解决具体票据纠纷问题的能力。为达此教学目的，在注重释明基本概念、基本知识和基本原理的同时，对我国《中华人民共和国票据法》《最高人民法院关于审理票据纠纷案件若干问题的规定》《票据管理实施办法》《支付结算办法》等现行票据法律规范和规章制度的含义、规范功能、适用中的重要问题等，有不同于同类著作的深入释论说明。

为扩大读者视野，适度地比较分析了日内瓦统一法系的主要票据法律、英国和美国的票据法律，以及我国香港、台湾地区的票据法律。

本书主要适应法律专业本科生、硕士研究生的需要；对金融、财会、商业等相关专业的学生，有相当适应度；对票据法有兴趣的社会各界人士，也会有所裨益。

# | 目 录 |

## 第一编 总 论

# 第二编 汇 票

## 第二编之一 汇票的基本原理

## 第二编之二　无记名背书纸质商业汇票纠纷案件的法律适用

## 第三编　本　票

# 第一编　总　论

## 第一章

# 票据概说

**学习目的和要求**　理解票据的概念和性质，特别是票据的性质；掌握票据的用途、种类、样式、起源及发展等知识。本章的重难点是第四节所讨论的票据性质，其中票据是设权证券、文义证券、要式证券、完全证券、无因证券、提示证券，这六个性质最为关键。因此，读者应通过反复阅读、咀嚼，领会其中要领。

## ■第一节　票据的概念和用途

### 一、票据的概念

票据是出票人签发的、约定由自己或者自己委托的人无条件支付确定的金额给持票人的有价证券。[1]值得注意的是，现代的票据已不限于有体性票据，

---

[1]　票据一词，有广狭二义。广义的票据，指各种表彰财产权的凭证，包括钞票、发票、提单、仓单、保单、车票、船票、机票、入场券、债券、股票、汇票、本票、支票等。狭义的票据，仅指以无条件支付一定金额为内容且由票据法规范的有价证券，包括汇票、本票、支票。票据法上均采狭义，但外延有所差别。票据概念的内涵涉及一国票据法的体例。我国《票据法》第 2 条第 2 款即明定，票据是指汇票、本票和支票。德国《汇票与本票法》（*Wechselgesetz*）中的票据则仅包括汇票与本票，不含支票（Scheck）。法国、日本亦是如此。英国在 1882 年制定有《汇票法令》（*Bills of Exchange Act*），后于 1957 年制定了《支票法令》（*Cheques Act*），但《汇票法令》可参照适用于支票与本票（promissory note）。

第一章

电子票据已在实践中得到了广泛运用。[1]上述定义说明:

(一) 票据是一种特殊的有价证券

1. 票据属于有价证券。法律并未明文界定何为有价证券。[2]于理论上,有价证券可被视为代表一定财产权的格式化凭证,并非仅为一种权利的证明凭证。有价证券有广义与狭义之分。广义有价证券,是指证券项下权利的行使须以持有该证券为前提的有价证券;狭义有价证券则更为严格,还需权利处分以证券之转让为前提。[3]记名有价证券 (Rektapapier) 仅属于广义上的有价证券,其仅对权利行使具有意义。[4]记名有价证券指明了特定的权利主体,且项下权利的处分并不适用交付 (不记名有价证券) 或者 "交付 + 背书" (指示有价证券) 的流转方式,而只能适用一般的债权让与规则。[5]因此,当记名有价证券项下的权利,依一般债权让与规则被转让时,受让人也需受领该证券,以便于后续的行权。除了行权效果外,记名有价证券也具有证明效果。[6]有学者据此认为,记名有价证券是第三类凭证,处于狭义有价证券与证据凭证之间。[7]

票据属于狭义上的有价证券,故其具有四个特征:一是票据直接代表票面文义所记载的财产权,票据是财产权的 "化体" (Verkorperung);二是票据代表的权利的行使以持有票据为要件,没有票据就无法行使票据权利;三是票据权利的移转,以票据的交付为要件,不转移票据占有,就不发生票据权利移转的效果;四是票据的义务人是固定的,权利人则可因票据的转让而变更,且无论权利人有何变更,票据上载明的义务人都应向票据持有人履行相应的义务。如下所示,票据是一种特殊的有价证券。

2. 票据是特种有价证券。依据所代表权利的类型,有价证券可被分为物权

---

〔1〕 例如,针对电子商业汇票,中国人民银行在 2009 年制定了专门的《电子商业汇票业务管理办法》。目前,电子票据主要通过上海票据交易所的新一代票据业务系统进行流转。

〔2〕 有价证券一词,源于德国法上的 Wertpapier。1861 年德国《商法典》采用此概念,但该法并未界定此概念。大陆法系许多国家吸纳了这个概念,日本学者将其定义为 "表彰具有财产价值的私权之证券"。我国从日本引进此概念后广为使用。英美法中无完全相同之概念,美国虽有流通证券 (negotiable instruments)、商业证券 (commercial paper) 等词,但含义上却与狭义之票据相近。参见谢怀栻:《票据法概论》,法律出版社 2017 年版,第 8~9 页。在私法上,表彰私权的书面凭证,还有其他种类,如表彰夫妻身份的结婚证书等,因此种凭证无财产价值,惯称 "证书",有别于有价证券。

〔3〕 Vgl. Schnauder/Müller-Christmann, Wertpapierrecht, 1992, S. 12f.

〔4〕 Vgl. Hueck/Canaris, Recht der Wertpapiere, 12. Aufl., 1986, S. 4.

〔5〕 Vgl. Hueck/Canaris, Recht der Wertpapiere, 12. Aufl., 1986, S. 22.

〔6〕 F. G. Scheltema, Wissel-en chequerecht: Algemeen deel (W. R. Meijer and J. Wiarda red.), Tjeenk Willink, 1993, p. 86.

〔7〕 Vgl. Hueck/Canaris, Recht der Wertpapiere, 12. Aufl., 1986, S. 4.

证券、债权证券和社员权证券。物权证券是物权的载体，比如德国法上的抵押单（Hypothekenbrief）、土地债务证券（Grundschuld brief）。[1]在我国法上，物权证券较为罕见。社员权证券是社员权的载体，典型如公司股票。[2]债权证券是债权的载体，又可被分为代表金钱债权的证券，如汇票、本票、支票、债券；代表特定物品交付债权的证券，如提单、仓单；[3]代表服务债权的证券，如车票、船票、机票、入场券等。[4]

在各种证券中，汇票、本票、支票虽同为金钱债权证券，然而因其用途和使用规则与其他有价证券有重大的差异，尤其是其一定程度上的金钱替代性、在流通方面的特殊性，[5]导致法律和法理上对其进行了专门的、具有特殊性的对待，存在着不同于其他有价证券的专门性立法和独有的司法审判理念。目前，经济发达国家都有票据立法。在国际经济活动中，还有日内瓦《统一汇票和本票法公约》《统一支票法公约》《联合国国际汇票和国际本票公约》等国际性法律，[6]用以规范缔约国之间发生的票据行为。

由于票据是特种有价证券，只能适用专门的票据法。我国有《证券法》和《票据法》，票据适用《票据法》而不能适用《证券法》。[7]不过，从原理层面

---

[1]　值得注意的是，此等有价证券皆为记名有价证券。Vgl. Schnauder/Müller-Christmann, Wertpapier-recht, 1992, S. 19f.

[2]　股票等社员权证券，虽有表明持券人在社团中的社员地位或资格之作用，但本质上是一种有价证券。至于那些仅证明团体成员资格的没有财产价值的证书、证件等，不构成证券法上的有价证券。股票等社员权证券已经实现了大幅的电子化或无形化，目前股票交易主要依赖于中央登记结算系统。

[3]　值得注意的是，提单、仓单等表彰特定物品交付请求权的证券，属于债权证券，而非物权证券，并非项下货物所有权的载体。由于此类证券蕴含了交付请求权，故其常为间接占有之基础，持券者即为货物间接占有人。除此之外，此类证券与其项下货物的处分密切相关，能够产生交付的法律效果。是故，此等债权证券也被称为"交付性证券"（Traditionspapier）。Vgl. Hans Josef Wieling, Sachenrecht Band 1, 2. Aufl., 2006, S. 351.

[4]　随着社会的发展，服务性证券多实名（如高铁票、飞机票），不得随意转让。因此，此类证券实际上属于记名有价证券（Rektapapier），仅是广义上的有价证券。

[5]　票据的用途主要是金钱支付，汇票可用于异地的金钱汇兑，其他金钱债券的用途是借贷。票据由出票人签发，要在票面填写应当记载的事项。其他金钱债券通常由银行代表政府或代理公司发行，且债券之形式由印刷固定，无需、也不得填写。

[6]　日内瓦《统一汇票和本票法公约》（1930 年）、《统一支票法公约》（1931 年）、《联合国国际汇票和国际本票公约》（1988 年）的英文名称，分别为：Convention Providing a Uniform Law for Bills of Exchange and Promissory Notes, Convention Providing a Uniform Law for Cheques, Convention on International Bill of Exchange and International Promissory Note of the United Nations。在制定前两部公约的同时，国际联盟还分别制定了《关于解决汇票及本票若干法律冲突公约》《解决支票若干法律的冲突公约》。

[7]　根据《证券法》第 2 条，该法仅调整"股票、公司债券、存托凭证和国务院依法认定的其他证券"以及"政府债券、证券投资基金份额"等证券。

讲，票据法的规则和有价证券的一般性规则是一致的。因此，票据立法中没有规定的情形，可以适用有价证券的一般性规定。除此之外，《民法典》中关于票据的相关规定（如第 442 条中的有价证券质押），也存在适用空间。

（二）票据以无条件支付一定金额的金钱为内容

票据蕴含的权利内容表现了票据的作用。票据的出票（亦称"发票""票据的开立""票据的签发"等），只能给持票人设立无对待性义务的金钱债权，不能设立其他财产权利，也不能为持票人设立其他义务。当持票人于到期日或规定时间内凭票请求付款时，票据上记载的付款人应"无条件支付"票面金额。例如，我国《票据法》第 19 条规定，汇票是出票人签发的，委托付款人在见票时或者在指定日期"无条件支付"确定的金额给收款人或者持票人的票据。还如，第 73 条关于本票的定义、第 81 条关于支票的定义，都规定了付款人"无条件支付"金钱的内容。[1]日内瓦《统一汇票和本票法公约》第 1 条，《统一支票法公约》第 1 条及德、法、日、英、美等国以及我国台湾、香港、澳门地区的票据制度，均有类似规定。概括而言，"无条件支付"的含义有三个层次：

1. 付款人对合法持票人应当无条件付款。由于本票是出票人签发的、承诺自己在见票时无条件支付票面金额的票据，付款人就是出票人，所以持票人于票据到期日提示票据请求付款时，付款人必须支付。

支票是"见票即付"的票据，虽然形式上的付款人是出票人委托的银行或者其他金融机构，但实质上，支票的付款人是出票人的付款代理人。支票的机制是出票人与付款人之间有资金关系或者付款代理契约，出票人是付款人的存款客户，在付款人处开立资金账户，付款人向出票人预先发售备用的全空白支票，允诺出票人签发票据，在持票人于支票有效付款期内请求付款，出票人账户中有足够金额或者有银行给予的足够授信额度时，付款人必须付款。

唯例外的情况是，出票人签发空头支票的，付款人可以拒付。所谓空头支票，是出票人在付款人处开立的账户内无存款或支票金额超过实有存款额所签发的支票。付款人以空头支票为付款，属于允许"透支"，有极大的风险，一旦出票人将来无力向付款人偿付，付款人就要蒙受损失。相当数量的国家对空头支票都持否定立场，我国信用机制尚不发达，当然不允许银行对空头支票付款。《票据法》第 87 条第 2 款，即禁止签发空头支票。票据实务中，银行对空头支票均予拒付，并退票给持票人，由持票人向出票人或背书前手进行追索（《最高

---

〔1〕 本票的出票人承诺"有条件支付"的，本票无法有效成立。不过，无效票据可作为出票人和债权人之间的一项协议。

人民法院关于审理票据纠纷案件若干问题的规定》第 72 条)。[1]

汇票的情况比较特殊。除银行汇票外，商业汇票的付款人是出票人委托的人，持票人请求付款前首先必须请求付款人承兑。[2]不承兑的，付款人无付款义务；一经承兑，付款人就负有无条件支付票面金额的义务。我国《票据法》第 44 条规定："付款人承兑汇票后，应当承担到期付款的责任。"

2. 支付票面金额无对价利益。付款人向持票人付款，没有向后者收取对价的权利。更为重要的是，付款人的付款属于履行义务的行为，不得主张不当得利之返还。

3. 付款人支付票面金额时，不得附带条件，应当无条件地按照票据文义支付。例如，在汇票的情形中，付款人承兑汇票的，不得附加条件，否则被视为拒绝承兑（《票据法》第 43 条）。

（三）票据是出票人依照票据法签发的有价证券

这一点表现了票据同其他证券的区别。一是票据只能依照票据法的具体规定，而不能根据其他任何法律来签发；二是票据由出票人在票面上记载应当记载的事项，包括金额、付款人、出票日、出票人等，其他证券如债券、股票等，都不存在这种情况；三是票据被作成之后，经持票人同意，可依照票据法的规定作一定更改，而股票、债券等绝无此种可能；四是出票人必须严格按照票据法的规定签发票据，否则填写的文字或数字无效，甚至导致票据无效。票据可替代货币用于支付。在此意义上，票据如同金钱，法律自然予以重视。票据法对各种票据的格式、内容所应表明的含义、票面记载的文字和数字的书写、应当记载的事项，甚至票据用纸的规格、颜色等，都有具体而又详细的规定，不允许出票人违反，也不容许出票人出票时疏忽大意。

（四）票据是出票人与持票人约定，由自己或自己委托的人付款的有价证券

出票人可以与持票人约定选用适当的票据，以自己或自己委托的人为付款人。付款人不同的票据，称谓各异：出票人本人为付款人的，叫做本票；出票人的存款开户银行或其他金融机构为付款人且见票即付的，称为支票；出票人委托他人于将来一定日期付款，且目的在于往异地汇兑金钱，付款人是异地金融机构或商业单位的，名曰汇票。不同的票据，形式上的付款人不同，但实质上的金钱付出者，恒为出票人，出票人委托的主体出面担当票据付款人，其实是用出票人的金钱支付。因此，出票人是票据关系中恒定的、最终的债务人。

---

[1] 在金融管理方面，《支付结算办法》第 125 条规定，出票人签发空头支票、签章与预留银行签章不符的支票、使用支付密码地区，支付密码错误的支票，银行应予以退票，并按票面金额处以 5% 但不低于 1000 元的罚款；持票人有权要求出票人赔偿支票金额 2% 的赔偿金。对屡次签发的，银行应停止其签发支票。

[2] 承兑，即承诺按票面记载的金额兑付款项，是一种单方法律行为。

我国《票据法》未对票据作一般定义，除在第 2 条第 2 款界定票据外延之外，仅分别对三种票据给出具体定义。汇票是出票人签发的，委托付款人在见票时或者在指定日期无条件支付确定的金额给收款人或者持票人的票据（第 19 条）。本票是出票人签发的，承诺自己在见票时无条件支付确定的金额给收款人或者持票人的票据（第 73 条）。[1] 支票是出票人签发的，委托办理支票存款业务的银行或者其他金融机构在见票时无条件支付确定的金额给收款人或者持票人的票据（第 81 条）。我国台湾地区现行"票据法"与大陆地区《票据法》的做法大同小异，无一般性定义，而是将三种票据分别定义，集中规定在"通则"之中。香港特别行政区《汇票条例》仿照英国《汇票法令》，分别定义了三种票据。澳门特别行政区的票据制度，主要蕴含于其"商法典"第四卷"债权证券"。此卷主要以葡萄牙票据法为蓝本，[2] 而后者受到日内瓦《统一汇票和本票法公约》《统一支票法公约》之影响，故我国澳门地区法律在票据定义上自不例外。

于外国票据法上，有无票据这个总的概念不尽相同，有的不仅没有，对各种票据亦不定义。例如，日内瓦《统一汇票和本票法公约》《统一支票法公约》及以其为蓝本的德、法、日等国的票据法，即是如此。英国《汇票法令》第 3 条、第 73 条、第 83 条分别界定了汇票、支票和本票。美国《统一商法典》第 3 - 104 条第（b）款规定，票据（Instrument）指流通票据（Negotiable Instrument），并且该条第（a）款明确界定了流通票据的概念，是可谓票据的一般性定义。

**二、票据的用途**

从总体上看，票据在经济生活中的作用是代替货币进行结算支付和融通资金，以方便贸易，促进经济发展。具体而言，票据具有以下用途：

（一）担当支付工具

支付是票据的基本用途。贸易，除少量换货贸易外，基本上都是货物与货币的交换。在贸易中，特别是在大额贸易中，使用大量货币有显著的不便性和风险性，不仅手续较为复杂繁琐，往往还容易发生差错。以票据代替货币，能够减少甚至杜绝这些不利因素。票据作为支付工具，可用于同城或异地贸易，在国际贸易中更是被普遍使用。我国为发展经济，鼓励使用票据，还特别规定，在银行开立账户的单位在销售活动中"不得拒收支票、银行汇票和

---

[1]　我国《票据法》将本票规定为"见票时无条件支付"款项的票据，《支付结算办法》也规定银行本票"见票即付"。这一规定与国外法有所差异。于国外票据法上，本票的付款时间被规定为四种：见票即付、见票后定期付款、出票后定期付款、定日付款（如日内瓦《统一汇票和本票法公约》第 33 条与第 77 条）。

[2]　参见何志辉：《葡萄牙商法在澳门的延伸适用及其影响》，载《中西法律传统》2016 年第 1 期。

银行本票"。[1]不过，现代支付手段已发生了显著变化，银行汇款和其他电子支付手段日益流行，票据在支付领域的重要性已明显降低。[2]

（二）用作汇兑工具

票据可以代替货币在不同地方之间的运送，以便异地之间的支付。在不使用票据的条件下，异地的货币使用以直接运送、携带货币为手段，不但费时费力，而且极不安全。[3]一旦发生事故，损失将无法挽回，大额货币的运送更是如此。使用票据进行异地汇兑金钱，以一纸票据而替万金，便利之处显而易见，并且如果发生事故使票据毁损灭失或被他人不法取得，权利人及时采取措施，通知银行止付，请求司法保护，就可保全利益，不致受损。这就使运送、携带现金的不安全转变为使用票据的无后顾之忧。

（三）充任信用工具

票据法上的信用，是指当事人凭借一定的资金信誉，以签发票据的形式，把将来可以取得的货币作为现在的货币使用。也就是以票据的形式，把某人的资金信誉作为货币来用。在贸易中，如限以现金交换物品，不但携带和计算均不方便，而且交易额受制于现金额。若现金不足，交易便不能满足，结果必然抑制贸易，对当事人及社会皆为不利。若使用票据，即使现金不足或一时全无，贸易仍可进行。买方可凭借自己的资金信誉或者相关主体的资金信誉，签发票据，约定期限，另为付款或由他人代为付款。在此场合，实现了人的资金信用票据化，票据即为信用工具。票据及其所蕴含的信用理念的广泛实践，在商业经济史上是一件革命性事件。[4]

（四）抵销债务

债权人可以签发票据，指定自己的债务人向自己的债权人无条件支付一定金额，由此消灭相互之间的债权债务。如此一来，各方的债权都得以实现，而且也简便迅速。

（五）融通资金

票据可以有偿转让，实现资金周转。持票人急需现金的，既可持票向银行请求贴现，也能以背书方式将票据转让给他人，满足需要。其中，贴现是指，

---

[1]　参见《现金管理暂行条例》第7条第2款。

[2]　甚有学者指出，票据时代已走向"终结"。See James S. Rogers, *The End of Negotiable Instruments*: *Bringing Payment Systems Law out of the Past*, Oxford University Press, 2011.

[3]　在12世纪的欧洲，运输大量货币的难题主要由圣殿骑士团（单支规模可上千人）解决。参见［美］詹姆斯·W. 汤普逊：《中世纪晚期欧洲经济社会史》，徐家玲等译，商务印书馆1992年版，第589~590页。

[4]　参见［美］詹姆斯·W. 汤普逊：《中世纪晚期欧洲经济社会史》，徐家玲等译，商务印书馆1992年版，第590页。

持票人在票据到期前，向银行等金融机构提出申请将票据变现，银行等金融机构按票面金额扣去自贴现日至票据到期日的利息，将剩余金额支付给持票人。票据贴现是一种"非常态"的票据流转形式，属于金融机构的特许经营业务，受到法律的特别规制，比如《商业汇票承兑、贴现与再贴现管理办法》。

### （六）减少货币使用量

使用票据，国家可以减少货币发行量，有助于经济发展。使用票据而把货币用于其他急需方面，既减少了货币的使用量，又利于集中资金办急事。

## ■第二节　票据的种类

### 一、法律上的类型

票据法一般对票据类型采取法定主义（Principle of *Numerus Clausus*），不允许任何人自行创制法定种类之外的票据。[1]之所以如此，原因在于票据类似于有体物，是一种高流通性的特殊债权，类型法定有助于权利关系的确定性。就此而言，仍有两点值得注意。其一，有的国家不采取类型法定主义，比如荷兰法与英国法。[2]其二，即便在坚持类型法定主义的国家，当事人创设的新"票据"也具有合同效力。由于票据是商事交易的结果，故成文法应当积极尊重商事惯例中形成的票据，缓和类型法定主义的僵化性。我国司法实践亦采取此等路径，承认具有实质支票功能的"实时通付款凭证"，并允许其参照适用支票的相关规则。[3]

由于商业上票据规则传统的差异和立法模式的不同，各国票据法上关于票据种类的规定存有差别。大陆法系国家大多认可汇票与本票皆为票据，支票则属不同的另外一种证券。因此，国际联盟于 1930 年在日内瓦缔结《统一汇票和本票法公约》后，又于 1931 年在日内瓦制定《统一支票法公约》。这种将支票另外对待，与汇票和本票分别立法的做法，在票据法学上称为"分立主义"。

---

〔1〕　Vgl. Hueck/Canaris, Recht der Wertpapiere, 12. Aufl., 1986, S. 24.

〔2〕　R. Zwitser, Order-en toonderpapieren, Kluwer, 2006, nr. 4.

〔3〕　参见杨秀发与贵州众世铭辉商砼有限公司票据追索权纠纷案，最高人民法院（2019）最高法民再19 号民事判决书。根据该判决书，案涉"实时通付款凭证"应被视为转账支票，理由主要有二。其一，案涉凭证清晰记载了金额、日期、付款人和收款人的名称及签章等要件，符合《票据法》第7 ~ 9 条关于票据形式要件的规定。其二，从该凭证的表面形式，可以推定该票据选择的是支票功能。首先，案涉凭证背面载明："本凭证选择支票功能，左联作客户存根联；选择汇兑、汇（本）票申请功能，左联应一并提交银行作业务办讫回单联。"其次，该凭证下方注明："使用转账支票功能，收款人账号、收款行名称可以授权收款人补记，且提示付款无需填写进账单；使用现金支票、银行汇（本）票申请功能，收款人账号、收款行名称无需填写。"在该案中，案涉凭证中收款人名称、账号、收款行名称全部填写完毕。根据该注明，该凭证应作为转账支票功能使用。

德、法、日、意大利、瑞士、葡萄牙等参加日内瓦国际票据法统一会议的国家，均采取这种做法。英国《汇票法令》将汇票和本票看作票据，并把支票规定为汇票的一种（第73条），但英国在1957年专门制定了《支票法令》，用于补充、修订《汇票法令》中关于支票的规定。[1]美国《统一商法典》第3-104条规定，汇票、本票、支票、存款证（Certificate of Deposit）都是票据。这种规定票据包括汇票、本票、支票的立法，在票据法学上叫做"合并主义"或者"包括主义"。在采取合并主义的立法例下，支票也具有特殊性。[2]目前全球票据法形成了日内瓦法系和英美法系并存的格局。[3]我国《票据法》规定票据包括汇票、本票和支票，显然采取了合并主义。

我国《票据法》和有关制度规定的票据种类，可图示如下：

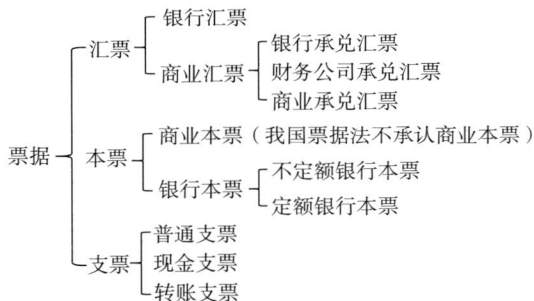

图1-1　票据分类图

## 二、票据法学上对票据的分类

在大陆法系票据法学上，票据的种类与票据法上认可的票据种类基本相同。为了揭示和说明各种票据的特点，票据法学对此又有一些学理上的分类。

1. 依照付款人是出票人还是出票人委托的人，将票据分为自付证券和委托证券。自付证券是出票人本人向持票人无条件支付一定金额的票据，本票属之。委托证券是出票人委托他人向持票人无条件支付一定金额的票据，汇票和支票均是。

2. 依照票据作用上的主要差别，把票据分为信用证券和支付证券。支票的作用，重在支付，其有效期短，不具有汇票和本票的信用功能，属于支付证券。汇票和本票虽亦有支付功效，但因其有效期远比支票长，信用之功能较为突出，故

---

[1]　现行英国《支票法令》（Cheques Act）篇幅很短，除"引言"部分外，仅有4个条款。

[2]　支票实际上欠缺信用功能，其乃是一种见票即付的工具。支票的付款人也欠缺无条件付款义务，而是根据出票人（付款人的客户）资金额度决定是否付款。除此之外，支票的流通功能愈发有限，出票人常常禁止持票人转让支票。See John B. Byles, Maurice H. Megrah and Frank R. Ryder, *Byles on Bills of Exchange*, *Sweet & Maxwell*, 2002, p.285.

[3]　参见董惠江：《票据法的坚守与发展》，载《中国法学》2010年第3期。

属于信用证券。因此，汇票和支票虽同为委托证券，但因作用上存在一定差异，难以认定其为同一种票据。日内瓦《统一汇票和本票法公约》与《统一支票法公约》将汇票与支票分别立法，可以说是从票据作用上着眼。英国《汇票法令》认为支票为汇票的一种，应当说是看重了"委托"关系，但其同时也强调了作用上的差异，故又专门制定《支票法令》，补充和修订《汇票法令》中的支票规范。

3. 依照出票时是否记载收款人名称，把票据分为指示票据和不记名票据。[1] 出票时记载收款人名称的是指示票据，通常采取"付给张三或其指定的人"这一表述。[2] 出票时不记载收款人名称的是不记名票据。指示票据，转让时须依法定方式背书，将票据交付受让人。不记名票据的转让，可以不背书而只交付票据，所谓"单纯交付票据"。票据上未记载收款人名称，而载有"请付来人"之类文字的，属于不记名票据，叫做"付来人式票据"。指示或不记名仅指出票时是否记载收款人名称，持票人向付款人提示承兑或提示付款时，票据上须载有收款人名称，不记名的，须补记完整。于现行《票据法》上，汇票与本票皆以指示票据为限，当事人不得出具不记名汇票或本票，因为两类票据的流转皆需背书（第27条第3款与第80条）；支票既可为指示式，也可为不记名式（第86条第1款）。[3]

**三、纸质票据和电子票据**

传统票据的物质形式是专用纸张，由于数字化和互联网深入普及到金融领域，电子票据应运而生，出现了纸质票据和电子票据并存的情形。

1. 纸质票据。在我国，纸质票据是出票人使用中国人民银行规定的统一格式和用纸的票据凭证，记载法定记载事项所签发的票据。《票据法》第108条规定："汇票、本票、支票的格式应当统一。票据凭证的格式和印制管理办法，由中国人民银行规定。"

2. 电子票据。票据电子化是当前票据法的发展方向之一，也是现代贸易无纸化的内容之一。[4] 类似于股票与债券的电子化或无形化，票据电子化的目标

---

[1] 记名票据属于记名有价证券（Namenspapiere），其并非狭义的有价证券。记名有价证券的流转方式与普通债权让与无异。我国《票据法》不承认记名票据。

[2] 参见谢怀栻：《票据法概论》，法律出版社2017年版，第10页。指示票据又被称为"指定式票据"，属于指示有价证券（Orderpapiere）的一种。

[3] 参见董安生主编：《票据法》，中国人民大学出版社2009年版，第10页。

[4] 2007年，日本制定《电子记录债权法》为电子票据提供了一个基本的规制框架。See Paweł Czaplicki, "The Electronic Bill of Exchange Concept from an International Perspective", 26 (5) *Bialystok Legal Studies*, 2021, pp. 188–190. 2017年，联合国国际贸易法委员会（UNCITRAL）制定了《电子可转让记录示范法》（*Model Law on Electronic Transferable Records*），重点就汇票、本票、提单、仓单等有价证券的电子转让提供了示范性规定。2022年3月，英国法律委员会也出台《电子贸易文书：报告与法案》（*Electronic Trade Documents：Report and Bill*），以促进贸易电子化的进程。

在于通过建立统一的电子系统，加强票据交易的安全性，降低票据交易成本，提升票据交易效率。现行《票据法》以纸质票据为调整对象，虽然部分概念并不排除电子票据之适用，但电子票据的应用对该法构成了挑战，修改《票据法》势在必行。[1]关于电子票据系统的具体内容，参见本章第六节。

## ■第三节　票据的样式

近些年来，中国人民银行不定期地改换（纸质）票据凭证，用新版票据凭证取代先前使用的票据凭证，其目的主要是为了加强票据凭证的安全性，防范可能出现的票据凭证伪造现象。[2]本书的票据样式，不是现行有效票据凭证的复制品，只是示意图，目的是使读者对纸质票据的样式有基本的感性认知。

票据样式示意图：

1. 银行汇票。

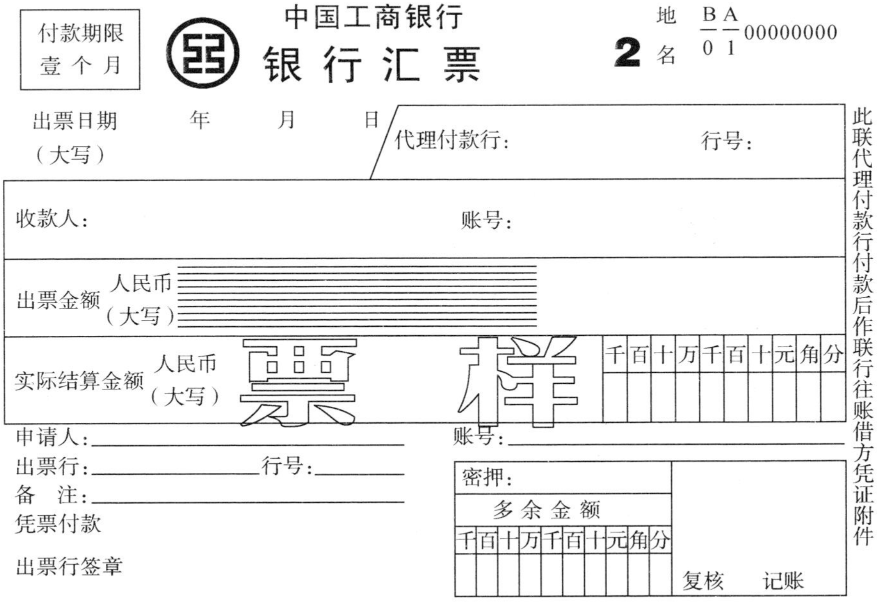

付款期限 壹个月

中国工商银行

银行汇票

2　地名　BA/01 00000000

出票日期（大写）　年　月　日

代理付款行：　行号：

收款人：　账号：

出票金额　人民币（大写）

实际结算金额　人民币（大写）　票样　千 百 十 万 千 百 十 元 角 分

申请人：　账号：

出票行：　行号：

备　注：

凭票付款

出票行签章

密押：

多余金额

千 百 十 万 千 百 十 元 角 分

复核　记账

此联代理付款行付款后作联行往账借方凭证附件

**图 1－2　银行汇票正面**

[1] 参见刘满达：《论电子票据适用票据法的可行性》，载《法学》2017 年第 6 期。

[2] 例如，2011 年 2 月 14 日，中国人民银行以（银发［2011］2 号）文件公告，为提高银行票据凭证的防伪性能，保证票据的流通和安全使用，中国人民银行决定启用 2010 版银行票据凭证（以下简称新版票据凭证），自 2011 年 3 月 1 日起一律使用新版票据凭证，停止签发旧版银行票据凭证。2010 版票据凭证的样式比旧版有较大的改观。

第
一
章

| 被背书人 | 被背书人 |
|---|---|
| 背书人签章<br>年　月　日 | 背书人签章<br>年　月　日 |

持票人向银行
提示付款签章：　　　　身份证件名称：　　　　发证机关：

号码：

（贴粘单处）

**图1-3　银行汇票第二联背面**

## 2. 银行承兑汇票。

**银行承兑汇票**　**2**　$\frac{CA}{01}$00000000

出票日期　　年　月　日
（大写）

| 出票人全称 | | 收款人 | 全　称 | | | | | | | | | | | |
|---|---|---|---|---|---|---|---|---|---|---|---|---|---|---|
| 出票人账号 | | | 账　号 | | | | | | | | | | | |
| 付款行全称 | | | 开户银行 | | | | | | | | | | | |
| 出票金额 | 人民币<br>（大写） | | | | 亿 | 千 | 百 | 十 | 万 | 千 | 百 | 十 | 元 | 角 分 |
| 汇票到期日<br>（大写） | | 付款行 | 行号<br>地址 | | | | | | | | | | | |
| 承兑协议编号 | | | | | | | | | | | | | | |
| 本汇票请你行承兑,到期无条件付款。 | | 本汇票已经承兑,<br>到期日由本行付款。<br><br>承兑行签章<br>承兑日期　年　月　日 | | | | | | | | | | | | |
| 出票人签章 | 备注： | 复核　　记账 | | | | | | | | | | | | |

**图1-4　银行承兑汇票正面**

第
一
章

| 被背书人 | 被背书人 | （贴粘单处） |
|---|---|---|
| 背书人签章<br>年　月　日 | 背书人签章<br>年　月　日 | |

**图 1-5　银行承兑汇票第二联背面**

3. 商业承兑汇票。

# 商业承兑汇票　2

$\dfrac{A\,A}{0\quad1}$00000000

出票日期　　年　月　日
（大写）

| 付款人 | 全　　称 | | 收款人 | 全　　称 | | |
|---|---|---|---|---|---|---|
| | 账　　号 | | | 账　　号 | | |
| | 开户银行 | | | 开户银行 | | |

| 出票金额 | 人民币<br>（大写） | | 亿 千 百 十 万 千 百 十 元 角 分 |
|---|---|---|---|

| 汇票到期日（大写） | | 付款人开户行 |
|---|---|---|
| 交易合同号码 | | 开户行地址 |

| 本汇票已经承兑，到期无条件支付票款。 | 本汇票请予以承兑于到期日付款。 |
|---|---|
| 承兑人签章<br>承兑日期　　年　月　日 | 出票人签章 |

**图 1-6　商业承兑汇票正面**

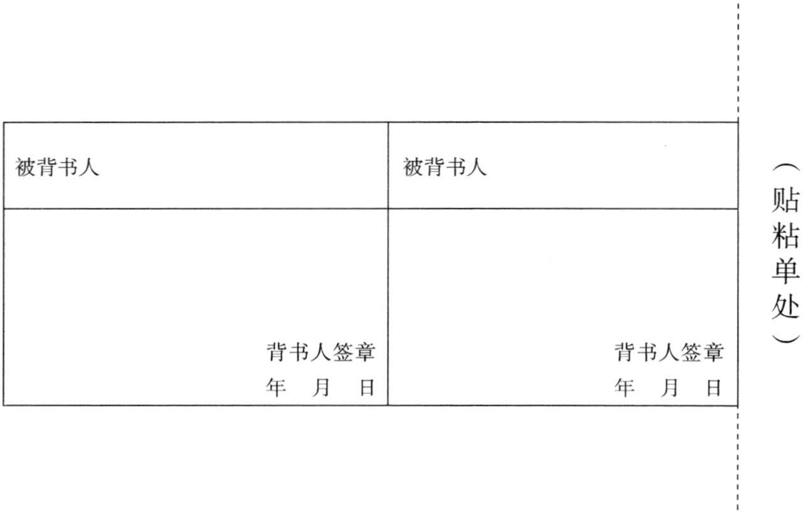

第一章

| 被背书人 | 被背书人 |
|---|---|
| 背书人签章<br>年　月　日 | 背书人签章<br>年　月　日 |

（贴粘单处）

**图1-7　商业承兑汇票第二联背面**

## 4. 现金支票。

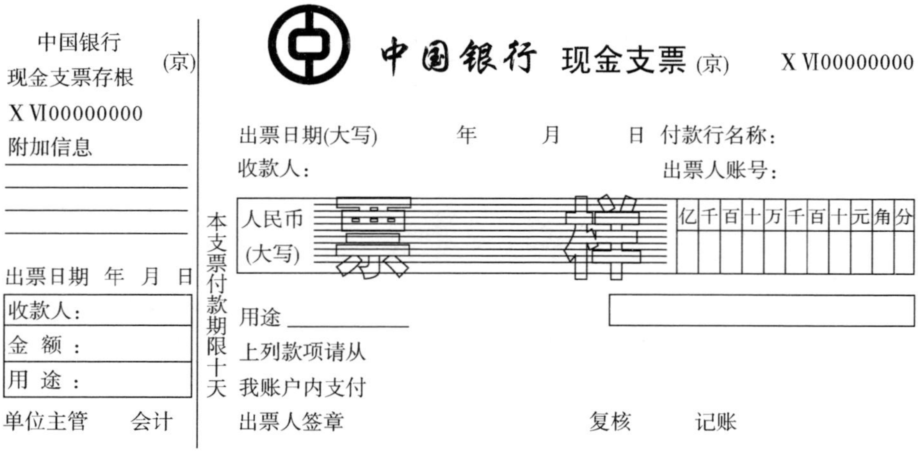

中国银行
现金支票存根　（京）
ⅩⅥ00000000
附加信息 _____
_____
_____

出票日期　年 月 日
收款人：
金　额：
用　途：
单位主管　会计

本支票付款期限十天

中国银行　现金支票 （京）　ⅩⅥ00000000

出票日期(大写)　　年　　月　　日　付款行名称：
收款人：　　　　　　　　　　　　　出票人账号：

人民币
(大写)　　　　　　　　　　　| 亿 | 千 | 百 | 十 | 万 | 千 | 百 | 十 | 元 | 角 | 分 |

用途 _____
上列款项请从
我账户内支付
出票人签章　　　　　　　　　复核　　　记账

**图1-8　现金支票正面**

第
一
章

| 附加信息： | |
| --- | --- |
| | 收款人签章<br>年　月　日 |
| | 身份证件名称：　　发证机关： |
| | 号码 |

（贴粘单处）

图 1-9　现金支票背面（正联部分）

5. 转账支票。

中国光大银行　（黑）
转账支票存根
ＸⅥ00000000
附加信息＿＿＿＿＿

＿＿＿＿＿＿＿＿＿

出票日期　年　月　日

| 收款人： | |
| --- | --- |
| 金　额： | |
| 用　途： | |

单位主管　　会计

本支票付款期限十天

**Bank**　中国光大银行　　转账支票（黑）　ＸⅥ00000000

出票日期(大写)　　年　　月　　日　付款行名称：

收款人：　　　　　　　　　　　　　出票人账号：

人民币
(大写)　　　　　　　　　　　　| 亿 | 千 | 百 | 十 | 万 | 千 | 百 | 十 | 元 | 角 | 分 |

用途＿＿＿＿＿＿

上列款项请从
我账户内支付

出票人签章　　　　　　　　复核　　记账

图 1-10　转账支票正面

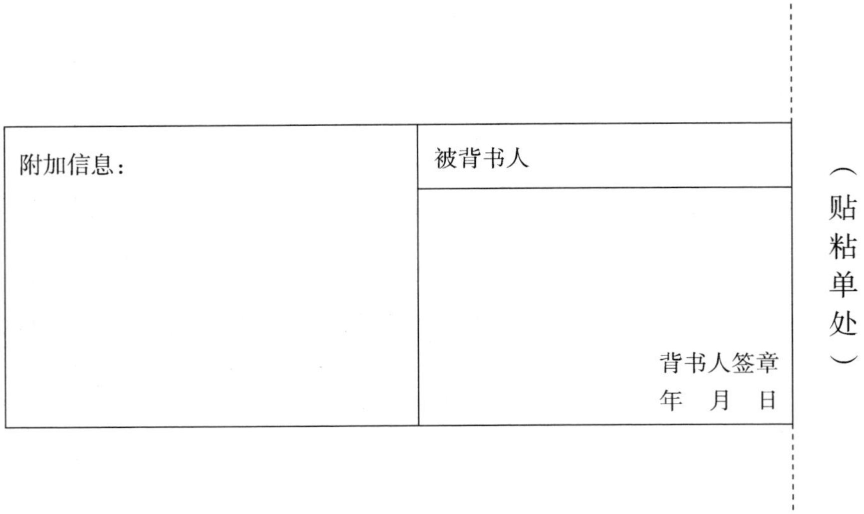

第一章

图1-11 转账支票背面（正联部分）

6. 本票。

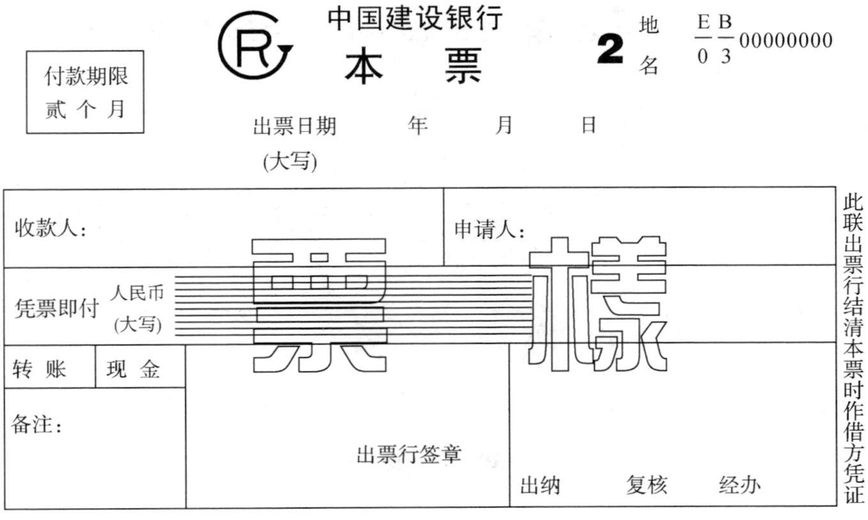

图1-12 本票正面

| 被背书人 | | 被背书人 | | |
|---|---|---|---|---|
| | | | | （贴粘单处） |
| 背书人签章<br>年 月 日 | | 背书人签章<br>年 月 日 | | |
| 持票人向银行<br>提示付款签章： | | 身份证件名称： 发证机关：<br>号码 | | |

**图 1 - 13 本票第二联背面**

7. 粘单。

## 粘 单

| 被背书人 | 被背书人 |
|---|---|
| | |
| 背书人签章<br>年 月 日 | 背书人签章<br>年 月 日 |

**图 1 - 14 粘单**

票据已经呈现电子化趋势，尤其是汇票。[1]现行法上的电子汇票包括三类，分别是电子银行承兑汇票、电子财务公司承兑汇票、电子商业承兑汇票。经过电子汇票系统的不断升级和电子汇票制度的发展，每一类电子汇票展示的信息

---

〔1〕 参见本章第六节"现代电子票据系统"。

包括三个部分，即票据正面、票据附加信息、票据反面。[1]

8. 电子汇票。

电子汇票信息格式与示意图：

| | | | | | |
|---|---|---|---|---|---|
| 显示日期： | YYYY-MM-DD HH:MM | | | | |
| 电子银行/财务公司/商业承兑汇票 | | | | | |
| 出票日期 | | | 票据状态 | 票据状态+流通标志 | |
| 汇票到期日 | | | 票据号码 | 票据（包）号+子票区间 | |
| 出票人 | 全称 | 企业备案名称 | 收款人 | 全称 | 企业备案名称 |
| | 账号 | 银行账号/清算路径银行账号 | | 账号 | 银行账号/清算银行账号 |
| | 开户银行 | 开户银行/清算路径开户行 | | 开户银行 | 开户银行/清算路径开户行 |
| 出票保证信息 | 保证人名称： | | 保证人地址： | | 保证日期： |
| 票据金额 | 人民币（大写） | 票据（包）金额 | | | 十亿 亿 千 百 十 万 千 百 十 元 角 分 |
| 承兑人信息 | 全称 | 企业备案名称/机构名称 | 开户行行号 | 开户银行行号/清算路径开户行行号 | |
| | 账号 | 银行账号/清算路径银行账号 | 开户行名称 | 开户银行名称/清算路径开户行行名 | |
| 交易合同号 | | | 承兑信息 | 出票人承诺：本汇票请予以承兑，到期无条件付款 | |
| 能否转让 | 能否转让+是否允许分包流转 | | | 承兑人承兑：本汇票已经承兑，到期无条件付款（承兑签收前不展示） | |
| | | | | 承兑日期 | |
| 承兑保证信息 | 保证人名称： | | 保证人地址： | | 保证日期： |
| 评级信息 | 出票人 | 评级主体： | 信用等级： | 评级到期日： | |
| | 承兑人 | 评级主体： | 信用等级： | 评级到期日： | |
| 注： | | | | | |
| 1. 评级信息、保证信息、交易合同号根据实际情况填写，不填写时为空 | | | | | |
| 2. 票据行为人为财务公司或银行机构时，账号填0，财务公司无大额行号的，开户行行号为0 | | | | | |

**图 1－15　票据正面信息格式**

显示日期：2022-01-18　14:31

电子商业汇票系统
Electronic Commercial Draft System

电子银行承兑汇票

出票日期 2022-01-07　　票据状态　已收票-可流通

汇票到期日 2022-12-07　　票据号码　1 1053124 2594820211021056248307 1-1200000

| | | | | | |
|---|---|---|---|---|---|
| 出票人 | 全称 | 上海票据交易所有限公司 | 收款人 | 全称 | 中票技术（上海）有限公司 |
| | 账号 | 1234567890 | | 账号 | 987654321 |
| | 开户银行 | XX银行上海分行外滩支行 | | 开户银行 | XX银行上海分行XX支行 |
| 出票保证信息 | 保证人名称： | | 保证人地址： | | 保证日期： |
| 票据金额 | 人民币（大写） | 壹佰贰拾万元整 | | 十 亿 千 百 十 万 千 百 十 元 角 分 | 1 2 0 0 0 0 0 0 0 |
| 承兑人信息 | 全称 | XX银行股份有限公司 | 开户行行号 | 1055154465 | |
| | 账号 | 123456789012 | 开户行名称 | XX银行上海分行外滩支行 | |
| 交易合同号 | | | 承兑信息 | 出票人承诺：本汇票请予以承兑，到期无条件付款 | |
| 能否转让 | 可转让-可分包 | | | 承兑人承兑：本汇票已经承兑，到期无条件付款 | |
| | | | | 承兑日期 2022-01-08 | |
| 承兑保证信息 | 保证人名称： | | 保证人地址： | | 保证日期： |
| 评级信息（由出票人、承兑人自己记载，仅供参考） | 出票人 | 评级主体： | 信用等级： | 评级到期日： | |
| | 承兑人 | 评级主体： | 信用等级： | 评级到期日： | |

**图 1－16　票据正面示意图**

〔1〕参见上海票据交易所2022年发布的《新一代票据业务系统接入机构电子渠道客户端功能建设指引》（票交所发〔2022〕33号）及其附件《新一代票据业务系统票据包信息展示格式标准》与《新一代票据业务系统票据包信息展示格式标准说明》。

第一章

| 票据相关信息 | | | | | | | | |
|---|---|---|---|---|---|---|---|---|
| 票据类型 | 银行承兑汇票/财务公司承兑汇票/商业承兑汇票 | | | | | | | |
| 票据标注信息 | 标注名称1 | 例：是否已保贴 | | 标注名称2 | 例：是否已保兑 | | 标注名称3 | 例：是否免追索票据 |
| | 标注内容1 | 例：是 | | 标注内容2 | | | 标注内容3 | |
| 标注信息对应业务信息 | 对应标注信息 | 标注1 | | 对应标注信息 | 标注2 | | 对应标注信息 | 标注3 |
| | 业务信息框 | | | 业务信息框 | | | 业务信息框 | |
| | | | | | | | | |
| | | | | | | | | |
| | … … | | … … | | | | | |
| 票据行为人详细信息 | | | | | | | | |
| 出票人信息 | 全称 | | 收款人信息 | 全称 | | 承兑人 | 全称 | |
| | 社会统一信用代码 | | | 社会统一信用代码 | | | 社会统一信用代码 | |
| | 账户名称 | | | 账户名称 | | | 账户名称 | |
| | 办理渠道名称 | | | 办理渠道名称 | | | 办理渠道名称 | |
| | 票据账户号 | | | 票据账户号 | | | 票据账户号 | |
| | 开户银行名 | | | 开户银行名 | | | 开户银行名 | |
| | 开户银行行号 | | | 开户银行行号 | | | 开户银行行号 | |
| | 开户银行账号 | | | 开户银行账号 | | | 开户银行账号 | |
| 增信信息 | | | | | | | | |
| 出票保证人 | 全称 | | 承兑保证人 | 全称 | | 背书保证人 | 全称 | |
| | 社会统一信用代码 | | | 社会统一信用代码 | | | 社会统一信用代码 | |
| | 账户名称 | | | 账户名称 | | | 账户名称 | |
| | 办理渠道名称 | | | 办理渠道名称 | | | 办理渠道名称 | |
| | 票据账户号 | | | 票据账户号 | | | 票据账户号 | |
| | 开户银行名 | | | 开户银行名 | | | 开户银行名 | |
| | 开户银行行号 | | | 开户银行行号 | | | 开户银行行号 | |
| | 开户银行账号 | | | 开户银行账号 | | | 开户银行账号 | |
| 注: | | | | | | | | |
| 票据行为人为财务公司或银行机构时，账号为0，财务公司无大银行行号的，开户行行号为0 | | | | | | | | |

**图1-17　票据附加信息格式**

| 显示日期: | YYYY-MM-DD HH:MM | | | | |
|---|---|---|---|---|---|
| | | | | | |

## 电子银行/财务公司/商业承兑汇票

| 票据号码: | 票据（包）号+子票区间 | | | | |
|---|---|---|---|---|---|
| 转让背书 | | | | | |
| 背书人名称 | | | | | |
| 被背书人名称 | | | | | |
| 不得转让标记 | | | | | |
| 背书日期 | | | | | |
| 保证 | | | | | |
| 被保证人名称 | | | | | |
| 保证人名称 | | | | | |
| 保证人地址 | | | | | |
| 保证日期 | | | | | |
| 质押 | | | | | |
| 出质人名称 | | | | | |
| 质权人名称 | | | | | |
| 出质日期 | | | | | |
| 质押解除日期 | | | | | |
| 其他票据业务…… | | | | | |

**图1-18　票据背面信息格式**

第一章

显示日期：

电子商业汇票系统
Electronic Commercial Draft System

电子商业承兑汇票

票据号码

| 转让背书 | |
|---|---|
| 背书人名称 | |
| 被背书人名称 | |
| 不得转让标记 | |
| 背书日期 | |

| 保证 | |
|---|---|
| 被保证人名称 | |
| 保证人名称 | |
| 保证人地址 | |
| 保证日期 | |

| 质押背书 | |
|---|---|
| 出质人名称 | |
| 质权人名称 | |
| 出质日期 | |
| 质押解除日期 | |

显示日期：2022-01-18 14:31

电子商业汇票系统
Electronic Commercial Draft System

电子银行承兑汇票

票据号码　1 1053124 259482021021056248307
1-1200000

| 转让背书 | |
|---|---|
| 背书人名称 | 中票技术（上海）有限公司 |
| 被背书人名称 | ABC技术开发有限公司 |
| 不得转让标记 | 无 |
| 背书日期 | 2022-01-13 |

| 保证 | |
|---|---|
| 被保证人名称 | |
| 保证人名称 | |
| 保证人地址 | |
| 保证日期 | |

| 质押背书 | |
|---|---|
| 出质人名称 | |
| 质权人名称 | |
| 出质日期 | |
| 质押解除日期 | |

| 买断式贴现背书 | |
|---|---|
| 背书人名称 | |
| 被背书人名称 | |
| 不得转让标记 | |
| 背书日期 | |

**图 1-19　票据背面示意图**

# ■第四节　票据的性质

票据是不同于物权证券、物品债权证券和债券的有价证券，探究其性质，有以下十个方面。

## 一、票据是金钱债权证券

票据所代表的财产权利是金钱给付请求权，持票人只能请求票据债务人给付票面记载的金钱。因此，首先，票据上的权利的标的物只能是金钱，不能是其他财产。对此，各国票据法都有明确规定。例如，我国《票据法》第 4 条第 4 款规定，票据权利是指持票人向票据债务人请求支付票据金额的权利；美国《统一商法典》第 3 - 104 条规定，汇票是指一项书面的付款指示。其次，票据所代表的金钱给付请求权，是一种债权。[1] 票据上记载的金钱的"所有权"，在票据付款人支付之前属付款人，支付之后方转移给持票人。持票人要取得票面金额，须请求票据上记载的付款人履行债务，支付金钱。

## 二、票据是设权证券

设权与"证权"相对而言。[2] 有价证券中的提单、仓单、记名股票等，属于证权证券，如提单、仓单分别证明由运输合同和仓储保管合同所发生的物品交付请求权。易言之，这些证券，先有权利，因证明权利而作成证券，用证券证明既有之权利。票据则不然，票据为持票人创设了一个全新的金钱债权，不是证明原有之债权。票据签发前，当事人之间虽可由种种对价性行为发生债权债务关系，但出票人签发票据，为自己或其委托的人设定了一个"无条件支付一定金额"的义务，持票人则有请求票据上载明的债务人"无条件支付一定金额"的权利。此种权利与签发票据前的债权债务彻底独立，是"新生之权"。从法律适用方面讲，票据签发前当事人之间的债权债务，受民法中债法的规范，而票据签发后新生的票据权利，只能适用票据法，民法中的债法对其不能适用。

由于票据为设权证券，欲设立票据权利，必须依法签发票据，无票据即无票据权利。除此之外，作为设权证券的票据，即便在流转过程中未通知债务人（第三人），也能对其产生效力。相反，证权证券的转让未通知第三人的，原则上不能约束第三人。[3] 不过，提单或者仓单之转让，往往也能导致交付请求权之转让，受让人自动针对运货人或者仓库管理人享有交付请求权，无须额外单

[1] 有学者认为，严格地说，支票、本票及经过承兑的汇票，始得谓纯粹的债权证券。汇票未经承兑，票面上记载的付款人未在票据上签名而尚非债务人，持票人对该付款人也不得主张付款请求权，此时的汇票，不得谓为债权证券。参见张国键：《商事法论》，三民书局 1980 年版，第 360 页。日本学者田中诚二称该种汇票的权利性质为"期待票款支付为标的之一种期待权"。然而，持票人为何得以请求票面记载的付款人予以承兑？承兑之请求是否票据债权效力之一个方面？尚存研讨余地。
[2] 德国票据法理论也区分，设权证券（konstitutive Wertpapiere）与证权证券（deklaratorische Wertpapiere）。更为重要的是，设权证券一般是抽象性或者无因性证券（abstrakte Wertpapiere），而证权证券一般属于有因性证券（kausale Wertpapiere）。Vgl. Schnauder/Müller-Christmann, Wertpapierrecht, 1992, S. 23ff.
[3] 参见曾世雄、曾陈明汝、曾宛如：《票据法论》，元照出版有限公司 2005 年版，第 3~4 页。

第一章

独作出通知。[1] 盖提单或者仓单的出具人，一般已预先同意转让，并愿意接受转让的约束。

### 三、票据是文义证券

文义证券的含义是：票据上的权利义务、票据债权人与债务人、票据权利有效期等，均由而且只由票据上依法记载的文字的含义来确定，任何个人、单位包括法院都不得以票据文义之外的因素认定或改变票据权利义务及票据债权人、债务人；在票据诉讼中，持票人以票据文义证明自己的票据权利，在票据文义显示持票人即票据权利人的情形，不得要求持票人另外举证证明其票据权利；相反，票据未表明当事人参与票据行为的，并非票据债务人，故持票人也不得向其主张票据权利。[2]《票据法》第31条第1款中"持票人以背书的连续，证明其汇票权利"，即为此含义的规定。[3] 电子票据也具有文义性，当事人的约定不能对抗电子商业汇票系统中的记载。[4]

票据为文义证券，原因即在票据为设权证券。出票人向持票人签发票据，为持票人创设票据权利，究竟为何人设权，权利所涉金额多少，何人付款、何时何地付款等，全依赖出票人记载于票据之上的文字来表明。[5] 这些文字记载，实为出票人的意思表示，而这种意思表示在出票时得到了持票人的认可。因此，票据文义应确定、清晰，并有出票人的签名。现行票据法为保障票据文义的确定和清晰，保障票据权利得以安全，实行"票据法定主义"。具体而言：

---

[1] 唯值得注意的是，仓单在英国法上并非一种权利凭证（document of title），仅转让仓单不足以使受让人有权请求仓库管理人仓单交付项下货物。英国法仅承认提单是一种权利凭证。See Judah P. Benjamin and M. G. Bridge, *Benjamin's Sale of Goods*, Sweet & Maxwell, 2014, p. 1171; M. G. Bridge, *Personal Property Law*, Oxford University Press, 2015, p. 77.

[2] 参见张龑勤与洛阳中飞特商贸有限公司、何帅玺票据确权纠纷案，河南省高级人民法院（2010）豫法民提字第175号民事判决书。

[3] 汇票的背书不连续，或者当事人并非票面上的被背书人的，皆不得主张票据权利。参见临清市德源贸易有限公司与邢台市新新汽车贸易有限公司确认票据无效纠纷案，山东省高级人民法院（2016）鲁民申205号民事裁定书；徐州邦安抵押贷款服务有限公司诉徐州市旭龙铸锻机械有限公司票据权利确认纠纷案，江苏省高级人民法院（2015）苏审二商申字第00645号民事裁定书。相反，持票人能以背书连续证明其票据权利的，公安机关对票据的查封、冻结措施并不影响"善意"持票人的票据权利〔天津凯盛船舶服务有限公司与天津物资招商有限公司、南京君汇创岳贸易有限公司票据追索权纠纷案，天津市第二中级人民法院（2014）二中民二终字第302号民事判决书〕。

[4] 参见瑞高商业保理（上海）有限公司与西藏东方财富证券股份有限公司等票据追索权纠纷案，上海市高级人民法院（2018）沪民终241号民事判决书。

[5] 在一则案件中，收款人"葛洲坝公司"被误写为"葛州坝公司"，法院允许承兑人据此拒绝承兑，且无需承担民事责任。盖收款人属于不得更改的记载事项（《票据法》第9条第2款）。参见招商银行股份有限公司厦门鹭江支行、葛洲坝环嘉（大连）再生资源有限公司票据追索权纠纷案，福建省厦门市中级人民法院（2017）闽02民终4061号民事判决书。

　　1. 票据的种类和名称是法定的。就票据种类来说，票据法上规定有哪些种类的票据，是不可改变的，私人不得创制票据法规定之外的票据种类。从票据名称来说，任何人不得改变法定的票据名称和表明是票据种类的文句。

　　2. 票据的形式和内容有法定要求。出票人、背书人等只可按照票据法的具体要求，在票据上记载应记载的事项，不得改变票据的形式，不得随意在票据上书写。[1]各国票据法都对票据内容（票据记载的事项）作了非常具体的规定。例如，《票据法》第 22 条规定，汇票必须记载表明"汇票"的字样、无条件支付的委托、确定的金额、付款人名称等七个事项，否则汇票无效。[2]日内瓦《统一汇票和本票法公约》及德、法、日等大陆法系国家的票据法，英、美两国的票据法，都有类似规定。值得注意的是，即便出票日期书写不规范，但出票日期事项并未欠缺，文义表达亦无歧义的，票据仍有效。[3]

　　3. 票据的用途是法定的，票据文义必须准确表明票据的用途。一方面，票据文义只能表明无条件支付确定金额的承诺或委托，不能设定其他权利义务；另一方面，不同种类票据的法定用途不可改变。例如，我国《票据法》第 83 条第 3 款规定，"……转账支票只能用于转账，不得支取现金。"[4]还有，不得在某种票据上记载应在另外一种票据上记载的文字，如在支票上记载表明本票权利或汇票权利的文字，违反这些规定的票据无效。

　　**四、票据是要式证券**

　　票据必须具备法定形式才能有效。除票据法另有规定外，不具备法定格式的，不发生票据的效力。票据格式表现为票据上必须记载的事项、票据用纸

---

〔1〕票据记载情况应按法律和行业要求，否则不应发生《票据法》上的效力。汇票加盖"作废"章的，并不导致汇票无效。参见天津市滨海新区鼎石贸易有限公司与宝塔石化集团有限公司票据付款请求权纠纷案，中华人民共和国最高人民法院（2018）最高法民终 569 号民事判决书。

〔2〕参见曹晓锋与杜刚民间借贷纠纷案，湖北省鄂州市中级人民法院（2019）鄂 07 民再 6 号民事判决书（欠缺出票人签章）；桂林客车工业集团有限公司与天津农垦铭信嘉德小额贷款有限公司返还原物纠纷案，广西壮族自治区高级人民法院（2021）桂民终 70 号民事判决书（欠缺出票人签章）。司法实践中，未填写出票日期的票据是否有效，存在争议。有判决直接判决其无效［参见杭州梁顺物资有限公司与杭州广发金属材料有限公司票据纠纷案，浙江省杭州市中级人民法院（2009）浙杭商终字第 988 号民事判决书］，但也有判决认为持票人不填出票日期的行为，构成出票人的默示授权，票据仍有效［参见北京浩海易亨计算机技术中心与北京鑫金帝华商贸有限公司票据付款请求权纠纷案，北京市第一中级人民法院（2001）一中经终字第 919 号民事判决书］。

〔3〕参见江西省建工集团有限责任公司与江西省建工集团有限责任公司上海分公司、上海尚统汽车销售服务有限公司、上海漆鼎实业发展有限公司票据付款请求权纠纷案，上海市高级人民法院（2019）沪民终 1 号民事判决书。

〔4〕司法实践中，有判决认为转账支票不得被用于质押［参见托里县县开发区永兴石材厂与塔城地区金晟源房地产开发有限公司分期付款买卖合同纠纷案，新疆生产建设兵团第九师中级人民法院（2017）兵 09 民终 24 号民事判决书］。然而这一裁判并不符合《民法典》第 440 条第 1 项的规定。

第
一
章

（包括纸质、纸色、尺寸）、书写方法、书写用具及墨水颜色等。法定的必须记载的事项不齐备，且又不被票据法容许的，票据无效；票据用纸、书写等不符合规定的，票据无效。在票据法上，这些属于票据本身的缺陷，被称为票据瑕疵或物之瑕疵。票据债务人可以行使"对物抗辩权"，因票据不合格而拒绝承兑或拒绝付款。

法律之所以规定票据为要式证券，缘因票据为货币权利之替身。在一定程度上，票据就代表货币，不用统一的、规范的格式，不足以实现票据的严肃性和安全性，难以使人们放心地使用票据。假若允许人们自行其是，随意决定票据格式，定然使票据形式五花八门、杂乱无章，人们必对票据产生疑虑，从而影响票据的使用率和流通性。在我国，中国人民银行负责确定票据的格式，并由专门的机构进行印制（参见《中国人民银行关于票据凭证印制有关事宜的通知》）。

在票据电子化的时代，电子票据在形式要求上与纸质票据并不完全相同，但前者也以法律的严格规定为准。例如，就电子商业汇票的作出而言，《电子商业汇票业务管理办法》第29～30条作了较为详细的规定。再如，电子商业汇票的出票、承兑、背书、保证、提示付款和追索等业务，必须通过电子商业汇票系统办理（《电子商业汇票业务管理办法》第5条、《商业汇票承兑、贴现与再贴现管理办法》第3条第1句），故线下完成的票据行为因不满足形式要件而无效。[1]

### 五、票据是流通证券

票据可以按照票据法规定的方式自由流通，而且其流通的法定方式简捷便利，能够迅速完成，加之转让次数越多，因转让票据而在票据上签章的人就越多，这些在票据受让人之前的签章者都必须就票据文义承担票据责任，都是受让人的票据债务人，受让人可就其中对自己最有利者主张票据权利，从而方便、快捷、安全地取得票据金额。就此而言，交易者之间使用票据进行大额交易的结算支付、金融借贷、信用给予等，具有方便、安全的优点。由此导致票据成为金钱流通之外最为快捷、方便、安全的工具。由于票据流通使其信用度增高，可靠性加强，因而其流通性极大地优于其他的有价证券。

从法律层面看，票据为金钱债权证券，本身属于民法上的动产，自具流通性；电子票据虽非动产，但其仍沿袭了纸质票据的流通性，这一点自无疑问。又因票据的作用不限于支付，还可融通资金、发生信用，这就使它具备了进入流通渠道的必要性。再则，票据的适度使用可以节省通货，方便交易，促

---

[1] 参见浙商银行股份有限公司深圳分行与深圳市沃特玛电池有限公司票据追索权纠纷案，广东省深圳市中级人民法院（2021）粤03民终433－563、2348号民事判决书；南京金龙客车制造有限公司、中国工商银行股份有限公司深圳坪山支行票据追索权纠纷案，广东省深圳市中级人民法院（2020）粤03民终20972号民事判决书。

进经济发展。因此，允许并保护票据流通，就成为国家发展经济的重要手段之一。各国票据法都规定票据的可流通性和流通手段的便利性、迅速性，以鼓励人们使用票据。[1]

票据流通的法定规则是：除票据记载有"不可转让"字样者外，指示票据以背书和交付票据为转让要件，不记名票据以票据的交付为转让的唯一要件。出让人只要依法定规则实施转让行为，票据权利即行移转，无须履行其他任何手续，也不必经票据债务人同意。各国票据法尽管各有特点，但在票据流通规则方面却是如出一辙。美国《统一商法典》第 3 - 202 条规定，流通转让是使受让人成为持票人的票据转让方式。如票据为付与指定人者，加必要背书和交付票据即完成流通转让；如为付与来人者，交付票据即完成流通转让。日内瓦《统一汇票和本票法公约》第 11 条规定，汇票，即使未表明开立给指定人，得以背书方式转让。如出票人在汇票上注有"不可付指定人"字样或类似词语，则该票据权利只能按照通常债权转让方式让与，并具有该种转让方式的效力。对于未载明收款人的（不记名）支票，不必背书。我国《票据法》规定的票据的转让方式与各国相同。

票据法为促进票据流通，还赋予票据受让人优于出让人的权利。我国《票据法》第 13 条第 1 款即规定，票据债务人不得以自己与出票人或者与持票人的前手之间的抗辩事由，对抗持票人。但持票人明知存在抗辩事由而取得票据的除外。[2]这样的规定，就使合法受让人享有比出让人原有权利的效力更强的票据权利。法律上"任何人都不能取得比其前手更优越的权利"的规则，在票据流通的场合受到阻却。对此，各国票据法规定相同。日内瓦《统一汇票和本票法公约》第 14 条规定，背书转让汇票上所有权利；第 15 条规定，如无相反规定，背书人保证汇票的承兑和付款；第 17 条规定，因汇票而被诉之人，不得以其与出票人或前手持票人之间的个人关系发生的抗辩，对抗持票人，但持票人在取得汇票时明知其行为有损于债务人的除外。英、美两国的票据法、我国香港特别行政区《汇票条例》的有关规定，皆与日内瓦《统一汇票和本票法公约》无太大差别（具体可见英国《汇票法令》第 29 条、第 38 条，美国《统一商法

---

〔1〕　于英美法上，流通性（negotiability）专门用于票据等有价证券，其有别于可转让性（transferability）。可转让的财产并不必然具有流通性。流通性证券大致具有两个特点：一是其能够通过交付实现转让，二是其能够突破"有权处分"规则（*nemo dat*），让受让人取得超出出让人本所享有的权利。See Michael Furmston and Jason Chuah, *Commercial Law*, Pearson, 2013, p. 343.

〔2〕　前手是指在票据签章人或者持票人之前签章的其他票据债务人，也指在持票人之前持有过该票据并在票据上签名的人。抗辩事由是债务人足以抗拒债权人请求的事实与理由，如权利有瑕疵、权利未到行使期、权利不行使已过时效。

第一章

典》第 3 - 207 条、第 3 - 302 条、第 3 - 305 条，香港《汇票条例》第 38 条）。

**六、票据是完全证券**

所谓完全证券，是指权利完全证券化、权利与证券融为一体不可分离的一类证券。其中之"完全"，是权利完全证券化的意思。完全证券上的权利的存在、移转、行使、消灭，都与证券融为一体。[1]票据所表明的金钱债权，以票据为其表现形式，票据上的权利不能脱离票据而独立存在。作成票据，票据权利始得发生；持有票据，即享有票据上的权利；行使票据权利，以提示票据为必要；转让票据上的权利，须转让票据；票据毁损灭失的，不可以其他凭证主张票据上的权利，经法定程序方得有救济，防止利益受损。简言之，作为一种完全有价证券，票据是票据上的权利的唯一象征和代表，无票据即无票据上的权利。

上述内容体现了票据和提单、仓单等不完全有价证券的区别。后几种证券，离开证券但有其他凭证足以证明证券上权利存在时，仍可请求证券债务人履行证券义务。例如，仓单被出具之前，交付请求权已经成立，因此仓单并非设权证券；仓单被毁之后，有仓储保管合同可证明保管物的交付请求权，就可请求交付。[2]

**七、票据是无因证券**

无因证券（abstrakte Wertpapiere）又叫"不要因证券"，是指证券效力与作成证券的原因完全分离，证券权利的存在和行使，不以作成证券的原因为要件的一类证券。"因"系指"作成票据的原因"，"无因"则意指"无须以作成票据的原因为票据有效的要件"，而"不要因"同样是"不以原因为要件"的意思。票据的无因性与其设权证券的属性，存在密切关联。正由于票据本身能够创设一项独立的权利，故其可不受基础关系之影响。证权证券原则上是有因证券。电子票据虽非有体物，但亦为无因证券，自属当然。

各类证券自有其作成的原因，如因为买卖、借贷或者赠与等所进行的金钱给予，票据自然不能例外。这种作成证券的原因，可能合法有效，也可能非法而无效。如此一来，证券的效力是否受证券作成原因的影响成为问题。证券作成的原因无效，证券也因之而当然无效，是一种情况；证券作成原因无效，证

---

[1] 参见曾世雄、曾陈明汝、曾宛如：《票据法论》，元照出版有限公司 2005 年版，第 3 页；Hueck/Canaris, Recht der Wertpapiere, 12. Aufl. , 1986, S. 5ff.

[2] 另有观点认为，不完全证券就是指权利的成立不以出具证券为前提的证券，似将不完全证券与证权证券等同。参见谢怀栻：《票据法概论》，法律出版社 2017 年版，第 9 ~ 10 页；［日］末永敏和：《日本票据法原理与实务》，张凝译，中国法制出版社 2012 年版，第 6 页。除此之外，有学者认为，权利之设立、转移或行使其中之一，以占有证券为要件的，该证券即为不完全有价证券。参见王志诚：《票据法》，元照出版有限公司 2015 年版，第 13 页。

券本身仍可有效，则是另外一种情况。属于前一种情况的，叫做"有因证券"或"要因证券"，也就是以作成原因的有效性为有效的必要条件的证券。在各类证券中，提单、仓单等就属于有因证券。相反，第二种情况则涉及"无因证券"。由于票据是金钱债权证券，是流通证券，在一定程度上发挥着货币的作用，故票据法为保障票据的可靠性，使人们愿意、放心地使用票据，规定票据效力与签发票据的原因分离。只要票据具备法定形式，即生效力，即使签发原因不合法或不存在，票据仍然有效；持票人行使票据权利，以提示票据为要件，不需另行证明票据的原因；票据债务人无义务也无权利了解票据原因，只需验看票据是否真实、合法，在票据无瑕疵或者持票人不属恶意取得时，就应当无条件支付票面金额。即使发生错付的情形，债务人也无须承担履行不当的赔偿责任。票据的无因性被各国立法广泛承认。[1]

现行《票据法》虽未直接用"票据无因性"之类的文字，但有关法律条文表明其没有明确否定票据无因性。《票据法》第 4 条第 1 款规定："票据出票人制作票据，应当按照法定条件在票据上签章，并按照所记载的事项承担票据责任。"第 24 条规定："汇票上可以记载本法规定事项以外的其他出票事项，但是该记载事项不具有汇票上的效力。"[2]前列两条中的"按照所记载的事项承担票据责任"和"记载本法规定事项以外的其他出票事项""不具有汇票上的效力"，应被理解为：即使出票人或者背书人在票据上记载了出票或者背书的原因，也欠缺票据上的效力。因此，前列两条就是《票据法》未否定票据无因性的规定。

学者多批判《票据法》第 10 条，认为该条规定的"票据的签发、取得和转让，应当遵循诚实信用的原则，具有真实的交易关系和债权债务关系。票据的取得，必须给付对价，即应当给付票据双方当事人认可的相对应的代价"，否定了票据无因性。[3]其实，第 10 条在《票据法》体系方面虽然有瑕疵，但从价值判断方面看，其立法意趣是规定票据关系"直接当事人之间"的出票、票据转让应当有合法原因，并未规定"间接当事人之间"也必须有"真实的交易关系和债权债务关系"之类的合法原因。因此，从该条的文义分析，认为其否定了票据无因性，理由并不充足。因为，在社会经济的事实层面，"直接当事人之间"有"真实的交易关系和债权债务关系"是事实可能，而当"直接当事人之

---

[1]　参见德国《汇票与本票法》（Wechselgesetz）第 17 条、英国《汇票法令》第 38 条、日内瓦《统一汇票和本票法公约》第 17 条。关于日本法，参见〔日〕末永敏和：《日本票据法原理与实务》，张凝译，中国法制出版社 2012 年版，第 22 页。

[2]　此条所称"本法规定事项"，是指该法第 22 条规定的 7 项绝对必要记载事项和第 23 条规定的 3 项相对必要记载事项。

[3]　参见于莹：《票据法》，高等教育出版社 2008 年版，第 106 页。

间"有此等关系时，"间接当事人"中的间接后手与间接前手之间再有此等关系，就是事实不能。从该条的文义中得不出《票据法》违背社会经济事实，要求"间接当事人之间"的票据行为也应具有"真实的交易关系和债权债务关系"，否则票据的签发、取得和转让无效，进而否定票据无因性的含义。

为厘清法律含义，《最高人民法院关于审理票据纠纷案件若干问题的规定》第13条已明确规定："票据债务人以票据法第十条、第二十一条的规定为由，对业经背书转让票据的持票人进行抗辩的，人民法院不予支持。"这一司法解释鲜明地维护了票据的无因性，已成为司法审判工作中被普遍适用的裁判依据。[1]针对《票据法》第10条，有判决认为其仅系"管理性法条，基础关系欠缺并不当然导致票据行为无效"。[2]不过，当事人所授受的票据欠缺真实交易关系的，应判断是否存在真实的借贷行为。[3]票据质押虽然欠缺真实交易关系和债权债务关系，但已被法律所认可，故可被认定有效。票据贴现本质上是一种票据买卖，也欠缺真实交易关系和债权债务关系；不过，现行法认可了金融机构贴现，而民间贴现则被禁止。[4]不过，被贴现的票据本身应当具有真实交易关系，即持票人与出票人或前手具有真实交易关系和债权债务关系，但因税收、继承、赠与依法无偿取得票据的除外（《商业汇票承兑、贴现与再贴现管理办法》第15条）。票据让与担保和回购也欠缺真实交易关系和债权债务关系，但从鼓励担保融资以及《最高人民法院关于适用〈中华人民共和国民法典〉有关担保制度的解释》第68条来看，票据让与担保和回购也应予认可。

**八、票据是提示证券**

票据权利人主张票据权利、行使票据权利，必须向票据债务人提示票据，将票据交债务人验看，否则票据债务人有权拒绝。电子票据的提示，须通过相

---

〔1〕 参见《交通银行中山支行诉中国成套设备出口公司武汉分公司经营处、中国人民建设银行海口市分行等银行承兑汇票纠纷再审案》，载《最高人民法院公报》1995年第1期；恒丰银行股份有限公司泉州分行与通榆县农村信用合作联社票据追索权纠纷案，最高人民法院（2017）最高法民终223号民事判决书；中建二局第二建筑工程有限公司华东分公司、中建二局第二建筑工程有限公司与中国银行股份有限公司扬州文昌支行票据纠纷案，江苏省高级人民法院（2014）苏商终字第0087号民事判决书。

〔2〕 参见中信银行股份有限公司天津分行与风神轮胎股份有限公司、河北宝硕股份有限公司借款担保合同纠纷案，最高人民法院（2007）民二终字第36号民事判决书。除此之外，还参见中国民生银行股份有限公司南昌分行与上海红鹭国际贸易有限公司票据追索权纠纷案，最高人民法院（2016）最高法民再409号民事判决书。

〔3〕 参见中信银行股份有限公司合肥分行与哈尔滨轴承制造有限公司金融借款合同纠纷案，最高人民法院（2017）最高法民终41号民事判决书。

〔4〕 参见《商业汇票承兑、贴现与再贴现管理办法》第14条与《全国法院民商事审判工作会议纪要》（法〔2019〕254号）第101条。

应的系统完成。[1]因此，票据为提示证券。提示，分提示承兑和提示付款。本票、支票、银行汇票不必提示承兑，只有提示付款。商业汇票包括银行承兑汇票、财务公司承兑汇票、商业承兑汇票[2]，均属委托证券，票据上记载的付款人是否按票据文义负责，全在该人是否同意出票人之付款委托；持票人能否得知出票人记载的付款人是否承诺按票据文义付款，须持票据向该人要求承兑。持票人向票据上记载的付款人提示票据，要求承诺兑付票面金额，即为提示承兑。票据上的付款人承兑后，才成为票据债务人，负有向持票人无条件支付票面金额的义务。换言之，汇票除另有规定者外，须经提示承兑，才可提示付款。[3]

于各国票据法上，提示（Presentment）构成行使票据权利的要件。依我国《票据法》第 39 条第 1 款，定日付款或者出票后定期付款的汇票，持票人应当在汇票到期日前向付款人提示承兑。该法第 40 条规定，见票后定期付款的汇票，持票人应当自出票日起 1 个月内向付款人提示承兑（第 1 款）；汇票未按照规定期限提示承兑的，持票人丧失对其前手的追索权（第 2 款）。美国《统一商法典》第 3 - 501 条第 1 款规定，除经免除外，汇票必须作出提示。日内瓦《统一汇票和本票法公约》第 22、30 条等条款，也规定了提示承兑和提示付款。

电子票据虽已无形化，但付款仍以提示为要件，只不过其具有一定的特殊性。票据到期的，新一代票据业务系统会自动作出提示，银行承兑汇票还可自动作出应答，而商业承兑汇票仍需承兑人手动应答。[4]于手动应答的情形，承兑人怠于处理指令的，汇票会一直处于"提示付款待签收处理中"。对此，有判决将其视为承兑人拒绝付款。[5]当然，承兑人同意签收付款提示，系统显示"票据已结清"，但实际上并未付款的，也构成拒付。[6]于当前司法实践之中，法院对于期前提示付款的效力、能否适用《票据法》第 40 条第 2 款，存在不同观点。有判决认为，因持票人期前提示付款行为在电子票据系统中持续存

---

〔1〕 参见《电子商业汇票业务管理办法》第 5 条。

〔2〕 参见《商业汇票承兑、贴现与再贴现管理办法》第 8 ~ 10 条。

〔3〕 不过，根据《票据法》第 40 条第 3 款，见票即付的汇票无需提示承兑。

〔4〕 关于付款提示的具体方式，参见上海票据交易所网站 – 会员服务 – 服务指南 – 业务介绍 – 提示付款。

〔5〕 参见阳城县富宁化工有限责任公司、住某等与河北乐恒节能设备有限公司票据追索权纠纷案，山西省高级人民法院（2021）晋民申 1882 号民事裁定书；河南金丝竹建材有限公司与河南润安建设集团有限公司等票据追索权纠纷案，河南省高级人民法院（2021）豫民再 251 号民事判决书。

〔6〕 参见金鹰重型工程机械股份有限公司与常州市瑞泰工程机械有限公司等票据追索权纠纷案，重庆市高级人民法院（2020）渝民终 2464 号民事判决书；云南昆钢国际贸易有限公司与四川川煤华荣能源股份有限公司票据追索权纠纷案，四川省攀枝花市中级人民法院（2020）川 04 民终 103 号民事判决书。

在，延续至票据到期日之后，持票人期前提示付款的行为产生提示付款的法律效果，如承兑人未在票据到期日付款，持票人有权对承兑人及各前手行使票据追索权。[1]然另有判决认为，若票据债务人并未自愿放弃期限利益，并未追认期前提示付款的效力，则应否认期前提示付款行为具有提示付款的积极效力，对除出票人、承兑人之外其他票据债务人不产生拒付追索效力。[2]

**九、票据是缴回证券**

持票人为付款提示行为从付款人处取得票面金额时，必须将票据交付付款人，转移票据所有权，否则票据债务人有权拒绝付款。在此意义上，票据属缴回证券。我国《票据法》第55条规定，持票人获得付款的，应当在汇票上签收，并将汇票交给付款人。外国票据法上规定，持票人取得票面金额，以向付款人交付票据为必要。电子票据无所谓交付及转让所有权的问题，其在付款完成后由专门的保管人进行处理和保管，进而实现类似于"缴回"的效果。[3]司法实践中，债务人完成支付后，也不得请求持票人退回票据。[4]

票据法之所以如此规定，是因为票据是金钱债权证券，持有票据就享有票据权利。持票人在获得付款时未将票据交付至付款人的，对出票人、背书人、保证人、付款人等主体可能造成不利，造成重复行权的问题。为防止纠纷，持票人将票据交付至付款人，收回的票据就失去了原有的功能和价值。

票据的缴回，有两方面的法律后果：①消灭票据关系。持票人将票据交付付款人，便不再享有票据权利，持票人与出票人、背书人、保证人、付款人等之间的票据权利义务归于消灭。当然，例外情况也可能存在，即保证人代为付款或参加人代为付款时，票据关系并不消灭，代为付款的保证人、参加人得从持票人处收取票据，并以票据为凭，向出票人、背书人等票据债务人行使追索权。我国《票据法》第52条就此规定，保证人清偿汇票债务后，可以行使持票人对被保证人及其前手的追索权。②付款人凭借收回的票据，与出票人清结债

---

〔1〕 参见山西太钢不锈钢股份有限公司与锦州兴业冶炼有限责任公司等票据追索权纠纷案，江苏省无锡市中级人民法院（2020）苏02民终2473号民事判决书；河南龙宇能源股份有限公司、渑池县承时选煤有限公司与上海电气集团上海电机厂有限公司、三门峡龙王庄煤业有限责任公司等票据追索权纠纷案，江苏省苏州市中级人民法院（2019）苏05民终9900号民事判决书。

〔2〕 参见北京航天新立科技有限公司与湖北江耀机械股份有限公司票据追索权纠纷案，北京金融法院（2021）京74民终154号民事判决书；葫芦岛京东呋喃化学有限公司与沈阳腾龙模具材料有限公司等票据追索权纠纷案，辽宁省沈阳市中级人民法院（2022）辽01民终915号民事判决书。

〔3〕 关于电子票据的结算方式，参见上海票据交易所网站－会员服务－服务指南－业务介绍－清算结算业务介绍。

〔4〕 参见蓝润地产有限责任公司与四川爱明建筑工程有限公司票据追索权纠纷案，四川省成都市中级人民法院（2022）川01民终1912号民事判决书。

权债务（本票关系则无此情况）。汇票和支票的付款人，按照票据文义付款，皆因其与出票人之间有资金关系。付款人在完成付款后，收回票据，才能凭票据清结资金关系中的债权债务。其若不收回票据，则无凭据而不能清结。

**十、票据是特殊的动产**

票据代表一定的金钱债权，因而是一种财产。票据这种财产，任意移动而无损其用途和价值，故属民法中的动产。然而，票据虽属民法上的动产，却又不能简单地适用民法上的动产物权规则，而须区分不同情况适用物权法或者票据法。具体而言，票据的所有权问题，一般适用民法上的动产所有权制度；票据权利的发生、行使、移转等问题，则要适用票据法。由此可见，票据兼涉物权法与票据法，其本质上是金钱债权的"动产化"，故具有混合性。[1]下文即以票据权利的转让为例，阐明这一混合性。

票据权利的转让，以票据所有权转让为前提。不过，票据权利的转让还应满足其他特殊要件，比如指示票据还需背书。不论如何，当事人在转让票据，须具有转让票据所有权的合意，且完成交付。在动产交付规则（traditio）下，交付既可采取现实交付（《民法典》第 224 条），也可采取拟制交付（《民法典》第 226～228 条），甚至是占有改定。[2]债权原则上无法善意取得。然而，票据蕴含的金钱债权，能通过票据的善意取得而成为善意取得的对象。更为重要的是，为保障票据的流通性，不少国家就票据等有价证券的善意取得，设定了更为宽松的适用要件。[3]根据现行法，票据自可成为《民法典》第 311 条的适用对象，票据的善意取得能够产生债权善意取得的效果。虽然占有脱离物的善意取得，仍存在争议，但《票据法》第 12 条就票据作了特别规定，以确保票据的流通性。[4]值得注意的是，由于指示票据要求背书连续，故在票据丢失、被盗窃、抢夺的情形中，第三人善意取得指示票据的可能性较低，且必然会涉及伪造签名的问题。[5]

现代票据正在经历电子化或者无形化过程。纸质票据逐渐被无形的电子票

---

[1]　Vgl. Wolfgang Zöllner, Wertpapierrecht, 12. Aufl. , 1978, S. 17; M. G. Bridge, Louise Gullifer, Gerard Mc-Meel and Sarah Worthington, *The Law of Personal Property*, Sweet & Maxwell, 2013, p. 11.

[2]　换言之，票据转让适用动产转让规则。Vgl. Schnauder/Müller-Christmann, Wertpapierrecht, 1992, S. 71.

[3]　例如，《德国民法典》第 935 条第 2 款规定，作为占有脱离物的不记名证券，也能被善意取得。德国《汇票与本票法》第 16 条第 2 款也就此作了规定。

[4]　《票据法》第 12 条，以欺诈、偷盗或者胁迫等手段取得票据的，或者明知有前列情形，出于恶意取得票据的，不得享有票据权利。持票人因重大过失取得不符合本法规定的票据的，也不得享有票据权利。

[5]　Vgl. Hueck/Canaris, Recht der Wertpapiere, 12. Aufl. , 1986, S. 23, 89.

据代替，传统的交付、背书与所有权转让，开始逐渐"让位"于电子票据交易系统。这一电子系统更加便捷、可靠、安全，突破了传统纸质票据的流转模式。例如，电子票据已非动产，电子票据转让不再涉及交付及所有权转让问题，而仅主要涉及系统中的交割。[1]未来的电子票据交易，将如同现代的股票交易。

## ■第五节　票据的起源及发展

### 一、我国票据的起源及发展

我国在唐代出现了一种名为"飞钱"的票券，[2]学者们多认为"飞钱"是我国现代汇票的嚆矢。[3]唐宪宗（公元 806 年~820 年）时期，各地茶商交易，往来频繁，但交通不便，携带款项困难。为方便起见，创制了"飞钱"。商人在京城长安（今西安）把现金支付给地方（各道）驻京的进奏院及各军各使等机关，或者在各地方设有联号的富商，由他们发给半联票券，另半联票券则及时送往有关的院、号，持券的商人到目的地时，凭半联票券与地方的有关院、号进行"合券"后支取现金。当时，"飞钱"只是一种运输、支取现金的工具，不是通用的货币。

到宋代，出现了"便钱"和"交子"。宋太祖开宝三年（公元 970 年），官府设官号"便钱务"，商人向"便钱务"纳付现金，请求发给"便钱"，商人持"便钱"到目的地向地方官府提示付款时，地方官府应当日付款，不得停滞。这种"便钱"类似现代的"见票即付"的汇票。[4]至宋真宗时期，蜀地（今四川）出现"交子"，地方富户联办"交子铺"，发行称为"交子"的票券，供作异地运送现款之工具。后来，官府设"交子务"专办此事，发行所谓"官交子"。"交子"与现代的汇票、本票相似。[5]

唐代，使用过一种叫"帖"的票券，有学者认为它是我国支票的起源。[6]

明朝末年（公元 17 世纪），山西地区商业发达，商人设立"票号"（又叫票

---

〔1〕　参见高新区花果山街道山海石英制品经营部与中铁一运（包头）运销有限公司等票据纠纷案，内蒙古自治区包头市中级人民法院（2020）内 02 民终 2990 号民事判决书。

〔2〕　《新唐书·食货志》载：宪宗以钱少，复禁用铜器，时商买至京师，委托诸道进奏院及诸军、诸使、富户以轻装趋四方，合券乃取之，号曰飞钱。

〔3〕　参见张国键：《商事法论》，三民书局 1980 年版，第 363 页；刘家琛主编：《票据法原理与法律适用》，人民法院出版社 1996 年版，第 25 页。

〔4〕　参见谢怀栻：《票据法概论》，法律出版社 2017 年版，第 21 页。

〔5〕　参见谢怀栻：《票据法概论》，法律出版社 2017 年版，第 21 页。张国键教授认为，官交子为今日本票之滥觞。参见张国键：《商事法论》，三民书局 1980 年版，第 364 页。

〔6〕　参见张国键：《商事法论》，三民书局 1980 年版，第 364 页。

庄或汇兑庄），在各地设立分号，经营汇兑业务以及存放款业务。名为汇券、汇兑票、汇条、庄票、期票等的金钱票券大为流行，票号逐渐演变，叫做"钱庄"，19世纪中叶进入盛期。票号签发的这些票券，类似现代的汇票和本票。

清朝末年，西方银行业进入我国，钱庄逐渐衰落。我国固有的票据规则终被外来票据制度取代。1929年，国民政府制定票据法，规定票据为汇票、本票和支票，与西方国家票据制度接轨，我国原有的各种票据逐渐被淘汰。

**二、外国票据的起源及发展**

在罗马帝国时代，产生了票据的雏形。当时的"自笔证书"（*Chirographum*）与现代的本票相似。[1]自笔证书由债务人作成后交债权人持有，债权人请求给付时，必先提示证书，当其获得付款时，须将证书返还债务人。[2]然而，学者们多认为，这种证书只是票据的前身，不可视为票据。[3]

关于票据的起源，理论上存在诸多争议。[4]主流观点认为，票据发端于12世纪意大利兑换商所发行的"兑换证书"（*Cambium*），或者至少在意大利开始被普遍使用。[5]当时，意大利贸易极盛，商人云集，货币兑换十分重要，兑换商不仅从事即时兑换货币业务，而且兼营汇款。甲地兑换商收受商人货币后，向商人签发兑换证书，商人持此证书，向兑换商在乙地的分店或者代理店请求支付款项，支取乙地通用的货币。这种兑换证书相当于现代的异地付款的本票，被认为是欧洲国家本票的起源。汇票的"胚胎"是12世纪中叶意大利兑换商发行的"付款委托书"。兑换商向其他商人发行异地付款证书时，附带一种付款委托证书，持证人请求付款时，必须同时向付款人提示两种证书，否则不予付款。13世纪以后，付款委托证书逐渐独立发生付款证书的效力，始脱胎而成汇票，发展至今。支票最早产生于荷兰，17世纪时传到英国，19世纪中叶后，再由英国传至法国、德国，逐渐被各资本主义国家采用。

---

〔1〕 See George Mousourakis, *Fundamentals of Roman Private Law*, Springer, 2012, p. 291.

〔2〕 See Henry Campbell Black, *A Law Dictionary*, The Lawbook Exchange, 1995, p. 198.

〔3〕 实际上，罗马法学家仍是在合同框架下讨论自笔证书。自笔证书是一种书面形式合同，起源于古希腊。自笔证书最初只是一种协议（*pactum*），并且该协议是否具有可诉性与约束力，理论上存在争议。See W. H. Buckler, *The Origin and History of Contract in Roman Law*, Cambridge University Press, 1895, pp. 132 – 134.

〔4〕 See Sergii Moshenskyi, *History of the Weksel: Bill of Exchange and Promissory Note*, Xlibris, 2008, pp. 3 – 21.

〔5〕 See Henry D. Jencken, *A Compendium of the Laws on Bills of Exchange, Promissory Notes, Cheques*, Waterlow and Sons, 1880, p. 2; Joseph Story, *Commentaries on the Law of Bills of Exchange*, The Lawbook Exchange, 2005, p. 10.

## ■第六节　现代电子票据系统

由于电子支付手段日益丰富，票据作为支付工具的重要性显著降低。不过，票据也呈现出新发展趋势，以迎合现代贸易和融资之需求。总体而言，现代票据主要呈现出两个发展趋势：一是票据的电子化，二是电子票据与电子商务的深度融合。

2017 年，联合国国际贸易法委员会（UNCITRAL）制定了《电子可转让记录示范法》（*Model Law on Electronic Transferable Records*），涵盖了汇票、本票的电子化。2022 年 3 月，英国法律委员会出台《电子贸易文书：报告与法令》（*Electronic Trade Documents Report and Bill*），也涉及票据的电子化方案。2022 年，美国统一法律委员会（Uniform Law Commission）修订了美国《统一商法典》（UCC）。其中，第三编修订的主要目标是应对电子票据的运用。[1] 从 2006 年的全国支票影像交换系统（CIS）至 2022 年的新一代票据业务系统，我国的电子票据也获得了长足发展。目前，上海票据交易所在中国人民银行的指导下，已经基本完成了纸电票据一体化进程，不同电子票据类型的交易一体化也正在发展之中。

### 一、从支票影像交换系统至电子商业汇票系统

票据包括纸质票据和电子票据（简称"电票"）。我国票据电子化始于 2006 年试行的全国支票影像交换系统（CIS）。《全国支票影像交换系统业务处理办法（试行）》第 2 条第 1 款规定，影像交换系统是指运用影像技术将实物支票转换为支票影像信息，通过计算机及网络将支票影像信息传递至出票人开户银行提示付款的业务处理系统。这一系统并未替代纸质支票，而是在其基础之上，将纸质支票转化为支票影像。支票影像信息具有与原实物支票同等的支付效力，出票人开户银行收到影像交换系统提交的支票影像信息，应视同实物支票提示付款（第 4 条）。

中国人民银行 2009 年颁行《电子商业汇票业务管理办法》（以下简称《管理办法》），正式开启了票据的电子化进程。该管理办法第 2 条规定，电子商业汇票是指出票人依托电子商业汇票系统，以数据电文形式制作的，委托付款人在指定日期无条件支付确定金额给收款人或者持票人的票据。电子商业汇票分为电子银行承兑汇票和电子商业承兑汇票。前者由银行业金融机构、财务公司（以下统称金融机构）承兑，而后者则由金融机构以外的法人或其他组织承兑。

---

[1]　See Uniform Law Commission, Amendments to the Uniform Commercial Code (2022).

电子商业汇票的付款人为承兑人。因此,我国的电子票据包括电子银行承兑汇票、电子财务公司承兑汇票、电子商业承兑汇票,银行汇票、支票、本票未采用电子形式。电子商业汇票的数据电文格式和票据显示样式由中国人民银行统一规定(《管理办法》第83条)。

电子商业汇票的出票、承兑、背书、保证、提示付款和追索等业务,必须通过电子商业汇票系统(ECDS)办理(《管理办法》第5条)。这一系统是经中国人民银行批准建立,依托网络和计算机技术,接收、存储、发送电子商业汇票数据电文,提供与电子商业汇票货币给付、资金清算行为相关服务的业务处理平台(《管理办法》第3条)。由上述规定能够看出:①电子票据的票据行为只能在电子商业汇票系统上实施,排除了在纸质票据凭证上实施的可能性。②票据行为只能在电子商业汇票系统上实施,导致票据行为成立和生效条件的"表现形式"和纸质票据发生质的差异。概言之,电子签名是其必要形式之一,票据交付也由纸质票据占有转移变化为网络交付。③电子票据须存在于电子商业汇票系统的"业务处理平台"上,电子票据的票据行为也只能通过该平台实施,所有电子票据及其票据行为的生成和存在均受制于这种平台。这种现象颠覆了传统票据流通方式。就此现象客观评价,电子票据无须持票人携带、保管票据,具有纸质票据所不能有的安全和便捷。④电子票据的出票、承兑、背书等票据行为,签名须通过电子商业汇票系统办理,因此只能是"电子签名",适用《电子签名法》。

**二、上海票据交易所**

2016年,中国人民银行颁行《票据交易管理办法》,并设立上海票据交易所(简称"票交所")。中国票据市场正式进入"票交所时代"。上海票据交易所是中国人民银行指定的提供票据交易、登记托管、清算结算和信息服务的机构(《票据交易管理办法》第15条)。同年,票交所开发、负责管理的中国票据交易系统(CPES)开始运营。2017年10月9日,在中国人民银行的指导下,电子商业汇票系统正式移交票交所运营。此后,中国票据交易系统和电子商业汇票系统,成为票交所的两大运行系统。两大运行系统推动了我国票据的电子化进程,但仍面临两个问题:一是纸质和电子票据适用不同交易系统、不同业务规则,二是电子汇票系统与中国票据交易系统并存。

为了进一步统一纸电票据同场交易,适用相同的规则,票交所2017年发布《上海票据交易所股份有限公司关于实施电子和纸质商业汇票交易融合工作有关安排的通知》(票交所发〔2017〕45号),决定分两个阶段实施电子和纸质商业汇票交易融合工作。于第一阶段,两大系统同步上线纸电票据融合功能,以多边形式的《票据交易主协议》及成交单替代了线下双边交易合同,以买断式回购、质押式回购、转贴现等交易品种替代原有的交易品种，统一了纸电票据的交易品种和交易规则。于第二阶段（2018 年），电子商业汇票系统贴现后业务功能一次性切换至中国票据交易系统，贴现和贴现前业务仍通过电子商业汇票系统处理。

### 三、新一代票据业务系统

为进一步实现电子票据交易的一体化，整合电子商业汇票和中国票据交易系统，票交所建设了"承载票据全生命周期业务功能"的新一代票据业务系统。[1] 新一代票据业务系统，已于 2022 年 6 月 3 日开始运行。[2] 新系统一方面继承和优化了中国票据交易系统（CPES），另一方面整合并重构了电子商业汇票系统（ECDS），负责处理出票、承兑、背书、贴现、转贴现、回购、再贴现、质押、赎回、保证、付款、追索等票据全生命周期业务。除此之外，当事人还可以上传合同、发票、订单等交易背景信息。[3]

新一代票据业务系统继承并保留了交易系统现有的贴现后交易、再贴现等业务以及相关的登记托管、清算结算、参与者管理等基础功能架构，经适当的适应性改造形成相应的功能模块；新系统上线后，交易系统业务参与者在新系统办理相关业务。[4] 目前，电子商业汇票系统与新一代票据业务系统仍同步运行，但电子商业汇票系统最后的存量数据将被迁移至新系统。根据安排，2023 年 7 月前，所有市场成员需完成系统的接入，并且通过电子商业汇票系统签发票据的票面到期日不晚于 2023 年 12 月 31 日。2024 年 1 月 28 日，电子商业汇票系统将全面停止运行，仍未结清的票据转至新一代票据业务系统。

新一代票据业务系统的主体，主要包括票据当事人（业务参与者）和媒介机构（接入机构）。[5] 票据当事人具有一个票据账户和资金账户，前者被用于记载票据债务、票据余额等情况，而后者主要被用于开展资金清算。新系统的基本操作模式是，票据当事人须通过媒介机构提供的网银、客户端等系统终端，接收、发送票据业务的相关指令，完成相应的票据行为。例如，票据当事人 A 发起申请之后，由其相应的接入机构 A 向新系统提交申请，新系统会将该申请

---

[1]　参见《上海票交所关于印发〈新一代票据业务系统业务方案〉和〈新一代票据业务系统直连接口规范 V1.0〉的通知》（票交所发【2021】55 号）。

[2]　参见《上海票据交易所关于做好新一代票据业务系统投产上线相关工作的通知》（票交所发〔2022〕53 号）。

[3]　目前，供应链平台签发的票据业务须上传交易背景信息，否则票据业务无法完成。参见《新一代票据业务系统业务方案》第 6.4 条。

[4]　参见《新一代票据业务系统业务方案》第 2.7.3 ~ 2.7.4 条。

[5]　客户在利用票据系统前，应与上海票据交易所签订《上海票据交易所客户服务协议》。这一协议是格式合同，最新版的协议制定于 2018 年，目前正在修订之中。参见《上海票据交易所关于发布及签署〈上海票据交易所客户服务协议〉有关事宜的公告》（票交所公告〔2018〕1 号）。

转发至接入机构 B，由其转发至当事人 B，当事人 B 作出应答之后，再途经接入机构 B、新系统、接入机构 A，由接入机构 A 将应答转至当事人 A。目前，能够申请成为接入机构的主体，主要包括金融机构与财务公司。接入机构也可能成为票据当事人，其他法人、非法人组织、个体工商户则可通过接入机构成为业务参与者，完成票据行为。

新一代票据业务系统不仅融合了电子商业汇票系统与中国票据交易系统，实现了纸电票据交易的一体化，而且在票据业务上作出了一些突破。

1. 新系统增加了企业信息报备流程。电子商业汇票系统主要以票据为载体，重在记录票据行为信息。新系统运行后，票据当事人应当通过其接入机构，将其企业信息报备至票交所，票交所会对接企业工商信息系统进行验证，建立企业类票据当事人的信息库，便于票据当事人开展票据业务。企业未接到票据所验证通过的反馈时，无法通过新系统开展票据业务。企业信息报备坚持"谁登记、谁维护、谁使用"的原则，新系统在校验票据业务当事人的名称时，以企业通过接入机构报备、维护的信息为准。

2. 新系统采取了"票据包"模式。支持出票人签发以标准金额（标准金额由新系统场务端参数设置为 0.01 元）票据组成的票据包，持票人之后可依实际业务需要，决定是否分包流转。例如，出票人欲出具价值 100 元的票据时，既可以选择出具面额为 100 元的单张票据，也可以选择出具一个包括 10 000 份票据的票据包。如果出票人选择了票据包，那么持票人事后可拆分票据包，但拆分限于标准金额（即 0.01 元）的背书。例如，持票人可选择背书转让 4000 份、价值 40 元的票据包，保留剩余 6000 份、价值 60 元的票据包。一旦如此，那么原票据包即被拆分为两个新票据包。目前，转贴现、回购交易、非交易过户、回购式贴现赎回，尚不支持分包处理。出票人可决定是否将票据拆分，出具一个票据包。票据包业务增加了票据的适用性和流通性，但可能会与现行法产生一定的冲突。例如，《票据法》第 60 条与第 89 条都规定付款人应当足额付款，禁止部分付款，但某一票据包被分包处理的，实际上会产生部分付款的效果。

3. 新系统优化了提示付款流程和清算机制。当汇票到期时，新系统会自动发起付款提示，持票人无需再手动发起提示付款。除此之外，银行承兑汇票还采取自动应答，而商业承兑汇票仍需承兑人手动应答。由于新系统设置了票据包及其分包处理业务，为了提高清算效率，新系统设立了批量清算机制。票交所设有"批量清算专户"，居间为收付款双方提供批量清算资金的收、付款服务，并采取"先收后付"的批量清算流程。首先，系统会以承兑人开户行会员为单位，先将其应付款项扣收至"批量清算专户"；其次，系统根据"批量清算专户"的扣收款项计算持票人开户行会员的应收款项，并将相应的应收款项从

"批量清算专户"划付至接入结构指定的清算账户。其中，银行承兑汇票采自动应答付款提示模式，清算场次是当日 10：00，而商业承兑汇票的提示付款需承兑人手动应答，故清算场次是当日 16：00。

4. 新系统提供了票据查询服务。当某一票据处于应答状态时，应答人可以查询应答发起人的信用信息和承兑人的信用信息。票据的票据权利人或质权人，可以向票交所查询承兑人或前手转让背书或质押行为的行为人的信用信息。票据行为当事人可申请查阅交易背景影响信息、附件信息、托管票据信息、企业报备的信息。[1]

除了上述特色功能之外，新一代票据业务系统在票据追索、票据托管、票据冻结、保贴增信等方面，也实现了突破和创新。[2]

**四、其他票据系统和票据产品**

于票据电子化的背景下，票据与电子商务的深度融合，也是票据发展的趋势之一。上海票据交易所为促进票据在电子商务领域的使用，在 2018 年 12 月开发了"票付通"产品。根据《上海票据交易所"票付通"业务规则（暂行）》第 2 条，票付通是指付款人和收款人在 B2B 平台约定以电子商业汇票作为支付方式，付款人通过合作金融机构发起线上票据支付指令，由合作金融机构、收（付）款人开户机构通过上海票据交易所提供的服务完成票据线上签发、锁定、解锁、提票、收票等行为的线上票据支付业务。交易双方在开展电子商事交易时，买受人可直接选择"票付通"，线上直接完成票据的签发，以票据进行支付。票据被签发之后，即被锁定于电子票据账户，票据系统会在确认收货或订单完成之后自动解除锁定，出卖人此时可线上签收票据（《上海票据交易所"票付通"业务规则（暂行）》第 25～26 条）。[3]票付通产品原以电子商业汇票系统（ECDS）为基础，现将被融入新一代票据业务系统，业务参与者通过新系统办理票付通业务。

目前，票据还被用作应收账款标准化的工具。应收账款代表未来的现金流，但作为一项债权，其支付、融资和流通功能较弱，无法与票据相比。为了化解这一问题，市场自发形成了应收账款流通平台。借助该平台，应收账款被转化为可拆分、可流转、可融资的类商票的付款承诺函模式的电子债权凭证。不过，此类凭证并非票据，仅是一种电子付款承诺函，其流通性和安全性仍无法与票据媲美。2020 年，上海票据交易所开发了所谓的"供应链票据"产品。[4]通过

---

〔1〕　参见《新一代票据业务系统业务方案》第 7.1～7.5 条。

〔2〕　参见《新一代票据业务系统业务方案》第 1.2 条。

〔3〕　关于"票付通"，可进一步参见上海票据交易所－创新产品－票付通。

〔4〕　关于"供应链票据"，可进一步参见上海票据交易所－创新产品－供应链票据。

供应链票据，供应商享有的应收账款可被转化为电子商业汇票，实现了应收账款的票据化。供应链平台不仅可以实现应收账款票据化，提供供应链票据的签发、承兑、背书流转和融资服务，而且整合了上下游企业之间的物流、商流、信息流、资金流等信息，确保票据具有真实交易基础。根据2022年《商业汇票承兑、贴现与再贴现管理办法》第3条第2句，供应链票据属于电子商业汇票，供应链票据已被整合进入新一代票据业务系统。[1]

现如今，票据证券化市场也逐步形成。票据是一种重要资产，票据最终体现为特定额度金钱的支付，故可作为证券化的基础资产。2020年6月，中国人民银行颁行《标准化票据管理办法》，开启了我国商业汇票的证券化。持票人将商业汇票的权利完全地背书转让给存托机构，并取得相应的对价（《标准化票据管理办法》第7条）。转让完成之后，持票人变为"原始持票人"。存托机构受让票据后，会归集核心信用要素相似、期限相近的商业汇票组建基础资产池，并以基础资产池所产生的现金流为偿付支持，创设一种"等分化受益凭证"，即所谓的"标准化票据"（《标准化票据管理办法》第2条）。值得注意的是，标准化票据实际上并非票据法上的票据，仅是一种受益凭证。投资者可认购受益凭证，成为标准化票据的持有人，进而参与标准化票据的收益分配。标准化票据的创设涉及新一代票据业务系统中的"票据存托业务"。[2]

为了加强商业汇票信用体系建设，完善市场化约束机制，保障持票人合法权益，上海票据交易所在2022年11月18日制定《商业汇票信息披露操作细则》，并建设运营票据信息披露平台。根据《商业汇票信息披露操作细则》，披露的主体是承兑人，披露对象主要包括商业汇票主要要素（第9条）、逾期承兑和承兑余额情况（第10条）、承兑人的信用信息（第11条），披露方式包括自动披露、推送披露或自主填写披露等方式（第16条）。票据信息披露平台是保障我国商业汇票市场秩序的重要机制。

## 思考题

1. 如何理解票据的意义？
2. 票据是一种什么样的有价证券？
3. 文义证券的法律含义是什么？票据文义和票据权利、义务有何关系？
4. 如何理解票据是完全证券？

---

[1]　参见《新一代票据业务系统业务方案》第2.7.1条。
[2]　参见《新一代票据业务系统业务方案》第3.13条。

5. 提示证券的法律含义是什么？

6. 票据的完全证券性和提示证券性二者之间有何关系？

7. 票据为法定要式证券的含义和重要性是什么？

8. 如何理解票据是无因证券？

9. 我国票据法规定了哪些票据？各种票据有什么特点？

10. 查阅我国《票据法》《票据管理实施办法》《最高人民法院关于审理票据纠纷案件若干问题的规定》，考证票据须为法定要式证券的规定有哪些？

# 票据法概述

**学习目的和要求**　首先，重点理解票据法的意义与特点，能够准确理解票据法的三个特点，即强制性、技术性、严格的形式主义。其次，熟悉我国票据法律的构成，经过适度训练，初步具备快捷"找法"、准确"用法"的能力。最后，清楚地了解票据法的立法宗旨、票据法的演进及法系等知识。

## ■第一节　票据法的意义与特点

### 一、票据法的意义

票据法是调整票据关系的法律规范的总称。这一定义有两层含义：

（一）票据法以票据关系为调整对象

票据关系是因票据的签发、转让、承兑、保证等事实形成的，以金钱利益为内容的财产关系。票据关系涉及当事人的金钱利益。广而言之，票据法对保障人们安全、便捷地使用票据，对交易安全和交易秩序乃至国家金融秩序，皆有重大影响。党的二十大报告提出，加强和完善现代金融监管，强化金融稳定保障体系，依法将各类金融活动全部纳入监管，守住不发生系统性风险底线。是故，不用法律制度规范票据关系，不足以保护票据的正常使用。是故，不用法律制度规范票据关系，不足以保护票据的正常使用。

票据关系是财产关系，具有私法上财产关系的基本特点，理应受私法调整。然而，票据关系又具备私法上物权关系、一般债权关系所不能有的特点，难以用物权法、普通债权法加以规范。为有效保障票据的使用和流通，保护票据关系当事人合法利益，促进经济发展，国家制定了专门调整票据关系的票据法。

（二）票据法是调整票据关系的法律规范的总括性称谓

票据法有广、狭二义。狭义的票据法，也叫"形式票据法"，指由国家立法机关按照一定体系编制颁行的名叫票据法的法律，比如我国《票据法》、德国

《汇票与本票法》（*Wechselgesetz*）、英国《汇票法令》（*Bills of Exchange Act*）。广义的票据法，又称"实质票据法"，指一切有关票据的法律规范。广义的票据法不仅包括名为票据法的票据规范，还包括其他法律中对票据的规定。例如，《民法典》可以适用于票据的规范（人的行为能力制度、代理制度、动产物权制度等）、《民事诉讼法》关于票据的规定（公示催告和除权判决、票据纠纷的诉讼等规范）、刑法中有关票据的规定（如伪造有价证券罪）、公证制度中关于拒绝证书的规定、破产法中关于票据当事人受破产宣告的规定、行政法规中关于票据的规定，皆属于实质票据法。

最高人民法院制定的《最高人民法院关于审理票据纠纷案件若干问题的规定》，也属于实质票据法，且可在票据纠纷案件中直接适用。[1] 中国人民银行制定并公布施行的有关行政规章中（如《支付结算办法》《电子商业汇票业务管理办法》），与法律、行政法规不抵触的，在司法审判中可参照适用，作为裁判说理的依据。[2] 因此，此类行政规章也属于广义的票据法范畴。

**二、票据法的特点**

在民商分立的国家，票据法是商法的一个部分，[3] 而在民商合一的国家，票据法属民法的特别法。[4] 我国即属后一类情形。英、美两国素称"判例法"国家，但其商法却已显著地成文化，成文法已成为商法的重要法律渊源。英、美票据法构成其商事法的一部分。无论处于何种情况的票据法，均有下列特点：

**（一）票据法是强制性规范**

票据关系是一种债权关系，票据法亦应属债法。然而，债法一般奉行私法自治原则，当事人在合法范围内可依其意思为法律行为、设立债权债务关系。票据在一定程度上是货币的替代工具，具有支付功能、信用功能，且为流通之物。若允许当事人像设立一般债权债务关系那样的意思自治，依自己意思为出票、转让、承兑、保证等票据行为，势必会给不良之辈提供许多可乘之机，诈欺营利，坑害他人，扰乱交易及金融秩序。因此，一方面，票据法在总体上坚持债法上"意思自治"的原则；另一方面，为安全、便捷起见，票据法弃任意

---

〔1〕 参见《最高人民法院关于裁判文书引用法律、法规等规范性法律文件的规定》第4条。

〔2〕 参见《最高人民法院关于审理票据纠纷案件若干问题的规定》第62条第2款、《最高人民法院关于裁判文书引用法律、法规等规范性法律文件的规定》第6条。司法实践亦如此适用，参见新都区合纵建材经营部与重庆国际复合材料股份有限公司等票据追索权纠纷案，重庆市第五中级人民法院（2020）渝05民终3497号民事判决书。

〔3〕 德国采民商分立。值得注意的是，《德国商法典》（HGB）并未纳入票据，但规定了提单、仓单等其他有价证券。票据由专门的《汇票与本票法》（*Wechselgesetz*）调整。

〔4〕 荷兰采民商合一。《荷兰民法典》第3：93-94条等条款皆涉及有价证券。不过，票据目前还受到《荷兰商法典》（*Wetboek van Koophandel*）的调整。

规范之色彩而采强制规范之规则，构成强制性规范体系。

票据法的各项规定，原则上皆禁止当事人违反或者变通。当事人通过实施票据行为，设立、变更、消灭票据关系，行使、保全或保护票据权利，皆须严格遵守票据法的具体规定。即使稍有不适法之举措或疏忽之过失，就不能发生预期效果，其结果或是票据无效，或是行为人承担不利之后果，断无协商解决之可能。例如，我国《票据法》第 8 条规定，票据金额以中文大写和数码同时记载，二者必须一致，二者不一致的，票据无效。这个规定虽然显得僵化，有所不妥，但明显地展示了票据法的强制性。[1]又如，我国《票据法》第 12 条第 2 款规定，持票人因重大过失取得不符合本法规定的票据的，不得享有票据权利，亦体现了强制性的特色。

票据法的强制性，通过票据形式的严格性，即"严格形式主义"得到贯彻。不过，在是否采用票据、采用何种票据、决定付款期、金额等方面，当事人仍享有充分的"意思自治"。

（二）票据法是技术性规范

法律规范，依其立法原旨是为维护伦理道德还是授予行为技术，可分为道德性规范和技术性规范。道德性规范，如刑法、民法，杀人者偿命，欠债者还钱；奸盗劫夺者受惩罚，交易者应诚实信用，乱伦婚配者为法不容等，都体现人类社会的道德与正义。这类规范表现的情理，完全行为能力人俱知晓或法律推定其应当知晓。技术性规范，如交通法规、票据法律等，主要规定社会成员的行为程式，不是告诉人们应当为哪些行为，不得为哪些行为，而是告诉人们，在为某种行为时，应当采取何种技术程式。因此，这一类法律立法原旨重行为程式、行为技术，把法律保护的道义蕴涵于特定的行为程式中。社会成员凭道德之修养，难以理解技术性规范，必有专门之学习，才能有所掌握。当然，从另一方面讲，技术性规范的立法文件中不可能不含扬善抑恶之精神及少量道德性规范，道德性规范的法律文件中也不乏教授行为技术之个别规定。

票据法的主要内容，是规定如何实施票据行为，怎样行使、保全、保护票据权利。从立法意图上讲，票据法侧重于规定票据使用、流通和保全票据权利的方法，故主要属于技术性规范。

---

[1]　票据小写金额不完整，无从判断是否与中文大写一致，无以认定票据是否有效，故持票人不得请求承兑付款［参见中国光大银行股份有限公司上海真新支行与中国民生银行股份有限公司北京西坝河支行票据付款请求权纠纷案，北京市第三中级人民法院（2018）京 03 民终 2642 号民事判决书］。不过，票据大写金额处写明"拾捌万元正"，小写金额处为"￥180 000.00"的，虽然书写不完全规范，但仅此不足以作为票据无效的事由。参见曾维亮、范伟红：《不能仅以书写不规范认定票据无效》，载《人民司法（案例）》2015 年第 16 期。

第<br>二<br>章

（三）票据法实行严格的形式主义

票据法注重票据和票据行为的形式，只要票据和票据行为的形式符合票据法，就受票据法的保护。相反，如果形式不符合票据法的规定，即使作成票据的原因是合法有效的，票据和票据行为也属无效。票据法的"形式主义"特征与其强制性密切相关。

除上述特点外，许多学者认为票据法具有国际统一性。[1]国际统一性，是指国际上绝大多数国家的票据法大体上相同，并不像刑法、民法等法律，各具本国特色。票据法事实上确是如此。现在国际上票据法虽有日内瓦统一法系和英美票据法之分，但不仅在相同法系内各国票据法大同小异，而且在不同法系间，基本制度也是相同无二，比如出票、背书、承兑、保证、付款等，进而在国际上呈现"趋同化"之势。出现这种情况，是因为票据法与国际经济贸易联系密切，票据法作为技术性规范，很少受本国政治制度、风俗民情、伦理道德等因素的影响。

## ■第二节　票据法的立法宗旨

### 一、我国票据法的立法宗旨

我国《票据法》第 1 条规定："为了规范票据行为，保障票据活动中当事人的合法权益，维护社会经济秩序，促进社会主义市场经济的发展，制定本法。"此条说明了我国票据法的立法宗旨，具体包括四个方面：①规范票据行为；②保障票据关系当事人的合法权益；③维护社会经济秩序；④促进社会主义市场经济发展。细推究上述四个方面，前两个方面应属票据立法之宗旨，而后两个方面实为市场经济法律体系中一切立法之共同宗旨，民法、刑法、行政法等莫不以此两面为其最高意旨。因此，下文关于票据立法宗旨的讨论，仅从前两个方面展现。

（一）规范票据行为

票据行为包括出票、背书、承兑、保证、参加等法律行为。票据法规范票据行为，采取票据行为形式法定主义，以求实现票据行为形式的划一性、固定化。

划一性，是指票据行为的形式只能是票据法所规定的形式。任何人不得随心所欲地另为一种行为形式。不具票据法规定之形式者，不生票据之效力。电子票据系统更能够确保票据的划一性。盖票据系统具有强制性，当事人未按照票据系统的要求进行操作的，系统会予以拒绝，票据行为无法完成。

---

固定化，是指票据行为的形式由票据法予以固定，不可有任何的变动。例如，出票行为须有出票人的签名，背书须在票据背面书写背书目的文字且须签名等。如果行为人改变法定形式，就不能使票据行为生效。

划一性和固定化可以产生"便捷、安全"的效果。

我国《票据法》和各国票据法同样地规定了各种票据行为的"绝对必要记载事项""相对必要记载事项"。行为人为票据行为时，只需在统一印制好的空白票据凭证上或者票据上预留的地方，按规定记载有关事项，即生票据行为之效力，实现票据行为人之行为目的。当事人在使用票据时，既可简便快捷地完成票据行为，又可简单明了地验知票据行为形式的合法性，以确定票据的安全性。

（二）保障票据活动当事人合法权益

这一方面与上述第一方面联为一体。规范票据行为，使票据行为合法，本身就是在保障当事人的合法权益。然而，票据行为合法并不能排除票据权利因时效期间届满而失效，票据上记载的债务人拒绝承兑、拒绝付款，票据毁损灭失而使票据权利人无法提示票据、主张票据权利等现象的出现。一旦有此类现象发生，票据关系当事人的合法利益便生落空之虞。如果不以妥善、有效的保障规范体系防止当事人免受损害，票据的"安全性"就不复存在，人们也就不愿使用票据。

为有效保障票据的安全性，票据法上设有追索权制度、[1]票据利益返还请求权制度、[2]失票救济制度等，[3]用以保障当事人的合法权益。

**二、票据法立法宗旨的学理讨论**

便捷、安全，应属票据立法的宗旨。[4]

便捷，是指票据立法应当尽其所能地加以规定，使各种票据行为和票据权利的行使、保全、保护行为方便、迅速，促使人们喜好票据。

票据具有支付、信用等功能，不仅为货币之辅助，且在一定程度上有替代货币之效用。使用货币与使用票据两相比较，可谓各有长短。使用货币固然方便，但大额现钞的携带与使用，却不如一纸票据更为简便安全。反过来说，货币为法定强制使用之支付工具，任何人不得拒绝使用和拒收，票据虽也有一定

〔1〕　参见我国《票据法》第二章第六节，日内瓦《统一汇票和本票法公约》第七章及分散于其他章节中的有关追索权的规定，美国《统一商法典》第三编第五节及分散于其他节中有关追索权的规定。

〔2〕　参见我国《票据法》第18条。

〔3〕　参见我国《票据法》第15条。

〔4〕　我国台湾地区郑玉波教授认为："助长流通乃法律上对于票据所采取之最高原则，票据法之一切制度，无不以此原则为出发点，吾人研究票据法法理之际，非先把握此一原则，则对于票据法上之各种制度，即不能了如指掌，故此四字乃一部票据法关键之所在，非常重要，吾人应时时置诸念头，每遇疑难问题，庶可凭此索解。"参见郑玉波：《票据法》，三民书局2008年版，第8页。

的强制使用性，[1]但终不如货币那样被普遍强制使用，在许多交易场合，当事人有权以货币支付而拒绝使用票据。如何使人们乐意使用票据，即不但在必用票据的场合使用票据，而且在可用货币也可用票据的场合也使用票据，是票据立法的一个重要任务。要完成这一任务，保障票据使用具备便捷性，就是一个必要条件。当人们觉得使用票据比使用货币还要便捷、安全时，自然会舍货币而用票据。

安全，是指票据立法应尽其所能地保障票据受让人（即持票人）安全享有票据权利，实现票据权利，获得票面金额。

票据虽可替代货币支付、信用、融资等，但票据权利毕竟为债权，票据债务人是否按票据文义履行票据义务，能否按票据文义付款，直接影响票据权利能否实现。票据关系中，持票人虽为权利人，但出票人一般都因出票而获得了利益。相对尚待取得票面金额的持票人来说，出票人处于有利地位，票据上记载的付款人若拒绝承兑、拒绝付款，持票人的票据权利便有受侵害的可能。在背书转让票据的场合，背书人与出票人同样比持票人地位有利。为防止持票人权利受侵害，就要对持票人给予特殊保护，对出票人、背书人等票据债务人作严格的法律要求。唯有这样，才可使票据具备安全性，使人们敢于放心地使用票据。

为实现"便捷、安全"的立法宗旨，票据法势必有以下内容：

（一）规定票据为要式证券

规定票据须具备法定形式，一可使人们易辨识，二可在出票、转让、提示等方面省事节时。为达此目的，各国不仅规定票据的必要记载事项，且在票据管理方面，也规定票据空白凭证须由国家指定的部门印制，格式须统一。例如，我国《票据法》第108条明确规定："汇票、本票、支票的格式应当统一。票据凭证的格式和印制管理办法，由中国人民银行规定。"电子票据亦是如此。

（二）简化票据转让手续

规定票据转让以交付（不记名式）票据和背书加交付（指示式）票据为有效方式。票据权利为一种金钱债权，其转让方式，若依民法上一般债权转让之规则，则常有通知债务人之麻烦手续。[2]虽然票据诞生于商事交易之中，且表现为金钱给付，但其并非一种应收账款，[3]自不适用应收账款处分的登记顺位规则。[4]若将票据纳入动产与权利担保统一登记系统，必然会手续麻烦，不为

---

〔1〕　例如，《现金管理暂行条例》第7条规定的开户单位，在销售活动中，不得拒收支票、银行汇票和银行本票。

〔2〕　值得注意的是，通知并非债权让与的要件，其仅涉及债务履行问题（《民法典》第546条）。

〔3〕　参见《动产和权利担保统一登记办法》第3条第1款。

〔4〕　参见《民法典》第768条与《最高人民法院关于适用〈中华人民共和国民法典〉有关担保制度的解释》第66条第1款。

人所喜用。为鼓励人们使用票据，就得简化票据转让手续。票据法规定，指示票据的转让，采背书加交付票据的方式；不记名票据，只要交付票据，就生转让的效力。这种做法，自然比一般债权转让、应收账款转让的手续要简便，从而为票据流通的便捷和安全提供了程序上的有利条件。

（三）使票据为文义证券

票据权利的内容仅依票据上所载文义而定，不允许于票据外另行补充或加以变更。易言之，票据行为采取严格的表示主义，债务人依票据上所载文义负责。如此，使票据权利内容确定，债务人责任明晰，票据权利有了最基本的安全。

（四）认票据为无因证券

票据权利与票据原因关系中的权利义务相分离，持票人行使票据权利，无需证明其取得权利的原因；原因关系即使无效或不再存在，对票据权利亦不发生影响。这样，票据权利的安全性与票据原因关系无涉，票据的使用和流通自然摆脱了不必要的约束，票据的"便捷和安全"也就成为现实。

（五）采票据行为独立原则

票据行为适用独立原则（Prinzip der Selbständigkeit）。[1]同一票据存在数个票据行为的，各行为相互独立，一行为无效，并不影响其他行为的有效性。在独立原则下，法律在尽可能范围内，保障票据有效，以避免动摇票据权利而减弱票据的安全性。例如，我国《票据法》第6条规定："无民事行为能力人或者限制民事行为能力人在票据上签章的，其签章无效，但是不影响其他签章的效力。"还如，《票据法》第14条第2款规定："票据上有伪造、变造的签章的，不影响票据上其他真实签章的效力。"上述规定，皆表明了票据行为独立原则。票据行为独立，就使票据的安全性不受个别无效行为的影响。

（六）行善意取得制度

票据流通中，持票人为善意取得的，其票据权利不因出让人无权而受追夺。善意取得为民法上物权取得方法之一（《民法典》第311条），旨在保护合法交易中善意受让人的合法利益，维护交易的安全性。票据权利虽为债权，但票据作为代表财产权的私权证券，又属动产之列。票据的善意取得，自然导致票据权利的善意取得。

更为重要的是，票据法为了维护票据之安全性，扩张了善意取得的适用范围，特别保护善意受让人，让人们放心地使用票据。我国《票据法》第12条规定，以欺诈、偷盗或者胁迫等手段取得票据的，或者明知有前列情形，出于恶意取得票据的，不得享有票据权利。持票人因重大过失取得不符合本法规定的

---

[1] Vgl. Hueck／Canaris, Recht der Wertpapiere, 12. Aufl. , 1986, S. 60.

票据的，也不得享有票据权利。其一，即便票据是占有脱离物，也可适用善意取得。其二，普通过失并不排除善意取得的可能性。

（七）限制人的抗辩

人的抗辩（persönliche Einwendungen/Personal Defense），是指票据债务人因特定持票人的权利无合法基础，得对抗该持票人的权利主张。人的抗辩的结果是特定持票人的票据权利不能实现，防止票据债务人受到损失。因此，该项制度特为保护债务人而设。但是，为防止债务人滥行人的抗辩，票据法为特别保护票据受让人，对人的抗辩作了限制，规定票据受让人（后手）不承受票据出让人（前手）取得票据时的权利瑕疵，只要受让人取得票据无恶意，即使出让人与票据债务人之间存在抗辩事由，也不妨害受让人的票据权利。我国《票据法》第13条规定，票据债务人不得以自己与出票人或者与持票人的前手之间的抗辩事由，对抗持票人，但是，持票人明知存在抗辩事由而取得票据的除外。日内瓦《统一汇票和本票法公约》和英、美两国票据法中都有相同的规定。

限制人的抗辩使票据流通更具安全性，票据受让人只需对自己的受让行为加以注意，善意取得就可安全地享有票据权利，排除票据债务人与任何背书前手之间的抗辩事由对自己权利的影响。

（八）设参加承兑和参加付款制度

汇票的持票人被拒绝承兑，或者付款人或承兑人破产、死亡、逃亡或有其他原因而使持票人不能请求承兑，付款人拒绝付款都会使持票人权利暂时难以实现。此时，持票人虽可行使追索权，但追索权的行使，须具备法定要件。有没有不让持票人行使追索权就可实现票据权利的方法，是票据立法中一个不可忽略的问题。参加承兑和参加付款正是为解决这个问题而创设的两个制度。在持票人遇有法定事由难获承兑时，由票据上记载的预备付款人或票据关系之外的第三人参加到票据关系中来，为承兑行为。在持票人遇拒绝付款时，付款人之外的人参加付款。这样，特定票据债务人免遭追索，票据信誉得以保全，持票人也免受追索之累，迅捷、安全地实现票据权利，获得票款。

我国《票据法》未规定参加承兑和参加付款制度，但在司法实践中，两者皆被视为一种票据行为。[1]日内瓦《统一汇票和本票法公约》以及德、法、日等国票据法、英国票据法，皆有详细的参加承兑和参加付款的规定。我国台湾地区"票据法"也承认这两项制度。[2]

---

[1] 参见贾利军与贾小鹏票据追索权纠纷案，陕西省高级人民法院（2018）陕民申1582号民事裁定书；来宾市能通农工商贸易有限公司与来宾市卓盛投资有限公司金融借款合同纠纷案，广西壮族自治区来宾市中级人民法院（2016）桂13民终90号民事判决书。

[2] 参见曾世雄、曾陈明汝、曾宛如：《票据法论》，元照出版有限公司2005年版，第192、227页。

（九）立置追索权制度

持票人一旦不获承兑或不获付款，又无人参加承兑或参加付款，持票人的票据权利就有落空的危险。为防止此种情况发生，票据法上设置追索权制度，持票人可向其前手或者出票人请求偿还票面金额和有关利息、费用，保全自己的利益。[1]追索权制度使持票人不仅可向直接前手为追索行为，还得在诸多前手中选择对己最有利者进行追索，甚至向出票人追索。追索权制度之设置，使票据安全性大增。

（十）备有利益偿还请求权制度

票据上的债权因时效届满或者手续欠缺而消灭时，持票人可向出票人或者承兑人请求返还与未支付的票面金额相当的利益（《票据法》第18条）。此项制度乃票据法为特别保护票据权利人所设，为持票人利益安全设置了最为有力的保障，从根本上强化了票据的安全性。民法上一般债权时效期间届满的，便成为"自然权利"，债权人失去依靠诉讼程序强制债务人履行债务的权利。票据法为确保票据的安全性，虽亦定有时效制度，但该项票据时效制度之效果却与一般债权所适用的时效制度的效果迥然不同。票据时效期间届满的，票据上的债权失去强制保护，但发生"利益偿还请求权"，持票人可依"利益偿还请求权制度"，请求有关票据债务人返还利益。"利益偿还请求权"有强制保护力，而一般债权因时效期间届满失去强制保护后，并不产生任何对债权人有利的条件。

（十一）特用公示催告和除权判决程序为失票救济制度

持票人遇有票据毁损灭失而无以主张票据权利时，或票据为他人不法占有而不知下落时，票据利益将有落空的危险。票据法为消除此种危险，特用周全的失票救济制度。我国《票据法》第15条规定，失票人可以挂失止付方式，向人民法院申请公示催告和进行除权判决，保护自己的利益免受损失。《民事诉讼法》第十八章则规定了具体的公示催告和除权判决制度。这些制度的直接效果是防止失票人利益受损，间接作用也在于维护票据的安全性。

（十二）辅之以刑事制裁制度，惩戒票据诈欺

对于伪造、变造票据，签发空头支票骗取财物等票据诈欺行为，票据法规定依照刑法追究行为人的刑事责任。我国《刑法》确立了具体的相关规范，比如第224条（合同诈骗罪）。这些制度构成票据法的辅助制度，其本意在于以最严厉的手段惩戒票据诈欺行为，维护票据的安全，保护持票人。

---

[1]　参见《票据法》第二章第六节。

## ■第三节 票据法的演进及法系

### 一、外国票据法的起端[1]

17世纪之前，各国均无成文的票据法，票据关系由习惯调整。商业界的商事条例或商人团体的条例中，或多或少有一些票据规则，但都不称其为票据法。

1673年，法国路易十四颁布商事条例，其中第五章、第六章是关于票据的规定。这些规定，被公认为票据立法的开端。

1807年，法国颁布《商法典》，在第八章规定了汇票与本票制度，后来，又于1865年颁布了《支票法》。

德国在1847年由埃赫里特为首的20名法学家和10名实业界人士，起草票据条例100条，为大多数的邦所采用。德国统一后，于1871年正式公布票据案例的内容，并称之为《票据法》，1908年颁布《支票法》。

日本最早的票据立法是明治15年（1882年）的《汇票本票条例》。明治32年（1899年）施行新商法，在第四编规定了票据制度。

1930年、1931年，日内瓦国际票据法统一会议分别产生《统一汇票和本票法公约》《统一支票法公约》。大陆法系国家大多数都按照这两个统一法修订了本国的票据法律，形成了日内瓦统一法系，这一法系包括了20多个国家。票据法虽为国内法，但法的内容、格局大同小异，呈现统一局面。

英国于1882年公布《汇票法令》，1957年又另定《支票法》。美国在1896年由纽约州律师克罗福特起草《统一流通证券法》，1897年纽约州率先施行，其他州陆续采用，1952年制定《统一商法典》，其中第三编商业票据是票据立法。

### 二、票据法的法系及票据法的统一[2]

（一）票据法的法系

在1930年~1931年的国际票据法统一会议之前，世界各国的票据法可分为三大法系：法国法系、德国法系、英美法系。

1. 法国法系。法国于1807年颁布《商法典》，规定了汇票与本票。1865年颁布的《支票法》，不在《商法典》以内。从立法特点上看，法国票据法：①规定票据为输送现金的工具，申言之，可谓重在支付和汇兑，轻于信用和流通。②票据关系与其基础关系不能截然分开，甚而认资金关系为票据关系之一。以此点，可认为其规定票据为有因证券。③票据仅分为汇票、本票两种，支票为

---

[1] 参见张国键：《商事法论》，三民书局1980年版，第367~372页。

[2] 参见张国键：《商事法论》，三民书局1980年版，第367~372页。

另一种证券。从立法形式讲，法国法属"分立主义"。荷兰、比利时、西班牙、葡萄牙、希腊以及拉丁美洲各国的旧票据法仿照法国。于是，由这些国家的票据法形成了法国法系。

2. 德国法系。德国《汇票与本票法》和《支票法》颁行之后，影响到奥地利、瑞士、意大利、匈牙利、丹麦、瑞典、挪威、日本等国，形成了德国法系。德国票据法有以下主要特点：①立法形式上，采"分立主义"。此点与法国法相同。②认为票据为支付、信用、流通证券，即票据不仅为输送现金的工具，且重在信用和流通。③规定了严格形式主义，注重票据形式之合法性。④将票据关系与其原因关系完全分离，使票据成为无因证券。

3. 英国法系。英国票据法对美国、加拿大、印度、澳洲及英国殖民地国家产生绝对的影响，形成了英国法系。英国票据法的特点与德国票据法相似，在形式和手续的规定上，比德国票据法更加简便自由，例如，国内汇票的持票人行使追索权无需作成拒绝证书，承认恩惠日，[1] 承认分期付款的票据等。当然，与德国法相比，还有许多不同之特点，如采取"合并主义"立法模式，认支票为汇票之一种，区分国内汇票与国外汇票等。

（二）票据法的国际统一

票据法虽为国内法，兼有不同法系之区别，然而随着贸易的逐渐国际化，票据的使用便不可避免地成为国际贸易的重要问题。原有的票据制度使票据的流通备受限制，对贸易造成不利影响。为促进国际贸易，须协调票据法律，促使票据立法遵循国际贸易的一般规则，走国际统一的道路。欧洲国家首先开始票据法国际统一活动，同时吸引了英美国家参加这项活动。20 世纪以来，统一票据法的国际活动主要有三次：

1. 海牙会议。1910 年及 1912 年，荷兰政府两次召集票据法统一会议，在海牙开会，讨论制定统一票据法和支票法。前一次会议议定《统一汇票和本票公约》31 条，《统一汇票和本票法（草案）》88 条。后一次会议有 37 个国家参加，旧中国政府也派代表参会。这一次会议，对前一次会议形成的公约和票据法草案进行了讨论修订，制定统一票据规则共 12 章 80 条，统一支票规则草案 34 条。参会国家除英、美两国声明有保留地加入、日本国代表未签字外，均承认统一票据规则，不过尚待各国政府批准。后因第一次世界大战爆发，各国政府批准工作未及完成，这一次的票据统一法活动宣告终止。

---

〔1〕 恩惠日，即宽限日。英国《汇票法令》第 92 条规定，办理某票据事务的时限少于 3 日的，在计算时间时，不包括非营业日。非营业日指：①星期日、耶稣罹难日、圣诞节；②按 1881 年《银行假日法》或其修正条例所规定的银行假日；③王室公布的公共斋戒日或感恩节。

海牙统一票据规则虽未生效，但对当时各国的票据法产生了很大的影响，1924 年的波兰票据法，1925 年的意大利商法草案，1927 年的捷克票据法，以及瑞士票据法、我国民国时期的票据法，都参考、借鉴了这一规则。

2. 日内瓦国际票据法统一会议。第一次世界大战结束后，统一票据法的工作又一次成为国际事务中的重大问题。在国际联盟理事会主持下，于 1930 年、1931 年分两次在日内瓦举行国际会议，解决统一票据法问题。

1930 年的第一次会议，产生三个公约：①《统一汇票和本票法公约》（附有第一附属书、第二附属书。第一附属书即统一汇票和本票法，第二附属书是有关保留事项的规定）；②《解决汇票和本票的某些法律抵触公约》；③《汇票本票印花税公约》。在前两个公约上签字的有 22 个国家，在第三个公约上签字的有 23 个国家。

1931 年的第二次会议，专门解决支票统一问题，通过了三个公约：①《统一支票法公约》（附有第一附属书，即统一支票法；第二附属书则是有关保留事项的规定）；②《解决支票法律冲突公约》；③《支票印花税公约》。

英、美两国虽然参加了这两次会议，但没有参加公约。事实上，日内瓦国际票据法统一会议仅实现了欧洲大陆上的票据法统一。

日内瓦《统一汇票和本票法公约》《统一支票法公约》对参与国的票据法产生了巨大的影响，各国以前列两个统一法为蓝本，纷纷修订本国票据法，比如奥地利《汇票与本票法》（1932 年）和《支票法》（1933 年），德国《汇票与本票法》和《支票法》（1933 年），日本《汇票与本票法》和《支票法》（1934 年），1935 年法国《商法典》中的汇票与本票制度（第 112～189 条）等。[1]可以说，参加统一汇票和本票法公约、统一支票法公约的国家，票据立法与《统一汇票和本票法公约》《统一支票法公约》大同小异，无实质性差别。

到目前为止，世界各国的票据法大体分为三类：一是日内瓦统一法系国家的票据法；二是英美法系国家的票据法；三是未参加日内瓦公约，仍保留法国旧票据法特点的票据法，如伊朗、约旦等国的票据法。在这三个法律系统中，前两大法系当然地有着重大的影响。

3. 联合国国际票据法统一会议。统一法系与英美法系在票据立法上的差异，对国际贸易的安全性有负面影响。第二次世界大战结束后，联合国国际贸易法规委员会为求得两大法系的沟通与统一，开展了国际票据法统一工作。1968 年，推举埃及、法国、印度、墨西哥、苏联、英国、美国等国为代表，成立工作小组，1973 年起草了《国际汇票与国际本票统一法草案》，1982 年起草了《国际

---

[1] 现法国《商法典》第 L511-1 至 L511-81 条规定了汇票，而第 L512-1 至 L512-8 条规定了本票。

支票公约草案》，1986 年起草了《国际汇票与国际本票公约草案》。后来，几经修订，于 1988 年 12 月 9 日定稿，定名为《联合国国际汇票和国际本票公约》，共 9 章 90 条。该公约于 1990 年 6 月 30 日前开放签字。由于达不到生效要求的十个国家的批准、接受、核准或者加入，这个公约未能生效。[1]

## ■第四节　我国票据立法的发展史

我国虽早有票据规则，但成文的票据法却出现甚晚。从历史的方面讲，我国票据立法分三个阶段：清末立法、中华民国立法、中华人民共和国立法。

### 一、清末立法

清末之票据立法，可谓有始无终。公元 1907 年（光绪三十三年）7 月，清政府宪政编查馆从日本聘请法学家志田钾太郎起草票据法，到 1911 年完成起草工作。该草案结合我国旧有票据习惯，并参照海牙《统一票据规则》和德、日两国《票据法》，设总则、汇票和期票（即本票）三编，共 13 章 94 条。这一草案也叫"志田案"。由于辛亥革命推翻清朝，"志田案"终未能被用，清末之立法也告无果而终。

### 二、中华民国时期的立法

1913 年（民国二年），民国政府法典编纂会以志田钾太郎为顾问，起草票据法。后来，又先后起草了多个草案，到 1929 年，终于公布了我国历史上的第一部票据法。这个法律参考了德、日、英、美等国的票据法。现在，我国台湾地区使用的"票据法"就是在这个法律的基础上多次修订而成的。

### 三、中华人民共和国立法

中华人民共和国成立后，废弃旧的法律，民国时期的票据法自在废弃之列。

1950 年开始，国家对票据使用作出逐步的限制，到 1952 年，取消个人使用支票制度，汇票、本票也先后被停用。在支付结算方式上，以转账支票、托收承付、托收无承付、委托付款为合法，票据的管理完全用行政手段。

中共十一届三中全会以后，我国经济体制改革不断发展、逐步深化，市场经济体制开始建立。在这种形势下，对票据的需求日益迫切。20 世纪 80 年代初，我国在银行系统率先制定了一些有关票据的规定，如 1982 年中国人民银行上海市分行制定的《票据承兑、贴现办法》，1984 年中国人民银行发布的《商业汇票承兑、贴现暂行办法》。1983 年，中国人民银行开办银行汇票结算业务。1987 年 6 月 20 日，中国人民银行、中国工商银行、中国银行、中国人民建设银

---

[1]　参见胡德胜、李文良：《中国票据制度研究》，北京大学出版社 2005 年版，第 25 页。

行联合发布《华东三省一市票汇结算试行办法》,在江苏、浙江、安徽、上海推行汇票。1988 年 6 月 8 日,上海市人民政府发布《上海市票据暂行规定》,该规定虽为地方性票据规定,但因其内容、立法精神、立法原理等与国际通行的票据立法接轨,故被认为是一个好的票据规范。[1]

随着经济体制改革的不断深化,国家对票据立法日益重视。为适应经济生活的需要,国家采取了双管齐下的做法:一方面,把票据立法纳入国家立法计划,组织人力、物力,起草票据法,力争及早颁行;另一方面,先行颁布较已有规定更为完整的票据制度,适时调整票据关系。在这一正确方针的指导下,中国人民银行担负了双重任务。一是根据国务院指示,开展票据法起草工作。1986 年 9 月 15 日至 22 日,在桂林召开了有 20 人参加的票据立法会议,草拟了"票据暂行条例",向全国金融界、法律界征求意见。二是大力进行银行结算制度的改革,制定新的银行结算办法,规范票据关系。1988 年 12 月 19 日,中国人民银行颁发《银行结算办法》(已失效),自 1989 年 4 月 1 日起施行。《银行结算办法》不是完整的票据法律,也没有立法文件的地位和效力,但其规定在全国范围内推行银行汇票、商业汇票、银行本票、支票,个人可以使用支票,还规定了承兑、追索权、票据债务人的责任等。这个办法被认为"实际上是一个全国性的票据规章"。[2]

1990 年,中央立法机关加紧票据立法,中国人民银行总行奉命进行起草工作,正式成立起草小组,从 1990 年 11 月起到 1992 年 9 月,反复讨论修改,四成其稿。1994 年 12 月 5 日,国务院提请全国人民代表大会常委会审议《中华人民共和国票据法(草案)》。

1995 年 5 月 10 日,第八届全国人民代表大会常务委员会第十三次会议通过了《中华人民共和国票据法》,同日公布,并于 1996 年 1 月 1 日起施行。

2004 年 8 月 28 日,第十届全国人民代表大会常务委员会第十一次会议通过了《关于修改〈中华人民共和国票据法〉的决定》,删除了《票据法》原第 75 条,并于当日施行。

当前,我国的票据立法重点在于完善现行《票据法》,建构我国的电子票据制度。2009 年 10 月 16 日,中国人民银行颁行《电子商业汇票业务管理办法》,成为我国的电子票据立法的一个里程碑。为进一步完善电子票据制度,中国人民银行陆续制定、颁行了其他诸多规范性文件,如《票据交易管理办法》(2016

---

[1] 我国著名法学家谢怀栻赞其为"在新中国的票据立法史上是一个里程碑"。参见谢怀栻:《票据法概论》,法律出版社 2017 年版,第 28 页。

[2] 参见刘家琛主编:《票据法原理与法律适用》,人民法院出版社 1996 年版,第 34 页。

年）、《标准化票据管理办法》（2020年）。

**四、我国票据法律制度的构成**

我国票据法律制度由四个部分构成。

（一）《票据法》

2004年修订的《票据法》是我国票据制度的主体部分。该法共110条，分为七章。第一章为总则，规定了票据的一般规则；第二章为汇票，规定了汇票的出票、背书、承兑、保证、付款、追索等票据行为的具体规则；第三章为本票，第四章为支票，这两章中，除了关于本票、支票的规则外，还规定了本票、支票适用汇票规定的规则；第五章是涉外票据的法律适用，确定了涉外票据的不同票据行为所应当适用的法律；第六章是法律责任，规定了票据活动中不同违法行为的民事责任、刑事责任、行政责任；第七章是附则，规定了票据法上期限的计算根据、中国人民银行在票据管理方面的权限等。从规范在法律文件中的地位讲，第一章、第二章是该法的核心和重点。

（二）《民法典》的相关规定

2020年颁行的《民法典》，是关于民商事行为和民商事司法审判活动的普适性的规范依据。因此，其中有关的规范，是广义票据法的组成部分。《最高人民法院关于审理票据纠纷案件若干问题的规定》第62条即规定，人民法院审理票据纠纷案件，适用《票据法》的规定；《票据法》没有规定的，适用《民法典》等法律以及国务院制定的行政法规。因此，就票据纠纷而言，《民法典》具有补充适用的地位。值得强调的是，即便在《票据法》欠缺相关规定的情形，《民法典》相关规定的补充适用也不应违反票据的性质。

例如，纸质票据是一种动产，其交付与所有权变动适用动产转让的相关规则。还如，出票、背书、承兑等皆为法律行为，故当行为人的意思表示存在瑕疵时，也存在撤销该法律行为的余地，但不得影响善意第三人。[1]次如，票据贴现是金融机构的特许经营业务，民间贴现属于《民法典》第153条中"违反……强制性规定"的法律行为，故无效。[2]《全国法院民商事审判工作会议纪要》（2019年）第101条第1款也明确了这一点，并规定当事人应当返还贴现款与票据。

---

[1] 票据行为人一旦撤销票据行为，则自始无效（《民法典》第155条）。不过，持票人是善意第三人的，自不受影响。《票据法》第12条第1款的反对推理，即体现了这一点。参见王志诚：《票据法》，元照出版有限公司2015年版，第268页。

[2] 参见杭州木东贸易有限公司与北海银河生物产业投资股份有限公司等票据付款请求权纠纷案，广东省深圳市中级人民法院（2021）粤03民终32683号民事判决书。

（三）《最高人民法院关于审理票据纠纷案件若干问题的规定》

2000 年 2 月 24 日，最高人民法院通过了这个司法解释，并在 2008 年与 2020 年予以修订。该司法解释担负了释明相关立法条文，使其具体化、方便审判的重任。在我国票据纠纷案件的审判工作中，发挥着十分重要的作用。

该司法解释共十个部分。前三部分及第五部分规定的是程序方面的规则，包括票据纠纷案件的受理和管辖、票据保全、举证责任、失票救济的程序规则等，第四部分规定票据权利及抗辩，第六部分规定票据效力，第七部分规定票据背书，第八部分规定票据保证，第九部分规定法律适用，第十部分规定法律责任，给审判机关提供了较为具体、详细的裁判依据，展示了最高人民法院对社会主义市场经济条件下票据关系的正确认识和对待。当然，该司法解释中也不乏完善、补正立法文件的规范因素。

（四）中国人民银行制定的行政规章

票据活动是金融活动，票据关系也是金融关系。中国人民银行在国家金融管理活动中居于重要地位，对票据的管理是其重大职权之一，有权制定和施行与法律、行政法规不抵触的关于票据管理方面的行政规章。《票据法》第 109 条对此明文规定：票据管理的具体实施办法，由中国人民银行依照本法制定，报国务院批准后施行。

根据上述《票据法》的授权规范，中国人民银行于 1997 年 8 月 21 日发布了《票据管理实施办法》，自 1997 年 10 月 1 日起实行。2011 年 1 月 8 日《国务院关于废止和修改部分行政法规的决定》将其中第 30 条作了修订。除此之外，1997 年 12 月 1 日发布实施的《支付结算办法》及配套法规《支付结算会计核算手续》、2022 年 11 月 1 日施行的《商业汇票承兑、贴现与再贴现管理办法》等规章，对我国票据活动和票据纠纷案件的审判，也有重要作用。自 2009 年以来，中国人民银行在电子票据领域制定了多项规章，如《电子商业汇票业务管理办法》（2009 年）、《票据交易管理办法》（2016 年）、《标准化票据管理办法》（2020 年）。

中国人民银行制定的规章，在我国司法审判中也具有重要意义。《最高人民法院关于审理票据纠纷案件若干问题的规定》第 62 条第 2 款（涉及民事纠纷）、第 63 条第 2 款（涉及行政纠纷）皆规定，人民法院审理票据纠纷案件，中国人民银行制定并公布施行的有关行政规章与法律、行政法规不抵触的，可参照适用。[1]

---

[1] 参见黄骅市康顺运输有限公司与山西省平遥县巨隆福利铸造有限公司等票据损害责任纠纷案，山西省高级人民法院（2019）晋民再 316 号民事判决书（涉及《中国人民银行关于加强支付结算管理保障银行和客户资金安全的通知》的参照适用）。

### 五、《上海票据交易所票据交易规则》

按照国务院的部署，中国人民银行批准设立了上海票据交易所股份有限公司（一般简称为"上海票据交易所"或者"上海票交所"），并于2016年12月8日开业运营。该票据交易所是全国统一的票据交易平台，经营票据报价交易、登记托管、清算结算、信息服务等票据交易业务，同时还承担着中央银行货币政策再贴现操作等政策职能，是我国票据领域的登记托管中心、交易中心、创新发展中心、风险防控中心、数据信息研究中心。[1]

上海票交所在2017年3月27日，以"票交所发〔2017〕16号"文件，向其会员单位印发了《上海票据交易所票据交易规则》（以下简称《规则》）。《规则》共计九章，分别规定了总则、定义与基本规则、交易方式与一般流程、票据转贴现、票据质押式回购、票据买断式回购、市场监测、交易相关服务、附则等方面的规则。

根据《规则》，"上海票据交易所（以下简称票交所）是中国人民银行指定的提供票据交易、登记托管、清算结算和信息服务的机构。""市场参与者通过上海票据交易所的中国票据交易系统进行的票据交易适用本规则。""市场参与者"不限于其成员单位，而是"系统参与者"，"系统参与者是指获准参与票交所系统的法人机构及其授权分支机构和非法人产品等"。"交易成员是指具有票据交易权限的系统参与者。"该《规则》"所称票据包括但不限于纸质或电子形式的银行承兑汇票、商业承兑汇票等可交易票据。"也就是纸票、电票均可在该平台进行交易。《规则》还界定了票据交易的业务范围即"本规则所称票据交易包括票据转贴现、票据质押式回购和票据买断式回购等。"该规则的解释由票交所负责。

按照"票交所发〔2017〕16号"文件，该规则"经中国人民银行备案同意""自印发之日起施行"，结合以上《规则》的内容，能够认定，该《规则》是中国人民银行同意的行业交易规则，没有法律、行政法规或者部门规章的属性和地位。但是，由于"票交所"向"全国范围内"的银行和其他金融机构以及法人机构等提供了"中国票据交易系统"（以下简称票交所系统）即"由票交所建设并管理的，依托网络和计算机技术，向交易成员提供询价、报价、成交及登记、托管、清算、无纸化托收等服务的计算机业务处理系统和数据通讯网络"，在全国范围开展业务，截至2022年5月1日，已经在全国范围内有超十万家银行机构和其他金融机构、企业法人单位等"系统参与者"，[2]《规则》自

〔1〕　参见"上海票据交易所"网站首页"关于我们"中的"票交所介绍"。

〔2〕　参见《中国票据交易系统参与者名单汇总表20221031》，载http://www.shcpe.com.cn/content/shcpe/vip/cyzml.html? articleType = vip-cyzml&articleId = WZ20200818129563295182389664，访问时间：2023年8月12日。

然"适用于全国范围的纸票和电票"在该"票交所"的交易业务，从而成为具有相对普遍适用性的交易规则。

相信通过一定时期的实践，国家会对票据交易所及其票据交易规则作出部门规章甚至是行政法规的规定，为完善我国票据法律制度增添新的内容。

**思考题**

1. 为什么说票据法是强制性法律规范？

2. 我国票据法律制度中能够直接作为裁判依据的有哪些法律文件？

3. 查阅《票据法》和《最高人民法院关于审理票据纠纷案件若干问题的规定》，检索并考证若干条款，分析其内容的强制性特点。

4. 票据法的"严格的形式主义"是什么意思？有何价值？

5. 严格的形式主义在我国票据法上有什么主要表现？查阅《票据法》和《最高人民法院关于审理票据纠纷案件若干问题的规定》，并试举若干实证。

第三章

## 票据关系及其基础关系

**学习目的和要求** 理解票据法律关系自身的特点及其形成的机理，掌握票据关系与其基础关系之间的关系。要求深入理解票据形成的原因关系、票据出票人同付款人之间的付款关系、出票人与受票人之间约定使用票据的预约关系这三个关系之间的联系、区别，以及这三个基础关系与票据关系效力的关系。票据关系与其基础关系之间的关系，是本章的重点和难点。

第
三
章

## ■第一节　票据关系

### 一、票据关系的概念与性质

票据关系，是指票据当事人之间基于票据行为所发生的票据权利义务关系。这一定义揭示了票据关系的性质：

（一）票据关系是票据权利义务关系

1. 如前所讲，票据权利是金钱债权，故票据义务为金钱债务，故票据关系是金钱债权债务关系。此点可见票据关系内容之限定。

2. 票据关系虽为财产性债权关系，然自身含有诸多民法上一般债权关系所不具备之特点，难以用民法上一般债权制度予以规范，须以特别法专门调整，方能使其正常发生、变更、消灭。票据法即属专门规制票据关系之法律。除票据法外，其他法律并不规定票据债权债务问题，所以票据关系是票据法上的权利义务关系。

3. 票据法上的权利义务关系，不限于票据关系，还有所谓的"非票据关系"。例如，票据上的权利人对于因恶意或重大过失而取得票据的人，行使票据返还请求权所发生的法律关系；[1]因时效期间届满或票据记载事项欠缺而丧失

---

[1] 值得注意的是，《票据法》第12条并未直接规定票据返还问题，但《最高人民法院关于审理票据纠纷案件若干问题的规定》第36条明确了这一点。

票据上权利的持票人，对于出票人或承兑人行使利益偿还请求权所发生的关系（《票据法》第 18 条）。这些权利义务关系虽然同由票据法规范，但其并非票据行为所导致的法律关系，且其内容也不是票据金钱债权债务，故区别于票据关系，被称为"非票据关系"。其中，票据返还本质上属于动产的原物返还（如《民法典》第 235 条），持票人的利益偿还请求权是一项普通民事权利。[1]

（二）票据关系是票据行为所生权利义务关系

票据行为是票据法规定的、能够发生票据关系的法律行为，包括出票、背书、承兑、保证、参加承兑、参加付款等行为。票据行为之外的行为，无论其是否合法，票据法上纵有规定，也不能发生票据权利义务，不是发生票据关系的法律事实。此点表明票据关系发生根据之限定性。

（三）票据关系是与其基础关系相分离的无因性法律关系，具有抽象性

票据关系作为金钱债权关系，票据债务人负担无条件支付票面金额的义务，自有其原因或基础，比如买方为支付价金向卖方出票，银行因出票人在银行有存款而向出票人指定的人无条件付款等，其中的"为支付价金""有存款"就是付款的原因或基础。进而言之，买卖关系、存款关系就是票据关系的基础关系。

基础关系同票据关系本来联系紧密，但是票据法为鼓励人们少用现币而多用票据，最大限度地保障票据的安全性、可信度，把票据关系与其基础关系之间的联系一刀切断，使票据关系成为独立于基础关系的法律关系。只要票据关系无瑕疵，基础关系纵然无效，票据权利仍能有效。本书在第一章第四节"票据的性质"，从票据的角度讲述了"票据无因性"。换一角度，从票据关系方面讲，道理相同，即票据关系的效力不以其基础关系的效力为要件。无论票据关系的成立是否存在原因，其源于何种基础关系，基础关系是否有效，皆不影响合法票据关系的效力。

**二、票据关系的种类**

按照票据名称区分，有三种基本票据关系。各种基本票据关系又可以因为背书、保证等票据行为，衍生新的票据关系。

（一）汇票关系

汇票关系的基本当事人包括三方：出票人、持票人、出票人委托的付款人。其中，付款人是第一顺位的债务人，出票人是第二顺位的债务人。但是，付款人在未作出承诺兑付（票据法上称做"承兑"）票面金额之前，不负担付款之义务，并非现实债务人。承兑之后，持票人才得请求承兑人付款。当票面上记载

---

〔1〕　根据德国《汇票与本票法》第 89 条，这一权利属于不当得利返还请求权。

的付款人拒绝承兑或有其他原因使持票人无法向付款人行使票据权利时，持票人方可请求出票人承担票据责任。付款人进行承兑并付款之后，凭收回的汇票与出票人结算相互之间的债权债务。

汇票关系示意图如下：

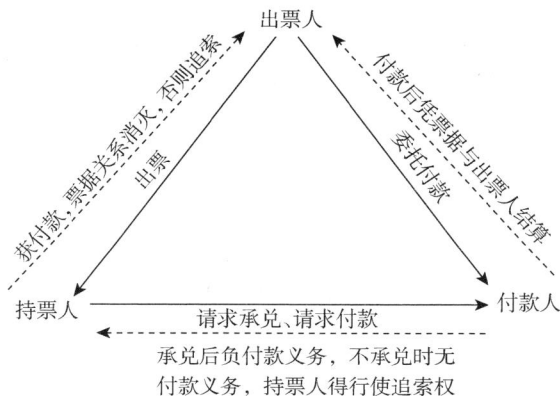

**图 3－1 汇票关系示意图**

（二）本票关系

本票关系的基本当事人包括两方，即出票人和持票人。出票人既为票据债务人，亦是付款人。本票无需承兑，持票人在付款日到来时持票直接请求出票人无条件付款，出票人收回本票，支付票面金额，本票关系消灭。

（三）支票关系

支票关系的基本当事人包括三方：出票人、持票人、出票人委托的付款银行。支票属见票即付的票据，无需承兑，付款银行付款后，凭收回的支票与出票人清结债权债务。

上文从票据关系基本当事人方面，类型化了票据关系。当存在背书、保证、参加承兑等票据行为时，当事人数量就相应增加，而且相互之间的权利义务也变得复杂。

按照发生票据关系的票据行为的不同来区分，票据关系可有出票发生的"出票关系"，背书发生的"背书转让关系""背书设质关系"和"背书委托取款关系"，承兑发生的"承兑关系"，以及"保证关系""付款关系"等。

**三、票据关系的形成机理**

除本票外，汇票关系和支票关系，皆在三种民法上普通债权关系的基础上形成。这三种普通债权关系分别是：①之所以使用票据的交易关系，即发生票据关系的原因关系，比如因买卖关系而买受人出票给出卖人；②交易当事人关于使用票据的预先约定关系，即票据预约关系；③出票人与付款人之间的、出票人委托付款人付款、付款人因为出票人在自己处有资金（或信用），能够按照委托付款的关系，即票据资金关系。本票是出票人自己付款，没有另外的付款人，所以没有此一普通债权关系。

试举一例加以说明：

A 公司与 B 公司发生买卖（或者租赁、借贷、承揽等任何一种交易）关系，双方在买卖合同中约定使用银行承兑汇票，由买方 A 公司向卖方签发一张经过本公司的开户银行[1]工商银行承兑（承诺无条件付款）的银行承兑汇票，付款期届至，B 公司请求工商银行付款，工商银行验票无误后，向 B 公司支付了票款。

上例中，买卖（或者任何一种交易）关系是票据原因关系，A、B 两公司关于使用银行承兑汇票的约定是票据预约关系，而 A 公司的开户银行之所以对该汇票承兑和付款，就在于 A 公司同该银行有资金关系。

支票关系与汇票关系相同之处是，两者都有原因关系、预约关系。然而，不同之处在于，支票的付款人表面看是银行，实质上付款银行是出票人的代理人，从出票人的资金账户上的存款额中支出与支票金额相等的款项，向持票人付款。在此一场合，支票的资金关系其实就是出票人与付款银行之间的存款关系。当出票人资金账户内没有足额款项时，支票属于"空头支票"，银行会拒绝付款。

## ■第二节　票据关系的基础关系

### 一、概说

票据关系的基础关系，是票据当事人实施票据行为、发生票据关系的民法上的普通债权关系。票据的基础关系包括票据原因关系、票据资金关系、票据预约关系。

票据关系虽为无因关系或抽象关系，但总有其发生的事实关系。进一步说，当事人实施出票、背书、承兑、保证等票据行为，总有一定的权利义务关系已经存在。票据关系在这些已有权利义务关系基础上，通过这些权利义务关系当事人的票据行为，始得发生。因此，基础关系属于普通债权关系，基础关系之内容为民法上的权利义务。由于基础关系属民法上的权利义务关系，其虽与票据关系有密切联系，但票据法并不对它进行规范，只能适用民法上一般债权之

---

[1] 开户银行，即法人或者自然人开立资金账户的银行。

制度。易言之，票据的基础关系不是票据关系，票据法不赋予其票据权利义务内容，当事人不享有票据权利。

**二、票据基础关系的种类**

（一）票据原因关系

1. 意义：当事人授受票据的原因所形成的权利义务关系，即为票据原因关系，也叫"原因关系"。例如，甲因购买乙的货物向乙签发汇票，双方之间的买卖关系就是甲实施票据行为的一种基础关系。票据原因是当事人授受票据的原因，主要有：①支付价金、劳务费或者其他费用；②借贷；③交付定金；④票据本身的买卖；⑤债权担保；⑥赠与；⑦委托取款；等等。

2. 特点：票据原因关系是民法上的权利义务关系，并无票据权利义务之内容。

3. 类型：票据原因关系分为有对价的和无对价的两种类型。《票据法》第10条是关于有对价原因关系的规定。依该条，票据的签发、取得和转让，应当遵循诚实信用的原则，具有真实的交易关系和债权债务关系；票据的取得，必须给付对价，即应当给付票据双方当事人认可的相对应的代价。[1]《票据法》第11条则规定了无对价的原因关系。依该条，因税收、继承、赠与可以依法无偿取得票据的，不受给付对价的限制。

4. 关系：票据原因关系与票据关系的分离与牵连，存在着"一般情况下分离，特殊场合中牵连"的关系。

一般情况下分离，是指票据关系虽本于原因关系，但票据法为鼓励人们使用票据，保障票据的安全、便捷，认票据为无因证券。票据关系为无因关系，票据关系一经成立，就与其原因关系相分离，两种关系各自独立存在，分属不同的法律制度规范。票据关系由票据法调整，原因关系由普通债权法调整。在一般情形中，原因关系的存在与否、效力如何，皆不影响票据关系。

票据关系与原因关系的分离，在票据进入流通渠道时有至关重要的意义。如果没有这种分离，一旦出票人或前手持票人之间因原因关系发生抗辩，善意取得票据的持票人就会受到损失。例如，出票人甲因支付价金而向卖方乙签发票据后，乙将票据有偿转让给丙，丙又转让给丁，但这时甲乙之买卖无效；在

---

[1] 不过，就《票据法》第10条之适用，有两点值得注意。其一，真实基础交易之欠缺，并不必然导致票据无效。其二，在欠缺真实基础交易的情况下，法院应进一步调查当事人是否构成通谋虚伪的意思表示，揭示当事人的真实意思，如是否存在借贷行为。参见张家口顶善商贸有限公司与张家口鑫海超硬材料有限公司票据返还请求权纠纷、返还原物纠纷案，最高人民法院（2020）最高法民再86号民事判决书；中国民生银行股份有限公司南昌分行、上海红鹭国际贸易有限公司票据追索权纠纷案，最高人民法院（2018）最高法民申4623号民事裁定书。

此情形下，若作为原因关系的买卖关系与票据关系不曾分离，无效之后果必然波及无辜的丙、丁，使乙丙、丙丁的票据关系成为无效，而且甲乙之间、乙丙之间、丙丁之间，乃至甲丙、甲丁、乙丁等方方面面之利害关系，均可能因利益返还而滋生纠纷，使当事人陷入讼争、司法机关平添无实质意义之案件、票据之使用和流通失去基本的安全。

相反，原因关系与票据关系分离，即使原因关系无效或不复存在，已成立之票据关系仍独立生效。即使票据辗转易手，原因关系之无效或不复存在，丝毫不影响合法取得票据的人的利益。出票人与最初受票人（票据原因关系的双方当事人）之间、前手持票人之间的抗辩事由，对正当持票人的票据权利毫无效力，从而保障票据权利人实现其票据权利。再将前述简例放于此种场合，即使甲乙之买卖无效，乙转让给丙、丙转让给丁的票据仍然有效，丁持票请求甲付款时，甲不得以其与乙之间的买卖无效而进行抗辩。《票据法》第 13 条第 1 款就此点明确规定：票据债务人不得以自己与出票人或者与持票人的前手之间的抗辩事由，对抗持票人，但持票人明知存在抗辩事由而取得票据的除外。[1] 外国票据法上，也有相同的规定（如日内瓦《统一汇票和本票法公约》第 17 条、德国《汇票与本票法》第 17 条）。

票据关系与原因关系的分离，是"票据无因性"的体现。然而，票据法没有认可票据的绝对无因性，而是持"票据无因性的相对性"之立场。在特殊的场合，原因关系与票据关系有牵连，影响票据关系的效力。特殊场合中的牵连，仅以法律规定为限。通常，牵连的特殊场合有以下几种情况：

（1）票据关系的当事人就是原因关系当事人的，票据债务人可基于原因关系，对票据债权人行使抗辩权，但其须承担举证责任，证明原因关系中的抗辩事由。

这种情况，发生在票据授受的直接当事人之间。对此，《票据法》第 13 条第 2 款明文规定，针对未履行约定义务的与自己有直接债权债务关系的持票人，票据债务人可以提出抗辩。[2] 此处所说的"直接债权债务关系"就是指原因关系，而"约定义务"则是指原因关系中的义务。例如，买方向卖方出票用以付

---

〔1〕 相关司法实践，参见兰州市安宁区农村信用合作联社与宁夏国花实业有限公司、兰州福立物资有限公司等金融借款合同纠纷案，最高人民法院（2016）最高法民申 3506 号民事裁定书；大连大显控股股份有限公司、俞陈与大连大显控股股份有限公司、俞陈票据追索权纠纷案，最高人民法院（2016）最高法民申 1068 号民事裁定书；中信商业保理有限公司与国中医药有限责任公司票据纠纷案，最高人民法院（2015）民二终字第 134 号民事判决书。
〔2〕 相关司法实践，参见合肥创元小额贷款有限公司与金谷源控股股份有限公司与安徽欧堡万国酒庄贸易有限公司票据付款请求权纠纷案，最高人民法院（2016）最高法民申 1952 号民事裁定书。

款，卖方受票后不予交货反持票请求付款，此时票据债务人（买方）即可以票据债权人（卖方）不履行原因关系中的债务为抗辩事由，对票据债权人行使抗辩权。《最高人民法院关于审理票据纠纷案件若干问题的规定》第 14 条第 1 项，亦明确了这一点。

然值得注意的是，票据质押情形中的背书是否也同样适用无因性原则，司法实践中存在争议。票据质押是一种票据权利的处分，其以交付或者质押背书为前提，结果是票据项下的债权负担一项质权。在票据质押中，付款义务人针对出质人享有抗辩的，能否同时向质权人提出，存在争议。有裁判采否定说，[1]但亦有裁判认为，质权实现的前提和范围是出质人所享有的票据权利，故质权人的付款请求应被视为出质人的付款请求，付款义务人有权援引《票据法》第 13 条第 1 款，进行抗辩。[2]从教义学分析来看，票据质押既可能是票据法上的票据行为，也可能是普通民法上的一般质押。[3]是故，票据质押是否适用票据抗辩规则，应予区分对待。票据法上的质押自可适用票据抗辩规则，而普通民法上的票据质押应适用一般物权变动规则，尤其是"有权处分"规则。

（2）针对不法取得票据的持票人，票据债务人得以持票人取得票据之原因关系有瑕疵为由，提出抗辩。

根据《票据法》第 12 条第 1 款，以欺诈、偷盗或者胁迫等手段取得票据的，或者明知有前列情形，出于恶意取得票据的，不得享有票据权利。《最高人民法院关于审理票据纠纷案件若干问题的规定》第 14 条第 2 项，也重申了这一点。于该款所列情形中，持票人实际上既未取得票据的所有权，也未取得票据项下的权利，故债务人均可提出抗辩。值得注意的是，此处的"欺诈"与"胁迫"构成意思表示或者票据行为（比如出票、背书转让）瑕疵，票据行为在被撤销之前仍有效，持票人享有票据所有权和票据项下的权利；仅当票据行为被依法撤销时，持票人才自始不享有票据权利（《民法典》第 155 条）。第三人"明知有前列情形"，自无法取得票据所有权，故也不能取得票据权利。[4]简言之，《票据法》第 12 条第 1 款中的持票人之所以未取得票据权利，原因在于其未取得票据所有权。

---

〔1〕 参见中国有色金属建设股份有限公司与中国华融资产管理股份有限公司浙江省分公司金融不良债权追偿纠纷案，最高人民法院（2020）最高法民申 1633 号民事裁定书。

〔2〕 参见中信银行股份有限公司武汉分行金融借款合同纠纷案，最高人民法院（2019）最高法民申 3089 号民事裁定书。

〔3〕 参见本书第四章第一节。

〔4〕 因此，《票据法》第 12 条第 1 款中的"恶意"就是指该款中的"明知"，其并不具有限制该款适用之独立意义。

根据《票据法》第 12 条第 2 款，持票人因重大过失取得不符合本法规定的票据的，也不得享有票据权利。此处所谓"重大过失"是指，持票人取得票据时应当知道所取之票据不符合票据法的规定，但未尽应有之注意。重大过失之认定，应当主要考察票据本身真实性、记载事项的完整性、背书的连续性、前手的身份证明等方面。[1] 例如，甲将伪造得十分拙劣的票据转让给乙，乙稍加注意即可发现，但却毫未注意地收取票据，即是构成重大过失。《最高人民法院关于审理票据纠纷案件若干问题的规定》第 14 条第 4 项，亦明确了这一点。付款义务人拒绝付款的，应就持票人的重大过失，负担举证责任。[2]《票据法》第 12 条第 2 款的适用情形包括两类：一是持票人取得了票据所有权，但未取得票据权利（比如票据系伪造）；二是持票人未取得票据所有权，也未取得票据权利（比如背书不连续）。

根据《票据法》第 13 条第 1 款，持票人明知票据债务人与出票人或者与自己的前手之间有抗辩事由而取得票据的，票据债务人得就既存的、该持票人明知的抗辩事由，对抗该持票人的请求。此处的抗辩事由有多种，包括原因关系中发生的抗辩事由。付款义务人主张此等抗辩事由的，应就持票人"明知"负担举证责任。[3] 举例说明，甲乙因买卖而使用票据，甲方为卖方，在票据关系中为票据债权人，取得票据后不向乙方交货，反将票据背书转让给知情人丙，在此场合，票据债务人乙便可以就本来对抗甲的抗辩事由（甲不交货）对抗丙。再如：甲乙订立买卖合同后，合同因故无效，但是卖方甲却向自己的债权人丙签发汇票，指定以乙为付款人，丙明知甲乙之合同无效而受取汇票，乙对丙可行使抗辩权。上述两例，持票人均为恶意取得，为保护票据债务人之利益，票据法规定，在这些情形下，票据原因关系对票据关系有直接作用。《最高人民法院关于审理票据纠纷案件若干问题的规定》第 14 条第 3 项，亦明确了这一点。值得注意的是，在《票据法》第 13 条第 1 款的情形中，持票人取得了票据所有权与票据权利，只不过该权利尚且受到票据债务人之抗辩。因此，该款规定的情形有别于第 12 条第 1 款所适用的情形，但存在效果上的部分重叠。[4]

---

〔1〕 参见大冶市日增鑫矿业有限公司与恒丰银行烟台银河支行、恒丰银行股份有限公司烟台分行票据损害责任纠纷案，最高人民法院（2016）最高法民申 2003 号民事裁定书。

〔2〕 参见中国民生银行股份有限公司太原大营盘支行与山西阳光焦化集团河津华融商贸有限公司票据追索权纠纷案，最高人民法院（2014）民提字第 134 号民事判决书。

〔3〕 参见沂南中联水泥有限公司与日照银行股份有限公司票据纠纷案，最高人民法院（2020）最高法民申 393 号民事裁定书。

〔4〕 例如，A 的汇票被 B 盗窃，并且 B 将其转让给了恶意的 C。此时，C 无法取得票据所有权与票据权利，故不得请求 A 支付（第 12 条第 1 款）。同时，由于 A 和 B 之间欠缺原因（基础）关系，且 C 知晓这一点，故 A 也可依据第 13 条第 1 款，拒绝向 C 履行。

外国票据法上的有关规定，与我国《票据法》相同（如日内瓦《统一汇票和本票法公约》第 17 条、第 10 条，日内瓦《统一支票法公约》第 22 条、第 13 条，美国《统一商法典》第 3 - 201 条第 1 款，英国《汇票法令》第 29 条、第 30 条）。

（3）原因关系中无对价或无相当对价取得票据者，不能取得超过其前手本享有的票据权利。

根据《票据法》第 11 条，因税收、继承、赠与等无偿取得票据的，所享有的票据权利不得优于其前手的权利。例如，持票人甲与出票人乙之间存在抗辩事由，乙对甲可以行使抗辩权；如果甲将票据转让给丙，那么当丙不知情且以相当对价取得票据时，不但完整地取得了票据权利，而且乙不得以其与甲之间的抗辩事由对抗丙的权利；相反，丙若无对价或无相当对价地取得票据，就要继受甲的地位，乙可以对甲之抗辩事由对抗丙。票据法之所以如此规定，目的在于维护票据债务人的正当利益，实现公平，防止持票人损害票据债务人的权利。

实际上，《票据法》第 11 条中的继承或主要涉及遗嘱继承。在法定继承的情形中，继承人概括性地继受了被继承人（此处的前手）的权利与义务，故付款义务人可直接援引《票据法》第 13 条第 2 款进行抗辩。当然，被继承人未享有票据权利的（《票据法》第 12 条），法定继承人也无法取得票据权利。除此之外，本条中的"等"字表明其是一个开放性条款，还包括其他事由，比如基于公司分立或者合并而取得票据。值得注意的是，在票据转让的情形中，受让人未能证明存在真实的交易关系，未能证明其实际负有对价支付义务的，也适用《票据法》第 11 条；[1]而在票据质押中，质权人作为债权人提供了对价，故不适用《票据法》第 11 条。[2]

（4）当事人为支付而授受票据时，直接第三人之间的原因关系中的债务不因票据授受而消灭，与票据债务并存；仅当票据权利被实现时，原因关系中的债务才随之消灭。[3]换言之，授受票据不构成债之更改，不能认为票据关系代替了原因关系，后者归于消灭。[4]

票据虽为支付工具，但不是通货，不具有强制通用力，取得票据并不完全

〔1〕 参见中国民生银行股份有限公司太原大营盘支行与山西阳光焦化集团河津华融商贸有限公司票据追索权纠纷案，山东省高级人民法院（2021）鲁民终 2056 号民事判决书。
〔2〕 参见中国有色金属建设股份有限公司与恒丰银行股份有限公司宁波分行信用证开证纠纷、追偿权纠纷案，最高人民法院（2019）最高法民申 6472 号民事裁定书。
〔3〕 相关理论研究，参见王艳梅：《论票据关系对原因关系之影响》，载《当代法学》2015 年第 4 期。相关司法实践，参见上海鑫旺钢铁有限公司、赣州江钨钨合金有限公司买卖合同纠纷案，江西省高级人民法院（2020）赣民再 119 号民事判决书。
〔4〕 参见傅鼎生：《票据行为无因性二题》，载《法学》2005 年第 12 期。

等同于取得货币，不获付款之票据常常出现。一般来说，当事人之间无特别约定者，均应推定为"为支付而授受票据"。例如，买受人甲向出卖人乙出票，乙取得票款，甲乙间的票据关系归于消灭，甲在买卖关系中的债务也才能消灭。于法政策上，只有将原因关系中债务清偿与票据债务的履行联结在一起，方能保障债权人的利益。

于教义学上，债务人出票或者转让票据，用于支付金钱债务的，具体构成代物清偿（替代清偿），抑或间接给付（新债清偿）？这一问题端赖于当事人的约定及其解释。如果当事人未明确约定代物清偿，那么仅成立间接给付。[1]不过，即便当事人明确约定了代物清偿，收票人或受让人取得票据，也不会导致原因债权消灭。[2]盖票据仅是债务人完成代物清偿的手段，票据权利实现前，债权人的原因债权仍未实现，不能认为债权人受领了他种给付，原因债权已经实现。与之相关的另一问题是，金钱债务人出具或转让票据后，金钱债权人能否绕开票据，转而基于原因关系请求债务人清偿原因债务。于代物清偿或者间接给付之下，金钱债权人应优先主张实现票据权利，并仅在票据权利无法实现时，请求实现原因债权。[3]不过，金钱债务人仅因担保之目的而提供票据的，不妨允许金钱债权人择其一而主张。[4]

（5）当事人为担保债务而授受票据时，被担保债权（原因关系中的债权）未受清偿，票据关系存在。票据能通过质押的方式，成为担保财产。基于担保物权的从属性，被担保的债权一旦被清偿，为担保而成立的票据关系即告消灭。此时，票据质押人应向票据质权人收回票据，以免滋生麻烦。

法律规定原因关系能够在特殊场合，影响票据关系的效力，乃是对票据无因性的适当限制，体现了法律和法理对"票据无因性的相对性"的规定。背后的道理是法律秉持公平、正义的品性，遵循诚实信用原则，衡平直接当事人之

---

〔1〕　参见上海际华物流有限公司与昆山天雄商业保理有限公司、上海璃澳实业有限公司票据付款请求权纠纷案，上海金融法院（2020）沪74民终739号民事判决书（涉及出卖人出具汇票）；傅鼎生：《票据行为无因性二题》，载《法学》2005年第12期。

〔2〕　参见王志诚：《票据法》，元照出版有限公司2015年版，第91页。

〔3〕　有日本学者据此认为，债务人以消灭既存债务为目的而提供票据，构成"专为清偿"。参见〔日〕於保不二雄：《日本民法债权总论》，五南图书出版公司1998年版，第379~380页。于我国司法实践之中，有判决〔上海鑫旺钢铁有限公司与赣州江钨钨合金有限公司买卖合同纠纷案，江西省高级人民法院（2020）赣民再119号民事判决书〕认为，持有人（即出卖人）"享有两种请求权，即基于买卖合同法律关系的原因债权请求权和基于票据债权债务关系的票据追索请求权"，且认为持票人"有权择一选择票据权利或者原因债权提起诉讼"。不过，持票人选择依原因债权起诉的，应当返还票据。这一见解似乎不符合当事人的合意：既然买受人签发了票据，出卖人接受了票据，那么一般应认定，两者具有通过票据清偿价款的合意。

〔4〕　参见王志诚：《票据法》，元照出版有限公司2015年版，第91页。

间、直接当事人与第三人之间的合法利益。

（二）票据资金关系

票据资金关系是汇票和支票的出票人与付款人之间存在的金钱、实物、信用关系和其他财产性债权关系，又称"票据资金"或"资金关系"。

汇票和支票都是委托证券，票面上记载的付款人是受托人。但是，付款人一般不会毫无缘由地接受付款委托。通常，付款人与出票人之间有下列情形之一的，才会按照票据接受付款委托：①出票人在付款人处存有资金。例如，出票人在银行开立资金账户存有资金而开出支票，付款人自应向持票人付款。②付款人对出票人欠有财产性债务。例如，甲欠乙100万元货款未还，乙为向丙清偿债务而签发汇票，指定甲向乙付款。此为债权转让，适用于票据关系，出票人的票据，实际上就是债权转让的通知，债务人向持票人付款收回票据，就是清偿了对自己债权人的债务。③出票人同付款人之间有信用合同关系，付款人事先承诺为出票人签发的票据付款。在此种情况下，付款人收取票据后再向出票人请求清偿。

此外，付款人也可出于无因管理而付款，还可因为与出票人之间有交互计算合同、继续供应合同等关系而为付款行为。

本票是自付证券，不存在受托付款人。例外的是，本票上记载由第三人充当"担当付款人"的，出票人与担当付款人之间应有资金关系，学者将这种关系称为"准资金关系"。[1]此外，汇票承兑人与其指定的担当付款人之间的关系，参加付款人与被参加人之间的关系，票据保证人与被保证人之间的关系，都是"准资金关系"。

于资金关系中，出票人和其他供给资金的人被称为"资金义务人"。

资金关系与票据关系相分离，但在特殊场合亦有相当牵连，对票据关系有一定影响。

1. 资金关系与票据关系的分离。

（1）资金关系虽然存在，付款人拒绝承兑时，不负担付款义务，其仅在承兑之后，方成为票据债务人。相反，即便资金关系不存在，付款人按汇票上的记载，应持票人的请求付款的，出票人对付款人有偿还义务。支票的出票人，应与付款人存在关于该支票票面金额的资金关系。[2]然因资金关系不存在所签

---

〔1〕 参见王志诚：《票据法》，元照出版有限公司2015年版，第93页。
〔2〕 依我国《票据法》第87条，支票的出票人所签发的支票金额不得超过其付款时在付款人处实有的存款金额（第1款），且禁止签发空头支票（第2款）。日内瓦《统一支票法公约》第3条规定，支票必须对持有出票人存款的银行开出，并须符合出票人有权以支票方式处理该款之明示或默示之协议。然若签发的支票不符合这些规定，所开票据作为支票仍然有效。

发的支票，其本身仍为有效票据。盖仅当支票被认定有效时，持票人方能对前手或出票人行使追索权；不过，持票人请求付款的，付款人自可以资金关系为由，拒绝付款。[1]现行法禁止签发空头支票，并追究签发空头支票骗取财物者的法律责任。根据《票据管理实施办法》第 31 条与《支付结算办法》第 125 条，对签发空头支票的，由中国人民银行处以票面金额 5% 但不低于 1000 元的罚款；对屡次签发的，银行将停止其向收款人签发支票。近年来对签发空头支票者的罚款额有所加大，但并未将空头支票明定为无效票据。从票据法原理上讲，维持空头支票的效力，不仅较为妥当，有利于保护善意第三人，而且体现了票据关系与资金关系之分离，能够实现鼓励使用票据之目的。

（2）当资金关系不存在而签发票据或予以承兑时，出票行为或承兑仍为有效。出票者承担出票之责任，包括担保承兑和担保付款的责任，即在持票人未获承兑或者付款时被追索的责任。承兑者应就承兑之汇票承担付款义务。在此情形，票据关系和资金关系彻底分离，互不影响。

2. 资金关系与票据关系的牵连。

（1）汇票承兑人与出票人无资金关系者，不得以资金关系不存在对抗出票人之外的善意持票人，因其已为承兑之票据法律行为，依票据行为之效力，承兑人应履行付款义务。《票据法》第 44 条即明文规定，付款人承兑汇票后，应当承担到期付款的责任。例外的是，持票人为出票人的，承兑人得以资金关系不存在而抗辩。[2]此种例外，即属资金关系对票据关系的影响。[3]在《票据法》上，这一例外能以第 13 条第 1 款或者第 2 款为基础。[4]

（2）支票的付款人，对出票人存款足以支付支票金额时，应当无条件、当日完成支付（《票据法》第 89 条第 2 款）。就支票而言，无资金关系者，付款人有权拒付，由持票人向前手或出票人追索；有资金关系者，付款人则应无条件

---

[1]　相关司法实践，参见中太建设集团股份有限公司与卓瑞珠票据追索权纠纷案，北京市第三中级人民法院（2014）三中民终字第 05775 号民事判决书；天津市博爱医药技术有限公司与天津市药材集团泰宁医药有限公司二分公司、天津市药材集团泰宁医药有限公司票据追索权纠纷案；天津市博爱医药技术有限公司与天津市药材集团泰宁医药有限公司二分公司、天津市药材集团泰宁医药有限公司票据追索权纠纷，天津市第二中级人民法院（2014）二中民二终字第 27 号民事判决书；廖福强与罗翠红票据追索权纠纷案，广东省佛山市中级人民法院（2014）佛中法民二终字第 142 号民事判决书。

[2]　参见王志诚：《票据法》，元照出版有限公司 2015 年版，第 96 页。

[3]　持票人为出票人的，汇票的出票人向受票人签发票据时，已取得对价。之后，票据再转让时，出让人总会收取对价。一旦发生出票又从别人手中取得票据之情形，出票人即成为持票人，但仅是将最初取得之对价交付前手。此时，如再向无资金关系之付款人请求付款，便会使付款人无端受损，或先付款，再向该出票人请求偿还。

[4]　当出票人是持票人时，其必然知晓付款义务人（此处的承兑人）对其享有抗辩事由，且其也是付款义务人的直接债权债务人。

支付。一正一反，均显现资金关系对支票关系之影响力。

（三）票据预约关系

票据预约关系是当事人之间预先约定使用票据的合同关系，简称"预约关系"或"票据预约"。

票据虽为有效支付工具，但毕竟不能取代货币。当原因关系发生时，当事人是否使用票据、使用何种票据，一般皆要预先约定，并由当事人具体商定票据种类、金额、到期日、付款地等，然后再出票、授受票据。此种关于使用票据的预先约定，与票据行为有关，同票据关系则无涉。换言之，原因关系发生时，因有票据预约，才得为票据行为；有票据行为，才生票据关系。票据预约虽有"预约"之名，但其构成民法上的本约合同，适用民法上的合同规则，票据法并不作专门规定。票据预约是否成立，票据行为是否按预约实施，对票据关系毫无影响。

票据预约一旦成立，债权人享有一项给付请求权，得请求债务人出具相应的票据。票据行为一旦被实施，票据关系发生，票据预约因履行而消灭。

综上所述，票据关系与其基础关系分离，是一般情况、基本特性，因其有票据关系与其基础关系分离的原理，又叫票据关系无因性原理；票据关系与其基础关系相牵连，是特殊情形、个别道理，所以产生了票据关系无因性的例外规定。

## 思考题

1. 票据关系作为金钱债权关系，和一般债权关系有什么区别？
2. 票据关系有哪些基本种类？
3. 票据关系的形成，一般需要哪些基础性法律关系？各基础关系有什么主要特点？
4. 什么是票据的原因关系？其对票据关系效力的作用如何？
5. 什么是票据的预约关系？其对票据关系效力的作用如何？
6. 什么是票据的资金关系？其对票据关系效力的作用如何？

第三章

第四章

# 票据行为

**学习目的和要求**　理解票据法律行为的一般知识和原理。要求在理解票据行为意义的基础上，掌握这种法律行为的种类、性质、特点和要件；同时，理解票据行为的代理不同于民法上其他代理的特点。票据行为的特点和要件是重点和难点。签章问题是个重要知识点。

## ■第一节　票据行为的内涵和种类

### 一、票据行为的概念与性质

票据行为，是指以发生票据权利义务为目的，而依照票据法所实施的法律行为。这一定义表明：

（一）票据行为是一种法律行为

行为，乃人的有意识的活动。票据行为人实施票据行为，目的是设立票据权利义务，而当行为具备法定要件时，法律即保障行为目的得以实现。票据行为凡出票、背书、承兑、参加承兑、保证种种，法律效果均为实现行为人预期的发生票据权利义务之目的，即给对方设定付款请求权，给行为人设定无条件支付票面金额的义务。在私法上，能够按照行为人意思表示的内容发生法律效果的行为，是法律行为。票据行为具备法律行为的一般性质，属于一种法律行为。然法律行为有多种类型，不同法律行为分别适用不同法律规范，不可混同。例如，买卖主要适用买卖合同相关规则，不能用其他法律解决其权利义务问题。票据行为主要适用票据法，是票据法上的法律行为。不过，《民法典》关于法律行为的规定，也可补充性地适用于票据行为。[1]

（二）票据行为以发生票据权利义务为内容

不同的法律行为有不同的内容。票据法上，行为人实施票据行为，其意思

---

[1]　参见《最高人民法院关于审理票据纠纷案件若干问题的规定》第62条第1款。

表示中所含效果意思只能是发生票据权利义务，不能是其他目的。票据行为的效力，仅为票据权利义务之变动，不生其他法律后果。因此，票据行为只能以发生票据权利义务为内容。反之，如果以发生他种权利义务为目的而为法律行为，则绝不能产生票据行为的效果。就此而言，存在两个例外。其一，设质背书是在背书人票据权利上为债权人设定一项权利质权，当事人的法律关系应依《民法典》确定，不成立票据权利义务，比如背书人无须承担《票据法》第37条中的担保责任。[1]其二，委托取款背书是为持票人设授票据代理权，并不转移票据权利义务。因此，付款人不得以其与受托人之间的抗辩关系为由，主张适用《票据法》第13条第2款。[2]

各种票据行为，各有其具体效果。例如，出票，使出票人为最初受票人原始地创设票据权利，在授受者之间发生票据权利义务；转让背书，是为了转让既有票据权利，在票据出让人和受让人之间发生票据权利义务，附带地使受让人与出票人之间也成立一定的票据权利（追索权）义务；承兑，是汇票上记载之付款人向持票人书面承诺兑付票面金额，使承兑人与持票人之间发生票据权利义务，承兑人负担了付款义务，等等。

（三）票据行为是依照票据法实施的要式法律行为

1. 票据法向社会规定了票据行为的模式，行为人欲发生票据权利义务，只能而且只需依照票据法规定的行为模式。违反票据法规定的行为模式的，尽管可能符合其他法律，仍不能发生票据权利义务。例如，就票据保证行为而言，票据法规定须由保证人在票据上（或票据粘单上）签名并记载保证内容的文字；倘若行为人另外使用纸张订立书面保证合同，从民法角度看，保证成立，但票据法却认为其不合票据保证之模式，不生票据保证之权利义务；《最高人民法院关于审理票据纠纷案件若干问题的规定》第61条，就此作了专门规定。[3]

2. 票据行为是要式行为。首先，票据行为须为书面形式；其次，票据行为须在中国人民银行规定的特制票据凭证上实施，否则不生票据效力；最后，特定票据行为，须在法定之特别位置实施。例如，背书行为，只可在票据背面书写特定文字并签名，假使在正面进行，就不构成背书。值得注意的是，电子票据行为则须满足《电子商业汇票业务管理办法》等法律所规定的形式要件。

---

〔1〕 Vgl. Schnauder/Müller-Christmann, Wertpapierrecht, 1992, S. 86.

〔2〕 Vgl. Schnauder/Müller-Christmann, Wertpapierrecht, 1992, S. 87.

〔3〕 相关司法实践，参见成都市商业银行与中国长城计算机深圳股份有限公司等票据、债务纠纷案，最高人民法院（2001）民二终字第21号民事判决书。

3. 票据行为是法定要式行为，行为人不得以约定改变法定之要式。票据法实行严格的票据行为要式原则，凡行为不符合法定要式者，为绝对无效。[1] 相反，只要具备法定要式，即使其他条件欠缺，票据也可有效。之所以如此，目的在于保障票据的安全可靠，使用和流通的简便、迅速，使人们乐于使用票据。如果使用票据不如其他支付手段简便安全，人们自然难以接受它。

**二、票据行为的种类**

票据行为有广狭二义。狭义票据行为，含出票、背书、承兑、参加承兑、保证五种。广义票据行为，除上述五种外，尚有付款、（支票的）划线、参加付款、（本票的）见票、（支票的）保付等行为。票据法上通用狭义。此外，付款、划线等部分广义票据行为，因欠缺意思表示，可被称为"准票据行为"。[2]

五种狭义票据行为中，出票、背书为各种票据共有的行为，而承兑、参加承兑是汇票特有的行为，保证是汇票、本票都有的行为。

票据法学上，五种狭义票据行为被分为两类。一类是出票，称"主票据行为"或"基本的票据行为"，它是其他各种票据行为的基点；另一类是其他四种行为，通称"从票据行为"或"附属的票据行为"，它们以出票行为为前提，只能在已经签发的票据上实施。[3] 两类票据行为虽有主从之分，但各自独立发生效力。然而，由于出票行为是创造票据的行为，出票行为有效的，票据才有效存在，其他票据才有实施基础。如果出票行为无效，票据即无效，且此等无效是自始、当然、确定地不生效力，当事人事后追认也不能改变无效状态。于此情形下，出票后的其他附属票据行为亦随之无效。推究其理，实因出票时致票据形式有欠缺，形成"物之瑕疵"，致使这种票据不具备金钱债权"化体"之性质。

我国《票据法》第二章界定了出票、背书、承兑三种行为，未规定参加承兑，虽规定了票据保证制度，但未给保证下定义。依《票据法》，出票是指出票人签发票据并将其交付给收款人的票据行为（第20条）；背书是指在票据背面或者粘单上记载有关事项并签章的票据行为（第27条第4款）；承兑是指汇票付款人承诺在汇票到期日支付汇票金额的票据行为（第38条）。

从学理角度讲，参加承兑是汇票上的预备付款人或第三人（汇票付款人与债务人之外的主体），在汇票不获承兑时，为维护票据的信用，为特定票据债务人的利益，承诺兑付票据金额并在票据上签名的票据行为。参加承兑的主要意

---

[1]　大如绝对必要记载事项欠缺，小如金额大写汉字错误，均可使票据无效。

[2]　参见谢怀栻：《票据法概论》，法律出版社2017年版，第45页。

[3]　参见谢怀栻：《票据法概论》，法律出版社2017年版，第45~46页。

义是阻却期前追索，即阻止持票人在到期日前行使追索权。[1]票据保证是票据债务人之外的人，为担保债务的履行而在票据上记载担保文字，并签名或者签章的票据行为（参见《票据法》第45～46条）。

### 三、票据质押行为问题

票据质押是否是票据行为，取决于其所适用的法律。[2]票据法上的票据质押，是一种票据行为。因此，当事人依《票据法》第35条第2款进行质押（即背书记载"质押"）的，票据质押是一项票据行为，适用票据行为规则。不过，即便票据法上的质押是一项票据行为，其结果并非票据权利关系之变动，而是成立一项物权（即质权），故质权人仍负有清算义务。除此之外，票据权利作为一项特殊债权，也可依《民法典》物权编的规定而被质押。现行《民法典》第441条规定的票据质押（即质押协议与凭证交付）不涉及质押背书，并非票据行为，而是普通民法上的质押行为。

之所以存在票据质押的双重属性，原因在于票据所载金钱权利，在不同法律中体现为不同性质的权利：其在票据法上呈现为票据权利，但在普通民法上可呈现为债权。实际上，票据所载金钱权利在转让方面，也具有双重维度：其既可作为票据权利适用票据法规则，也可作为普通债权适用债权让与一般规则。[3]上述双重处理模式可能会导致权利和外观之分离，进而引发冲突。基于这一考量，德国法虽然承认普通债权让与规则之适用，但要求当事人交付票据；[4]荷兰等国法律则禁止当事人采取普通债权让与的方式，除非权利人丧失了票据。[5]

票据法上的票据质押与普通民法上的票据质押，受不同规范调整，会产生不同的法律效果。其一，两种质押的成立要件不同，前者要求当事人完成质押背书，而质押协议仅是作为票据行为的质押行为之基础关系；后者则要求签订质押协议和交付票据凭证，但不要求当事人背书。其二，前者是一项票据行为，

---

[1] 从我国台湾地区的实践来看，持票人期前追索的情形有三：一是付款人拒绝承兑；二是持票人无法完成承兑之提示；三是付款人或者承兑人被宣告破产。参见曾世雄、曾陈明汝、曾宛如：《票据法论》，元照出版有限公司2005年版，第228页。

[2] Vgl. Hueck/Canaris, Recht der Wertpapiere, 12. Aufl., 1986, S. 99；陈甦：《票据质押效力范畴界分辨析》，载《政法论坛》2022年第5期。

[3] Vgl. Hueck/Canaris, Recht der Wertpapiere, 12. Aufl., 1986, S. 81；Schnauder/Müller-Christmann, Wertpapierrecht, 1992, S. 69.

[4] 即便如此，权利与外观仍可能出现分离，因为交付可采取占有改定的方式。Vgl. Hueck/Canaris, Recht der Wertpapiere, 12. Aufl., 1986, S. 81f.

[5] Zie Parlementaire geschiedenis van het nieuwe burgerlijk wetboek Boek 3. Vermogensrecht in het algemeen, Kluwer, 1981, p. 391.

适用票据抗辩规则；后者并非票据行为，无法适用票据抗辩规则，故而处于相对不利的地位。[1]其三，票据法上的质权人是持票人，可直接行使票据权利，但因其仅享有一项质权，故仍负担清算义务，不能终局地取得票据款项；普通民法上的质权人并非持票人，而是债权质押中的质权人，故应遵从质权实现规则。[2]同时承认两种类型的质押，能够为当事人创造更多的自由空间。

针对《票据法》第35条第2款与《民法典》第441条的关系问题，司法实践尚未完全形成一致意见。《最高人民法院关于适用〈中华人民共和国民法典〉有关担保制度的解释》第58条并未采取上述分析思路，而是机械地规定，当事人以背书记载"质押"字样并在汇票上签章，汇票已经交付质权人的，人民法院应当认定质权自汇票交付质权人时设立。由此似乎可见，质押背书和凭证交付是质权成立的要件。不过，从该条的表述方式来看，当事人依《票据法》第35条第2款或《民法典》第441条进行质押的可能性并未被完全排除。

于电子票据的情形，质押的设立方式较为固定。由于受到系统操作的强制，当事人须按照新一代票据业务系统的要求，完成质押，无所谓票据凭证及其交付问题。[3]从文义来看，电子票据虽然属于"没有权利凭证"的情形，但也不应适用质押登记生效规则（《民法典》第441条第一句第二分句），不应要求当事人在动产融资统一登记公示系统中完成登记，否则会影响新一代票据业务系统的可靠性。

## ■第二节　票据行为的本质和特点

### 一、票据行为的本质

票据行为属法律行为。法律行为又有单方法律行为、双方法律行为、共同法律行为之分。票据行为属于何种法律行为，理论上存在诸多争议。票据法未规定票据行为的本质，但这并不说明此问题不重要。从理论上合乎实际地辨识这种法律行为的性质，示之公众，既可提升立法水平，又可使社会成员对票据有清楚的理解，促进票据的使用和流通。

---

[1]　参见陈甦：《票据质押效力范畴界分辨析》，载《政法论坛》2022年第5期；Hueck/Canaris, Recht der Wertpapiere, 12. Aufl., 1986, S. 99. 不过，德国《汇票与本票法》第19条第1款规定，票据质押背书类似于代理背书，故依同法第18条第2款，票据债务人对出票人享有的抗辩，也可对抗质权人。Vgl. Peter Bülow, Heidelberger Kommentar zum Wechselgesetz（WechselG）, Scheckgesetz（ScheckG）und zu den Allgemeinen Geschäftsbedingungen, 4. Aufl., 2004, S. 153.

[2]　参见陈甦：《票据质押效力范畴界分辨析》，载《政法论坛》2022年第5期。

[3]　参见《新一代票据业务系统业务方案》第3.4.4条。

票据行为的法律效果是，设立票据项下权利义务关系。因此，票据行为本质的问题，是票据行为为何能够产生前述效果。这一问题涉及票据法与私法的体系牵连，即如何在私法框架下定位票据行为。理论上最初就此形成了契约说与单方法律行为说。[1]不过，两说皆存在解释上的局限性，故有学者提出了权利外观说。[2]

（一）契约说

依契约说（Vertragstheorie），票据债务人负担票据上的债务，是与票据权利人缔结契约的结果。[3]此说演化发展，形成"单数契约说"和"复数契约说"两支，各支又有若干不同观点。

1. 单数契约说。总体上讲，主张此说的学者认为，一票据行为是一个契约。例如，出票是出票人和收票人之间的契约，承兑是持票人与承兑人之间的契约，背书是背书人与被背书人之间的契约。由于这一契约往往以票据易手为成立前提，故其被称为发行契约（Begebungs vertrag）。[4]然而值得注意的是，发行契约具有多种内涵。出票不仅要求作出票据，而且需将票据交付、转让给收票人（第一持票人），故其具有债权契约与物权契约的双重性质；承兑仅是一个债权契约，因为持票人无须将票据交付给承兑人，承兑不涉及占有移转；票据保证，亦是如此；背书转让则主要是一个物权契约，并不创设一个新的意定权利。[5]值得注意的是，背书转让契约的标的可能为多个票据权利。例如，持票人转让被承兑的汇票的，被转让的权利包括两个：一是基于出票契约而成立的针对出票人的权利，二是基于承兑契约而成立的针对承兑人的权利。

单数契约学说，在解释直接当事人之间的关系上，具有合理之处。然而，仔细推敲，票据行为人为何还须对直接后手之后的票据权利人，负担票据责任？反过来说，当票据不获承兑或不获付款时，持票人凭何能向直接前手之外的票

〔1〕　Vgl. Schnauder/Müller-Christmann, Wertpapierrecht, 1992, S. 27ff；王志诚：《票据法》，元照出版有限公司 2015 年版，第 99~102 页。

〔2〕　Vgl. Hueck/Canaris, Recht der Wertpapiere, 12. Aufl. , 1986, S. 33ff；王志诚：《票据法》，元照出版有限公司 2015 年版，第 103~107 页。

〔3〕　契约说在 20 世纪的德国法理论上，占据主导地位。之所以如此，部分原因在于《德国民法典》第 311 条第 1 款。根据该款，因法律行为产生的债权债务关系，原则上需以合同为基础。Vgl. Wolfgang Zöllner, Wertpapierrecht, 12. Aufl. , 1978, S. 34.

〔4〕　Vgl. Hueck/Canaris, Recht der Wertpapiere, 12. Aufl. , 1986, S. 28；Schnauder/Müller-Christmann, Wertpapierrecht, 1992, S. 28.

〔5〕　Vgl. Hueck/Canaris, Recht der Wertpapiere, 12. Aufl. , 1986, S. 31f.

据行为人，行使"跨越追索权"或者"选择追索权"？[1]对此，仅基于契约难以圆满解释，只能诉诸法律规定。其一，出票人之所以能被追索，原因在于持票人受让了，出票人一开始（出票时）所创设的票据权利；[2]其二，背书人之所以会成为被追索的对象，原因在于其对后手负有担保责任（《票据法》第37条），且法律明文规定了其可被跨越追索（《票据法》第61条第1款）。[3]

2. 复数契约说。根据此说，票据债务人之所以对各个票据权利人负担票据债务，原因在于其和各票据权利人分别成立契约关系。至于票据行为人如何与直接当事人之外的票据权利人订立契约，存在三种不同说法，分述如下。

第一种是不特定主体契约说。根据该说，票据行为是对不特定主体的意思表示，且构成要约，而各持票人取得票据，是对其要约的承诺，故契约成立。不特定主体契约说，存在以下问题：其一，要约原则上应以特定主体为对象；其二，票据被背书转让的，受让人直接基于转让而取得票据权利（继受取得），而非基于一项新设立的契约取得权利（创设取得）；其三，承诺是需受领的意思表示，持票人取得票据难谓构成一项意思表示。

第二种是变更契约说。根据该说，依背书变更前手与后手之间的契约关系，票据债务人与各后手间发生契约关系。变更契约说存在以下缺陷：其一，背书转让的效果是票据权利之让与，并未影响原契约关系之同一性，没有改变原契约之内容。其二，票据债务人（如被追索人）之所以负担付款义务，原因可能在于法律的明确规定，构成一项法定之债，而非契约之债。

第三种是背书媒介说。根据该说，背书行为是前手与后手之间成立契约的媒介，从而使票据债务人与各个后手之间的契约成立。背书媒介说主要存在以下问题：其一，背书行为虽然能够导致一项契约关系成立，但为何票据债务人与后手也能成立契约关系，尚且难以理解。契约需当事人达成合意，票据债务人与其后手难谓存在此等合意。其二，票据债务人（如被追索人）之所以负担付款义务，原因可能在于法律的明确规定，构成一项法定之债，而非契约之债。

（二）单方法律行为说

总体而言，在票据行为形成过程中，虽有受票人收受票据之配合，但该受票行为不是票据行为的要件，而是履行票据预约的行为。因此，就票据行为成

---

[1] 跨越追索权或选择追索权，是持票人遇有不获承兑或不获付款时，能够从诸多前手中选择对自己最有利者进行追索的权利，不局限于直接前手。例如，我国《票据法》第68条第2款就规定，持票人可以不按照汇票债务人的先后顺序，对其中任何一人、数人或者全体行使追索权。

[2] Vgl. Wolfgang Zöllner, Wertpapierrecht, 12. Aufl., 1978, S. 35.

[3] Vgl. Hueck/Canaris, Recht der Wertpapiere, 12. Aufl., 1986, S. 32.

立要件看，难以将此行为定性为契约行为。针对契约说的这一弊端，学者提出了单方法律行为说。

根据该说，票据行为是一项单方法律行为（einseitiges Rechtsgeschaft），并非一项契约合意。[1]由于票据行为是单方法律行为，票据债务便非由契约而生，故出票人、背书人、承兑人等均因自己在票据上的签名这种单方行为，对持票人负担票据义务。单方法律行为说又分两种观点：

1. 创设说（Kreationstheorie）。[2]根据该说，票据行为实为创设票据权利的单方行为，只要在票据上签名，票据权利义务关系即成立。交付是否完成，乃系无关紧要。交付完成前，权利虽然成立，但仍处于"休眠"（ruhende）状态，尚待至票据交付时才被激活。[3]换言之，票据行为不仅是单方法律行为，且是无需受领的单方法律行为。不过，创设说并不完全符合现行法的规定。其一，《票据法》第20条、第27条第3款分别规定，出票与背书转让皆以交付为要件。其二，处于"休眠"状态的票据权利，具体能够产生何种效果，尚且难以明确。其三，在解释无需受领的单方法律行为时，应当注重探求行为人的真实意思，而这明显与票据行为的文义性不符。

2. 发行说（Emissionstheorie）。根据该说，票据行为因票据行为人的单方行为而成立，但票据行为除由行为人在票据上签名外，还需票据被交付至受票人。换言之，票据行为人除签名外，还须有意使该票据脱离自己之占有，交付对方当事人，否则票据行为不生效力。交付是票据这一动产作为载体时，事实管控的转移，也是受领票据意思表示的法定方式。如果仅有签名而未交付票据，或虽有占有转移之事实但受票人系不法取得票据的，不生票据权利义务。因此，在发行说下，票据行为是需受领的单方意思表示。有学者以我国《票据法》第10条第1款、第12条等为根据，主张《票据法》采用单方法律行为的发行说。[4]

电子商业汇票的出票、背书转让、贴现等票据行为，也涉及"交付"。[5]不过，电子商业汇票并非动产，此处的交付并非事实管控的转移。根据《电子商业汇票业务管理办法》第20条第4款，电子商业汇票的交付是指票据当事

---

[1] Vgl. Hueck/Canaris, Recht der Wertpapiere, 12. Aufl., 1986, S. 28; Schnauder/Müller-Christmann, Wertpapierrecht, 1992, S. 27.

[2] 创设说在19世纪的德国法上，占据主导地位。Vgl. Wolfgang Zöllner, Wertpapierrecht, 12. Aufl., 1978, S. 34.

[3] 德国学者 Eugen Ulmer 即如此认为。Vgl. Hueck/Canaris, Recht der Wertpapiere, 12. Aufl., 1986, S. 29.

[4] 参见刘家琛主编：《票据法原理与法律适用》，人民法院出版社1996年版，第46页。

[5] 参见《电子商业汇票业务管理办法》第20、27、50条。

人将电子商业汇票发送给受让人，且受让人签收的行为。同法第 21 条第 1 款规定，签收是指票据当事人同意接受其他票据当事人的行为申请，签章并发送电子指令予以确认的行为。出票人通过新一代票据业务系统出具汇票的，也需收票作出应答。[1]根据发行说，此处的"同意"或"应答"，并不意味出票行为乃是一项合同，其不过是"交付"这一意思表示受领方式的要件。收票人表示拒绝的，电子汇票的控制难以发生转移，"交付"难以完成。从《民法典》第 137 条第 2 款（到达主义）来看，[2]汇票的"交付"受领规则，乃是一项特别规范。

（三）权利外观说

票据法以确保票据的流通性为目标。根据《票据法》第 12 条第 1 款之反对解释，即便票据被盗窃或丢失，占有人不享有票据权利，但当其继续转让票据时，善意的第三人也能取得票据权利。例如，出票人作出票据后，但在交付前失窃的，如果偷窃者转让票据，那么善意第三人也能依该款取得票据权利。[3]针对这一特殊情况，契约说与发行说皆难以提供妥当的解释。根据契约说，票据被盗窃或丢失的情形，无所谓契约存在，票据权利因此并不成立。因此，即便作为动产的票据能被第三人善意取得，其也无法取得并不存在的票据权利。[4]根据发行说，票据未被交付，票据行为尚未完成，故票据权利没有成立。对于一个尚不存在的票据权利，善意第三人根本无法取得。相反，创设说更具有解释力。票据行为人在签名后，票据行为已完成，票据权利能够成立，故善意第三人不仅能够取得票据所有权，且能取得票据权利，请求出票人付款。[5]

然而，创设说也无法完全解释《票据法》第 12 条第 1 款。例如，出票人在受到胁迫或欺诈的情况下，完成出票行为。由于票据行为是一项单方法律行为，可适用《民法典》，故欺诈、胁迫是撤销出票行为的事由（第 148 ～ 150 条）。出票人一旦撤销票据行为，票据权利即自始不成立，故此后持票人将票据转让给善意第三人的，后者即便能够取得票据所有权，也无法取得并

---

〔1〕　参见《新一代票据业务系统业务方案》第 3.4.1 条。

〔2〕　《民法典》第 137 条第 2 款规定，以非对话方式作出的意思表示，到达相对人时生效。以非对话方式作出的采用数据电文形式的意思表示，相对人指定特定系统接收数据电文的，该数据电文进入该特定系统时生效；未指定特定系统的，相对人知道或者应当知道该数据电文进入其系统时生效。当事人对采用数据电文形式的意思表示的生效时间另有约定的，按照其约定。

〔3〕　参见李国光主编：《票据法及配套规定新释新解》，人民法院出版社 2006 年版，第 122 页。

〔4〕　Vgl. Wolfgang Zöllner, Wertpapierrecht, 12. Aufl. , 1978, S. 35.

〔5〕　Vgl. Hueck/Canaris, Recht der Wertpapiere, 12. Aufl. , 1986, S. 29；Wolfgang Zöllner, Wertpapierrecht, 12. Aufl. , 1978, S. 35.

不存在的票据权利，进而不能要求出票人付款。这一结论，并不符合《票据法》第 12 条第 1 款。

由上可见，契约说与单方法律行为说，皆不足以全面现行法的规定。在这一情况下，权利外观说（Rechtsscheintheorie）应运而生。根据权利外观说，虽然票据行为未成立或自始无效，但行为人已引发了票据权利外观，故为保护善意第三人之信赖，维护票据的流通性，善意第三人仍能正常取得票据权利，进而请求行为人付款。权利外观说是私法中的一项基本理论，其以责任人的可归责性为前提（Zurechnungsprinzip）。[1]不过，《票据法》第 12 条第 1 款并未规定这一前提，更倾向于保护善意第三人。[2]于权利外观说之下，票据成为其项下权利的外观，权利能够如同动产一样实现流转，票据行为欠缺或瑕疵对于票据流通的影响，被最大限度地排除。值得注意的是，权利外观说并不与单方法律行为说、契约说完全对立，其毋宁是另外两学说之有益补充，可以化解某些特殊情形中的问题。[3]

总此言之，在我国《票据法》上，票据行为是单方法律行为（发行说），且适用权利外观理论。

我国台湾地区理论与司法实践，主要采单方法律行为说（发行说）。[4]在德国票据法上，票据行为的本质存在长期争议，目前以契约说为主，且辅以权利外观说。[5]在日本票据法上，主流观点认为出票是"交付合同"，而承兑则是单方法律行为。[6]同时，日本学界也积极接受了德国票据法学上的权利外观学说，用以弥补其他学说之不足。[7]

英、美票据法采用契约说。其中，出票的法律效果是设立一个合同（contract），出票人据此向收票人及其他持票人支付一定的款项；承兑的法律效果是设立一个绝对合同（Absolute Contract），承兑人据此有义务向持票人支付相应的款项；背书的法律效果是设立一个附条件合同（Conditional Contract），背书人在

---

〔1〕　Vgl. Hueck/Canaris, Recht der Wertpapiere, 12. Aufl. , 1986, S. 33.

〔2〕　有学者认为，只要票据行为人基于作成票据之意思而签名，且签名在其所认识或可认识的范围之内，即具有可归责性。至于票据行为人是否具有使票据流通之意思，在所不问。参见王志诚：《票据法》，元照出版有限公司 2015 年版，第 106 页。

〔3〕　Vgl. Hueck/Canaris, Recht der Wertpapiere, 12. Aufl. , 1986, S. 34.

〔4〕　参见王志诚：《票据法》，元照出版有限公司 2015 年版，第 100～102 页。

〔5〕　Vgl. Peter Bülow, Heidelberger Kommentar zum Wechselgesetz（WechselG）, Scheckgesetz（ScheckG）und zu den Allgemeinen Geschäftsbedingungen, 4. Aufl. , 2004, S. 6.

〔6〕　参见〔日〕末永敏和：《日本票据法原理与实务》，张凝译，中国法制出版社 2012 年版，第 68 页。

〔7〕　参见刘永光、向佳丽：《日本票据法上的权利外观理论及其对我国的启示》，载渠涛主编：《中日民商法研究》（第十卷），法律出版社 2011 年版，第 234 页。

承兑人或出票人未支付款项的条件下，负有向持票人付款的义务。[1]不过，前列合同乃是单方合同（Unilateral Contract），[2]其本质上乃是一方当事人作出的允诺，[3]类似于大陆法系中的单方允诺或单方法律行为。因此，英、美票据法形式上采契约说，实质上采单方法律行为说或单方允诺说。单方合同之效力仍受制于对价原理（Doctrine of Consideration），要求相对人提供一定的对价。为避免该原理影响票据流通，英国《汇票法令》第 30 条第 1 款还特别规定，在票据上签名的主体被视为已获得了对价。[4]为进一步维护票据流通性，英国《汇票法令》第 29 条确立了"正当持票人"（Holder in Due Course）规则，保护已支付对价的善意持票人。美国《统一商法典》第 3-302 条、第 3-303 条，也作了类似规定。

**二、票据行为的特点**

票据行为同其他法律行为相比较，有以下四个特点：

（一）票据行为是法定要式行为

普通法律行为可为法定要式或约定要式（《民法典》第 135 条）。票据行为则非为法定要式不生效力。此谓票据行为的要式性。前节"票据行为的意义和种类"中已有票据行为要式性的说明，此处再从三个方面阐述之。

1. 票据行为以行为人之签名（或者签章）为成立要件。出票、背书、承兑、保证等各种票据行为，必有行为人签名（或者签章），才得使行为人负担行为所生票据债务。无签名（或者签章）者，对当事人无票据约束力。普通法律行为，可有生效而无须签名（签章）者。在电子票据的情形，签名（签章）采取电子方式，且须满足《电子签名法》第 13 条第 1 款的规定（《电子商业汇票业务管理办法》第 14 条）。

2. 票据行为须为书面形式。票据行为若不采书面形式，无法确定其内容，即不能构成票据关系。一般法律关系，允许有非书面形式。值得注意的是，电子票据行为较为特殊，当事人应依法操作，并在系统中形成相应的电子票据。根据《电子商业汇票业务管理办法》第 83 条，电子商业汇票的数据电文格式和票据显示样式由中国人民银行统一规定。

3. 票据行为有法定款式。各种票据行为具有其法定记载事项，记载事项之

---

[1] See N. Elliott, J. Odgers and J. M. Phillips, *Byles on Bills of Exchange*, Sweet & Maxwell, 2002, p. 8.

[2] 英美合同法区分了单方合同与双方合同，前者仅涉及一方作出的允诺（promise），而后者则涉及两方允诺之交换（exchange of promises）。

[3] See Benjamin Geva, "Equities as to Liability on Bills and Notes: Rights of a Holder Not in Due Course", *Canadian Business Law Journal*, 1980, pp. 72-73.

[4] See A. G. Guest, *Chalmers and Guest on Bills of Exchange and Cheques*, Sweet & Maxwell, 2005, p. 294.

总和即为票据行为之款式。一般法律行为则有约定款式或者任意款式，票据行为人只能依法定款式完成票据行为。纸质票据与电子票据皆有其法定款式，且内容往往相似。[1]

**（二）票据行为属无因性行为**

票据行为虽有原因关系，但票据法为鼓励使用票据，促进票据流通，将原因关系与票据行为割断联系，持票人无须证明票据行为之原因，只要持票即享有票据权利。票据行为具有独立的成立与生效要件，实施票据行为的原因对票据行为毫无影响。票据行为无因性，也被称为"抽象性"。

**（三）票据行为以文义确定行为内容**

票据行为的内容，仅依票据文义确定，票据法上规定签名人须按票据上记载的事项承担责任（《票据法》第4条），即表明此特点。

**（四）票据行为是独立生效的法律行为**

票据上有数个票据行为的，各个票据行为独立生效，互不影响。某一行为的无效，并不致使其他有效行为变为无效，有效行为的行为人仍须就票据文义负其责任。此点为票据行为的"独立性"，体现了"票据行为独立原则"。《票据法》第4条第1款、第3款体现了票据行为的独立性。根据这两款，出票人与其他票据债务人，应当"按照（票据）所记载的事项承担票据责任"。换言之，票据行为相互独立，各票据行为人需就其所载事项承担责任。

票据行为独立原则，是票据法上一个具有重大价值的原则。这一原则宗旨是保护票据权利人，特别是善意取得票据的第三人，保障票据的安全可靠，促使人们使用票据，以加强票据流通。除了《票据法》第4条，票据行为独立原则，还主要表现在以下三类具体情形：

1. 民事行为能力欠缺者实施的票据签名，固为无效，但其他完全民事行为能力人的签名仍为有效。票据行为是债权转让及债务负担行为。根据《民法典》的规定，无民事行为能力人、限制民事行为能力人未经法定代理人同意的，皆不能独立实施该种行为，否则该行为无效或者效力待定（第144～145条）。不过，《票据法》第6条明文规定，无民事行为能力人或者限制民事

〔1〕　例如，《票据法》第22条第1款规定，汇票具有七类必要记载事项：表明"汇票"的字样；无条件支付的委托；确定的金额；付款人名称；收款人名称；出票日期；出票人签章。《电子商业汇票业务管理办法》第29条规定，电子商业汇票具有九类必要记载事项：表明"电子银行承兑汇票"或"电子商业承兑汇票"的字样；无条件支付的委托；确定的金额；出票人名称；收款人名称；出票日期；票据到期日；出票人签章。

行为能力人在票据上签章的，其签章无效。[1]外国票据法也作了相同或者类似的规定（日内瓦《统一汇票和本票法公约》第 7 条、《统一支票法公约》第 10 条、法国《商法典》第 L511 - 5 条第 1 款、英国《汇票法令》第 22 条、美国《统一商法典》第3 - 202 条）。

如上，欠缺民事行为能力人即便在票据上签名，该签名也不生票据行为之效力。然而当该票据进入流通领域，以背书方式由善意第三人受取时，倘以无效票据论，便会危及善意第三人的正当利益。例如，无民事行为能力人甲向乙购物而签发票据，乙明知而坦然受票，后迅以背书将票据转让给不知情之丙且收取对价，丙又背书转让给善意取得人丁，丁请求付款时方知甲之出票无效，甲不能负担票据债务。此时，若按一般民事法律行为制度，甲无民事行为能力即亦无责任能力，不负债务清偿之责，丁便要受损失。为防止善意持票人受损，票据法上设置"票据行为独立原则"。根据该原则，一方面认为民事行为能力欠缺者的签名不生票据行为效力，另一方面确定票据上其他有效签名者应就票据文义对持票人负责，民事行为能力欠缺者之签名无效，不影响其他有效票据行为之效力，善意持票人可向有效签名者任何人行使票据权利。《最高人民法院关于审理票据纠纷案件若干问题的规定》第 65 条也规定，出票人为无民事行为能力人、限制民事行为能力人的，票据未经背书转让的，票据债务人不承担票据责任；已经背书转让的，票据无效不影响其他真实签章的效力。

2. 票据有伪造、变造情形的，伪造、变造行为不影响其他真实签名的效力。伪造、变造票据，都属不法行为。其中，伪造是全部虚假，包括签名虚假，变造则为持票人擅自变更票据所记载的事项。伪造和变造本无票据行为效力可言，但为保护善意第三人之利益，票据行为独立原则使该类行为与同票据上其他有效票据行为截然分开，各具其应有效果。《票据法》第 14 条第 1 款规定，票据上的记载事项应当真实，不得伪造、变造。伪造、变造票据上的签章和其他记载事项的，应当承担法律责任。此为伪造与变造对不法行为人的效果。该条第 2

───────────────

[1]  根据《民法典》第 145 条第 1 款的规定，限制民事行为能力人实施的纯获利益的民事法律行为或者与其年龄、智力、精神健康状况相适应的民事法律行为有效；实施的其他民事法律行为经法定代理人同意或者追认后有效。从法理层面讲，《票据法》是特别法，须优先于《民法典》而被适用。《票据法》第 6 条也契合了下述原理：票据行为是单方法律行为，而限制民事行为能力人实施的单方法律行为，可直接归于无效。不过，从民事法律行为理论角度讲，经过法定代理人同意的，限制民事行为能力人的票据行为，仍应有效。在将来修订《票据法》时，应参照《民法典》适当修改现行《票据法》的这个绝对性规定。在德国票据法上，单方法律行为说面临的一个重要障碍，即在于《德国民法典》第 111 条第一句（限制行为能力者的单方法律行为无效）。而这成为学者转向契约说的原因之一。Vgl. Wolfgang Zöllner, Wertpapierrecht, 12. Aufl., 1978, S. 37.

款又规定，票据上有伪造、变造的签章的，不影响其他真实签章的效力。这一规定是伪造与变造对票据上其他有效票据行为的效果。

在域外法上，日内瓦法系一族确立了与《票据法》第 14 条相同的规则（日内瓦《统一汇票和本票法公约》第 7 条、《统一支票法公约》第 10 条、德国《汇票与本票法》第 7 条）。不过，英美法系票据法则就伪造、变造签名的问题，有限地承认票据行为独立性。英国《汇票法令》第 24 条涉及票据签名的伪造、变造。依学者对于此条之理解，签名被伪造、变造者及其前手，并不对持票人负责，仅伪造、变造行为人及其后手才对持票人负责。[1] 美国《统一商法典》并无类似规则，但学者认为基于所谓的"出卖人保证"（Vendor's Warranty）原理，能够达到类似于英国《汇票法令》第 24 条的效果。[2] 由此可见，英美法仅在签名被伪造、变造之后，面向未来地承认票据行为的独立性。

3. 票据债务人之保证人，就其在票据上的签名和记载事项承担保证责任，保证行为不因被保证债务的无效而无效。《票据法》第 49 条规定，保证人对合法取得汇票的持票人所享有的汇票权利，承担保证责任。但是，被保证人的债务因汇票记载事项欠缺而无效的除外。依据该条第二句之反对解释，无论被保证债务（主债务）效力如何，保证人的保证责任始终存在。例如，被保证人欠缺行为能力，或者被保证人在汇票上的签章系伪造的，保证责任依旧成立。[3] 这一点体现了票据保证行为的独立性，有别于民法上的民事保证。[4] 仅当主债务因汇票欠缺记载事项而无效时，保证责任才不成立。这一例外被称为票据保证的形式从属性（formelle Akzessorietät）。[5] 之所以承认形式从属性，原因在于持票人可从票面知晓主债务无效，欠缺值得保护的合理信赖。当然，票据保证行为因其本身瑕疵而无效的，保证责任自无法成立；反过来，票据保证行为无效，并不影响其他票据行为效力，则又体现了票据行为的独立性。

我国《票据法》第 49 条第二句的规定，同样与国际社会通行的有关规则相

---

[1] 例如，A 向 B 作出了一张汇票，B 将其背书转让给了 C，D 盗窃了汇票并伪造了 C 的签名背书，然后转让给了 E，E 又背书转让给 F。于此，F 可请求 E 与 D 负责，但 A、B、C 皆属于伪造前的票据行为人，并无向 F 付款的义务。See N. Elliott, J. Odgers and J. M. Phillips, *Byles on Bills of Exchange*, Sweet & Maxwell, 2002, p. 277；R. Goode and E. McKendrick, *Goode on Commercial Law*, Sweet & Maxwell, 2010, p. 533.

[2] See Benjamin Geva, "Forged Check Endorsement Losses Under the UCC: The Role of Policy in the Emergence of Law Merchant From Common Law", Wayne Law Review 45 (2000), 1746.

[3] 参见李国光主编：《票据法及配套规定新释新解》，人民法院出版社 2006 年版，第 436 页。

[4] 参见《最高人民法院关于适用〈中华人民共和国民法典〉有关担保制度的解释》第 2 条。

[5] Vgl. Peter Bülow, Heidelberger Kommentar zum Wechselgesetz (WechselG), Scheckgesetz (ScheckG) und zu den Allgemeinen Geschäftsbedingungen, 4. Aufl., 2004, S. 191.

似。例如，日内瓦《统一汇票和本票法公约》第 32 条第 2 款规定，保证人的担保，即使在被保证的债务因任何理由而无效时，仍属有效，除非担保的形式存在缺陷。我国台湾地区"票据法"第 61 条第 2 项规定，被保证人之债务纵为无效，保证人仍负担其义务。但被保证人之债务，因方式之欠缺而为无效者，不在此限。根据德国《汇票与本票法》第 32 条第 2 款，仅当汇票债务因形式瑕疵（Formfehler）而无效时，保证责任才不成立。相较于我国《票据法》第 49 条的"因汇票记载事项欠缺而无效"，前列三项立法例更为宽泛地规定了独立性阻却事由：主债务存在"形式"或"方式"瑕疵的，保证责任即不成立。

4. 同一票据存在多个票据行为，且其中一个票据行为涉嫌票据诈骗犯罪的，不影响其他票据关系诉讼的进展。由于票据涉及多方当事人，且处于不断流转过程。其中一个环节涉嫌非法行为甚至犯罪行为的，其他环节不应受到影响，否则票据的流通性会受到严重影响。基于这一考量，《最高人民法院关于审理票据纠纷案件若干问题的规定》第 73 条还特别从程序上规定，人民法院在审理票据纠纷案件时，发现与本案有牵连但不属同一法律关系的票据欺诈犯罪嫌疑线索的，应当及时将犯罪嫌疑线索提供给有关公安机关，但票据纠纷案件不应因此而中止审理。[1]

## ■第三节　票据行为的要件

### 一、概说

票据行为的要件，是指构成票据行为，并使其发生票据权利义务的必要条件。票据行为是民事法律行为的一种，故须具备民事法律行为的一般成立要件和生效要件。然而，票据行为又是票据法特别规定的要式的民事法律行为，还必须具备票据法规定的特别要件。某一方面的要件有欠缺的，不构成票据行为，更谈不上发生票据权利义务。

票据行为在一般成立要件和生效要件方面，与民法上普通民事法律行为的要件相比，有一定的区别。同时，票据法规定的特别要件，在民法上一般民事法律行为要件的制度中则不可能有所规定。因此，从票据法与《民法典》的关系来看，票据行为的要件可分为一般要件与特别要件。其中，一般要件主要由《民法典》确立，而特别要件则由《票据法》规定。学者多认为，票据行为的特别要件有二：一是票据必要事项之记载（主要是签名或者签章），

---

〔1〕　参见天津凯盛船舶服务有限公司与天津物资招商有限公司、南京君汇创岳贸易有限公司票据追索权纠纷案，天津市第二中级人民法院（2014）二中民二终字第 302 号民事判决书。

二是票据之交付。[1]

除此之外，另有学者未从票据法与《民法典》的关系切入，直接将票据行为的要件概括地分为实质要件和形式要件，并认为权利能力、行为能力、意思表示是实质要件，而票据记载事项、签章、票据作成书面、票据交付是形式要件。[2]这一分析思路与类型化方式亦具有实务上的合理性。本书则采一般要件与特别要件之论述方式。

**二、票据行为的一般要件和特别要件**

（一）一般要件

票据行为是一项法律行为，且如本书前文所述，票据行为是单方法律行为。因此，票据行为的一般成立要件，应以《民法典》的规定为准。由于票据行为是单方法律行为，故无需所谓"意思表示一致"（《民法典》第 134 条前半句），仅单方的意思表示足矣。根据传统意思表示理论，意思表示包含效果意思、表示意识、表示行为三个因素。[3]然随着意思表示的客观化，效果意思已非必要因素，而表示意识也逐渐被排除在外，成为撤销意思表示的事由；表示行为作为意思表示的构成要件，目前也受到了挑战。[4]本书认为，表示行为是意思表示的构成要件，效果意思与表示意识则不然。在这一背景下，出票人、承兑人、保证人、背书人等欠缺表示行为的，票据行为不成立。例如，某人在受到绝对强制（vis absoluta）的状态下出票的，出票行为未成立，因为表示行为并不存在，出票人欠缺自主控制意识。还如，某人被他人冒名出具汇票，且其签名被伪造的，出票行为也不成立，被冒名者不承担票据责任。

票据行为是一项法律行为，也需满足普通法律行为的一般生效要件。根据《民法典》第 143 条，票据行为的一般生效要件包括四项：①行为人有民事行为能力；②意思表示真实；③不违反法律、行政法规的强制性规定；④不违背公序良俗。下文逐一分析之。

1. 具有民事行为能力。票据行为人，须为完全民事行为能力人。票据行为是设定票据权利义务的法律行为，行为人之行为后果，是为自己设定票据债务而给对方设定票据债权。依民法一般规定，民事行为能力欠缺者无责任能力，不能为负担义务之行为，故无民事行为能力人根本不能有效完成票据行为（《民

[1] 参见谢怀栻：《票据法概论》，法律出版社 2017 年版，第 50~56 页；董安生：《票据法》，中国人民大学出版社 2009 年版，第 62~67 页。
[2] 参见王小能编著：《票据法教程》，北京大学出版社 2001 年版，第 39~50 页；于莹：《票据法》，高等教育出版社 2008 年版，第 41~50 页。
[3] 参见李永军：《民法总则》，中国法制出版社 2018 年版，第 606~607 页。
[4] 参见杨代雄：《意思表示中的意思与意义：重新认识意思表示概念》，载《中外法学》2017 年第 1 期。

法典》第 144 条)。《票据法》第 6 条与《最高人民法院关于审理票据纠纷案件若干问题的规定》第 45 条,皆明确了这一点。限制民事行为能力人,包括不达法定成年年龄者和患有精神病而民事行为能力受限制者。根据《民法典》第 145 条,此类主体作出的票据行为,效力待定。然《票据法》第 6 条与《最高人民法院关于审理票据纠纷案件若干问题的规定》第 45 条皆规定,限制民事行为能力人在票据上签章的,其签章无效。是故,限制民事行为能力人的票据行为也无效。就此而言,尚有三点疑问。

(1) 间歇性精神病人为限制民事行为能力者,其实施之票据行为效力如何?依《票据法》第 6 条,此类主体的票据签名,仍属无效之例。然而,间歇性精神病人不发病期间,精神健康状况正常与完全民事行为能力者无异,对自己的行为及行为后果有正常认识能力。如果一刀切地认为,其在精神健康状况正常情况下的票据行为也无效,势必过度地削弱了间歇性精神病人的民事行为能力,难免有损于其应有的权益。鉴于此点,持票人确能证明间歇性精神病人是在未发病期间实施票据行为的,该行为应被认定为有效。持票人须以符合证据规则的方式,证明间歇性精神病人在票据上签名时处于不发病状态,能够辨认签名行为之性质和后果。

(2) 限制民事行为能力者的法定代理人,事先同意其作出票据行为的,该行为是否有效?根据《民法典》第 145 条第 1 款,该行为能够有效。然依《票据法》第 6 条之文义,限制民事行为能力者的签章,乃是无效签章。从法律适用来看,《票据法》是《民法典》的特别法,故第 6 条应优先适用。然这一结果不尽妥当,不合理地影响了限制民事行为能力者的行为范围。因此,本书认为应就《票据法》第 6 条进行目的性限缩,承认在法定代理人已经事先同意时,限制民事行为能力者的签章有效。

(3) 限制民事行为能力者实施的票据行为,能否被追认?根据《民法典》第 145 条第 1 款,此等票据行为效力待定,法定代理人可予以追认。然《票据法》第 6 条直接规定,此等票据行为的签章属于无效签章,故票据行为自始绝对无效,不存在追认之空间。由于《票据法》是《民法典》的特别法,故第 6 条应优先适用。然从法政策来看,法定代理人表示追认的,没有必要认定此等票据行为无效。[1]盖此时法定代理人已为限制民事行为能力人作出了利益权衡,后者的利益得到了维护。因此,本书主张限缩《票据法》第 6 条之适用范围,

---

〔1〕 在德国票据法上,单方法律行为说面临的一个重要障碍,即在于《德国民法典》第 111 条第一句(限制行为能力者的单方法律行为无效)。而这成为学者转向契约说的原因之一。Vgl. Wolfgang Zöllner, Wertpapierrecht, 12. Aufl., 1978, S. 37.

允许法定代理人的追认。

根据《民法典》第 57 条，法人皆为完全民事行为能力者，故不存在法人欠缺票据行为能力之说。不过，虽然法人的行为能力自"终止"时才消灭（《民法典》第 59 条），但在其被宣告破产之后，破产管理人才有权作出票据行为。除此之外，法人的行为往往由法定代表人或职务代理人作出。因此，法定代表人或职务代理人超越代表权限或代理权限，作出票据行为的，该行为是否有效，即成为问题。法人与其直接相对人的法律关系，自适用无权代表（理）或表见代表（理）规则。[1]然而，当法人的直接相对人继续背书转让票据时，法人自不能以无权代表（理）为由，对抗受让人（第三人），除非其知晓该事由（《票据法》第 13 条第 1 款第二句）。

总之，票据行为基本适用民法上关于民事行为能力的一般规定，但在欠缺民事行为能力人行为所生后果方面，与民法上一般规定有区别。普通民事合同，行为人欠缺相应民事行为能力的，不生债权成立之效果，相对人无取得预期权利之可能。相对人转让债权，第三人（受让人）纵为善意，也不能从该相对人处取得权利，请求欠缺相应民事行为能力的债务人履行债务；第三人遭受损失的，可向其相对人行使返还请求权、赔偿请求权等。票据行为中，欠缺民事行为能力者之签名（或签章）虽同为无效，但仅在直接当事人间不发生票据权利义务关系。票据形式合法、已为交付的，票据本身并不必然无效，虽然该直接受票人不能取得票据权利，善意第三人却能依背书之连续证明其票据权利存在（我国《票据法》第 31 条、日内瓦《统一汇票和本票法公约》第 16 条）。一旦善意持票人行使票据权利，票据上的有效签名者，即须依票据记载事项负担票据责任（我国《票据法》第 6 条、第 4 条），但欠缺民事行为能力者仍不负担票据责任。[2]于此，信赖保护及权利外观原理，应让位于无（限制）民事行为能力者之保护。

2. 意思表示真实。票据行为之意思表示，原则上适用民法上关于意思表示效力的一般规定。不过，理论上并非毫无争议。[3]意思表示真实，是民事法律行为有效的前提之一。广义的意思表示真实，既包括狭义的意思表示真实，即

---

[1] 相关法律基础，参见《民法典》第 61 条、第 170～172 条。相关司法实践，参见大冶市新冶特钢有限责任公司、湖北大冶农村商业银行股份有限公司票据纠纷案，最高人民法院（2018）最高法民申 3244 号民事裁定书。

[2] 于英国法上，善意第三人（持票人）不能要求未成年的票据行为人负担票据责任。See A. G. Guest, *Chalmers and Guest on Bills of Exchange and Cheques*, Sweet & Maxwell, 2005, p. 148.

[3] 针对这一问题，理论上存在诸多学说，如直接适用说、修正适用说、直接适用限定说、适用否定说。参见董惠江：《票据行为实质要件之否定》，载《环球法律评论》2012 年第 1 期；陈芳：《票据行为意思表示探究》，载《法学评论》2009 年第 5 期。本书采修正适用说。

表示外显的意思与表意人的内心真意相匹配，也包括意思表示自由。[1]意思表示不真实的情形，被称为意思表示瑕疵。不过，判断意思表示是否真实的前置程序，是意思表示的解释（"解释先行"规则）。

基于前述框架，下文探讨两项问题：票据行为的解释，票据行为的瑕疵。

（1）票据行为的解释。票据行为是需受领的单方法律行为，但票据行为的解释，更加注重信赖保护。为促进票据的使用和流通，保护善意第三人，票据法重在票据的外观形式，实行"外观解释原则"，[2]也叫"表示主义"。[3]行为一旦具备票据法所要求的形式要件，即推定票据上记载的事项为行为人的真实意思。行为人不得以票据记载事项之外的文字或其他材料，证明其具有其他的票据意思。我国《票据法》第4条明文规定，出票人与其他票据债务人，皆应按照票据"所记载的事项"承担票据责任。由此可见，我国票据法采用的就是表示主义。表示主义之目的和作用，在于保护善意第三人，保障票据流通的便捷与安全。[4]

（2）票据行为的瑕疵。根据《民法典》的规定（第146～151条）及理论研究，意思表示瑕疵事由包括：真意保留、通谋虚伪、重大误解、欺诈、胁迫、乘人之危。票据行为虽为无因行为，基础法律行为存在前列瑕疵，并不影响票据行为的效力，[5]但票据行为本身作为一项法律行为，自然也可能具有瑕疵。

第一，当票据行为构成真意保留、通谋虚伪的情形时，应分别适用意思表示规则以及《民法典》第146条。具言之，在真意保留的情形，票据行为是否有效，取决于相对人是否存在信赖；[6]在通谋虚伪的情形，票据行为无效，但

---

[1]　参见王利明：《民法总则研究》，中国人民大学出版社2003年版，第570～571页。

[2]　票据行为的解释，通用三个原则：①票据外观解释的原则。票据行为重在外观形式，行为如果具备法律所要求的形式要件，即不问记载事项与真正事实二者是否相符，对该行为的效力没有影响。②票据客观解释的原则。票据行为应依据票据上所记载文义加以客观的解释，不得以票据以外的事实或证据任意变更或补充。③票据有效解释的原则。解释票据行为应在其文义基础上，尽量认其有效。

[3]　有学者亦将其称为"绝对表示主义"，以区别于普通法律行为解释中的表示主义。参见陈芳：《票据行为意思表示探究》，载《法学评论》2009年第5期。

[4]　然值得注意的是，票据行为的直接相对人享有的信赖保护，弱于善意第三人的保护。票据行为人与其直接相对人存在直接的基础关系，前者得向后者主张抗辩。在这一情况下，直接相对人所能享有的保护，最终会体现为其依《民法典》所享有的信赖保护。根据普通法律行为的解释规则，需受领的意思表示的相对人，仅能享有合理的信赖保护。参见［德］本德·吕特斯、阿斯特丽德·施塔德勒《德国民法总论》，于鑫淼、张姝译，法律出版社2017年版，第205～206页。因此，票据行为直接相对人的保护，最终仅以此等合理信赖保护为限。

[5]　参见中国民生银行股份有限公司成都分行、成渝钒钛科技有限公司、泸州市物资产业集团有限公司等票据付款请求权纠纷案，四川省高级人民法院（2018）川民终1106号民事判决书。

[6]　现行《民法典》并未规定真意保留，其可被法律行为解释规则所化解。

不得对抗善意第三人。[1]不论在适用意思表示规则与《民法典》第 146 条时，票据行为的效力如何、票据权利是否变动，善意第三人皆不受影响。善意第三人的保护，体现了权利外观说。值得强调的是，在真意保留与通谋虚伪的情形中，票据行为人无疑具有可归责性。

第二，当票据行为人受到欺诈或者胁迫时，票据行为可被撤销，且在撤销后自始归于无效，票据权利自始不成立。不过，善意第三人并不因此遭受不利影响，而这再次体现了权利外观说。前列见解符合《票据法》第 12 条第 1 款之规定。[2]唯值得注意的是，该款应被目的性限缩：仅当票据行为被撤销时，持票人才不享有票据权利。从第 12 条第 1 款的适用结果来看，被欺诈、胁迫的票据行为人，具有可归责性。换言之，票据行为人仍须对善意持票人（第三人），负担票据债务。[3]乘人之危的情形，亦可作类似分析。

第三，当票据行为人存在重大误解时，也可撤销票据行为。票据法上的重大误解，指票据行为之误解，比如错将应付价款 10 万元，出票记载为 100 万元。在我国票据法学上，对重大误解规则应否被适用于票据行为，存在不同认识。[4]本书持肯定说。

基于"表示主义"和权利外观原理，票据行为存在"重大误解"，仅使直接当事人之间的行为发生得撤销的效果，并不影响善意第三人的票据权利。虽然我国《票据法》未明文规定重大误解，但该法第 10 条清楚地要求"票据的签发、取得和转让，应当遵循诚实信用的原则"。诚实信用是民法基本原则之一（《民法典》第 7 条）。民事活动中，赋予重大误解者撤销权，是这一原则的应有

---

[1]　就此而言，有三点值得注意。其一，通谋虚伪必然涉及双方法律行为，但票据是单方法律行为。因此，票据行为中存在当事人的通谋虚伪时，实际上构成真意保留，且相对人知晓此等保留。其二，票据行为是文义行为，且需满足法定的款式与形式。因此，当事人存在通谋虚伪的，并不会存在一个隐藏的、真实的票据行为，但可能隐藏一项普通法律行为，如借贷（参见中国民生银行股份有限公司南昌分行、上海红鹭国际贸易有限公司票据追索权纠纷案，最高人民法院（2017）最高法民终 41 号民事判决书）。其三，虽然《民法典》第 146 条并未规定善意第三人的保护，但主流观点予以认可。尽管如此，此等保护仍为民法上的信赖保护，与票据法上的信赖保护（《票据法》第 13 条第 1 款）有别。不过，此时构成规范竞合的情形，善意第三人可作出选择。

[2]　《票据法》第 12 条第 1 款：以欺诈、偷盗或者胁迫等手段取得票据的，或者明知有前列情形，出于恶意取得票据的，不得享有票据权利。实际上，该款表明票据行为适用意思表示瑕疵规则，否则难以解释"不享有票据权利"。

[3]　参见谢怀栻：《票据法概论》，法律出版社 2017 年版，第 49 页。

[4]　持肯定说者，参见谢怀栻：《票据法概论》，法律出版社 2017 年版，第 50 页；吴京辉：《票据行为论》，中国财政经济出版社 2006 年版，第 77～79 页。持否定说者，参见于莹：《票据法》，高等教育出版社 2008 年版，第 43 页；董惠江：《票据行为实质要件之否定》，载《环球法律评论》2012 年第 1 期；王小能编著：《票据法教程》，北京大学出版社 2001 年版，第 40～41 页。

之义。是故，直接当事人之间存在重大误解的，票据行为可被撤销而归于无效，但善意第三人不仅可善意取得票据权利，而且得依"抗辩切断"制度（如《票据法》第 13 条第 1 款），不受撤销之影响。[1]

3. 不违反法律、行政法规的强制性规定。遵守法律与行政法规，是票据活动的基本原则（《票据法》第 3 条）。根据《民法典》第 143 条第 3 项，票据行为不违反法律、行政法规的强制性规定，是其有效的前提。同时，《民法典》第 153 条第 1 款又规定，票据行为违反法律、行政法规的强制性规定的无效，除非所涉规定不导致行为无效。前列两款中的"法律、行政法规的强制性规定"，自然包括《票据法》就票据确立的强制性规定，如该法第 9 条第 2 款。《票据法》中的无效事由规定，当应予以适用，自无疑问。于法律适用而言，问题的关键在于，《票据法》外的法律、行政法规中的强制性规定，能否适用于票据行为。

针对这一问题，应先予明确一点。基于票据行为的无因性，基础行为因违反强制性规定而无效的，并不必然导致票据行为无效。例如，当事人在非法买卖枪支的过程中，作出了票据，用于支付价款；虽然买卖合同无效，但票据行为仍有效。[2] 不过，票据行为作为一项法律行为，其本身也存在适用《民法典》第 153 条第 1 款的空间。

4. 不违背公序良俗。根据《民法典》第 153 条第 2 款，违反公序良俗的法律行为无效。票据行为，原则上不会违反公序良俗。盖票据行为本身欠缺实质内容，具有抽象性，不会发生违反公序良俗的问题。[3] 票据法的技术性由此可见一斑。不过，正如物权行为一样，同具无因性的票据行为也可能因违反公序良俗而无效。[4] 更为重要的是，由于票据与金融管制密切相关，故存在大量的行政规章，如《中国人民银行关于加强支付结算管理保障银行和客户资金安全的通知》。当票据行为违反行政规章，无法适用《民法典》第 153 条第 1 款时，票据行为的效力判断即须以该条第 2 款中的"公序"为基础。于此，行政规章可作为公共秩序认定的重要因素，进而判断违反行政规章的票据行为

---

[1] 于德国票据法上，票据行为人的意思表示存在瑕疵的，该意思表示可被撤销，但该行为的权利外观仍旧存在，故不得对抗善意第三人。Vgl. Peter Bülow, Heidelberger Kommentar zum Wechselgesetz（WechselG），Scheckgesetz（ScheckG）und zu den Allgemeinen Geschäftsbedingungen, 4. Aufl. , 2004, S. 115.

[2] 参见谢怀栻：《票据法概论》，法律出版社 2017 年版，第 50 页。

[3] 参见谢怀栻：《票据法概论》，法律出版社 2017 年版，第 49～50 页。

[4] Vgl. Peter Bülow, Heidelberger Kommentar zum Wechselgesetz（WechselG），Scheckgesetz（ScheckG）und zu den Allgemeinen Geschäftsbedingungen, 4. Aufl. , 2004, S. 116f.

是否有效。这一点得到了《全国法院民商事审判工作会议纪要》（2019 年）第 31 条之确认。[1]

不过，司法实践中多依《最高人民法院关于审理票据纠纷案件若干问题的规定》第 62 条第 2 款，直接"参照适用"中国人民银行制定的行政规章，并不诉诸《民法典》第 153 条第 2 款。[2]从法律体系的融贯性来看，至少在判断票据行为是否有效的情形中，第 62 条第 2 款规定的"参照适用"应被理解为：法院应当结合所涉行政规章内容，判断票据行为是否违反公序良俗，进而依《民法典》第 153 条第 2 款，判断该行为是否有效。票据行为违反行政规章，并不必然无效，法院应结合具体情形予以判断。例如，虽然汇票付款期限为一年，超出了六个月的最长付款期限（《支付结算办法》第 87 条第 1 款），但仍旧有效。[3]

于司法实践中，票据的民间贴现被认定为无效，即体现了上述分析思路。根据中国人民银行《贷款通则》第 9 条与《商业汇票承兑、贴现与再贴现管理办法》第 14 条，票据贴现是国家特许经营业务。虽然前列规定皆为部门规章，不能作为认定贴现行为无效的规范基础，但民间贴现行为危害了国家金融秩序，损害了社会公共利益，属于违反《民法典》第 153 条第 2 款中"公共秩序"的法律行为，故而无效。[4]不过，原《非法金融机构和非法金融业务活动取缔办法》（已失效）这一行政法规，曾在第 4 条第 3 款禁止非法票据贴现；有裁判基于该款，直接认定民间贴现违反行政法规的强制性规定，故而无效。[5]

〔1〕《全国法院民商事审判工作会议纪要》（2019 年）第 31 条：违反规章一般情况下不影响合同效力，但该规章的内容涉及金融安全、市场秩序、国家宏观政策等公序良俗的，应当认定合同无效。人民法院在认定规章是否涉及公序良俗时，要在考察规范对象基础上，兼顾监管强度、交易安全保护以及社会影响等方面进行慎重考量，并在裁判文书中进行充分说明。

〔2〕参见黄骅市康顺运输有限公司与山西省平遥县巨隆福利铸造有限公司等票据损害责任纠纷案，山西省高级人民法院（2019）晋民再 316 号民事判决书。

〔3〕参见江苏富源广建设发展有限公司与常州黑珍珠建材有限公司、五洲国际（乐清）电工电气城有限公司票据追索权纠纷案，江苏省无锡市中级人民法院（2020）苏 02 民终 466 号民事判决书。

〔4〕参见最高人民法院民事审判第二庭编著：《〈全国法院民商事审判工作会议纪要〉理解与适用》，人民法院出版社 2019 年版，第 524 页。相关司法实践，参见杭州木东贸易有限公司与北海银河生物产业投资股份有限公司等票据付款请求权纠纷案，广东省深圳市中级人民法院（2021）粤 03 民终 32683 号民事判决书；瓦罗德皮斯特建筑设计咨询（北京）有限公司、福州泰禾新世界房地产开发有限公司与北京中青嘉业建筑安装有限公司票据追索权纠纷案，北京市第三中级人民法院（2020）京 03 民终 5260 号民事判决书。

〔5〕参见福州优加机械有限公司诉被告泉州匹克鞋业有限公司与厦门红井兴纺织有限公司等票据追索权纠纷案，福建省厦门市中级人民法院（2013）厦民终字第 286 号民事判决书。

（二）特别要件

票据行为的特别要件，是指票据法上规定的使票据权利发生的必要条件。如前所述，特别要件主要包括票据必要事项之记载、票据交付两类。

1. 票据必要事项之记载。票据为文义证券，故须以文字表明票据行为人实施票据行为的意思表示，比如向何人授票付款、付款金额多少、票据付款人是谁、在何地、何时付款等。此外，票据行为是法定要式行为，所以必须按照票据法规定的形式，将票据行为的意思表示之内容记载于统一格式的全空白票据上。票据行为不符合前述要求的，不生票据效力。

根据《票据法》第 9 条第 1 款，票据上的记载事项必须符合本法的规定。此款所谓"记载事项"，就是票据意思的文字化。行为人为票据行为，欲记载于票据的事项可能很多，票据法为达便捷、安全，促进票据使用与流通之目的，将票据记载事项规定为四类：绝对必要记载事项、相对必要记载事项、任意记载事项、禁止记载事项。[1] 此种分类，既为固定统一票据形式，又为制约票据行为人。盖因票据行为乃行为人之单方法律行为，若许行为人任意决定票据记载事项，难免发生不利于受票人之文义，或出现其他难使票据奏效的混乱记载。

（1）绝对必要记载事项。绝对必要记载事项，是票据法规定票据上必须记载，票据欠缺此等事项即归于无效。

域外票据法上关于绝对必要记载事项种类之规定，不尽相同。日内瓦《统一汇票和本票法公约》及统一法系国家大致相同，皆规定下述必要记载事项："票据文句""无条件支付之文字""一定的金额""出票日期""票据行为人签名"等。[2]

我国《票据法》第 22 条、第 75 条、第 84 条分别规定了汇票、本票、支票的绝对必要记载事项；第 29 条、第 42 条、第 46 条分别规定，背书、承兑、保证以签章为绝对必要记载事项。根据前列第 22 条等三个条文之规定，票据的绝对必要记载事项包括：①表明票据种类、名称的字样，比如"汇票""本票""支票"；②无条件支付的委托（本票则为无条件支付的承诺）；③确定的

---

〔1〕　于票据法学上，绝对必要记载事项、相对必要记载事项，也被合称为"应该记载的事项"；禁止记载事项也被称为"不得记载的事项"；任意记载事项则又谓"得记载事项"或"有益事项"。

〔2〕　例如，日内瓦《统一汇票和本票法公约》第 1 条规定，汇票应包含下列内容：①票据主文中列有"汇票"一词，并以开立票据所使用的文字说明的；②无条件支付一定金额的命令；③付款人（受票人）的姓名；④付款日期；⑤付款地；⑥受款人或其指定人的姓名；⑦出票的日期和地点；⑧出票人签名。除此之外，该公约第 2 条还规定，欠缺前条所载任何要求的，无汇票效力，但是，付款日期、付款地、出票地无记载的除外。

金额；④付款人名称（本票为己付证券，出票人即为付款人，不必另记此一事项）；⑤收款人名称（依第 86 条，支票可在出票时不记载此一事项）；⑥出票日期；⑦出票人签章。电子票据的必要记载事项基本相同，可分别参见《电子商业汇票业务管理办法》第 29 条、第 37 条、第 41 条、第 47～48 条、第 57 条等条款。《票据法》为明确前列事项之绝对必要性，一方面规定其"必须"被记载，另一方面又明文规定：未记载该些事项之一的，票据无效。[1]由此可见，前列事项是票据权利的构成要素。

值得注意的是，必要记载事项之欠缺，并不绝对导致票据无效。例如，支票金额在《票据法》第 84 条之下，为绝对必要记载事项。然《票据法》第 85 条允许出票人授权补记，且未补记仅会产生"不得使用"支票的效果，不会导致支票无效。除此之外，《票据法》第 86 条第 1 款规定，支票上未记载收款人名称的，经出票人授权，可以补记。结合《票据法》第 85 条来看，支票的收款人名称并非必要记载事项，不会导致支票无效。[2]然欠缺此等事项，必然会导致支票权利无法实现。是故，《票据法》第 86 条第 1 款允许出票人授权补记，否则不得使用支票。[3]由此可见，支票收款人名称在性质上，与支票金额这一事项无异。于票据法学上，欠缺必要记载事项，但允许当事人授权补记的票据，被称为"空白授权票据"或"空白票据"。空白票据被补记之前，票据并非无效，只是不能被使用。[4]相较于域外票据法，我国《票据法》承认空白票据的情形并不多，且仅限于空白支票，应予扩张，以增进票据的灵活性。[5]

于绝对必要记载事项之中，签名（或者签章）和记载一定金额具有极其重要的地位，故特作逐一解析。

关于签名，票据法莫不确立，"票据上签名者就票据文义负担票据责任"之规则。我国《票据法》亦然（第 4 条第 1 款、第 3 款）。然就签名而言，尚有以下注意事项：

第一，我国《票据法》使用"签章"一词，并在第 7 条第 1 款规定，签章是指"签名、盖章或者签名加盖章"。

第二，签名应当为签名人的"本名"（《票据法》第 7 条第 3 款）。然问题

---

[1]　参见北京慧科盟科技发展有限公司、李金辉与北京泓冠商贸有限公司票据追索权纠纷案，北京市第一中级人民法院（2020）京 01 终 1718 号民事判决书（支票欠缺出票日期，故无效）。

[2]　参见北京永安铝兴旺不锈钢制品销售中心与北京中玻羽佳玻璃有限公司票据追索权纠纷案，北京市第一中级人民法院（2017）京 01 民终 5884 号民事判决书；北京华玉天宸投资顾问有限公司与赵德张票据付款请求权纠纷案，北京市第三中级人民法院（2018）京 03 民终 14566 号民事裁定书。

[3]　参见李国光主编：《票据法及配套规定新释新解》，人民法院出版社 2006 年版，第 662 页。

[4]　参见董安生：《票据法》，中国人民大学出版社 2009 年版，第 124 页。

[5]　参见董安生：《票据法》，中国人民大学出版社 2009 年版，第 123 页。

在于，何为"本名"?[1]本名与别名、艺名、雅号、笔名等相区别，是人在社会生活中通常使用的名称，即身份证上载明的姓名。《票据法》为强制性规范，既然规定行为人应当使用本名，违反者自无票据效力。从我国票据实务看，得签发票据者，须同银行有资金关系或者预约关系，并预留签章；预留的个人签章，必须是身份证载明的姓名。如果不具备这些条件，银行则不会表示同意。因此，无论从《票据法》还是从票据实务讲，票据行为人须使用本名。自然人签名应用本名；法人或使用票据的非法人团体更不能例外，其名称的性质决定了不可能有别名。[2]

第三，签名应当完整。自然人应签姓名。自然人签名时只签名、不签姓，甚至只签姓不签名字的，票据行为无效。[3]采签名加盖章做法的，签名与加盖印章上的姓名，必须一致。法人和其他使用票据的单位的签章，无论是财务专用章还是法定代表人、代理人私章，都必须和银行预留签章一致（参见《最高人民法院关于审理票据纠纷案件若干问题的规定》第40~41条），否则签章不具有票据法上的效力，票据也随之无效。[4]

第四，票据行为人应亲自签名。委托代理人签章的，应载明被代理人名称，表明代理关系，否则签名人应负票据责任，未签名的真正债务人不负票据责任（《票据法》第5条）。

第五，签名既可为手写，也可为只盖印章。于我国票据实务中，惯用做法是盖个人印章或单位印章。依《票据法》第7条第1款，盖章与手写之签名效力相同。当只有盖章时，若票据行为人主张盖章系假冒、伪造，则应由其负担

---

[1]　根据《现代汉语词典》（修订本），本名是指本来的名字、原来的名字，区别于别号、官衔等。《票据法》并未界定"本名"一词。不过，该法第82条第1款规定："开立支票存款账户，申请人必须使用其本名，并提交证明其身份的合法证件"。同条第3款又规定："开立支票存款账户，申请人应当预留其本名的签名式样和印鉴。"《票据管理实施办法》第16条规定："票据法所称'本名'，是指符合法律、行政法规以及国家有关规定的身份证件上的姓名。"由此可见，本名应为身份证上使用的姓名。

[2]　《中华人民共和国市场主体登记管理条例》第10条第1款规定，市场主体只能登记一个名称，经登记的市场主体名称受法律保护。《企业名称登记管理规定》第4条规定，企业只准使用一个名称。非企业的法人或非法人团体的名称，也有限制。

[3]　从《票据法》第7条第3款与《票据管理实施办法》第16条（票据法所称"本名"，是指符合法律、行政法规以及国家有关规定的身份证件上的姓名）看，自然人签名应当名姓俱全。在票据实务中，银行不允许票据当事人的签名违反上述规定。在票据纠纷的审判实践中，《最高人民法院关于审理票据纠纷案件若干问题的规定》第40条规定，出票人在票据上的签章不符合票据法规定的，该签章不具有票据法上的效力。这一规定与前列规定，持相同立场。

[4]　参见南京苏冶机械制造有限公司与江阴一建建设有限公司南京分公司、江阴建工集团有限公司票据利益返还请求权纠纷案，江苏省高级人民法院（2018）苏民申5470号民事裁定书（涉及支票）。

举证责任。

第六，票据上存在共同签章的，共同签章人须依票据文义负连带责任。例如，《票据法》第51条规定，保证人为二人以上的，保证人之间承担连带责任。

第七，法人和非法人的单位，必须采取加盖公章和法定代表人或者授权代理人个人章的做法。《票据法》第7条第2款对此有明确规定。[1]《最高人民法院关于审理票据纠纷案件若干问题的规定》第40条，就此作了更加具体的规定。《票据法》之所以如此规定，主要原因在于：重盖章、轻签名，是我国的传统习惯；尤其自中华人民共和国成立以来，公章的地位和作用空前重要，企业、机关、事业、团体等，凡有书面合同，不盖公章多为无效。这一传统习惯必然渗透至票据制度。于《票据法》颁行之前，我国票据制度和实务便是如此，《票据法》只是顺其自然地予以承接。本书认为，"单位章＋单位负责人章"的习惯，自有其法理上、操作上的好处；以西方国家的社会习惯为标准，否定这一本土习惯，并不妥当。[2]

第八，电子票据之签名适用某些特殊规则。票据当事人使用票据业务系统的，应当提供电子签名，作为身份校验之依据。其一，票据当事人（业务参与者）通过接入机构间接参与票交所票据业务，其电子签名是接入机构与企业类业务参与者之间的认证信息，且接入机构应负责认证其电子签名。其二，接入机构直接通过系统办理票据业务的，其作为票据当事人的签名与作为接入机构的签名应当保持一致。[3]

关于票面金额之记载，应注意以下问题：

第一，汇票、本票的出票，须载明一定金额。支票之出票，原则上应载明

---

[1]　于实务中，票据仅盖有法人或非法人单位公章，欠缺法定代表人或代理人印章的，票据效力怎样？对此疑问，可从两方面予以分析解答。一方面，我国《票据法》明定须有法人或使用票据单位的盖章、法定代表人或授权代理人的签章，故不符合这一规定的签章构成签章瑕疵，票据无效。另一方面，仅有法人或单位之印章，欠缺法定代表人或授权代理人签章，必将难以证明该印章的使用是否正当，印章是否真实等问题，故为避免徒增纠纷，影响票据流通，亦不应认定此等票据有效。尽管如此，有判决认为：虽然承兑人没在汇票上加盖该公司法定代表人或其授权的代理人印章，缺乏法律规定的形式要件，但承兑是其真实意思表示，也领取了汇票项下的全套单据，故承兑人应依法负票据责任（参见吴庆宝主编：《票据诉讼原理与判例》，人民法院出版社2005年版，第673页）。

[2]　于英、美国家的票据法之上，法定代表人签名制度较为特殊。这些国家实行签名制，而非签章制。个人签名即可使票据生效，法人或非法人单位的签章并非必要。被授权的代表人，只要是以代表人身份签名，被代表者即应对票据负责。例如，美国《统一商法典》第3-403条（授权代表人的签名）规定，签名可由代表代签，确认代签的授权与确认其代表资格相同，无需特定的委任形式，但代表人须在票据上载明被代表人的姓名和自己为代表人的身份。又如，英国《汇票法令》第26条规定，在签名之上载明是代表人的，对汇票不承担个人责任。

[3]　参见《新一代票据业务系统业务方案》第8.5.1～8.5.2条。

金额，但也可由出票人授权补记，在背书转让或请求付款时载明授权范围内的金额（《票据法》第85条）。

第二，票据金额不得更改，金额被更改的票据无效（《票据法》第9条第2款）。付款人就此类票据付款的，应当承担责任（参见《最高人民法院关于审理票据纠纷案件若干问题的规定》第42条）。

第三，票据金额须同时以中文大写和数码记载清楚，且二者必须一致，否则票据无效（《票据法》第8条）。[1]中国人民银行《支付结算办法》（附一：《正确填写票据和结算凭证的基本规定》），详细规定了票据金额的书写方式与格式。不过，票据行为人书写不规范，将"拾捌万元整"误写为"拾捌万元正"的，票据并不因此无效。[2]

（2）相对必要记载事项。相对必要记载事项，是指票据法规定应当被记载，但若未被记载，法律则另作补充规定，不致票据无效的事项。现行《票据法》第23条、第76条、第86条规定的事项，即为相对必要记载事项。

第23条第1款规定：汇票上记载付款日期、付款地、出票地等事项的，应当清楚、明确。推研该款之含义，显然是：出票时，出票人可以记载所列事项，也可以不予记载。如果记载了，就必须清楚、明确地载明付款日期为何年何月何日，付款地为何国何省何市甚至何县何区，出票地也是如此。前列事项并非构成票据权利的必备因素，而是持票人行使票据权利所需的时间、地点等方面的条件。第76条也可作相同理解。

相对必要记载事项，绝非可有可无之事项。欠缺相对事项虽不会导致票据无效，但会直接影响票据权利的行使。例如，如果欠缺付款日期，则持票人行使票据权利请求付款即无时间保障，结果必然对票据债务人有利，对票据债权人有害。因此，为确保有效票据项下权利的正常行使，票据法特别采取了法定填补技术。

法定填补是指，当票据欠缺某些相对必要记载事项时，法律直接明确该事项的内容，填补票据内容。例如，《票据法》第23条第2款规定："汇票上未记载付款日期的，为见票即付。"此等拟制为持票人及早实现票据权利，获得付

---

[1]    不过，有判决［中国工商银行北京市房山支行与洪昌平、中油北京销售有限公司票据损害责任纠纷案，北京市第一中级人民法院（2001）一中经终字第1351号民事判决书］认为：出票人用数码记载了确定的金额，并在数码前做了划封处理的，虽未同时使用中文大写记载支票金额，但并未违背票据金额确定性的原则，尚不构成中文大写的金额与数码记载的金额不一致的情形，故票据并不无效。

[2]    参见曾维亮、范伟红：《不能仅以书写不规范认定票据无效》，载《人民司法（案例）》2015年第16期。

款，提供了保障。同条第 3 款规定："汇票上未记载付款地的，付款人的营业场所、住所或者经常居住地为付款地。"这一规定消除了付款地点的不确定性，避免了当事人之间因付款地不明而可能产生的分歧。《票据法》第 76 条及第 86 条第 2 ~ 3 款，亦采取了法定填补技术。

（3）任意记载事项。任意记载事项是指，票据法允许当事人按其意思记载或不记载，但一经记载亦发生票据效力的事项。任意记载事项，一般由当事人特别约定，并在被记载于票据后，对直接当事人、第三人均有效。

《票据法》第 27 条第 2 款规定，出票人能够在汇票上记载"不得转让"字样，禁止汇票的转让。此处的"不得转让"事项，即为任意记载事项。《票据法》第 34 条规定，背书人在汇票上记载"不得转让"字样，其后手再背书转让的，原背书人对后手的被背书人不承担保证责任。此处的"不得转让"，亦属任意记载事项。我国《票据法》对任意记载事项规定极少，外国票据法上规定的较为多些。例如，日内瓦《统一汇票和本票法公约》规定，见票即付或见票后定期付款的汇票，出票人可以在汇票上载明利息及利率（第 5 条），出票人可以记载免除其保证承兑责任的事项（第 9 条）等。

应予注意的是，《票据法》第 24 条并非关于任意记载事项的规定。根据该条，汇票上可以记载本法规定事项以外的其他出票事项，但是该记载事项不具有汇票上的效力。例如，票据的用途、票据项下合同的编号、开户行名称等事项，虽可被记载于票据，但其不生票据之效力。还如，有的支票设有"密码"一栏，但我国《票据法》并无此等事项，仅《票据管理实施办法》第 22 条允许当事人设置这一事项；[1]不过，"密码"记载与否，并不影响支票自身的效力，持票人也无义务审查支票上是否记载"密码"；票据债务人不能以票据未记载密码或密码错误为由，拒绝履行票据义务。[2]与此不同，任意记载事项之记载，能够产生票据效力。是故，《票据法》第 24 条中的可记载事项，并非任意记载事项。

（4）禁止记载事项。禁止记载事项，是指票据法禁止记载于票据上，如果记载了也不发生票据效力或者使票据无效的事项。禁止记载事项也称"不得记

---

〔1〕《票据管理实施办法》第 22 条：申请人申请开立支票存款帐户的，银行、城市信用合作社和农村信用合作社可以与申请人约定在支票上使用支付密码，作为支付支票金额的条件。

〔2〕参见甲公司与陈某某票据追索权纠纷案，上海市第一中级人民法院（2013）沪一中民六（商）终字第 168 号民事判决书；北京华玉天宸投资顾问有限公司与赵德张票据付款请求权纠纷案，北京市第三中级人民法院（2018）京 03 民终 14566 号民事裁定书；佛山市南海吉竹贸易商行、韩眉眉与中山市东凤镇博垚电器厂票据追索权纠纷案，广东省佛山市中级人民法院（2020）粤 06 民终 1015 号民事判决书。

载事项"，主要包括两类：

第一种，不发生票据效力的记载事项。例如，《票据法》第 48 条规定，保证不得附有条件，附有条件的，不影响对汇票的保证责任；《票据法》第 90 条规定，支票限于见票即付，不得另行记载付款日期，另行记载付款日期的，该记载无效。其中，"附有条件""另行记载付款日期"，皆属无效记载。票据法对这一类事项，一般使用"不生票据上的效力""记载无效"或"视为未记载"等否定性语词，以示不得记载之规制。这一类事项，本身不发生票据上的效力，也不影响票据的效力，故亦被称为"无益记载事项"。

第二种，得使票据无效的记载事项。例如，《票据法》第 8 条规定，票据金额以中文大写和数码同时记载，二者必须一致，且不一致的，票据无效。此条所指"不一致"记载，就属得使票据无效之记载事项。之所以如此规定，旨在告诫人们，不得记载此种事项。一旦因恶意、过失等使票据上有此种记载的，法律断然认定票据无效，以维护票据性质不受篡改，并示以警戒。因此种事项有害票据，故又被叫做"有害记载事项"。

2. 票据交付。欲使票据行为成立和生效，行为人除应在票据上为合法记载之外，一般还须将票据交付至对方。交付这一要件表明，票据行为是需受领的单方意思表示。例如，出票，需将票据交付收款人（如《票据法》第 20 条）；背书，需背书人在完成背书后，将票据交付至被背书人（如《票据法》第 27 条第 3 款）。未交付票据的，票据行为一般尚未完成。《票据法》并未规定交付的具体方式，故可适用《民法典》的相关规定。因此，交付既可采现实交付，亦可为简易交付、占有改定与指示交付，具体交付方式取决于当事人的约定。[1]例如，票据即便被盗窃或丢失，票据行为人也能依指示交付（《民法典》第 227 条）完成交付；不过，由于此时背书无法完成，故票据转让仍难以实现。

唯疑问在于，（参加）承兑与保证两类票据行为，是否也以交付为前提。《票据法》就此并无明文规定。（参加）承兑与保证的法律效果是，新设票据权利和票据债务，其与背书存在区别。（参加）承兑与保证，仅需行为人在票据上完成一定的记载（分别参见《票据法》第 42 条第 1 款与第 46 条）。因此，当持票人将票据交由承兑人与保证人完成相应记载时，后者快速完成的，并不会发生票据占有的转移。[2]票据是提示证券。《票据法》第 39 条第 1 款仅就汇票之承兑，要求持票人"提示"。提示并不必然导致占有关系的改变。当然，（参加）

---

〔1〕　Vgl. Schnauder/Müller-Christmann, Wertpapierrecht, 1992, S. 72. 英国《汇票法令》第 2 条明文规定，交付可采现实交付（actual delivery）与拟制交付（constructive delivery）。

〔2〕　Vgl. Hueck/Canaris, Recht der Wertpapiere, 12. Aufl. , 1986, S. 32f.

承兑与保证之完成可能需要一定的期限，比如承兑可在 3 日内完成（《票据法》第 41 条第 1 款）。于这一情形，持票人将票据交由承兑人或保证人管控的，票据占有会发生转移。

出票与背书转让，以交付票据为前提。然在交付完成前，票据因遗失、被盗、被不法强制占有等非依票据行为人本意的缘故进入流通的，法律效果如何？尤其在出票的情形中，出票行为因欠缺交付而未完成，票据权利根本未成立，第三人能否取得并不存在的票据权利？对于前列问题，《票据法》第 12 条、第 13 条区别情况，予以分别对待。其一，不法取得票据的直接当事人，不能取得票据权利，且应向票据行为人负责。其二，善意第三人能够取得票据权利，且出票人与其他债务人仍应向善意第三人负担票据责任。上述区别对待，既保护了善意的票据行为人，又充分体现了票据法确保票据正常流通的价值取向。

现代票据呈现电子化的趋势。电子票据并非动产，而是无体物。由于无体物并不能成为占有的对象，故电子票据无所谓占有及交付问题。票据行为人按照法律规定，在电子票据系统中完成相应的操作，即可完成票据行为。虽然《电子商业汇票业务管理办法》使用了"交付"一词（如第 27 条"出票"），但其同时明文规定"交付是指票据当事人将电子商业汇票发送给受让人，且受让人签收的行为"（第 20 条第 4 款）。很明显，《电子商业汇票业务管理办法》中的"交付"与《民法典》《票据法》上的"交付"，迥然有别。新一代票据业务系统不再关注占有和交付，而是控制（control）。其中，收票人、受让人等票据行为人的"应答"类似于占有之取得。例如，出票人出具票据之后，收票人需要进行应答，"受领"票据，否则出票人可撤销票据（简称"撤票"）。[1]

## 第四节　票据行为的代理

### 一、概说

票据行为的代理（简称"票据代理"），是指行为人按照本人的授权，代本人为票据行为的行为。行为人是代理人，本人即是被代理人。票据行为是一种民事法律行为，且以金钱支付为内容，欠缺人身专属性，故自然可被代理（《民法典》第 161 条）。值得注意的是，《票据法》上的"代理付款人"（第 57 条）与票据代理无关。盖付款并非票据行为，代理付款仅构成民法上的一般代理。

票据代理主要具有两种规范渊源。首先，票据代理基本上适用《民法典》总则编第七章关于代理的相关规定。其次，因票据代理具有特殊性，故《票据

---

[1]　参见《新一代票据业务系统业务方案》第 3.3.3 条。

法》特别确立了若干票据代理规则。其中，《票据法》第 5 条确立了票据代理基本规则。除此之外，《票据法》第 85 条（支票金额的授权补记）、第 86 条第 1款（支票收款人名称的授权补记），也涉及票据行为之代理。[1]

根据《票据法》第 5 条的规定，票据当事人可以委托其代理人在票据上签章，并应当在票据上表明代理关系。没有代理权而以代理人名义在票据上签章的，应当由签章人承担票据责任；代理人超越代理权限的，应当就其超越权限的部分承担票据责任。这一基本规则，表明了票据代理的发生条件、票据代理的记载事项、无权代理、越权代理的效果等方面。本书逐一分析之。

**二、票据代理的发生条件**

根据《票据法》第 5 条第 1 款，票据代理，以票据当事人的委托授权为前提。无授权的代理，属无权代理。[2]

票据代理的委托授权，可被细分为委托与授权两部分。其中，委托是民法上的双方法律行为，而授权则是单方法律行为。因此，票据的委托授权，应当直接适用相应的普通民法规范。例如，于《民法典》之上，代理权授予既可采取书面形式（第 165 条），也可采取口头形式（第 135 条）。值得注意的是，委托授权并非票据行为，故票据法上不作特别规定。更为重要的是，票据法仅要求载明代理关系，而委托和授权，则非票据代理的必要记载事项。

有必要讨论的是，就我国票据法上的票据代理而言，代理权的发生基础是法定代理，还是意定代理，抑或两类代理关系皆可引发票据代理权。若依《民法典》关于代理权成立之一般规定，票据代理既可发生于法定代理的情形，也可发生于意定代理的情形（第 163 条）。现行《票据法》颁布后，有学者认为票据行为代理权，也可以法律规定或法院指定为基础；例如，父母或监护人可基于法律规定，就未成年子女或被监护人的财产管理，代为实施票据行为。[3]不过，现行《票据法》第 5 条第 1 款明定，当事人可以委托代理。从该款之文义上讲，法定代理不涉及"委托"，故法定代理人不得实施票据代理。

从应然的角度讲，各类代理关系均可发生票据代理权，且在域外实定法上也有例证。[4]但从实然的角度讲，现行票据法并未认可法定代理人当然享有票据代理权。对此一现状，可有两方面的理解：一方面，承认票据立法之不足；

〔1〕　不同观点，参见于永芹：《论空白票据的空白补充权》，载《当代法学》2005 年第 3 期。
〔2〕　代理权是票据代理的实质要件。根据《民法典》上的代理制度，代理权既可源自被代理人的授权，也可源于法律的明文规定（第 163 条）。现行《票据法》仅承认了"委托授权"之票据代理，故权采此说。
〔3〕　参见谢石松：《试论票据代理中的法律问题》，载《中国法学》1996 年第 1 期。
〔4〕　参见曾世雄、曾陈明汝、曾宛如：《票据法论》，元照出版有限公司 2005 年版，第 67 页。

另一方面，认为现阶段自然人使用票据尚有极大限制，法定代理中的票据代理，还欠缺适用的客观条件，故立法者基于这一现实，未认可票据行为的法定代理。毋庸置疑，现状诚为客观，不足亦属真实，一旦票据生活有进一步发展，立法者应迅速弥补。

电子票据的代理较为特殊。于新一代票据业务系统中，提交提示收票申请、提示收票回复、转让背书回复、提示付款申请、提示付款回复、追索通知发起，既可由票据行为人亲自完成，也可由接入机构代理完成并提供其电子签章信息。[1]当然，接入机构的代理以票据行为人和接入机构的代理协议为基础。除此之外，其他人难以通过新一代票据业务系统，代理票据行为人完成票据行为。不过，票据行为人可委托第三人进入系统，完成票据行为，但此等委托无法显名，也无法记载于票面之上，故结果仍对外呈现为票据行为人亲自完成的票据行为。

**三、票据代理的记载事项**

按照《票据法》第5条第1款、第7条第2款，票据代理本身所必要的记载事项共计有二：一是表明代理关系，二是签章。票据法学上称之为"票据代理的形式要件"。[2]

**（一）表明代理关系的文字**

代理人应在票据上载明自己为代理人，委托授权人为被代理人，并明示被代理人姓名或名称。民法上的一般代理，包括"显名代理"与"隐名代理"两种。不过，票据代理仅得适用"显名代理"，且采取"严格显名主义"。电子票据代理也适用严格的显名主义：代理人除在电子商业汇票系统中签章外，还应在系统中载明代理关系以及被代理人。[3]不过，新一代票据业务系统仅允许接入机构进行代理。代理人是否在票据上载明代理关系，将会产生不同的法律效果：

1. 代理人载明代理关系，且显示被代理人姓名或名称的，由被代理人负担代理行为所生票据责任。

2. 票据未表明被代理人的姓名或名称，仅载有代理人的代理人身份的，由在票据上签章的代理人负担票据责任。于此情形中，被代理人身份不明，故应按照"票据上签名者就票据文义负责"的原则，由代理人负票据责任。

3. 票据记载被代理人姓名或名称，但未载明其被代理人身份的，由在票据

---

[1]　参见《新一代票据业务系统业务方案》第8.5.2条。
[2]　学者认为，票据代理有三项形式要件：①被代理人本人的姓名或名称；②代理人的签章；③代理意旨。参见王保树主编：《中国商事法》，人民法院出版社1996年版，第382页；谢石松：《试论票据代理中的法律问题》，载《中国法学》1996年第1期。
[3]　参见孙倩：《电子票据代理应适用严格显名主义》，载《人民司法（案例）》2020年第5期。

上签章的代理人负担票据责任。于此情形中,虽然票据载有姓名或名称,但法律地位尚且不明,无法依票据文义认定此人的权利义务,且此人未在票据上签章,自不能让其负担票据责任。

4. 代理人既未载明被代理人姓名或名称,也未载明代理关系的,代理人自应承担票据责任。

5. 代理人在票据上以被代理人的名义、签被代理人章的,虽无表明代理关系之文字,但因有被代理人的签章,故应按照"票据上签名者就票据文义负责"的原则,由被代理人负担票据责任。实际上,由于代理人既未签其本章,也未表明代理关系,此一情形构成"票据代行"。[1] 下文将讨论票据代行。

(二)签章

代理人应在票据上签章,否则票据因缺少绝对必要记载事项而无效。当事人通过接入机构间接办理电子票据业务的,接入机构作为代理人,不仅需要提供当事人的电子签名,而且需要提供自己的电子签名。[2]

代理人的签章与票据当事人的签章,具有不同的效果归属。代理人的签章,是签代理人自己的章,并就票据载明之"代理人"之文义,负担代理制度上的责任;代理行为所设定的票据债务,统归被代理人负担。票据当事人的签章,即将本人(被代理人)定位于票据债务人,其须依票据文义负担票据之责。

### 四、无权代理、越权代理、表见代理及其法律效果

(一)无权代理及其法律效果

票据签名者未得本人授权而以本人为被代理人、以自己为代理人所实施的票据行为,是无权代理。无权代理有以下构成要件:

1. 行为人以代理人名义实施的票据行为,形式要件齐备,票据有效。如果行为人签章之票据未能生效,票据权利义务未成立,签章之人、票据上记载的被代理人皆无票据责任,自然不发生无权代理问题。

2. 行为人以代理人名义实施的代理行为,具备票据代理的形式要件。欠缺票据代理形式要件的,不生票据代理的法律后果,票据债务不能归于签名者之外的其他人,自然亦无无权代理可言。

3. 行为人无代理权。行为人欠缺代理权的,才负担无权代理之后果。是故,行为人是否享有代理权之认定,具有重大意义。然我国票据法和外国票据法上,均无相关规定。于票据法学上,何方当事人应就无权代理负举证责任,仍存在分歧。根据"谁主张,谁举证"的一般举证规则,主张行为人无代理权的主体,

---

〔1〕 参见王志诚:《票据法》,元照出版有限公司 2015 年版,第 163 页。

〔2〕 参见《新一代票据业务系统业务方案》第 8.5.2 条。

应当负担举证责任，因为既然其主张行为人无代理权，即需就该主张负举证责任，以证明其确无代理权。然多数学者从维护票据流通性的目的出发，认为代理人应负举证责任，因为既然其主张自己享有代理权，就应予以证明。[1]本书作者认为，按照举证责任分配一般规则，主张权利之人应对自己的主张负举证责任：在代理行为发生伊始，代理人应向相对人提供代理权存在之证明，但不限于书面的授权书，凡足以证明有代理权的其他事实同样有效，以免发生纠纷；在无权代理是否成立发生争议时，代理人应负责证明自己有代理权，不能证明者，即为无权代理，证明之形式同样不应局限于书面。

　　针对无权代理的法律效果，各国票据法的规定大致相同，但亦有局部差异。我国《票据法》第5条第2款规定，没有代理权而以代理人名义在票据上签章的，应当由签章人承担票据责任。日内瓦《统一汇票和本票法公约》第8条规定，任何人在汇票上签名代理他人而实无代理权者，应作为当事人对汇票自行负责，如该人付款，即与其所声称被代理人具有同样权利。相比之下，日内瓦《统一汇票和本票法》的规定较为完整、直接，其不但规定无权代理人应负票据责任，还照顾到无权代理人履行票据责任付款后、取得票据时，应有的票据权利；被代理人对其他主体享有票据权利或票据法上的其他权利的，已付款之无权代理人即可凭票据对此等主体行权。例如，在连续背书中，背书代理人为无权代理，依法履行票据责任后收回票据的，即可持票向其他票据债务人主张票据权利。我国《票据法》第5条第2款中虽可推导出相同的含义，但推导未如直接规定明白易知。

　　民法上一般之代理制度，对无权代理和越权代理设有追认规则（《民法典》第171条第2款）。现行《票据法》并未明文规定，票据行为的无权代理可被追认。《票据法》第5条第2款则直接规定了无权代理的效果。从该款之文义看，票据的无权代理似乎被否认。有学者认为，票据无权代理的追认应被否认，因为法律一旦认可追认，那么必然会导致票据行为效力待定，危害票据关系的稳定性与票据的流通。[2]然多数学者认为，票据行为的无权代理，可由被代理人进行追认。[3]从域外实践来看，票据无权代理之追认，已经被广泛认可。例如，

[1]　参见李伟群、卢忠敏：《再论票据代理制度中的若干法律问题——从中日票据理论对比的角度》，载《社会科学》2010年第5期；谢石松：《试论票据代理中的法律问题》，载《中国法学》1996年第1期；董惠江：《浅析票据代理的若干问题》，载《河北法学》1997年第1期。

[2]　参见董安生：《票据法》，中国人民大学出版社2009年版，第70~71页；汪世虎：《票据法律制度比较研究》，法律出版社2005年版，第105页。

[3]　参见于莹：《票据法》，高等教育出版社2008年版，第53页；金锦花等编著：《票据法》，中国政法大学出版社2015年版，第114页；李伟群：《我国票据无权代理制度的不足与完善》，载《法学》2010年第2期。

英美票据法通过"无权签名追认"制度（ratification of unauthorized signature），间接地承认了无权代理的追认。[1]英国《汇票法令》第24条与美国《统一商法典》第3-403条第1款规定，未经授权的签名可被追认。德国《汇票与本票法》虽未明文规定追认，但德国学者普遍认为《德国民法典》第177条（无权代理之追认）可被适用。[2]日本法亦是如此。[3]

就追认问题而言，本书作者亦持肯定说，即票据行为的无权代理可适用《民法典》第171条。其一，允许被代理人追认，既可以尊重被代理人的意思，更符合相对人的期待，也有助于提高票据债务的清偿可能性。其二，允许追认，并不会影响票据的流通性，因为即便被代理人拒绝追认，第三人能基于表见代理获得保护，而第三人的后手（第四人等）能基于权利外观原理获得保护。追认具有溯及力，无权代理一旦被追认，票据行为即自始对被代理人产生效力。

（二）越权代理及其法律效果

越权代理，是指有权代理人超越其代理权限而进行的票据代理。依民法上的广义无权代理，越权代理也是一种无权代理，故代理人超越代理权限所为票据代理行为，属于无权代理。我国《民法典》第171条将越权代理与自始没有代理权的代理规定在一起，施以相同的规则。《票据法》第5条第2款也将二者并列规定。尽管如此，越权代理仍有别于根本没有代理权的无权代理，在构成要件、责任分配等方面，自有其特色。

从其构成要件看，与狭义无权代理之区别是，越权代理人有代理权但超越了代理权。就其责任范围而言，不同的立法因其价值取向的不同，有不同的规定。[4]我国《票据法》第5条第2款规定，越权代理人就其超越权限的部分承担票据责任。例如，代理人所记载的票据金额，超出被代理人指定的额度的，代理人应就超出部分负担票据责任。日内瓦《统一汇票和本票法公约》第8条、德国《汇票与本票法》第8条、日本《汇票与本票法》第8条等统一法系国家的有关规定，则明确越权代理同样适用无权代理的规则。

〔1〕　See A. G. Guest, *Chalmers and Guest on Bills of Exchange and Cheques*, Sweet & Maxwell, 2005, p. 204.

〔2〕　Vgl. Peter Bülow, Heidelberger Kommentar zum Wechselgesetz (WechselG), Scheckgesetz (ScheckG) und zu den Allgemeinen Geschäftsbedingungen, 4. Aufl., 2004, S. 113; Wolfgang Zöllner, Wertpapierrecht, 12. Aufl., 1978, S. 65.

〔3〕　参见［日］末永敏和：《日本票据法原理与实务》，张凝译，中国法制出版社2012年版，第168页。

〔4〕　学理上亦见解不一，主要有三种观点：①全额责任说，主张越权代理人应对票据金额负全额责任，本人即被代理人应依授权负代理权限内的全额责任；②本人无责任说，主张被代理人无责任，等于免除了被代理人的责任；③越权部分说，主张应划分本人和越权代理人的责任范围，本人就其授权部分负责，越权代理人就越权部分负责。参见郑洋一：《票据法之理论与实务》，三民书局1997年版，第77~78页。我国《票据法》第5条第2款，采取了第三种观点。

相较于域外立法例，我国《票据法》关于越权代理人就其超越权限的部分承担票据责任的规定（第5条第2款），具有一定的合理性，但存在不足之处。第5条第2款具有合理性，因为该款区分了有权代理和越权代理，使越权代理人对有权代理部分，不负不应有之票据责任，而仅就自己越权之不当行为承担责任。这一规定符合民法上的过失责任原理。然其不足之处则在于，持票人追究代理人越权责任，较为复杂。当越权代理发生时，持票人须分清越权性质、越权金额等。此外，持票人仅得以越权代理人为被诉人，还是可将被代理人与代理人列为共同被诉人？现行法就此并无明晰规定，法律适用较为模糊。仅此一点而言，日内瓦统一法系立法之规则，有其优点。因此，实践中，《最高人民法院关于审理票据纠纷案件若干问题的规定》第67条，限制了部分票据责任之适用范围，规定在空白票据授权补记的情形中，出票人应当承担全部票据责任；[1]理论上，有学者主张废除部分责任，改采全部责任。[2]

（三）表见代理及其法律效果

表见代理是民法上规定的一种特殊的无权代理。我国《票据法》并未明文规定票据的表见代理。之所以如此，原因在于票据的表见代理乃是民法上的普通表见代理，并无任何特殊之处。因此，《民法典》第172条关于表见代理的规定，可适用于票据行为的代理。票据表见代理，仅涉及直接当事人间的法律关系。即便票据行为的无权代理不构成表见代理，针对票据被代理人的票据债务并未成立，相对人（第三人）并未取得票据权利，但当票据继续流转时，善意的后手（第四人）也在一定情况下，基于权利外观原理，正常取得票据权利。[3]相较于票据的表见代理（涉及被代理人与第三人），票据权利外观原理（涉及被代理人与第四人）在适用时，对于可归责性的要求更低。[4]

于表见代理中，因本人的原因造成了足以使第三人相信代理人享有代理权，且第三人与代理人完成某一法律行为，而本人须对行为后果负授权人（被代理人）责任。根据主流学说观点，表见代理一方面需本人具有可归责性，另一方面需第三人存在合理信赖。[5]然从《民法典》第172条以及《最高

---

[1]　根据该条之规定，对票据未记载事项或者未完全记载事项作补充记载，补充事项超出授权范围的，出票人对补充后的票据应当承担票据责任。给他人造成损失的，出票人还应当承担相应的民事责任。

[2]　参见李伟群：《我国票据无权代理制度的不足与完善》，载《法学》2010年第2期。

[3]　参见李伟群：《我国票据无权代理制度的不足与完善》，载《法学》2010年第2期；董惠江：《票据表见代理适用及类推适用的边界》，载《中国法学》2007年第5期。

[4]　不过，诚如本书即将指出的那样，现行法在规定表见代理时，并未要求被代理人具有可归责性。

[5]　参见李永军：《民法总则》，中国法制出版社2018年版，第829～830页；王利明：《民法总则研究》，中国人民大学出版社2003年版，第664～677页。

人民法院关于适用〈中华人民共和国民法典〉总则编若干问题的解释》第 28 条来看，本人的可归责性并非表见代理的构成要件。如此规定，更倾向于保护善意第三人。

根据前列两条关于表见代理的规定，票据的表见代理需满足三个条件：一是存在代理权外观，二是相对人不知道行为人行为时没有代理权，三是相对人不存在过失。至于前列三要件是否满足，法官应结合行为人身份、职务范围、行为惯例以及行为所得利益的归属等，予以判断综合考量。[1]前列三要件一旦得到满足，善意持票人可请求本人，履行授权人（即被代理人）的票据责任。当然，表见代理需满足无权代理的构成要件，比如代理人显名，且票据代理的记载无瑕疵。

### 五、票据代理之周边：票据行为与代表

于民法上，代理有别于代表。法人的法定代表人在职务范围内从事法律行为的，乃是法人自己作出的行为，法定代表人仅是法人的组成部分。因此，法定代表人的票据行为，就是法人直接完成的票据行为。因此，《票据法》仅直接在签章方面，就法人的票据签章作了特别规定：法人和其他使用票据的单位在票据上的签章，为该法人或者该单位的盖章加其法定代表人或者其授权的代理人的签章（第 7 条第 2 款）。

不过，法定代表人也可能欠缺或超越代表权，其完成的票据行为也可能构成无权代表或越权代表。对于这一情形，《民法典》第 61 条第 3 款具有重要意义。根据该款，法人章程或者法人权力机构对法定代表人代表权的限制，不得对抗善意相对人。这一规定权衡了法人与第三人的利益，也适用于法定代表人无权或者越权作出的票据行为。于我国司法实践中，票据的表见代理与表见代表，被明确区分。[2]

### 六、票据代理之周边：票据代行

票据代行是指，行为人基于本人之授权，直接以本人的签字盖章，签发票据或实施其他票据行为。票据代行与票据代理的区别即在于，代行人并不表

---

[1]  参见大冶市新冶特钢有限责任公司与湖北大冶农村商业银行股份有限公司票据纠纷案，最高人民法院（2018）最高法民申 3244 号民事裁定书。于江苏金坛建工集团有限公司与青海新茂祥物资有限公司票据追索权纠纷案，最高人民法院（2018）最高法民终 1223 号民事判决书中，法官基于下述三项事由，认定票据的表见代理成立：①工程项目承包人和负责人有权进行工程款的结算支付，被代理人虽然辩称工程款必须经过公司统一结算，但其并无证据，且其内部管理制度不足以对抗外部第三人；②持票人系通过银行工作人员，以正常工作渠道联系到被代理人，进而联系到代理人；③被代理人知晓或应当知晓代理人的行为，但并未否认或制止。

[2]  参见中国华融资产管理股份有限公司河南省分公司与中国建设银行股份有限公司珠海丽景支行票据回购纠纷、买卖合同纠纷案，最高人民法院（2017）最高法民终 313 号民事判决书。

明代理关系，且未在票据上签其本章。票据代行一般发生在两类情形：一是预先从本人处取得签名式样和相关印章，并基于本人的概括授权，得自主决定实施票据行为；二是代行人基于本人的特别授权，直接代本人完成票据行为。[1]因此，票据代行以本人的授权为前提，本人与代行人之间往往具有民法上的代理关系。倘若行为人欠缺授权，则其签本人的名或章，即构成伪造行为。

由于在票据代行的情形中，行为人的意思不过就是本人的意思，故本人应当对票据行为负责。然若行为人欠缺本人的授权，所涉票据行为构成伪造签章的情形，则产生何种法律效果？现行《票据法》第 14 条第 2 款仅从票据行为的独立性方面，规定其他真实签章的效力不受影响。然本人是否需要对伪造的签章，负担票据责任，则成为法律漏洞。就此一问题，本书采以下观点。其一，票据行为涉及签章之伪造的，本人就此不负票据责任。其二，本人享有追认权，即承认行为人的票据行为。[2]追认的效果是，所涉票据行为转化为票据代行，票据行为自始对本人产生效力。其三，本人对伪造签章的发生，存在可归责性，直接相对人（第三人）具有合理信赖的，可直接适用表见代理规则。[3]表见代理一旦成立，所涉票据行为即构成票据代行，进而对本人产生票据责任。其四，即便本人、行为人与直接相对人之间，并不成立表见代理，当所涉票据进一步流转至第四人时，也存在适用权利外观原理的可能性。

## 思考题

1. 票据行为与一般法律行为相比较，有哪些特点？如何理解票据行为的独立性？

2. 查阅我国《票据法》，试举出一些本法关于票据行为独立性的规定。

3. 查阅《最高人民法院关于审理票据纠纷案件若干问题的规定》，试举出一些本司法解释关于票据行为独立性的规定。

4. 如何理解票据行为的无因性？结合我国《票据法》第 10 条、第 13 条的规定，辨析我国票据法是否认可票据行为无因性。

5. 票据行为的要件与一般法律行为的要件有哪些主要区别？

6. 如何理解"票据上签名者须就票据文义负责"的规则？

---

[1] 参见董惠江：《票据表见代理适用及类推适用的边界》，载《中国法学》2007 年第 5 期。

[2] See A. G. Guest, *Chalmers and Guest on Bills of Exchange and Cheques*, Sweet & Maxwell, 2005, p. 204.

[3] See A. G. Guest, *Chalmers and Guest on Bills of Exchange and Cheques*, Sweet & Maxwell, 2005, pp. 199 – 202.

7. 查阅我国《票据法》，搜寻本法关于签章的规定，并分析它们在不同法条中的具体含义。

8. 查阅《最高人民法院关于审理票据纠纷案件若干问题的规定》，理解其关于签章的规定。

9. 票据行为的代理有哪些不同于一般民事代理的地方？

第四章

第五章

# 票据权利

**学习目的和要求** 在理解票据权利的含义和构成的基础上，掌握票据权利的取得、行使和保全、消灭的原理和法律规定。要求对票据权利的善意取得、行使和保全的规则做细致的理解，对"外观解释原则""客观解释原则"有准确的理解。票据权利的善意取得、票据权利的保全是本章的重点。

## ■第一节 票据权利的意义和特点

### 一、票据权利的意义

票据权利，是指持票人向票据债务人请求支付票据金额的权利，包括付款请求权和追索权。前述乃系《票据法》第 4 条第 4 款就票据权利作出的定义。对这个定义，应作如下理解：

（一）票据权利是票据金额给付请求权

票据虽为有效之支付工具，在一定程度上可以替代通用货币，但毕竟不能完全等同于货币，只是表明金钱债权的证券而已。因此，票据上文义所表明的权利，是票据金额给付请求权，持票人占有票据，不等同于占有票面记载的金钱。只有经过请求票据债务人付款，票据债务人满足此请求，兑付票面金额，将票面金额交付持票人，持票人才取得金钱。

（二）票据权利享有者是合法持票人

凡以出票、背书等票据行为和继承等合法途径取得票据者，均为合法持票人，得依票据之持有而享有票据权利。以不法方式（如盗窃、抢夺）取得票据者，不得享有票据权利（《票据法》第 12 条）。除此之外，基于票据行为取得票据，但该行为无效或者嗣后被撤销的，持票人亦不享有票据权利。

（三）票据权利相对之义务是票据责任

根据《票据法》第 4 条第 5 款，票据责任，是指票据债务人向持票人支付票据金额的义务。依法理，权利与义务相对应，责任则为不履行义务的应有不利后果。例如，"刑事责任""违约责任""行政责任"即是如此。现行《票据法》舍弃票据立法上通用的"票据义（债）务"，以"票据责任"代之，有混同义务责任之问题。[1]

　　票据债务人，是在票据上签章的人。具体而言，票据债务人包括出票人、背书人、保证人、承兑人、支票的付款人。在外国票据法上，参加人（包括参加承兑、参加付款的人）、预备付款人等主体，亦为票据债务人。我国《票据法》规定的票据债务人的种类较少，[2]台湾、香港、澳门三个地区的票据制度中，票据债务人范围与国际票据规则基本相同。

　　（四）票据权利是含有付款请求权和追索权的债权

　　付款请求权，是持票人享有的于票据到期日向票据付款人提示票据、请求支付票面金额的权利。追索权，是持票人享有的于票据不获承兑或不获付款时，得请求前手或出票人、保证人等支付票面金额和有关费用的权利。票据权利集此两面之权能，持票人得请求票据上记载的付款人支付票面金额。当付款请求权不能实现时，持票人得向其前手、出票人等追索票面金额及有关费用。

　　票据权利属于债权，与"对票据的权利"不是同一概念。当涉及纸质票据时，对票据的权利是物权，即票据所有权。享有票据所有权或当然享有票据权利，但两种权利的性质，仍应被区别开来。这一区分，不仅在理论上有必要，在实务上同样有价值。例如，在继承关系中，票据上的权利人未在票据上背书即死亡，其继承人能以法定继承或者遗嘱继承方式，继承票据；若仅依票据文义，继承人无从证明自己是票据权利人，但若其证明其因继承取得票据，对票据享有所有权，便可证明享有票据权利。当然，继承人之所以取得票据权利，原因还在于继承本身：继承人因法定继承或遗嘱，而继受了被继承人享有的票据权利。是故，取得票据所有权有助于证明，该所有权人享有票据权利。

　　于电子票据的情形，持票人对票据享有的权利并非所有权。盖所有权的客体以有体物为限，而电子票据欠缺有体性。电子票据持有人对于票据的"权

---

〔1〕　中国人民银行原副行长周正庆，在第八届全国人民代表大会常务委员会第十二次会议上作"关于《中华人民共和国票据法（草案）》的说明"。这一说明类似票据法的立法理由书，使用了"票据权利和票据义务"的说法。参见周正庆：《关于〈中华人民共和国票据法（草案）〉的说明——1995年2月21日在第八届全国人民代表大会常务委员会第十二次会议上》，载《中华人民共和国全国人民代表大会常务委员会公报》1995年第4期。不过，《票据法》却定为"票据权利、票据责任"，且又专设第六章"法律责任"。同为"责任"一词，在同一立法文件中竟然有不同的含义。

〔2〕　前脚注中"关于《中华人民共和国票据法（草案）》的说明——1995年2月21日在第八届全国人民代表大会常务委员会第十二次会议上"，以"立足我国基本国情，适应实际需要"为由，说明"对国外一些票据制度，如参加承兑和参加付款等，在我国并无实际需要，因此不宜规定在票据法中"。

利",主要体现为一种无形的排他性管控。具言之,持票人有权进入电子票据系统,决定是否行使票据蕴含的权利,并有权禁止他人未经其允许,即在系统中进行非法操作。

**二、票据权利的特点**

票据权利的特点,指票据权利作为债权之一种,与其他债权比较而特有之性质。

(一)票据权利是特种金钱债权,其标的以票面金额的给付为限

普通债权之标的,可为物品交付、劳务提供、价款或酬金的支付等,且标的不同之债权还可发生标的转换现象,例如,债务人本应支付酬金但无资金的,可以相当交换价值的物品抵债。票据权利,只能以票面金额之给付为标的,绝不可以有任何变通。

(二)票据权利为无因金钱债权

一般金钱债权,如借贷所生借款偿还请求权、价款或酬金给付请求权等,均为有因金钱债权。换言之,债务人若能证明债权不存在或无效,虽有借贷合同或买卖、劳务等合同的书面形式,法律也不能强制债务人给付金钱。票据权利则具无因性,除直接当事人外,只依合法形式之票据,不问票据权利之成因。持票人以票据文义或票据法规定证明自己为票据权利人的,票据债务人须无条件支付票面金额。当然,票据行为本身无效的,票据权利自不能发生变动。

(三)票据权利是单纯的金钱给付请求权

一方面,持票人仅得请求票据债务人给付票面金额,不得为其他请求;另一方面,持票人实现票据权利时,不负任何对价义务,票据债务人单方负担无对价给付之义务。之所以如此,原因是在票据基础(原因)关系中,票据权利人已履行对价义务或负担对价义务。一般债权,除少数单务之债外,债权人具有对价给付义务,债权人请求债务人给付而自己不按债之内容给付的,债务人得为"对待给付抗辩"(《民法典》第525~528条)。在票据关系中,票据债务人虽享有"对票据的抗辩权""对特定持票人的抗辩权"等,[1]但欠缺"对待给付抗辩权"。

(四)票据权利有付款请求权和追索权双重权能

正如前文票据权利的意义中所述,持票人享有付款请求权,且当该权利不能实现时,可行使追索权。于票据法学上,付款请求权被称为"第一次请求权",追索权被叫作"第二次请求权"。此两类请求权,是票据权利本身之功能。

---

[1] "对票据的抗辩权"亦称"对物抗辩权",是票据形式不合法时票据债务人得行使的抗辩权。"对特定持票人的抗辩权",又被称为"对人抗辩权",是票据债务人得对不法取得票据者行使的抗辩权。

民法上的一般债权，是一次性请求权，欠缺追索权效果。

追索权与民法中的"损害赔偿请求权"不同。损害赔偿请求权属救济权，当违约行为和侵权行为发生、原权利受有侵害时，损害赔偿请求权始得产生，进而构成侵害原权利之救济手段。追索权，是票据法上特有之票据权利，其性质应属付款请求权之"补充性"权利。追索权与付款请求权同时存续，共同组成票据权利。付款请求权实现，追索权亦消灭，付款请求权不能实现，既存之追索权便得以行使。概而言之，追索权与民法上的损害赔偿请求权有三方面主要区别：①损害赔偿请求权因原权利受到侵害始得发生，追索权与付款请求权则同时发生；②损害赔偿请求权以原权利为基础，是原权利受侵害时的转生，而追索权与付款请求权并存，作为票据权利的两个方面，追索权是付款请求权之扩张；③损害赔偿请求权的被请求人，是违约行为人或侵权行为人，追索权的被追索人，包括背书人、出票人、保证人、承兑人，即在票据上签名的票据债务人。

（五）票据权利与票据一体化，票据权利的行使仅以票据提示为必要条件

票据为完全证券、提示证券，自然票据权利有此特点。电子票据，亦是如此。普通债权是民法赋予一般意定之债或法定之债的权利人的债权，其行使以债之存在为要件。

除票据权利之外，票据法还规定了"利益返还请求权""票据真正权利人对恶意取得票据者的票据返还请求权"等。前列权利，虽与票据有关且由票据法规定，但皆不以持有票据为必要条件，故并非票据权利。因此，票据法规定的各种权利，不能皆被认定为票据权利。

**三、票据法学上的票据权利类型化**

票据法学理论上，票据权利除被区分为付款请求权和追索权之外，还有主票据权利、副票据权利、辅助票据权利之分类。主票据权利，即是付款请求权。副票据权利，就是追索权和再追索权。辅助票据权利，指与支付票面金额的目的直接相关但起辅助作用的权利。例如，持票人对参加承兑人、参加付款人的付款请求权等，属于辅助票据权利。了解这一分类，有助于掌握票据权利的特点。

# ■第二节　票据权利的取得

**一、概说**

票据权利的享有，以合法持有票据为要件。是故，合法有效取得票据者，即取得票据权利。按照各国票据法的通行规则，票据权利的取得有创设性继受

取得、转移性继受取得两种类型。取得方式的不同，会导致相关票据关系之差异，进而导致持票人的票据权利存在一定差异。

**二、创设性继受取得：出票[1]、承兑与保证**

票据权利之新设及取得，来源于前手的，是谓创设性继受取得。创设性继受取得，并非原始取得，因为权利的设立与取得来源于前手，以当事人的合意为基础。创设性继受取得也有别于转移性继受取得，因为当事人取得的对象是一项新设的权利。票据权利的创设性继受取得，分为三种情况：出票、承兑、保证。

出票行为是创设票据权利的票据行为。于此行为完成之前，当事人之间并不存在票据权利。出票人将依法作成的票据交付持票人，持票人即最初地取得票据权利（《票据法》第26条）。是故，因出票行为取得票据的，属于票据权利的创设性继受取得。

承兑行为也是创设票据权利的票据行为。承兑人完成承兑之前，持票人并未针对承兑人享有一项付款请求权。相反，承兑行为一旦完成，持票人与承兑人之间即能成立一项新的付款请求权，承兑人即承担到期付款的责任（《票据法》第44条）。

保证也能创设一项新的票据权利，即持票人对保证人享有的付款请求权。相应地，保证人承担保证责任（《票据法》第50条）。于保证行为完成之前，持票人（被保证人）与保证人并无票据保证关系可言。

就票据权利的创设性继受取得而言，有两点至关重要：①票据形式合法。例如，当事人在出票时，票据上之绝对必要记载事项必须有完全之记载；票据上之文字必须清晰；金额须以中文大写和阿拉伯数字同时记载，且二者必须一致，否则，票据无效；不得记载导致票据无效的有害记载事项。票据形式不合法的，虽有出票、承兑、保证行为，但票据权利无法成立，取得票据者自无从取得票据权利。②票据取得行为合法有效。例如，出票人、承兑人与保证人须为完全民事行为能力者，且不存在胁迫、欺诈等意思表示瑕疵。还如，出票须以交付为前提，偷盗、抢夺尚未交付的票据，不构成出票。

值得注意的是，拾得他人遗失之票据，即使失票人不采取失票救济措施，拾票人亦不得取得票据所有权及票据权利，而应按照民法上拾得物返还制度处理。拾得他人遗失之无记名现金支票，在失票人采取挂失止付等救济措施前擅

---

[1]　有学者认为，因出票而取得票据权利，属于"原始取得"。参见王志诚：《票据法》，元照出版有限公司2015年版，第187页。这一观点并不完全妥当。盖于民法学上，权利之取得是否源于权利前手，乃是原始取得与创设性继受取得之区分关键。参见朱庆育：《民法总论》，北京大学出版社2016年版，第503页。

自填记收款人姓名或名称，自银行支取票面金额的，一方面应负民法上返还之责，另一方面应依法负担刑事责任或行政责任。

### 三、转移性继受取得

继受取得，是指受让人从票据权利人手中以法定方式取得票据，从而取得已经成立的票据权利。换言之，当事人通过出票、承兑、保证行为设立新票据权利之后，该权利还可继续流转，由第三人取得。

转移性继受取得，主要包括以下几类情形：指示票据的背书转让、无记名票据的交付转让、票据权利的继承、因公司合并而取得票据权利。在转移性继受取得中，受让人的权利来自于出让人。值得注意的是，继承与公司合并中的继受取得，乃是概括性继受取得，即受让人取得了整个法律地位。与此相对的是，诸如背书转让等类型的特别继受取得。

票据权利的转移性继受取得，以票据所有权的转移性继受取得为前提，除非所涉票据是电子票据。其中，指示票据和无记名票据所有权的转让，既要求转让合意，也要求满足交付要件；因继承而取得票据的，票据所有权自继承开始时自动转移（《民法典》第 230 条）；因公司合并取得票据的，票据所有权在合并生效时转移。

### 四、票据权利的善意取得

债权一般不能适用善意取得，因为其欠缺适格的权利外观。然票据权利较为特殊，其已经内化于票据之中，并以票据为权利外观，故票据权利可为善意取得之对象。

票据权利的善意取得主要限于转让的情形。其一，票据权利的创设性继受取得（比如出票、承兑、票据保证），不适用善意取得制度。盖此等创设性法律行为旨在设立新权利，与第三受让人无关，故无所谓善意取得。当然，创设性法律行为存在表见代理、表见代表规则之适用空间。其二，票据质押的情形中，质权人（第三人）善意取得的对象是质权，而非票据权利。其三，在票据法中，继承是票据权利转移的事由；在法人制度中，法人的合并也有票据取得现象。然善意取得仅适用于特别继受取得：持票人无处分权而处分票据的，才存在善意取得的可能性。继承、法人合并，皆是权利概括继受取得之法律事实，不能适用善意取得规则。继承人或合并后的法人，分别概括性地继承了被继承人或被合并法人的法律地位。

#### （一）善意取得票据权利之概述

票据权利的善意取得，是指持票人从无票据处分权人手中受让票据，得依法定条件取得票据权利的法律事实。善意取得是票据权利取得制度中的一项特殊规则。至于票据权利的善意取得，系原始取得抑或继受取得，理论上存在诸多争议。[1]本书采原始取得说。盖取得人所取得之权利并非源于前手，而是基于法律的直接规定。

按照票据法上票据取得之一般规定，从有票据处分权的人手中按合法方式取得票据，才能取得票据权利，且取得票据支付相当对价者，取得完整之票据权利；无偿取得票据者，不能享有优于前手的票据权利（《票据法》第 11 条）。换言之，前手持票人有何种程度、何种状况之票据权利，原封不动地转归无偿受让人。对无处分权而转让票据者，票据法认为是无权处分，不发生转让票据的法律效果。

然上述一般规定，仅适应普通的票据转让情事。针对特殊情况，即受让人不知晓也无从知晓转让人欠缺处分权，且支付了相当对价而取得票据的情形，如果僵化地适用此等一般规定，势必会影响票据使用和流通安全。这一结果，有违票据立法之宗旨。为解决票据转让中的此等特殊情况，票据法特别设置善意取得制度，保护善意第三人的合法利益，维护票据交易和使用的安全。

票据权利以票据为权利外观，故票据权利的善意取得与票据本身的善意取得，存在密切联系。票据本身服务于项下权利之变动，故票据权利人同时也是票据所有权人，两者应当保持一致。[2]因此，无权处分票据权利者，也非票据所有权人，而票据权利的善意取得，则必然以票据所有权的善意取得为前提。

从法理上讲，（纸质）票据本身是一种动产，是所有权的客体。《民法典》第 311 条设有动产善意取得制度。依此制度，当无处分权的动产占有人转让动产时，受让人无过失且又支付合理价金的，可取得动产所有权。票据既为动产，便可适用这一制度。然又因票据是特殊之动产，其性质功能方面自有特色，不宜照搬民法上的动产善意取得制度。因此，票据法应据实制宜，建立适合票据的善意取得制度。例如，占有脱离物的善意取得，一般有别于其他动产的善意取得，且在理论与实践中存在争议，但遗失、失窃、被抢票据的善意取得，则被法律所普遍承认。[3]扩张票据所有权善意取得的范围，可为票据权利之善意取得奠定基础。电子票据并非有体物，无所谓善意取得问题，但电子票据权利仍可成为善意取得之对象。受让人基于出让人的实际控制，信赖其享有处分权

---

〔1〕 参见王志诚：《票据法》，元照出版有限公司 2015 年版，第 187 页；朱庆育：《民法总论》，北京大学出版社 2016 年版，第 504 页。

〔2〕 例如，出票人因受到欺诈而出票的，其一旦撤销出票行为，那么收票人不仅自始未取得票据权利，而且不享有票据所有权，即便票据本身尚未被返还。还如，持有人的票据被他人盗窃的，后者不仅未能取得票据权利，也无法取得票据所有权。

〔3〕 具体可参见我国《票据法》第 12 条第 1 款、《德国民法典》第 935 条第 2 款、《荷兰民法典》第 3：86 条第 3 款。关于日本法，参见［日］末永敏和：《日本票据法原理与实务》，张凝译，中国法制出版社 2012 年版，第 198～199 页。

的，也能取得电子票据权利。[1]

从立法例上看，各国票据法均设有票据权利善意取得制度。统一法系国家票据立法的蓝本——日内瓦《统一汇票和本票法公约》——第 16 条规定，如以背书之连续而确立其所有权的汇票占有人，即使最后的背书为空白背书，应视为该汇票的合法持票人，在空白背书后紧接另一背书时，最后背书的签名人，应视为以空白背书而取得汇票者，任何人不论以何种方式丧失汇票，只要持票人系按上文所述方式确立其权利者，无义务放弃汇票，但该持票人以恶意取得或在取得时有严重过失者除外。德国、法国、日本等国的票据法规定相同。美国《统一商法典》第 3 - 302 条规定，取得票据者给付对价、善意、不知该票据已过期或已被退票，或任何人曾对该票据提出抗辩或提出权利主张的，是正当持票人，除第 3 - 305 条第 2 项的除外规定外，票据权利不受影响。

我国《票据法》并未规定空白背书，故在票据权利善意取得制度方面，与统一法系的票据法部分相同，部分不同。相同部分是，这一制度皆得到了认可。例如，《票据法》第 86 条第 1 款规定，支票上未记载收款人名称的，经出票人授权，可以补记。[2]于这种情况下，支票即为"无记名支票"，占有支票人即使无处分权，仍有条件将该种支票转让第三人，第三人只要善意、支付对价，便可在空白处载明自己的姓名或名称，进而善意取得支票权利；除此之外，善意第三人还受《票据法》第 13 条之保护，即原权利人不得以其与无权处分行为人之间的抗辩事由，拒向第三人负担债务。再如，《票据法》第 31 条第 1 款规定，以背书转让的汇票，背书应当连续。持票人以背书的连续，证明其汇票权利；非经背书转让，而以其他合法方式取得汇票的，依法举证，证明其汇票权利。依此条，只要以真实、连续之背书，或以其他合法方式取得票据，持票人就可取得票据权利；即使票据出让人是以欺诈、胁迫等非法手段取得票据，持票人善意取得票据的，票据债务人须受本法第 13 条之约束，不得对抗该持票人。

（二）票据权利善意取得的构成要件

善意取得事关当事人利害，票据法规定了其构成要件。我国《票据法》第 10 条、第 11 条、第 12 条、第 13 条、第 31 条、第 32 条等条文，共同构成了票据权利善意取得制度。根据前列法律规定，我国票据善意取得的构成要件包括：

1. 受让人须从无票据处分权人手中取得票据。受让人从有票据处分权人手

---

[1] 参见青岛煜达亿昂贸易有限公司与青州市山石润滑油有限公司票据返还请求权纠纷、返还原物纠纷案，山东省青岛市中级人民法院（2021）鲁 02 民终 3520 号民事判决书。

[2] 出票时不记载收款人姓名或名称，或者金额的票据，属"空白票据"，也叫"空白授权票据"，与"空白背书"不同。

中取得票据的，属于继受取得票据权利之情形，不必以善意取得待之。[1] 无处分权者，既可为不法取得票据而未享有票据权利的人（如以欺诈、胁迫、偷盗等方式取得票据者），也可为合法占有票据但并无票据处分权的人（如票据拾得者、保管者），还可能是被冻结票据的出让人。[2] 当然，处分行为人以欺诈、胁迫等可撤销的方式，取得票据权利的，仅当被欺诈、被胁迫者撤销票据行为时，处分行为人才自始丧失票据权利，转化为无权处分者。

就此而言，尚有三点值得注意。其一，受让人自无处分权人处取得之票据，须为有效票据。如果票据形式不合法，票据权利未成立，那么无从论及善意取得。盖存在形式瑕疵的无效票据，可被第三人知晓，并无保护信赖之必要。票据经除权判决，已被宣告无效的，也不得成为善意取得之对象。[3] 其二，出让人已从无处分权人处，善意取得票据权利，受让人即便知晓此等无权处分事实，或者未支付合理对价，[4] 也能正常取得票据权利。盖出让人既已善意取得票据权利，嗣后作出的转让乃系有权处分，受让人自可正常取得票据权利。唯应注意的是，若受让人此时知晓无权处分事由，则原真正权利人可基于《票据法》第 13 条第 2 句之除外规定，对受让人提出抗辩。

2. 受让人须依照票据法规定的转让方式取得票据。票据权利的善意取得，仅涉及处分权瑕疵之弥补，其他票据行为要件应被满足。例如，出让人的意思表示并无瑕疵，且具有权利能力。除此之外，票据行为还须满足法定的形式要件。票据法上规定的票据转让方式，限为"背书"与"交付"二种。不同之转让方式，有其特定的适用对象。

（1）背书转让方式。持票人在票据背面或者粘单上记载转让票据之事项，并将票据交付受让人，即为背书转让。指示票据的转让和取得，适用这一方式。具体而言，其一，出票人签发的指示票据，票面记载的收款人转让票据时应采取这种方式。其二，指示背书即持票人在转让票据背书时，记载了被背书人名

〔1〕 参见大冶市富通贸易有限公司与威县腾龙棉业有限公司票据返还请求权纠纷、返还原物纠纷案，河北省高级人民法院（2017）冀民申 1314 号民事裁定书。

〔2〕 参见天津凯盛船舶服务有限公司与天津物资招商有限公司、南京君汇创岳贸易有限公司票据追索权纠纷案，天津市第二中级人民法院（2014）二中民二终字第 302 号民事判决书。关于该判决的评析，可参见姚强、王丽平：《汇票被冻结不影响善意持票人的票据权利》，载《人民司法（案例）》2015 年第 8 期。值得注意的是，票据被冻结的，持票人是否丧失处分权，理论上存在处分限制说与处分禁止说。

〔3〕 参见重庆海辽科技发展有限公司与贵阳鑫睿通贸易有限公司追偿权纠纷案，贵州省高级人民法院（2017）黔民终 958 号民事判决书。

〔4〕 参见济宁市志冠商贸有限责任公司与山东鲁盛肥业有限公司、济宁市鹏华经贸有限公司侵权纠纷案，最高人民法院（2013）民申字第 2222 号民事裁定书。

称的票据，转让时采取这一转让方式。当事人未采取背书转让方式的，持票人名称和票据记载的收款人或者被背书人名称会不相一致，票据债务人有权因此对持票人行使"对人的抗辩权"。电子票据已被无形化，故背书转让无需当事人"交付"票据。

于指示票据丢失、失窃、被抢的情形，占有人的嗣后转让须伪造权利人的背书，否则会出现背书不连续的情况。因此，受让人即便能够善意取得该票据权利，也受制于伪造票据签章之规则（《票据法》第14条第2款）：签章被伪造者虽然丧失票据权利，但对善意第三人不负票据债务，因为其签章系伪造。除此之外，伪造签章的事实，也应成为认定受让人是否善意的因素之一。

（2）票据交付。持票人以转让票据为目的，而将票据占有转移给受让人的行为，是票据交付。不记名票据，适用这一转让方式。

按照《票据法》第84条和第86条，支票可为无记名方式。因此，无记名的支票适用这种方式。然出票人签发支票时记载收款人名称的，不能以此方式转让，须背书转让。

根据《票据法》第22条与第75条，收款人名称是汇票和本票的"必须记载事项"，未记载的，汇票和本票无效。据此规定，汇票和本票出票时必须采取记名方式。是故，票据的第一次转让必须由票据上记载的收款人采取背书方式，在票据背面的背书人栏签章，然后才能采取记名背书或者无记名背书的方式转让。第一背书人签章但未记载被背书人名称即将票据转让受让人的，即是以"票据交付"方式进行的票据转让。电子汇票的转让，须记载被背书人的名称（《电子商业汇票业务管理办法》第41条），故不能适用交付的转让方式。

持票人以"票据交付"方式取得无记名支票或者无记名背书的汇票、本票的，既得以"背书转让"方式，也得以"票据交付"方式转让票据。

3. 受让人取得票据之时，须无恶意或重大过失。[1]所谓恶意，是指受让人受让票据时明知出让人无票据处分权而予以收受的不良心态。所谓重大过失，是指稍加注意即可知晓出让人无票据处分权，但未给予应有之注意而收受票据的心态。恶意或重大过失仅限于取得票据之时，取得票据之后知晓或者应当知晓出让人无处分权的，不构成恶意或重大过失。善意一词，可从正、反两面理解。从反面，无恶意或重大过失，就是善意。从正面，受让人虽履行其法定注意义务仍不能知晓出让人无处分权的，乃为善意。

---

［1］　就善意认定标准而言，票据权利善意取得与有体物善意取得，并无区别。仅当受让人存在重大过失时，善意取得才不成立。参见《最高人民法院关于适用〈中华人民共和国民法典〉物权编的解释（一）》第14条。

正确判定是否善意，对保护票据当事人之合法利益、维护票据流通的安全性，具有重大的意义。然对于如何正确判断善意，法律规定并不具体，理论上也鲜有论及。本书认为，善意与否之认定，应有抽象的原则和具体的标准。

抽象的原则，包括"外观解释原则"和"客观解释原则"。两项原则，本属票据行为的解释原则，但若稍加变通、取其精义，亦可作为认定善意之原则。外观解释原则，是指应从票据转让的形式推论受让人的心态，并认定其是否善意。此亦为票据法"严格形式主义"之体现。仅转让形式合法的，不能断言受让人善意，但转让形式不合法的，即欠缺认定其为善意之基础。值得注意的是，票据转让形式一旦合法有效，即应推定受让人善意，由反对者负担举证责任。[1]客观解释原则，是指应以票据转让的一般规则、诚实信用之原则，客观辨析个案事实，认定受让人是否善意。转让票据时违反票据转让一般规则和诚实信用原则的，不应认为受让人善意。

基于前述两项原则，具体标准能够得以确立。这一标准就是《票据法》的有关规定，主要包括以下四点：其一，第 31 条关于背书应当连续，非背书而转让的应有合法证明的规定。其二，第 10 条关于票据取得应遵循诚实信用原则、真实交易规则之规定。其三，第 12 条关于受让人故意和重大过失的规定。例如，盗窃者转让指示汇票，且拙劣地伪造了失窃者的签章，受让人应能发现签章系伪造的，自不得主张善意取得。其四，第 15 条关于失票公示催告的规定。原持票人丧失票据之后，可申请法院公示催告。法院一旦作出公示催告，则期间完成的转让行为无效（《民事诉讼法》第 227 条第 2 款），故第三人善意取得票据的可能性被排除。[2]

在善意的认定方面，电子汇票具有一定的特殊性。目前，我国已经建立了电子票据信息披露制度，商业承兑汇票和财务公司承兑汇票的承兑人应当按照人民银行规定披露票据主要要素及信用信息，而银行承兑汇票的承兑人应当披露承兑人信用信息。[3]其中，贴现人办理商业汇票贴现的，"应当"按照人民银行规定核对票据披露信息，信息不存在或者记载事项与披露信息不一致的，不

---

〔1〕　参见宁波浩盟工贸有限公司与扬州港口污泥发电有限公司、扬州金苹果纺织有限公司、扬州利祥纺织有限公司票据返还请求权纠纷上诉案，江苏省扬州市中级人民法院（2012）扬商终字第 0121 号民事判决书；荆州市天择汽车销售有限公司与湖北飞龙环保设备制造有限公司等票据纠纷案，山东省聊城市中级人民法院（2015）聊商终字第 350 号民事判决书。

〔2〕　参见山东圣诚建设集团有限公司与刘伟票据损害责任纠纷案，山东省高级人民法院（2018）鲁民申 839 号民事裁定书。第三人或不能被期待知晓公示催告，故公示催告能够绝对排除善意取得，是否具有正当性，尚且值得进一步研究。

〔3〕　参见《商业汇票承兑、贴现与再贴现管理办法》第 27 条。

得为持票人办理贴现。[1]因此，票据贴现中的贴现人应当核对被披露的信息，否则难以被认定为善意。然不同于票据贴现，在商业汇票背书转让的情形，被背书人"可以"按照人民银行规定核对票据信息，信息不存在或者记载事项与披露信息不一致的，可以采取有效措施识别票据信息真伪及信用风险，加强风险防范。[2]"可以"一词表明，核对票据信息并非被背书人的义务。之所以如此，原因在于强行要求当事人进行核对，会影响票据的流通性。至于核对票据信息对善意的认定，具体会产生何种效果，仍有待研究。

4. 受让人应支付合理对价。支付合理对价，是权衡真正权利人与第三人利益的重要基准。第三人受让票据权利，但未支付合理对价的，不应受到优待。支付合理对价，既是有体物物权善意取得的要件之一（《民法典》第 311 条），也被《票据法》第 11 条所确认。根据该条，无偿受让人取得的票据权利，"不得优于其前手的权利"。因此，当出让人为无权处分者时，无偿受让人也无法取得票据权利。不过，当事人支付的对价低于票面金额的，并不必然排除善意取得之适用，合理对价并不要求其与票面金额完全一致。[3]

值得注意的是，支付合理对价与受让人善意之认定，存在密切关系。于一般情况下，受让人未支付合理对价的，往往难以被认定为善意。因此，所付对价低于票据金额的，受让人不得被视为未支付合理对价，但差额的事实对于善意之认定，具有一定意义。

## ■第三节  票据权利的行使和保全

### 一、票据权利的行使

票据权利的行使，是指持票人向债务人提示票据，请求其履行票据债务的行为。

狭义的票据权利行使，指请求付款（行使付款请求权）、进行追索（行使追索权）。广义的票据权利行使，还包括请求承兑、请求定期付款。有学者指出，请求承兑和请求定期付款不是权利的行使，是行使权利的准备工作。[4]

---

[1]  参见《商业汇票承兑、贴现与再贴现管理办法》第 28 条。
[2]  参见《商业汇票承兑、贴现与再贴现管理办法》第 29 条。
[3]  参见衡水亚鑫机械设备有限公司与冀州市顾城汽车零部件厂票据返还请求权纠纷案，内蒙古自治区高级人民法院（2014）内民申字第 01095 号民事裁定书；济南鑫通建筑劳务有限公司与济南共建建筑劳务有限公司票据返还请求权纠纷案，山东省济南市中级人民法院（2018）鲁 01 民终 3704 号民事判决书。
[4]  参见谢怀栻：《票据法概论》，法律出版社 2017 年版，第 63 页。

**二、票据权利的保全**

票据权利人为防止票据权利消灭所进行的行为，被称为票据权利的保全。

票据权利属于民事权利，适用权利时效制度。票据权利人在一定时间不行使权利，将会导致权利消灭。例如，当票据上记载的付款人拒绝承兑或付款人拒绝付款时，持票人若未在法定期间内作成拒绝证明，票据权利则会因时效期间届满而消灭。我国《票据法》第 17 条规定，持票人对支票出票人的权利，自出票日起 6 个月不行使的，归于消灭；持票人对前手的追索权，自被拒绝承兑或者被拒绝付款之日起 6 个月不行使的，归于消灭。这一条款是关于票据权利时效期限的规定，即期限届满而未被行使的，该权利即归于消灭。为防止票据权利因时效期间届满而消灭，就应当采取必要行为以保全权利。

保全方式包括，提示票据、作成拒绝证明、起诉等。提示票据，是持票人为防止票据权利消灭而向票据债务人出示票据，主张权利。电子票据业务系统提供了自动提示业务，避免了权利人因未及时提示付款而面临的不利后果。作成拒绝证明，是持票人向票据上记载的承兑人或付款人提示票据请求承兑或请求付款，遭到拒绝时，请求拒绝之人出具拒绝承兑或拒绝付款的书面证明。拒绝证明的主要功能包括，证明权利人及时行使和保全了票据权利，票据未获承兑或付款。电子票据业务系统能够记录当事人的行为和票据行为状态，故拒绝证明不再重要。起诉，则是指持票人为防止票据权利消灭而请求法院保护。

于票据法上，票据权利之行使和保全有一些相同之处，被联在一起加以规定。例如，我国《票据法》第 16 条即是如此。票据法学常一并研究、说明票据权利的行使与保全。

**三、票据权利行使和保全的处所与时间**

《票据法》第 16 条规定，持票人对票据债务人行使票据权利，或者保全票据权利，应当在票据当事人的营业场所和营业时间内进行，票据当事人无营业场所的，应当在其住所进行。该条定明了票据权利行使和保全的处所与时间。就这一规定，下文分析两个问题。

（一）票据权利行使和保全的处所

持票人对票据债务人行使票据权利的，应当到该债务人的营业场所进行。营业场所是法人或非法人单位开展经营活动的地方，非经营的票据债务人或自然人为票据债务人的，无营业场所，应当在其住所进行。

持票人进行票据保全行为的，对方当事人可能是票据上记载的承兑人、付款人等。持票人请求该些主体出具拒绝承兑证明或拒绝付款证明等，也应在后者营业场所提出；无营业场所的，应当在其住所提出。

我国《票据法》第 63 条规定，持票人因承兑人或者付款人死亡、逃匿或者其他原因，不能取得拒绝证明的，可以依法取得其他有关证明。持票人在取得其他有关证明如公安局开具的死亡、逃匿证明时，亦属保全票据权利行为；持票人应当到有关机关或单位，请求开具证明，凭借证明保全票据权利不致消灭。不过，开具其他证明的机关、单位，并非票据当事人。

（二）票据权利行使和保全的时间

营业时间，包括营业日和营业时刻。由于《票据法》第 16 条规定"应当在票据当事人的营业场所和营业时间内"，行使与保全票据权利，故正确理解"票据当事人的营业时间"，具有重要意义。

营业时间可以分为一般营业时间和特定营业时间。一般营业时间（又叫普通营业时间），是指社会上一般采用的营业时间。例如，大多数法人都在星期一至星期五营业，而该五天就是营业日。每营业日早 9 时至下午 5 时营业，就是营业时刻。特定营业时间，是指具体行业的营业时间。如某些银行于星期二至星期日营业，星期一休息 1 天，星期二至星期日就属特定营业时间。

持票人应根据票据债务人或票据当事人的营业时间，行使或保全票据权利。

## ■第四节　票据权利的消灭

### 一、概说

票据权利消灭，是指票据上的付款请求权或者追索权因法定事由的出现而归于消灭。由此可见，票据权利消灭，有付款请求权消灭和追索权消灭之分。

按照被消灭的仅是付款请求权还是追索权亦被消灭，有部分消灭和完全消灭的差异。仅为付款请求权消灭的，持票人得行使追索权；追索权也消灭的，票据权利彻底完结，票据成为毫无票据权利内容的"凭证"。此时，持票人得依票据法上"利益返还请求权"制度受到保护（《票据法》第 18 条）。

票据权利消灭的事由，主要由票据法规定。除此之外，民法上的某些法律事实，亦具有相同的效力。

### 二、票据权利消灭的法定事由

按照我国《票据法》第 60 条、第 72 条、第 17 条、第 18 条、第 65 条之规定，下列事由使票据权利消灭：

（一）付款

票据债务人付款之时，持票人将票据交付至付款人，票据关系终止，票据权利也自然终止。我国《票据法》第 60 条规定，付款人依法足额付款后，全体汇票债务人的责任解除。

域外票据法，允许付款人部分付款。例如，日内瓦《统一汇票和本票法公约》第 39 条第 2 款规定，持票人不得拒绝部分付款。当发生部分付款时，付款部分的票据权利消灭，其余部分的票据权利依然存续。然我国《票据法》禁止部分付款，第 60 条、第 89 条都规定付款人应当足额付款。现行法之所以禁止部分付款，主要目的在于确保票据的正常流通，促使当事人尽快结清款项。[1]随着票据市场愈发成熟，市场主体的票据意识逐渐增强，票据法应当允许部分付款。目前，新一代票据交易系统已经允许当事人部分付款。

（二）被追索人清偿票据债务及追索费用

持票人遇有不获承兑、不获付款时，得向背书前手或者出票人及其他有被追索义务的人行使追索权，请求偿还票面金额、利息及为追索所支付的费用，被追索人清偿一切债务后取得票据，原有票据权利即归消灭。这种情况，与付款而使票据权利消灭有所不同。被追索而为清偿之人若为出票人，那么票据关系完全消灭，票据权利也荡然无存。被追索而为清偿之人若是尚有其前手的背书人或者保证人，那么因清偿行为而取得票据的背书人、保证人得行使再追索权（《票据法》第 52 条）。于此，票据权利仍未彻底消灭，而被称为"票据权利的相对消灭"。

（三）票据时效期间届满

持票人不行使票据权利的事实，持续到票据时效期间届满，其付款请求权或追索权即归于消灭。根据《票据法》第 17 条第 1 款，票据权利因下述期间事由而消灭：①持票人对票据的出票人和承兑人的权利，自票据到期日起 2 年；见票即付的汇票、本票，自出票日起 2 年；②持票人对支票出票人的权利，自出票日起 6 个月；③持票人对前手的追索权，自被拒绝承兑或者被拒绝付款之日起 6 个月；④持票人对前手的再追索权，自清偿日或者被提起诉讼之日起 3 个月。关于票据权利的时效问题，本书第九章另作专门分析。

（四）票据记载事项欠缺

根据《票据法》第 18 条规定，因票据记载事项欠缺而丧失票据权利的，持票人享有利益返还请求权。此条所称票据记载事项，应为绝对必要记载事项。依《票据法》第 22 条、第 75 条与第 84 条，绝对必要记载事项欠缺的，票据无效，票据权利并未成立。因此，这一情况实为票据权利未成立，而非票据权利成立后消灭。

（五）保全手续欠缺

持票人为保全票据权利，应完成保全手续，否则不生保全效力，票据权利

---

[1]　参见李国光主编：《票据法及配套规定新释新解》，人民法院出版社 2006 年版，第 498 页。

仍消灭。于此场合，消灭的对象是追索权，故属于票据权利的部分消灭。我国《票据法》第65条规定，持票人不能出示拒绝证明、退票理由书或者未按照规定期限提供其他合法证明的，丧失对其前手的追索权。[1]

于外国票据法中，保全手续之欠缺，亦会导致票据权利消灭之法律效果。例如，日本《汇票与本票法》第53条规定，持票人未在法定的期限内作成拒绝承兑证书或拒绝付款证书的，即丧失其对背书人、出票人及其他债务人的追索权。德国《汇票与本票法》第53条、日内瓦《统一汇票和本票法公约》第53条，皆有相同规定。

除以上事由外，票据毁灭也使票据权利消灭。票据的毁灭并非必然限于票据的完全毁灭。票据部分毁灭，导致票据关系无法依文义得以确定的，也会导致票据权利消灭。得益于电子票据系统的稳定性与安全性，电子票据一般不会消灭，或者即便在消灭之后，也存在恢复的可能性。

于票据法规定的专门消灭事由之外，民法上一般债权的部分消灭事由（《民法典》第557条第1款），也可导致票据权利消灭。其一，抵销虽非付款清偿，但亦得为票据权利的实现方式（《民法典》第568条）。因此，票据权利因抵销而消灭的，持票人应将票据交付至票据债务人。其二，混同不宜作为票据权利的消灭事由。混同发生在债权人与债务人同为一人的情形（《民法典》第576条）。不过，票据具有流通性，同时作为债务人的持票人在票据期限届满前继续转让票据，亦无不可。除此之外，票据负担质权的，债务人自不可主张混同，否则于质权人不利。其三，免除也可作为票据权利消灭的事由。然就此一消灭事由而言，有两点应予注意：①票据债务一旦被免除，票据权利人应将汇票交付至付款人（参照适用《票据法》第55条第1句）；②票据债务不得被部分免除，仅可全部免除（参照适用《票据法》第60、89条）。其四，于《民法典》第570条第1款规定的情形中，票据债务人应被允许提存，以从票据债务中摆脱出来。唯问题在于，票据权利自提存后归于消灭的，票据仍被权利人持有，并存在被继续转让的可能性。此时，善意第三人的信赖应被优先保护，即由其取得票据权利，并主张所提存的款项。

## 思考题

1. 如何理解票据权利的含义？

---

[1]　参见重庆大唐国际彭水水电开发有限公司与重庆乌江电力有限公司票据追索权纠纷案，重庆市第四中级人民法院（2020）渝04民终365号民事裁定书。

2. 票据追索权与付款请求权之间是何种关系？

3. 追索权与民法上的损害赔偿请求权有哪些主要差别？

4. 票据善意取得的构成要件有哪些？

5. 什么是票据权利的保全？其有哪些基本形式？

6. 如何保全票据权利？

第五章

第六章

# 票据的伪造与变造

**学习目的和要求**　理解票据伪造的含义、要件、效力，理解票据变造的含义、特点和效力，掌握伪造和变造的区别，要求能够从含义、特点、要件等方面分清这两种违法行为，并且对二者的效力有准确的认识。

票据伪造是指票据上的签名（章）为假冒，被伪造人并不负票据责任，伪造者因没有签名，也不负票据责任，但是负民法上、刑法上的责任。变造是擅自改变票据上签名之外的记载事项，导致票据文义显示的权利义务发生改变的行为，变造前在票据上签名的人和变造后在票据上签名的人，权利义务不同，应当详细掌握。

## ■第一节　票据的伪造

### 一、票据伪造的意义

票据的伪造，是指假冒他人名义而从事票据行为的不法行为。它有广狭二义。狭义的票据伪造，指假冒他人名义为出票行为。广义的票据伪造，指假冒他人名义而为的各种票据行为，既包括出票之伪造，还包括背书、承兑、保证等票据行为的伪造。

票据伪造的方式，是假冒他人名义而在票据上签章。该假冒之签章，并非伪造行为人自己之名称或姓名，至于被假冒之人是否真有其人，不影响伪造之构成。新一代电子票据系统要求票据行为人事先报备企业信息，票交所会预先校验该信息，且票据系统会在每笔票据业务中检验当事人的信息。因此，电子票据的伪造可能性很低。

票据伪造既是一种故意的不法行为。按照我国《票据法》第14条、第102条、第103条及《刑法》第177条、第194条的规定，伪造票据者，应依其行为情节之轻重，分别依法承担行政、刑事法律责任，并在给他人造成损失时，还应负民法上的侵权责任。同时，票据伪造是一种故意行为，不存在过失伪造的情形。

从学理研究方面分析归纳票据伪造的构成要件，对票据法学和票据实务及票据案件的审判，具有重要价值。本书作者认为，票据伪造有四个要件：

（一）行为人实施了假冒行为

行为人假冒他人名义出票或在票据上签章，是票据伪造的前提。伪造的具体做法，可以是盗用他人印章、仿制他人印章、制作并无其人之印章而签章等各种假冒手段。

票据伪造与无权代理，并不相同。无权代理，是无代理权的人以代理人名义在票据上签章。票据上虽有被代理人名称之记载或者签章，但因有无权代理人以代理人名义之签章，票据文义之外观表明了代理关系，无权代理行为即截然区别于票据伪造行为。无权代理人具有为被代理人而行为的外部意思，但票据伪造者乃是为自己的利益，而实施假冒行为。

（二）行为人的伪造行为符合票据行为的形式要件

伪造行为在外观上符合票据行为的法定形式，才产生票据行为的效力。如果伪造行为欠缺票据行为的合法形式，即不能构成票据行为，亦无从形成票据伪造。

（三）伪造行为人具有骗取财物等非法目的

票据是金钱债券，持有票据能够获得票面金额。被伪造的票据具备合法之形式要件，伪造者可从付款人处骗取金钱。

票据是支付工具。伪造人可以持伪造之票据作为购物之付款，骗取他人物品。

票据为流通证券。伪造的票据因形式合法，善意受让人无从知晓其伪造事实，伪造人可以通过转让向善意受让人收取对价。

（四）伪造人将伪造之票据转手

伪造人将伪造的票据转手，才能取得票据利益，实现其骗取财物等目的。如果伪造之票据不转手，其伪造行为便不产生损害他人之效果，也难以认定其有无伪造行为。

票据转手，或由出票，或由背书，或将无记名票据交付受让人，也可以是请求付款。仅当行为人将伪造之票据转手时，才构成应负法律责任的票据伪造行为。因此，票据伪造行为可被分解成两步：一是假冒他人名义实施记载行为；二是假冒该被假冒者的名义，将票据交付他人。

第六章

## 二、票据伪造的种类

票据伪造包括全部伪造与部分伪造，分述如下：

### （一）全部伪造

全部伪造，是指假冒他人名义出票。因出票是基本票据行为，故全部伪造也叫基本票据的伪造或者出票的伪造。全部伪造的票据，根本的特点是出票人为虚假。票据上的出票人的签章，是伪造行为人假冒的或虚拟的。

### （二）部分伪造

部分伪造，是指部分票据行为真实，部分票据行为伪造。例如，真实出票的票据，伪造人进行背书伪造，或者承兑伪造。再如，出票伪造的票据，善意受让人以合法方式转让给他人，受让人伪造保证，又以合法方式转让给另外的人。部分伪造是出票行为之外的伪造，也叫附属票据行为的伪造或签名的伪造，包括背书伪造、承兑伪造、保证伪造等。于外国票据法上，还有参加承兑和参加保证等行为之伪造。

部分伪造又分为两种情况：①伪造在先。例如，背书伪造后以合法方式将票据转让善意受让人，善意受让人又以真实背书将票据转让他人。②伪造在后。例如，背书真实，持票人伪造承兑而将票据转让他人。

厘定票据伪造种类，对于确定票据责任人范围及其责任有重要作用。基于票据行为的独立性，我国《票据法》第 14 条规定，伪造票据上的签章和其他记载事项的，应当承担法律责任。票据上有伪造的签章的，不影响其他真实签章的效力。因此，于票据伪造的场合，应先分清何种签章系伪造，进而正确认定伪造责任人、票据上真实签章的票据责任人，并根据有关法律规定，确定伪造人应负的法律责任，以及票据上真实签章者的票据责任。

## 三、票据伪造的效力

票据伪造是不法行为，欠缺票据行为的效力，即不能像真实票据行为那样，产生票据权利义务。不过，此一不法行为，能够发生票据法规定的其他效果。下面分别予以说明。

### （一）针对被伪造人的法律效果

被伪造之人既未在票据上签章，也未授权他人代理票据行为，故依票据法上"签章者负票据责任、无签章即无票据责任"之规则，自不应负担票据责任。票据伪造是票据法上的对物抗辩事由，被伪造人得就此对抗任何持票人，即便持票人善意。不过，票据伪造涉及冒名行为，可类推适用无权代理规则。[1]因此，被伪造者追认所涉签章与票据行为的，该行为自始有效，其自始负担票据

---

[1]　不同观点，参见王志诚：《票据法》，元照出版有限公司 2015 年版，第 226～227 页。

责任（《民法典》第 171 条第 1 ~ 2 款）。[1]至于被伪造者存在过错，比如将签章交由伪造行为人保管，能否类推适用表见代理规则，值得进一步探讨。[2]

因伪造人假冒他人名义，侵害了他人的权利，故应负担相应的侵权责任。其一，依民法上关于姓名权或名称权的规定，被冒名者有权请求伪造人就其假冒本人名义的侵权行为，负担侵害姓名权或名称权的责任。我国《民法典》第1012 ~ 1014 条有关于保护姓名权、名称权的具体规定，被伪造人可结合《票据法》第 106 条，转而寻求民法上的保护，要求伪造人承担恢复名誉、消除影响、赔礼道歉、赔偿损失等民事责任。其二，被伪造者是真正的票据权利人，伪造人通过伪造背书等方式，使被伪造者丧失权利的，自应负担侵权赔偿责任。虽然票据权利是债权，但业已证券化，故能受到侵权规范之保护。当然，被伪造者并未丧失票据权利的，有权请求返还票据。

（二）针对伪造人的法律效果

票据是文义有价证券。伪造行为人未在票据上签章，因而不能依票据文义让其负票据责任。票据法禁止以票据文义之外的其他文字等事实，确定票据权利义务，故而不能因伪造行为而让伪造人负票据责任。

不过，为保护票据当事人的合法利益，惩治和防止票据伪造行为，票据法和刑法都规定了票据伪造人的法律责任。依照我国《票据法》第 102 条、第103 条、第 106 条，伪造人的法律责任分为刑事责任、行政责任、民事责任。相关具体内容，本书第十一章第二节有集中论述，此处仅分析伪造人的民事责任。

其一，伪造人与其相对人（持票人）存在直接法律关系，故可类推适用《民法典》第 171 条第 3 ~ 4 款。当相对人善意时，其可请求伪造人赔偿损失，且该赔偿体现为信赖利益损失的赔偿。不过，因票据权利未成立，导致基础关系中的对价未能得到清偿的，则另外处理。其二，伪造人与其他票据当事人欠缺直接法律关系的，也可能对其负担赔偿责任。这一赔偿责任，乃系侵权责任，具体内容是伪造人应向权利人赔偿所遭受的全部损失。例如，在伪造

---

〔1〕　参见刘家琛主编：《票据法原理与法律适用》，人民法院出版社 1996 年版，第 135 页；Schnauder/Müller-Christmann, Wertpapierrecht, 1992, S. 59; A. G. Guest, *Chalmers and Guest on Bills of Exchange and Cheques*, Sweet & Maxwell, 2005, p. 205.《联合国国际汇票本票公约》第 34 条明确规定了伪造的签章可被追认：票据上伪造的签字，不应使被伪造签字的人承担任何责任。但如其同意受该伪造签字的约束，或者声称这是其本人的签字，则须如同他本人曾签署该票据一样地承担责任。于日本票据法上，伪造的签章也可以被追认。参见董惠江：《我国票据伪造、变造制度的设计——围绕〈票据法〉第 14 条展开》，载《法商研究》2018 年第 2 期。

〔2〕　参见董惠江：《我国票据伪造、变造制度的设计——围绕〈票据法〉第 14 条展开》，载《法商研究》2018 年第 2 期。

承兑的情形中，伪造人的赔偿范围包括票面所载额度，以及因迟延支付而造成的利息损失。

（三）针对真实签章者的法律效果

基于票据行为的独立性，我国《票据法》第14条第2款规定，票据上有伪造的签章，不影响其他真实签章的效力。换言之，真实签章者，须就票据文义负责。值得注意的是，票据上的真实签章者，无论其签章在伪造前还是在伪造后，皆应就票据文义负责。域外法，亦有如此规定。例如，日内瓦《统一汇票和本票法公约》第7条规定，汇票上有伪造的签名或虚拟的人签名，其他签名人应负之责仍然有效。日本《汇票与本票法》第7条规定，汇票上有伪造的签名，不能使本人承担义务时，不影响其他签名人承担债务的效力。[1]在签章独立性的前提下，持票人行使票据权利时，票据债务人不得以其他签章系伪造为由，拒绝付款。[2]

真实签章者被持票人追索，并清偿票据债务之后，有权请求伪造人赔偿损失。这一损失赔偿责任，乃系侵权责任。

（四）针对善意持票人的法律效果

恶意取得票据者，不享有票据权利，且在出票伪造或签章伪造的场合亦是如此。善意持票人受善意取得规则之特别保护。于票据形式合法之前提下，善意第三人能取得票据权利。不过，在票据伪造的场合中，被伪造人得行使特定债务人的对物抗辩权，善意持票人亦不能幸免。此时，善意持票人的合法利益受到伪造行为之损害。为保护善意持票人，票据法上规定：

1. 善意持票人直接从伪造人手中取得伪造之票据的，其作为直接相对人，对伪造人享有民法上的赔偿请求权（《票据法》第106条）。前已表明，此处存在类推适用无权代理规则之空间。

2. 善意持票人间接取得伪造的票据的，即从真实签章人手中取得票据的，对真实签章的直接前手和其他真实签章的前手，得行使追索权（《票据法》第14条第2款）。除此之外，直接从伪造人手中取得伪造票据的真实签章人，在被追索而清偿票据债务后，有权要求伪造人赔偿损失。前文已表明这一点。

<br>

[1] 不过，英国票据法对此稍有不同。于伪造签名的情形，签名被伪造、变造者及其前手，无须对持票人负担票据责任，仅伪造、变造行为人及其后手才对持票人负责。See N. Elliott, J. Odgers and J. M. Phillips, *Byles on Bills of Exchange*, Sweet & Maxwell, 2002, p. 277; R. Goode and E. McKendrick, *Goode on Commercial Law*, Sweet & Maxwell, 2010, p. 533.

[2] 参见兴业银行股份有限公司成都分行与中国煤炭国际经济技术合作总公司、廊坊银行股份有限公司票据追索权纠纷案，四川省成都市中级人民法院（2016）川01民初534号民事判决书；余姚市杰盛玻纤有限公司与吉林市船营区圣韵物资供应站、辽宁巨星复合材料有限公司票据返还请求权纠纷案，吉林省长春市中级人民法院（2016）吉01民终825号民事判决书。

**（五）针对付款人的法律效果**

付款人依法审查票据而付款的，没有责任，但其存在恶意或者重大过失而付款的，应当承担损失。付款人负有审查票据之义务，且审查主要限于形式方面的审查。[1] 具体而言，付款人的审查义务主要包括三个方面：

1. 付款人存有出票人预留印鉴的，应审查票据上的出票人签章与其预留印鉴是否一致。签章与印鉴一致的，可排除出票伪造，但若不一致，则付款人应当拒付，否则即构成恶意或者重大过失的付款。此时，付款人自行承担不利后果。

2. 付款人应审查背书是否连续。背书不连续，但付款人仍支付款项的，构成恶意或者重大过失的付款。此时，付款人自行承担不利后果。

3. 付款人应审查提示付款人的合法身份证明或者有效证件。请求付款的人身份证明或者证件不合法，或者与票据上记载的票据权利人不是同一人的，付款人应当拒绝付款，否则构成恶意或者重大过失付款。此时，付款人自行承担不利后果。

现行《票据法》第57条第2款中的"恶意"，是指付款人或代理付款人明知持票人采取欺诈、偷盗或胁迫等手段取得票据，或明知接受该票据将对票据债务人的合法权益造成损害而付款的行为；"重大过失"，是指付款人或代理付款人在付款时对票据疏于审查，或者应当知道付款将对票据债务人的合法权益造成损害而付款的行为。

**四、票据伪造的举证责任**

提出票据伪造主张、请求他人负伪造责任的票据当事人，应就票据系伪造的事实，负担举证责任。[2]

# ■第二节　票据的变造

**一、票据变造的意义**

票据的变造，是指无更改权的人不法变更票据上签章之外的事项的行为。例如，持票人擅自改写票据上已有之金额记载，改写到期日等。于实践中，"小

---

[1] 参见中国工商银行股份有限公司抚州文昌支行与中国建设银行股份有限公司深圳福田支行票据纠纷案，广东省深圳市中级人民法院（2010）深中法民二终字第1239、1240号民事判决书。根据该案判决，对于付款人在实质审查票据原因关系真实性方面是否存在重大过失，应从维护票据信用和流通功能出发，从宽掌握。

[2] 参见湖北乐声药业有限公司（原武汉天顺仁和药业有限公司）与湛江市赤坎区利荣烟店票据返还请求权纠纷、返还原物纠纷案，湖北省高级人民法院（2017）鄂民申321号民事裁定书；襄阳长润贸易有限公司与兰州银行股份有限公司榆中东城支行票据追索权纠纷案，甘肃省高级人民法院（2016）甘民终92号民事判决书。

票套大票"是常见的票据变造情形。[1]电子票据欠缺纸质载体，相关信息载于电子票据系统，故变造的可能性很低。

票据变造是违反票据法的行为，各国票据法都禁止变造票据。我国《票据法》第14条第1款规定，票据上的记载事项应当真实，不得变造；变造的，应当承担法律责任。该法第102条把票据变造定为票据欺诈行为之一，且按照该条和第103条、第106条，变造票据的法律责任包括刑事责任、行政责任和民事责任。《刑法》相应地规定了，变造票据应承担的具体的刑事责任（参见本书第十一章第二节）。

票据变造有以下特点：

（一）行为人是无票据更改权的人

这一点，是票据变造和票据更改的根本区别。票据法赋予原记载人票据更改权，允许原记载人更改票据上自己记载的、法律允许更改的事项。例如，《票据法》第9条规定，原记载人可以更改除票据金额、日期、收款人名称之外的其他事项，并签章证明。日内瓦《统一汇票和本票法公约》《统一支票法公约》都规定有更改制度。原记载人之外的人擅自更改票据上的记载事项的，属无权行为，构成票据的变造。值得注意的是，原记载人更改票据金额、日期、收款人，并非因其欠缺变更权而构成票据变造，而属于违反票据法禁止性规定，会导致票据直接无效。原记载人之外的主体更改票据金额、日期、收款人，则构成票据伪造，票据并不因此无效。

（二）行为人改变的对象是签章之外的票据记载事项

这一点，是票据变造和票据伪造的根本区别。变造人之目的，并非假冒他人名义，而改变票据文义所表示的票据权利义务，比如将票据金额改变加大，将到期日变造提前等。票据变造的具体方式，包括无更改权的人改变票据上的记载事项或者涂销票据上的记载事项。相反，票据权利人涂销票据记载事项的，发生抛弃票据上部分权利或者全部权利的效果，不构成票据变造。

唯疑问在于：票据上的签章被涂销，并变更为他人名称的，构成票据伪造抑或变造？票据变造和票据伪造虽同为不法行为，但发生的效果却有不同：票据被变造的，变造之前的签章人就原记载事项负责，变造之后签章的人，对变造后的

第六章

---

[1] 例如，在"平安银行股份有限公司宁波分行与徐永忠等不当得利纠纷案"中，平安宁波分行于2014年3月12日所收银行承兑汇票系变造的承兑汇票。该票原号码为30900649、金额为人民币1万元，与该银行次日所收的号码为30900646、金额为人民币500万元的承兑汇票系同时开出，两张承兑汇票其他票面信息全部一致。面额为人民币1万元的承兑汇票被人采用技术手段将尾号"9"改成"6"，金额"1万元"变造成了"500万元"［平安银行股份有限公司宁波分行与徐永忠等不当得利纠纷案，江苏省无锡市中级人民法院（2016）苏02民终609号民事判决书］。

记载事项负责（《票据法》第 14 条第 3 款）；票据被伪造的，真实签章人就票据文义负责，且不论其签章于伪造之前后（《票据法》第 14 条第 2 款）。前述问题，应予以区分讨论。其一，票据签章被涂销，并变更为他人名称的，签章被涂销者应依原票据文义负责；票据在涂销更改后发生流转的，后手仅能向新签章者主张权利，因为原签章者并未载于票据之上，后手对其并无信赖可言。[1]其二，签章被伪造者，既不对伪造前的持票人负责，也无须对伪造后的持票人负责。其三，涂销与变更行为人是伪造者，故应承担票据伪造的责任。

**二、票据变造的效力**

我国《票据法》第 14 条、第 102 条、第 106 条及《刑法》有关条文，规定了票据变造的法律效力。依这些法律规定，票据变造具有如下效力：

（一）变造人应当承担相应的法律责任

变造属违反法律的行为，票据法对行为人科以刑事责任、行政责任、民事责任。变造人的刑事责任依《刑法》第 177 条之规定论处，民事责任则可依民法上侵权行为规则确定。至于变造人是否应负担票据责任，取决于其是否签章。按照票据法上"凡在票据上签名（在我国是签章）者就票据文义负责"的规则，变造人未在票据上签章的，不负担票据责任。倘若变造人是签章者，自须对签章时的文义负责。

（二）变造后的票据仍然有效，变造后的签章者对记载事项负责

根据《票据法》第 14 条第 3 款，票据上签章以外的记载事项被变造的，在变造之前签章的人，对原记载事项负责；在变造之后签章的人，对变造之后的记载事项负责。变造人属变造后签章之人，自应对变造后的票据文义负责。因此，变造并不影响票据效力。[2]例如，甲向乙出票，票据金额记载为 10 万元，乙变造为 15 万元，背书转让给善意取得之丙，丙请求付款时被拒绝，向乙追索时，乙应负担 15 万元之票据责任；倘若丙未请求付款，而是又将票据背书转让给丁，那么丙还需对丁负担担保责任，丁在未获付款时，可就 15 万元向丙进行追索。[3]

（三）变造前签章的人对变造前的记载事项负票据责任

按照票据法上"凡在票据上签名（在我国是签章）者就票据文义负责"的规则，变造前签章者，自应对变造前的文义负责。于上例中，甲仅负 10 万元的

---

〔1〕　参见王志诚：《票据法》，元照出版有限公司 2015 年版，第 227～228 页。

〔2〕　参见昊华宇航化工有限责任公司与宁夏兴尔泰集团中宁兴鑫冶金制品有限公司票据纠纷案，河南省高级人民法院（2016）豫民字 22 号民事判决书。

〔3〕　参见凤阳县天宇运输有限公司与滁州克莱帝玻璃科技有限公司票据追索权纠纷案，安徽省高级人民法院（2019）皖民再 16 号民事再判决书。

票据责任。这一结果较为公平。盖此类签章者知晓变造前的票据文义，自应依原文义负担票据责任。值得注意的是，变造前的签章者对于变造的发生，存在一定可归责性的（比如留给变造者可乘之机），也应基于权利外观原理，依变造后的文义向善意持票者负担票据责任。[1]

（四）无法辨别在变造前抑或变造后签章的，视为变造前签章。

在无法辨别是变造前抑或变造后签章的情形中视同在变造前签章，签章人就变造前记载事项负责，对签章人有利无害（《票据法》第14条第3款第2分句）。票据法作如此规定，旨趣有二：一是促使票据受让人严格履行其注意义务，使变造的票据不易流通。二是防止持票人的欺诈，维护票据债务人的合法利益。对明知票据变造而使用的，法律上也科以刑事的、行政的法律责任，以示惩戒。

（五）付款人应当审查票据是否被变造

付款人依法审查票据而付款的，没有责任，但其存在恶意或者重大过失而付款的，应当承担损失。[2]至于付款人是否尽到了审查义务，应以形式审查为判断标准。关于这一点，前文已有论述。

**三、票据变造的举证责任**

持票人主张票据债务人是变造后签章的，应对其主张负证明责任；票据债务人主张自己是变造前签章的，自负其证明责任。

**第六章**

**思考题**

1. 什么是票据的伪造？它的构成要件有哪些？

2. 票据伪造有什么样的法律效力？

3. 如何理解票据的变造？它与票据伪造的主要区别是什么？

4. 票据变造的，票据上不同签名者的票据责任有什么区别？

5. 查阅《最高人民法院关于审理票据纠纷案件若干问题的规定》，考查并理解该司法解释对票据伪造、变造的规定。

---

[1] 参见董惠江：《我国票据伪造、变造制度的设计——围绕〈票据法〉第14条展开》，载《法商研究》2018年第2期。美国《统一商法典》第3-406条第a款明确承认了这一点。

[2] 参见平安银行股份有限公司宁波分行与徐永忠等不当得利纠纷案，江苏省无锡市中级人民法院（2016）苏02民终609号民事判决书。

第七章

# 票据的更改与涂销

**学习目的和要求** 理解票据更改和涂销的含义、效力，了解有关的法律规定。

## ■第一节 票据的更改

### 一、票据的更改的意义

票据的更改是指原记载人依照票据法的规定，改写票据上的记载事项的行为。关于这个定义，可作如下说明。

（一）更改是有更改权的人的行为

更改权人，限于原记载人。例如，出票人更改出票时记载的付款人，背书人更改背书时记载的"不得转让"事项。无更改权者，擅自改写他人记载的事项的，不发生更改效力，构成伪造或者变造。至于原记载人因何更改，票据法未作限制性规定。

（二）原记载人只能更改票据法允许更改的记载事项

为确保票据的流通性与确定性，票据的部分事项不得被更改。《票据法》第9条第2款、第3款分别规定，票据金额、日期、收款人名称不得更改，否则票据无效；对票据上的其他记载事项，原记载人可以更改。不过，原记载人之外的主体更改票据金额、日期、收款人名称的，构成票据的变造，票据并不因此无效。[1]区别对待原记载人与其他主体，更改票据的金额、日期、收款人名称的法律效力，是否符合逻辑，颇值进一步研究。[2]

（三）原记载人须在更改之处签章证明

为规范票据更改，《票据法》第9条第3款规定，更改时应当由原记载人签

第七章

---

〔1〕 参见昊华宇航化工有限责任公司与宁夏兴尔泰集团中宁兴鑫冶金制品有限公司票据纠纷案，河南省高级人民法院（2016）豫民字22号民事判决书。

〔2〕 参见吕来明：《票据法学》，北京大学出版社2017年版，第124～125页。

章证明。此款虽未明定更改而未签章的后果，但其规范意旨已由"应当"二字表明：签章是更改的必要条件，不签章者，自不能发生票据更改之效力。

（四）更改须经持票人和其他签章人同意

票据转让之前需要更改的，应经受让人同意；票据转让之后需要更改的，不经持票人同意就无法为更改行为。因更改既会引起票据权利人行使权利的条件的变化，也会引起票据责任履行条件的变更，故更改应当经其他签章人的同意，否则其他签章人仍依更改前的票据文义负责。例如，票据债务人未经其保证人同意而更改票据，该保证人即可视更改之后果，主张其保证责任范围，若更改后果对保证人增加不利负担，保证人便可依更改前之文义负担责任。

于未经持票人与其他签章人同意，票据文义有更改的，更改前的签章人，依原有文义负责；更改后的签章人，依更改后的文义负责。此为票据更改之效力。票据进入流通后发生更改的，以更改的时间为界限，区别更改前和更改后的票据签章人的票据责任。《票据法》第9条虽未明确规定这一点，但该法第4条足以为凭。根据该条，票据上签章者，应按照票据所记载的事项承担票据责任的规定。

**二、票据更改的不同法律规定**

日内瓦《统一汇票和本票法公约》没有票据更改的规定，但英、美两国的票据法则与其相反，而且规定的较为详细。

针对票据更改，英国《汇票法令》第64条确立了以下规则：①如未经对汇票负责之所有当事人之同意而对汇票或承兑作重要更改，汇票即属无效，但对自己作出、授权或同意此等更改之当事人及其后手背书人仍属有效。倘若汇票已作重要更改，但更改并不明显，且汇票为正当持票人所持有，则该持票人可将汇票视为并未更改而行使其权利，且得按汇票原有意向要求付款。②下列各项更改应属重要更改。即付款日期、应付金额、付款时间、付款地之更改，以及如汇票已被一般承兑，未经承兑人同意而加列付款地。

针对票据更改，美国《统一商法典》第3-407条规定：①票据上任何改变票据当事人所订合约的任何方面的任何更改都属重要更改，其包括下列各项改变：（a）当事人的人数和关系；或（b）对不完全的票据，系未经授权而补充齐全者；或（c）对以签名证明的文字，添加或取消其任何部分。②就任何人而言，但后手正当持票人除外：（a）持票人所作的既是欺诈性也是重要的更改，而解除因合约被改变的任何当事人的责任，除非该当事人同意该更改或无权提出抗辩；（b）其他更改并不解除任何当事人的责任，该票据应按其原定意向执行，如系不完全票据，则按原来的授权执行。③后手正当持票人在所有情况下都得按照票据的原定意向处理；在不完全票据补充齐全后，正当持票人可按补齐后的票据处理之。

我国台湾地区"票据法"第 11 条第 3 款规定，票据上之记载，除金额外，得由原记载人于交付前改写之，但其应于改写处签名。虽然该法并未规定票据交付后，原记载人能否改写，但学者多认为其可经持票人同意后，改写票据金额之外的事项。[1]

由上可见，不同的更改制度，在更改的效力方面基本一致，而在可更改事项方面，则存在较大差异。

## ■第二节　票据的涂销

### 一、票据的涂销的意义

票据的涂销，是指涂抹消除票据上的签名或其他记载事项的行为。于实践中，票据涂销主要包括背书涂销与承兑涂销。

涂销人既可以是有涂销权者，也可以是无涂销权者。有涂销权者的涂销，具有票据法规定的涂销的效力：故意涂销，引发改变票据权利义务的效果；非故意涂销，不能改变票据上原有的权利义务。例如，不慎将墨汁染于票据上，使部分文字模糊不清，即不能改变原有票据的权利义务。无涂销权者所为涂销行为，属于变造行为，按票据变造规则处理。

### 二、不同法律关于票据涂销的规定

我国《票据法》未规定涂销制度。于票据实务中，银行不允许票据上有涂销现象。于司法实践中，票据涂销的效力也得到了承认。票据被涂销，但涂销处未有签章的，不生涂销之效力，即视为票据未被涂销。[2]背书之涂销不影响背书连续性；[3]这一点得到了域外法的广泛承认。电子票据的涂销体现为"撤销"。新一代票据业务系统承认了两类撤销：一是"不得转让"的撤销，二是票据行为的撤销。[4]于前一情形，不得转让标记的登记人，可通过接入机构向新系统发送此申请，请求撤销不得转让标记；撤销通过后，系统会向持票人等相关人通知撤销结果。于后一情形，票据行为发起人可以撤销，自己发起的且未

---

〔1〕　参见王志诚：《票据法》，元照出版有限公司 2015 年版，第 235 页；曾世雄、曾陈明汝、曾宛如：《票据法论》，元照出版有限公司 2005 年版，第 87 页。

〔2〕　参见《江苏南大苏富特软件股份有限公司与张家港禾顺织造有限公司等确认票据无效纠纷案》，转引自纪步超：《背书禁止与背书涂销　恒丰银行是否享有票据权利》，载《法律适用》2008 年第 21 期。

〔3〕　参见黄松有主编：《票据法司法解释实例释解》，人民法院出版社 2006 年版，第 299~301 页。

〔4〕　参见《新一代票据业务系统业务方案》第 3.11~3.12 条。

第七章

被行为接收方应答的票据行为。[1]

我国台湾地区"票据法"第 17 条规定，票据上之签名或记载被涂销时，非由票据权利人故意为之者，不影响于票据上之效力。[2]香港特别行政区《汇票条例》第 63 条规定：①如持票人或其代理人故意涂销汇票，而票据表面亦显示此项意图者，则汇票责任即告解除。②在同样情形下，如持票人或其代理人故意涂销任何须对汇票负责的当事人的签名，则该当事人对汇票的责任亦告解除。在此情况下，任何原可对该签名被涂销的当事人行使追索权的背书人，其责任亦告解除。③凡非故意，或因错误，或未经持票人授权而为的涂销，均不生效；但如汇票或票据上任何签名看似已被涂销，乃声称汇票非故意，或因错误，或未经授权而涂销的当事人，须负举证责任。

英国《汇票法令》第 63 条是关于票据涂销的规定，与我国香港地区《汇票条例》第 63 条之内容相同。实际上，后者受前者的重大影响，以前者为蓝本。

日内瓦《统一汇票和本票法公约》未如英国《汇票法令》，将涂销集中规定于同一法条，而是采取了分散规定模式。该公约第 16 条是关于背书涂销之规定：如以背书之连续而确立其所有权的汇票占有人，即使最后的背书为空白背书，也应视为该汇票的合法持票人。在此情况下，已涂销的背书视为无记载。在空白背书后紧接另一背书时，最后背书的签名人，应视为以空白背书而取得汇票者。该公约第 29 条涉及承兑涂销：在汇票上作出承兑的受票人，如在归还汇票时涂销承兑，视为拒绝承兑。如无相反证明，该涂销视为在归还汇票前所为。该公约还在第 50 条中规定，受持票人追索接受汇票并予清偿的背书人，得涂销其背书及其后手背书人的背书。

## 思考题

1. 如何理解票据的更改？
2. 更改和变造有什么区别？
3. 什么是票据的涂销？
4. 更改有何效力？
5. 涂销的效力如何？

第七章

---

[1] 于此，票据行为尚处于待应答状态，故严格来说票据行为并未生效，此处的"撤销"实为撤回。

[2] 除此之外，该法第 37 条第 2、3 项规定，涂销之背书，不影响背书之连续者，对于背书之连续，视为无记载。涂销之背书，影响背书之连续者，对于背书之连续，视为未涂销。第 38 条规定，执票人故意涂销背书者，其被涂销之背书人及其被涂销背书人名次之后，而于未涂销以前为背书者，均免其责任。

第八章

# 票据抗辩

**学习目的和要求** 了解票据抗辩的意义和种类，理解票据抗辩的含义，掌握票据抗辩的提出条件，熟悉票据抗辩限制的法定条件和除外规定，做到能够结合具体票据关系，有效运用票据抗辩对抗持票人的付款请求权或者追索权。其中，票据抗辩的提出条件、票据抗辩受限制的法定条件和除外规定是本章的重点。

## ■第一节 票据抗辩的意义和种类

### 一、票据抗辩的意义

票据抗辩，是指票据债务人根据票据法的规定，对票据债权人拒绝履行义务的行为。这是我国《票据法》第 13 条第 3 款对票据抗辩的定义。对这一定义作以下分析说明：

（一）票据抗辩是票据债务人拒绝履行债务的行为

从字面意义而言，抗辩是指对抗并说明对抗之理由。就票据关系来说，票据权利人得向票据债务人行使权利，请求承兑或请求付款；票据债务人则负有票据债务，正常情况下应当履行该债务。但是，当票据本身不具备合法形式，或者发现持票人不法取得票据时，仍要债务人履行票据上记载的债务，便会损害正当权利人的利益，[1]也将使债务人处于不利地位。其结果，必然使不法者受有利益，守法者反遭损害。

为维护票据流通安全，达到法律公平正义之目的，票据法允许票据债务人提出抗辩，规定抗辩事由，允许票据债务人遇有法定抗辩事由时，得提出理由对抗持票人，不履行票据上记载的债务。

---

[1] 票据抗辩具有保护票据权利人之功效，故在票据法学上亦被称为"票据权利之保护"。参见郑玉波：《票据法》，三民书局 2008 年版，第 49 页。

（二）票据抗辩之目的和效力是票据债务人不履行票据债务

票据法规定抗辩制度之目的是准许票据债务人依法定事由对抗持票人的请求，拒不履行票据债务，保护正当权利人。票据债务人的抗辩，也只能是此目的。抗辩的效力，是票据债务人能够不履行票据债务，阻止不合法票据持有人和不法取得票据者取得票据利益。票据债务人依法抗辩的，自然发生这一效力。

（三）票据抗辩以法定事由之存在为前提

票据抗辩，具有拒绝履行票据债务之功效。倘若票据债务人滥施抗辩，必使票据权利人徒增麻烦，使票据失去"便捷性""安全性"，影响其流通性。为防此不良后果，票据法规定有"抗辩事由"，也就是法定的抗辩事实根据。当存在法定事由时，票据债务人方可以提出抗辩。债务人欠缺法定事由而滥行抗辩的，须承担一定的法律责任。我国《票据法》第62条就此规定，承兑人或者付款人拒绝承兑或拒绝付款，不出具拒绝证明或者退票理由书的，应当承担由此产生的民事责任。

（四）票据抗辩是由票据法规定的行为

票据抗辩蜕化于民法上普通债权法中的抗辩制度，但与一般债权的抗辩有重大区别，不能简单地适用民法上的抗辩制度。票据抗辩仅得以票据法规定的抗辩规范为准绳。

票据抗辩与民法上一般抗辩的重大区别在于有无"抗辩切断"，即债权人转让债权后，债务人可否就与原债权人之间存在的抗辩事由，继续对债权受让之人进行抗辩。例如，甲对乙因买卖而有价款给付请求权，未交货之时，甲为清偿其对丙所负之债务，将价款给付请求权转让丙，丙向乙请求付款时，乙可否因甲未交货而提出抗辩？于此一情形中，票据关系之有无，直接影响法律后果。

如果涉及的是民法上的一般债权关系，那么根据债法原理，应适用"债权瑕疵移转"规则：受让人丙受让甲之债权，存有乙得以"对待给付"为由进行抗辩的瑕疵；当丙受让债权时，该瑕疵或说是抗辩事由，一并同时转让至丙；是故，丙向乙请求付款时，乙可以甲并未交货为由进行抗辩，丙不得从乙获得债权利益。不仅丙继受债权瑕疵，若丙又将此债权转让给丁、丁又转让给其他人，任何最后受让人都继受该债权的瑕疵，债务人乙均得进行抗辩。

如果当事人之间发生票据关系，最初是乙向甲签发票据，记载事项齐备，甲未交货而以背书方式将票据转让给善意之丙，丙支付了相当对价（因授受票据而获清偿的债务就是丙给乙的票据对价），那么依照票据法上的"善意取得"制度，丙取得票据权利，票据债务人乙不得以其与甲之间存在的事由（即甲未交货这一事由），对丙进行抗辩。票据法为了促进票据流通，特设"抗辩切断制度”，规定善意且支付相当对价之票据受让人，不继受背书前手或者出票人与票据债务人之间存在的抗辩事由（《票据法》第 13 条）。换言之，原有抗辩事由，被阻断于授受票据的直接当事人之间，对善意第三人没有效力。

**二、票据抗辩的种类**

票据抗辩是票据法的基本制度之一，抗辩事由则是抗辩制度的核心，抗辩的种类因抗辩事由的不同产生区别。不同抗辩，依抗辩事由之差异而有不同效力。按照抗辩事由类型，票据抗辩可分为“人的抗辩”（persönliche Einwendungen/Personal Defense）和“物的抗辩”（dingliche Einwendungen/Real Defense）。[1]物的抗辩是指，票据债务人得因票据形式不合法之事由，对抗任何持票人。人的抗辩则是指票据债务人仅得因特定人之特定事由，对该人抗辩。

由于抗辩事由的重要性，票据法对票据抗辩种类的规定，实为对抗辩事由的规定。不同票据法例，关于抗辩事由的规定，实质内容基本一致，但表现形式不尽相同，可以分为“积极限制主义”和“消极限制主义”两种模式。

积极限制主义，是指票据法以明文列举抗辩事由，凡未列举的事由不为抗辩事由的立法形式。这种立法形式，虽有标准清晰、是非明显、定性定量的优点，但难免使之僵化，或有列举不周之弊端。票据生活一旦因发展而复杂，出现法未列举但依票据立法宗旨应予抗辩的情事，就难以用现有规定公正、周全地保护票据当事人的正当利益。随着社会经济生活和票据立法水平的发展，积极限制主义的不足之处逐渐突出，终成淘汰对象，而消极限制主义则得以滋生，取而代之。当今各国票据法多采此立法模式。

消极限制主义，是指票据法明文列举票据债务人不得施行抗辩的情事，凡不列举者，皆可作为抗辩事由的立法形式。这种做法，扬积极限制主义之长而避其之短，故被国际社会所共认。我国《票据法》第 13 条、德国《汇票与本票法》第 17 条即属此一立法模式。《最高人民法院关于审理票据纠纷案件若干问题的规定》第 14 ~ 15 条，皆在最后一项承认了“其他依法不得享有票据权利”作为抗辩事由，进而为抗辩事由的开放性奠定了规范基础。

（一）物的抗辩

物的抗辩是指因为票据行为不合法或者票据权利不存在，票据债务人能够对票据上一切人进行的抗辩。例如，因票据欠缺绝对必要记载事项，而发生的抗辩。

物的抗辩主要由于票据本身或者票据行为有瑕疵而发生，抗辩事由具有客

---

[1] See N. Elliott, J. Odgers and J. M. Phillips, *Byles on Bills of Exchange*, Sweet & Maxwell, 2002, p. 231; Schnauder/Müller-Christmann, Wertpapierrecht, 1992, S. 89.

观性，故也被称为"客观的抗辩"。又因其可以对抗任何持票人，具有绝对性，还叫做"绝对的抗辩"。

### （二）人的抗辩

人的抗辩是指因为票据之外的属于特定票据当事人的原因，票据债务人能够向该当事人进行的抗辩。例如，票据债务人对背书不连续票据持票人的抗辩。

因为其由票据当事人主观上的原因而发生，又叫做"主观的抗辩"。还由于其仅得对特定的票据当事人提出，亦称为"相对的抗辩"。

### 三、票据抗辩与民事程序中的抗辩

民事程序中的抗辩，包括三类：①权利未发生之抗辩，即以事实和其他理由，指明对方的请求权根本未发生（比如合同无效）；②权利已消灭之抗辩，即提出证据指明对方的请求权已经消灭，自己已无履行义务（比如债务已被履行）；③权利排除之抗辩，即提出理由主张自己享有拒绝履行的权利（比如诉讼时效已届满）。其中，前两类抗辩皆以否定权利之存在为内容，而第三种抗辩则不以否定权利之存在为内容，仅主张拒绝履行权。于民法学上，前两类抗辩亦被称无需主张的抗辩（Einwendung），而第三种抗辩则被称为抗辩权（Einrede），表现为实体法上的权利。[1]

票据抗辩既可能是票据权利未发生之抗辩或者已消灭之抗辩，也可能表现为抗辩权。例如，票据因欠缺绝对记载事项而无效的（《票据法》第22条），票据权利自始未成立，即属于票据权利未发生之抗辩；原记载人更改票据金额、日期、收款人名称的，票据无效，原已成立的票据权利归于消灭（《票据法》第9条第2款）；持票人与票据债务人是直接债权债务关系中的当事人，且前者未履行约定义务的，后者可以提出抗辩（《票据法》第13条第2款），即属于抗辩权（实为履行抗辩权）的情形。正确厘定票据抗辩的性质，对于法律适用具有重要意义。于票据抗辩构成实体法上抗辩权的情形，票据债务人未主动提出抗辩的，法官不得依职权适用。

## ■第二节　票据抗辩及其行使条件

### 一、票据抗辩的意义

票据抗辩，是指票据债务人依照票据法提出的、因法定事由的存在而得对抗持票人，拒绝履行票据债务的反驳。

票据抗辩也可能表现为一项实体权，即票据抗辩权。票据抗辩权是与票据

---

[1]　参见［德］迪特尔·梅迪库斯：《德国民法总论》，邵建东译，法律出版社2000年版，第82～84页。

权利对立存在的一种权利，其权利人是票据债务人，持票人无此种权利。当票据抗辩体现为票据权利未成立或已消灭的抗辩时，票据债务人可主张请求人欠缺票据权利。不论属于何种情形，票据抗辩的作用是对抗持票人，拒绝履行票据债务；票据抗辩的基础是票据法的规定，与票据持有无涉；票据抗辩的行使，以存在票据法规定的抗辩事由为要件。

**二、票据抗辩的行使条件**

概括地说，票据法规定的抗辩事由的存在，是票据抗辩的行使条件。具体地讲，有下列条件之一的，票据债务人得行使抗辩：①票据行为不合法或者票据权利不存在；②持票人的票据权利并无合法基础。这两个条件分别被称为"对物抗辩权的行使条件"与"对人抗辩权的行使条件"。

由于抗辩事由是否存在，决定抗辩得否被行使，票据法上的抗辩制度围绕抗辩事由展开其规范组合。票据法学抗辩理论，则针对抗辩事由阐发其原理体系。抗辩事由成为焦点和惯常使用的名词，抗辩和抗辩行使条件反遭冷遇，而少被提起。于此基点上，说明抗辩的行使条件与说明抗辩事由，实属异曲同工。

（一）对物抗辩的行使条件

对物抗辩，是票据债务人因票据行为不合法或者票据权利不存在，得对任何持票人行使的抗辩。其可分为"任何票据债务人可对任何持票人的抗辩"与"特定票据债务人可对任何持票人的抗辩"，分别也被称为"任何票据债务人的对物抗辩"与"特定票据债务人的对物抗辩"。下面分述其行使条件，即抗辩事由。

1. 任何票据债务人的对物抗辩。凡有下列情事之一的，任何票据债务人得对任何持票人行使抗辩：

（1）票据上的记载事项，不符合票据法的规定。根据《票据法》第4条、第7~9条、第22条、第75条、第84条的规定，记载事项不合法可致票据无效。票据一旦无效，票据权利自始未成立，票据债务人自可进行抗辩。《最高人民法院关于审理票据纠纷若干问题的规定》第15条第1项也明确了这一点。票据无效事由有下述五种：

第一种，票据上并无签章。《票据法》第4条规定，出票人应当按照法定条件在票据上签章；依本法第22条、第75条、第84条等关于票据之绝对必要记载事项的规定，票据上必须记载出票人的签章，未记载的，票据无效。

第二种，票据上的签章不符合法定条件。《票据法》第7条规定的票据签章，为签名、盖章或者签名加盖章，签名应当为签名者的本名。不符合此法定条件的签章，会导致票据无效。

第三种，票据金额记载不合法。《票据法》第8条规定，票据金额以中文大写和数码同时记载，二者必须一致，二者不一致的，票据无效。

第四种，票据上有不合法之更改。《票据法》第 9 条第 2 款规定，票据金额、日期、收款人名称不得更改，更改的票据无效。更改，是指原记载人改变其原有记载事项，与票据伪造和变造不同。票据法允许更改的已有记载事项，可被更改，禁止更改的事项不可被更改，否则票据无效。

第五种，票据上欠缺签章之外的绝对必要记载事项。除签章外，《票据法》第 22 条、第 75 条、第 84 条还分别规定了汇票、本票、支票的其他绝对必要记载事项，票据缺少任何绝对必要记载事项的，当然无效。

（2）定期票据未到期。票据，除见票即付者外，还有定期日或定期限类票据。例如，我国《票据法》第 25 条规定，票据付款日可记载为：见票即付、定日付款、出票后定期付款、见票后定期付款。付款日就是票据到期日，票据到期日届至，持票人才能提示票据，请求票据债务人履行票据债务。如果未到票据上记载的到期日，持票人提前行使票据权利，票据债务人自然得以未到期为由，行使其抗辩。于此，持票人享有票据权利，只不过尚不可行使票据权利。是故，所涉抗辩构成实体法上的抗辩权，且属于延缓抗辩，而非永久抗辩。

我国《票据法》虽未明文规定未到期之抗辩，但持票人在付款日之前请求付款的，票据债务人得依票据文义拒绝给付，履行抗辩权自票据文义而发生。

（3）票据权利已经消灭。这一权利消灭的抗辩事由，包括以下三种具体情况：

第一种，票据权利因票据债务人付款而消灭。票据债务已为清偿，即付款人兑付票面金额的，票据权利消灭。当付款人付款时，持票人通常须向其交付票据。为汇票者，持票人还须在交付之汇票上签收；属本票者，适用同一规定（《票据法》第 55 条、第 80 条）。票据付款人收取票据后，该票据便退出流通。万一事出意外，任何票据债务人均可对此种票据之持票人进行物的抗辩。于我国票据实务中，票据付款和结算由银行、信用社等专业金融机构办理，收回票据后即按行业内部规定处置。从理论上讲，意外一般不会发生，事实上也不易遗漏，故《票据法》未就这一方面作出规定。尽管如此，为在票据法原理上构建相对完整的抗辩体系，并在实践中应对这种意外，承认这种票据抗辩，具有重要意义。

第二种，票据权利因票面金额的提存而消灭。提存，是债务人将债权人无正当理由而拒绝受领或者债权人下落不明而无法清偿的债务标的，提交法定部门为债权人保存，以消灭债权债务的行为。提存是民法上债权消灭的一种事由，亦可适用于票据债权。提存票据金额实同付款，会导致票据权利消灭。票据债务人将票面金额提存的，任何持票人向票据债务人行使票据权利时，票据债务人均能以提存为由，行使抗辩。

第三种，票据权利因除权判决而消灭。票据权利人因票据遗失、被抢等丧失票据占有而无法提示票据行使票据权利时，可以请求法院依民事诉讼程序，作出除去丧失票据权利的判决（《票据法》第 15 条第 3 款）。《民事诉讼法》第十八章，则规定了公示催告程序和除权判决。票据经法院判决除权的，丧失权利性质，持有这种票据的主体，并不享有票据权利。因此，持票人向票据债务人提示票据，主张票据权利时，任何票据债务人均得以除权判决为抗辩事由，对抗任何持票人，即使善意受让人也不例外（《最高人民法院关于审理票据纠纷若干问题的规定》第 15 条第 3 项）。公示催告与除权判决规则不仅保护了票据权利人，也使票据债务人获得抗辩事由之法律依据。

2. 特定票据债务人的对物抗辩。票据有效，但某一票据行为不合法或无效的，受其不利影响的直接当事人依法不负票据责任，故得以此作为抗辩事由，对抗任何持票人。这一对物抗辩，与票据行为的独立性密切相关。并非该不合法行为直接相对人的其他票据债务人所作出的票据行为继续有效，故不得主张抗辩。此所谓特定票据债务人，就是有效票据上某一不合法或无效行为的直接相对人。

有下列情形之一的，特定的票据债务人得行使对物抗辩：

（1）无权代理和越权代理。《票据法》第 5 条第 2 款规定，无权代理和越权代理而以代理人名义在票据上签章的，分别对无权之行为负票据责任。在此情形下，被代理人虽被代理人记载于票上，但一则代理人无权或越权，二则被代理人亦无签章，依法不负票据责任。所以，任何持票人向被代理人行使票据权利时，被代理人得以无权代理或者越权代理为抗辩事由，进行抗辩。当然，被代理人事后追认，或者无权代理适用表见代理规则的，被代理人自不可进行抗辩。

（2）签章人为民事行为能力欠缺者。无民事行为能力人或限制民事行为能力人在票据上签章的，其签章无效，但其他签章的效力不受影响（《票据法》第 6 条）。签章之人民事行为能力有欠缺，自无责任能力，故依法不负票据责任，其监护人可据此抗辩事由，对抗任何持票请求之人。

（3）票据伪造、变造。被伪造的人，因其签章系伪造，事实上并未签章，故不负票据责任，得对抗任何持票人。票据被变造的，票据当事人在变造前签章的，对变造后的文义不负责任，可对抗任何持票人。关于伪造和变造的具体效果，《票据法》第 14 条第 1 款规定，伪造、变造者应承担法律责任；第 2 款规定，伪造和变造签章的，不影响其他真实签章的效力；第 3 款则规定了被伪造、变造者的责任仅限于伪造、变造前的文义范围，对伪造、变造后票据文义之内容，不负责任。在伪造、变造之后签章的，不得就伪造与变造行使这种对物抗辩权。

（4）票据权利行使和保全手续欠缺。持票人向付款人请求承兑或请求付款遭拒绝的，应采取保全措施，办理保全手续，请求拒绝人出具拒绝证明或者退票理由书，无法得到拒绝证明、退票理由书的，应请求其他有关部门出具有效证明，并据此向背书前手、保证人、出票人等票据债务人行使追索权。[1]持票人行使追索权，但欠缺拒绝证明、退票理由书或其他有效证明的，则依《票据法》第 65 条之规定，丧失对其前手的追索权。因此，被追索人得以其追索权因保全手续欠缺而消灭为由，进行抗辩。其他票据债务人（如承兑人、付款人等），则不得主张此等抗辩。

（5）票据权利因时效期间届满而消灭。票据法为促使持票人及时行使票据权利，清结票据债权债务，规定了票据时效制度。这一制度被称为"消灭时效制度"，即持票人在法定期间不行使票据权利，该权利即告消灭（《票据法》第17 条）。由此可见，票据时效具有特殊性，其法律效果有别于民法上的诉讼时效。普通上的诉讼时效期间届满的，债权并不消灭，债务人仅享有一项拒绝履行的抗辩权。[2]

持票人因时效期间届满而丧失其票据权利的，不能使票据债务人负履行义务。任何持票人持这种失效之票据主张权利的，被请求之人得以此抗辩事由，进行抗辩（《最高人民法院关于审理票据纠纷若干问题的规定》第 15 条第 2 项）。具体讲，付款请求权时效期间届满的，被请求的付款人得对任何持票人行使物的抗辩权；追索权因时效期间届满而消灭的，背书人或未因票据受有利益的票据债务人可为抗辩，不受追索。

（6）背书转让不得转让的票据。背书人在汇票上记载"不得转让"字样，其后手再背书转让的，原背书人对后手的被背书人不承担保证责任（《票据法》第 34 条）。因此，持票人将载有"不得转让"字样的票据再转让他人、第三人持票向原背书人行使权利时，原背书人得依票据上"不得转让"之文义，行使抗辩。

─────────────

[1] 根据《第八次全国法院民事商事审判工作会议纪要（商事部分）》（2015 年）第三部分"关于票据纠纷案件的审理问题"第 13 条的规定，票据追索权行使的形式要件是指持票人应提供被拒绝承兑或被拒绝付款的证明。所谓证明，可以是退票理由书、拒绝证明，也可以是法院的有关司法文书、行政管理机关的处罚决定等。

[2] 德国《汇票与本票法》第 70 条确立了票据权利的消灭时效，但时效期间届满仅导致一项拒绝履行抗辩权（Leistungs-verweigerungsrecht），票据权利并不因此消灭。于法律效果上，票据消灭时效与民法上的消灭时效并无本质差别。Vgl. Peter Bülow, Heidelberger Kommentar zum Wechselgesetz（WechselG），Scheckgesetz（ScheckG）und zu den Allgemeinen Geschäftsbedingungen, 4. Aufl., 2004, S. 285.

（二）对人抗辩的行使条件

对人抗辩，是指票据债务人因特定持票人的票据权利无合法基础，得对抗其请求而不履行债务的权利。对人抗辩的特点是，票据债务人仅能对特定的持票人提出抗辩。票据一旦易手，票据债务人即不得以其与原应受抗辩的持票人之间的抗辩事由，对抗善意的受让票据之人。

现行《票据法》第 12～13 条等条款，是这类抗辩权的法律依据。对人抗辩又可分为两种：①任何票据债务人的对人抗辩；②特定票据债务人的对人抗辩。二者的行使条件有所不同。

1. 任何票据债务人的对人抗辩的行使条件。下列条件之一被满足的，任何被请求的票据债务人均可对请求付款的票据债权人抗辩：

（1）票据债权人丧失受偿能力。例如，票据债权人被宣告破产，票据债务人即能以债权人的能力受限为抗辩，拒绝向债权人本身履行，而须向破产管理人付款，否则不生票据债务清偿之效果（《企业破产法》第 17 条）。[1] 再如，无民事行为能力人持票请求付款的，被请求的票据债务人便得因其欠缺民事行为能力而拒付，但其监护人请求的除外；之所以如此，原因在于无民事行为能力者欠缺认知给付的能力，且给付会导致债权消灭，于其可能不利。又如，票据被依法冻结，收到通知的票据债务人也可据此抗辩，拒绝向债权人履行，而向执行申请人付款（《最高人民法院关于适用〈中华人民共和国民事诉讼法〉的解释》第 499 条第 1 款）。

（2）持票人取得票据欠缺合法形式，不具备受领资格。持票人以合法形式取得票据的，才具有形式上的受领资格。[2] 例如，票据法规定，以背书转让的票据，背书应当连续。持票人以背书的连续，证明其票据权利，也就是持票人必须以票据上的转让背书人与受让票据的被背书人的签章依次前后衔接，证明自己是依背书取得票据权利。持票人能证明的，即有形式的受领资格，否则其在取得票据的形式上欠缺合法性，欠缺形式的受领资格。申言之，其并非合法持票人，没有票据权利，被请求的任何票据债务人均得对其抗辩（《最高人民法院关于审理票据纠纷若干问题的规定》第 15 条第 4 项）。

---

[1] 根据《企业破产法》第 17 条，人民法院受理破产申请后，债务人的债务人或者财产持有人应当向管理人清偿债务或者交付财产。债务人的债务人或者财产持有人故意违反前款规定向债务人清偿债务或者交付财产，使债权人受到损失的，不免除其清偿债务或者交付财产的义务。

[2] 票据法学上，有将持票人的受领资格分为形式受领资格和实质受领资格的做法，具备合法取得形式的，为有形式的受领资格；是真正的票据权利享有者的，为有实质的受领资格。参见刘家琛主编：《票据法原理与法律适用》，人民法院出版社 1996 年版，第 154～155 页；张龙文：《票据法实务研究》，汉林出版社 1976 年版，第 20～21 页。

第八章

（3）持票人不是真正票据权利人，不具备实质的受领资格。持票人虽可在形式上证明自己有受领资格，但实质上并非真正票据权利人的，则欠缺实质受领资格。例如，拾得未记载收款人名称的空白授权票据，并冒填收款人而骗取票面金额的，虽有形式合法的必要记载事项，但持票人并无实质受领资格。再如，持票人与票据上记载的持票人不是同一人的，持票人也欠缺实质受领资格。对徒有形式上的受领资格，而无实质受领资格的持票人，任何被请求的票据债务人均可提出抗辩。

2. 特定票据债务人的对人抗辩的行使条件。此类抗辩可发生在下述情形：

（1）直接当事人之间的原因关系无效，或者票据权利人未履行其对票据债务人负担的对待给付义务（《最高人民法院关于审理票据纠纷若干问题的规定》第14条第1项）。票据授受的直接当事人之间的票据原因关系无效的，尚未履行的债务自始不生效，已经履行的部分应当返还或折价补偿（《民法典》第157条）。因此，授票票据债务人得向受票之持票人提出抗辩。除此之外，直接当事人互负债务，票据权利人尚未履行其对待给付义务的，票据债务人也可提出履行抗辩。[1]值得注意的是，票据权利人虽未履行对待给付义务，但债务人的权利不受影响的，票据债务人不得进行抗辩。[2]

（2）直接当事人之间的票据行为无效，或者受让人欠缺取得票据的有效基础。持票人与被请求之债务人原有票据授受行为，持票人取得票据时有胁迫、欺诈行为，或以偷盗、拾得等方式取得票据的，被请求的票据债务人得对该持票人抗辩（《最高人民法院关于审理票据纠纷若干问题的规定》第14条第2项）。不过，根据权利外观原理，善意第三人在一定条件下，可善意取得票据权利，且票据债务人不能以其与直接当事人之间的抗辩事由，对抗善意第三人。

（3）持票人从被请求的票据债务人手中，无对价或以不相当对价取得票据。

---

[1] 票据纠纷中，持票人以与自己有直接债权债务关系的持票人不履行基础关系中约定义务为由抗辩的，人民法院应合并审理票据关系和基础关系，持票人除证明票据关系合法有效外，还应证明其已履行基础关系约定的相应义务。参见曹海燕、谭中平、任中杰：《票据关系与基础关系合并审理时的举证责任分配》，载《人民司法（案例）》2016年第23期。

[2] 持票人甲对乙享有16 024余万元债权，其中12 024万元已通过票据进行清偿；甲在仲裁纠纷中请求乙支付剩余4000余万元，而乙提出了2000万元额度的反诉请求；甲另案起诉，要求乙支付票据项下的金额。最高人民法院支持了甲的诉请，并认为《票据法》第13条的目的在于："当票据债务和原因债务并存时，如果原因债务因不存在、无效、撤销或因清偿而消灭，则票据权利人从票据债务人处取得票据金额将属于不当得利，故基于民法公平原则，有必要认可票据债务人的抗辩权，以阻却票据债权人行使票据权利。但如票据债权人并没有不当得利之可能时，则不应将该条扩大解释为票据债务人仍有权要求将票据关系与票据基础关系合并审理，此无疑会损害票据的流通性和支付之确定性。"参见现代（邯郸）物流港开发有限公司、现代（邯郸）置业有限公司与中国建筑第七工程局有限公司票据追索权及合同纠纷案，中华人民共和国最高人民法院（2017）最高法民终718号民事判决书。

以有偿行为为原因而授受票据的，取得票据者未给付双方当事人认可的相对应的代价的，授予票据而未获应有代价的票据债务人，得对受票人进行抗辩。例如，甲、乙订立租赁合同，甲向乙授票而为预付租金，乙受票后不提供出租物仍要甲付款，甲对乙可行抗辩。还如，甲取得票据的基础在于其和乙、丙签订的三方协议，即乙应付丙的诉讼费、违约金、执行费由乙支付给甲，再由甲支付给丙；甲已将上述费用支付给丙的，属于以给付相当对价的方式取得票据的情形，故甲向乙追索的，乙不得抗辩。[1]

（4）持票人无偿地从未支付对价的前手受取票据。我国《票据法》第 11 条第 1 款规定，因税收、继承、赠与等无偿取得票据的，所享有的票据权利不得优于其前手的权利。如果持票人的前手因未付对价或代价不相当而应受抗辩，持票人即应继受其前手的权利瑕疵，未收得对价的票据债务人得向无偿取得之持票人进行抗辩。即使持票人不知情，也不能免受抗辩。

（5）直接当事人之间有特约而违反特约。例如，票据债务人与持票人有延期付款之特别约定，持票人违反该特约而请求付款的，该债务人可进行抗辩。再如，出票人与持票人曾特别约定，出票人为持票人融通资金提供信用，但不向持票人付款，持票人违反特约而请求付款的，出票人得拒绝。还如，当事人达成了"相互不得追索"的特约，票据权利人不得违反特约，向另一方当事人进行追索。[2]基于合同的相对性原理，票据债务人之此项抗辩权，严格限于直接当事人之间，对第三人并无效力。[3]

（6）当事人之间的票据债务已因清偿、抵销、免除等而消灭，但消灭事实因故并未被记载于票据之上。

（7）持票人恶意取得票据。依我国《票据法》第 12 条第 1 款，明知前手是以欺诈、偷盗或者胁迫等手段取得票据，出于恶意取得票据的，不得享有票据权利。于此情事中，受欺诈、受胁迫或被偷盗的票据债务人，不仅可向欺诈者、胁迫者、偷盗者抗辩，而且可以对抗明知而恶意取得票据的持票人。盖持票者之前手并未取得票据权利，而持票者因恶意亦未取得票据权利。因重大过失取

---

〔1〕 参见上海金桥市政建设发展有限公司与浙江德盛建设集团有限公司票据纠纷案，上海市浦东新区人民法院（2009）浦民二（商）初字第 7640 号民事判决书。

〔2〕 参见贵州有色矿业股份有限公司与贵州圣杰煤炭供销有限公司等票据追索权纠纷案，最高人民法院（2021）最高法民申 5052 号民事裁定书。

〔3〕 于"青岛澳柯玛集团销售公司与中国银行利津支行票据兑付纠纷案"［最高人民法院（2000）经终字第 72 号民事判决书］中，汇票出票人、收款人与承兑行达成三方协议，约定由收款人向承兑行承担汇票付款款项的保证责任，在出票人未及时支付的情形下可以直接扣划收款人账户中资金。因此，承兑行与收款人之间存在直接债权债务关系，当收款人违反三方协议时，承兑行有权拒绝付款。除此之外，承兑行可以主张自己的付款责任与收款人的担保责任所形成的债务相互抵销。

第八章

得不符合票据法规定的票据的，虽非恶意取得，但其也未取得票据权利（《票据法》第 12 条第 2 款），故债务人也可对其提出抗辩（《最高人民法院关于审理票据纠纷若干问题的规定》第 14 条第 4 项）。

# ■第三节　票据抗辩的限制

## 一、概说

票据抗辩的限制，是指票据法规定的票据债务人不得对特定持票人进行抗辩的限制。[1] 票据抗辩限制的基本原理，就是将抗辩事由限定在票据债务人与其直接相对人之间，让善意受让票据的持票人，不受票据债务人与其直接相对人之间的抗辩事由的影响。票据法学上有"抗辩切断"之说，即指这种限制。限制票据抗辩，旨在保护票据流通中的善意受让人，维护票据的"安全性、便捷性"，使人们放心、乐意地使用、接受票据。针对恶意取得票据者，票据债务人仍得进行抗辩。

票据抗辩的限制，仅发生在人的抗辩的场合。于物的抗辩情形，由于票据权利不存在或者无效，票据债务人得对任何持票人提出抗辩，故票据法并不限制物的抗辩。于人的抗辩情形，特定票据债务人对特定持票人进行抗辩，或因直接当事人之间的原因关系无效或存在瑕疵，或因持票人恶意取得票据。人的抗辩情形皆涉及，持票人对票据债务人无合法票据权利的抗辩，两者之间存在直接的个人抗辩事由，故法律自不应限制票据债务人的这一抗辩。换言之，票据抗辩的限制，只能发生于票据债务人与其直接相对人之外的持票人之间。

票据为流通证券，在多次易手的场合，某些曾经持票的主体，取得票据可能欠缺合法基础，与票据债务人之间存在抗辩事由。其他持票人从此主体获得票据，只能从票据的外观推知票据权利义务，难以察觉其前手与票据债务人之间的抗辩事由。如果规定受票人必须逐一查知，或者由善意受让人继受前手的抗辩事由，必然加重受让人的负担和责任，使票据失去安全性、便捷性，进而使人们不乐于接受票据。

为保护善意持票人，维护票据流通，票据法皆规定"票据抗辩限制"制

第八章

---

[1] 就票据抗辩的限制，各国立法例大体可被分为两种类型。一是英美票据法模式。这一模式从票据权利人方面加以规定，凡前手权利原有的瑕疵所致存在于前手当事人之间的抗辩，不影响善意持票人，该持票人得向票据上一切债务人请求付款（英国《汇票法令》第 38 条，美国《统一商法典》第 3 - 305 条）。二是统一据法系模式。这一模式从票据债务人方面加以规定，凡票据债务人不得以其对于出票人或前手持票人之间存在的个人抗辩对抗持票人，但持票人于取得票据时，知其有害于债务人者，不在此限（日内瓦《统一汇票和本票法公约》第 17 条）。

度。[1]我国《票据法》第 13 条第 1 款规定，票据债务人不得以自己与出票人或者与持票人的前手之间的抗辩事由，对抗持票人。但是，持票人明知存在抗辩事由而取得票据的除外。各国票据法例，均有这一制度，如日内瓦《统一汇票和本票法公约》第 17 条、德国《汇票与本票法》第 17 条、美国《统一商法典》第 3 - 305 条、英国《汇票法令》第 38 条。

**二、票据抗辩受限制的法定条件**

根据《票据法》第 13 条第 1 款的规定，票据债务人的抗辩受下列条件的限制：

1. 票据债务人不得以其与出票人之间的抗辩事由，对抗善意持票人。[2]例如，甲向乙签发商业承兑汇票一张，委托与其有资金关系的丙为付款人，丙向乙承兑后，甲始终不向丙提供资金，乙于付款到期日请求付款时，丙不得以甲未供给资金而拒绝付款。在此例中，丙与甲因基础关系发生直接当事人之间的抗辩事由，且这一抗辩事由，被法律切断而仅在甲丙之间有效，持票人乙不继受甲的被抗辩事由，丙的抗辩受到限制。

2. 票据债务人不得以自己与持票人的前手之间的抗辩事由，对抗善意持票人。例如，甲为向乙购货，签发本票给乙，约定 1 个月后交货，不料到时乙不交货，反而为取得票面金额，将本票背书转让给不知情的丙，丙于票据到期日向甲请求付款时，甲不得以乙未交货这一抗辩事由，对抗丙的请求权。

**三、票据抗辩限制制度的除外规定**

《票据法》第 13 条第 1 款一方面规定，票据债务人不得以其与出票人或者与持票人的前手之间的抗辩事由对抗持票人，同时又规定持票人明知有抗辩事由而受有票据者除外。《票据法》第 11 条规定的无对价取得票据者，不能享有优于其前手的权利，也属票据抗辩限制的除外情况。由此可见，有下列情事之一的，票据抗辩不受限制：

1. 持票人明知票据债务人与出票人或者自己的前手之间存在抗辩事由，但仍受取票据。此处的明知，是指受让票据时已经知道票据债务人与出票人或者自己的前手之间存有抗辩事由。针对此类持票人，票据债务人得拒绝其请求，不履行票据债务。票据法学上，这一持票人的抗辩被称为"知情抗辩"，属于"恶意抗辩"之一种。《最高人民法院关于审理票据纠纷若干问题的规定》第 14 条第 3 项，也明确了这一点。

---

[1]　票据抗辩的限制，限制了票据债务人的抗辩，其立法宗旨在于保护善意持票人利益。因此，凡依票据法规定的流通方法，善意取得票据的，才受这一制度的保护；恶意或无对价取得票据者，不得以此制度对抗票据债务人的抗辩。

[2]　参见哈尔滨市第一市政工程公司与王德霞民间借贷纠纷案，安徽省高级人民法院（2020）皖民申 71 号民事裁定书。

例如，A 公司为从 B 公司买货，将本公司合法取得的一张汇票背书转让给 B 公司，B 公司违约而不向 A 公司交货，将汇票背书转让给知情的 C 公司，C 公司就是明知 A 公司对 B 公司有抗辩权的持票人，A 公司对 C 公司可以行使抗辩权，C 公司不受抗辩切断制度的保护。至于持票人是否知晓，应结合具体情况予以判断。[1]于是否知晓的事实难以认定时，应由票据债务人负担举证责任，承担举证不能的不利后果。[2]

值得注意的是，持票人取得票据时不知此等抗辩事由，但后来知晓，并不构成"明知存在抗辩事由而取得票据"。

2. 持票人无对价取得票据。无对价取得票据者，继受其前手之权利瑕疵。换言之，票据债务人与该持票人前手之间的抗辩事由，不但未被"切断"，反而转移至持票人，故持票人请求付款时，被请求的债务人得以无对价取得为由，继续行使抗辩，拒绝持票人的付款请求。学理上称这种抗辩为"无对价抗辩"。现行《票据法》第 11 条第 1 款明文规定，因税收、继承、赠与可以依法无偿取得票据的，所享有的票据权利不得优于其前手的权利。

## 思考题

1. 什么是票据抗辩？它有哪些类型？
2. 什么是票据抗辩权？它与民法上的一般抗辩权有什么重大区别？
3. 对物抗辩可以分为几个类型？各有什么基本特点？
4. 任何票据债务人的对物抗辩的行使条件，可以有哪些？
5. 特定票据债务人的对物抗辩的行使条件，可以有哪些？
6. 如何理解对人抗辩？
7. 任何票据债务人的对人抗辩，在什么条件下能够行使？
8. 特定票据债务人的对人抗辩，在什么条件下能够行使？
9. 票据抗辩的限制，有哪些法定条件？有什么除外规定？
10. 查阅《最高人民法院关于审理票据纠纷案件若干问题的规定》，检索并掌握该司法解释中有关抗辩的规定。

---

[1] 例如，某一公司在取得票据时，与前手达成了"互相不得追索"的约定；其后，该公司将票据背书转让给其股东，且该股东与公司存在"非常紧密的关联关系"；法院据此认定，股东（持票人）"理应知晓"案涉特约［贵州省有色金属和核工业地质勘查局地质矿产勘查院与贵州省金属材料有限责任公司票据追索权纠纷案，贵州省贵阳市中级人民法院（2021）黔 01 民终 465 号民事判决书］。

[2] 参见中建二局第二建筑工程有限公司华东分公司、中建二局第二建筑工程有限公司与中国银行股份有限公司扬州文昌支行票据纠纷案，江苏省高级人民法院（2014）苏商终字第 0087 号民事判决书。

**第九章**

# 票据时效

**学习目的和要求**　理解票据时效的意义与效力，重点掌握我国《票据法》规定的三种票据时效的期间、适用的对象、期间的计算；对国外及我国港、台地区票据法中的时效期间有一定的了解。

## ■第一节　票据时效的意义与效力

### 一、票据时效的意义

票据时效，是指票据权利人在法定期间内不行使其票据权利，该权利即行消灭的法律制度。

票据权利属于债权，是有期限的财产权。因此，权利人应当在权利期限内行使权利。否则，法律为促进票据流通，维护其他票据当事人的利益，便认为权利人怠于行使权利，以时效制度规定未被行使的权利消灭。

因票据贵在流通，票据权利的行使和实现以迅速为宜，为督促权利人及时行使票据权利，终止票据关系，解除票据债务人的责任，票据法规定的时效期间，短于民法上的一般时效。各国票据法中的时效制度有所不同，但在票据时效期间短于普通债权的时效期间这一点上，却具有一致性。

### 二、票据时效的效力

票据时效的效力，是指票据法规定的时效期间届满后所发生的法律后果。票据权利包括付款请求权和追索权，票据时效自然对这两种权利发生效力。

我国《票据法》第 17 条规定，票据权利在法定的期限内未被行使的，归于消灭。由此可见，我国票据时效与民法上的诉讼时效并不相同：前者期限届满，会导致票据权利消灭，而后者期限届满，仅会引发一项履行抗辩权，债权本身并未消灭。

根据《票据法》第 17 条和第 18 条，票据时效期间届满的法律后果是：票据权利人在法定期间不行使何种票据权利，何种权利即告消灭；由于票据权利的特殊性，票据权利归于消灭时，权利人虽不得再享有票据权利，但仍可依据票据法享有其他权利，作为授受票据时所付出代价的补救。具言之，票据时效届满会产生以下效果：①持票人未在法定期间内行使付款请求权的，付款请求权消灭；未在法定期间内行使追索权的，追索权消灭；②票据权利消灭后，权利人可依法行使利益返还请求权，请求出票人或者承兑人返还其与未支付的票据金额相当的利益。[1]

## ■第二节　票据时效的期间

### 一、我国票据法规定的票据时效期间

依《票据法》第 17 条第 1 款的规定，票据权利在下列期限内不行使而消灭：①持票人对票据的出票人和承兑人的权利，自票据到期日起 2 年；见票即付的汇票、本票，自出票日起 2 年；②持票人对支票出票人的权利，自出票日起 6 个月；③持票人对前手的追索权，自被拒绝承兑或者被拒绝付款之日起 6 个月；④持票人对前手的再追索权，自清偿日或者被提起诉讼之日起 3 个月。

由此可见，我国票据时效的期间分为三种：2 年的期间、6 个月的期间、3 个月的期间。前列三种期间，分别适用于不同的票据权利。

（一）不同时效期间之适用对象

1. 2 年期间之适用。《票据法》第 17 条第 1 款第 1 项规定，持票人对票据的出票人和承兑人的权利的时效期间，自票据到期日起 2 年，见票即付的汇票、本票，自出票日起 2 年。按照这一规定，两年期间适用于以下三种对象：

（1）汇票的持票人对出票人的权利。《票据法》第 17 条第 1 款第 1 项虽然使用了持票人对票据的出票人和承兑人的"权利"一词，但其具体内涵如何，应结合汇票性质予以具体分析。银行承兑汇票和商业承兑汇票的出票人，对持票人负有保证承兑和保证付款的义务，持票人在汇票得不到承兑或者付款时，对出票人得行使追索权（《票据法》第 26 条）；出票人并无付款义务，持票人对其不享有付款请求权。因此，对于两种商业汇票的出票人而言，此处的"权利"仅指追索权。总此言之，持票人对银行汇票出票人的付款请求权和追索权，对商业汇票出票人的追索权，适用两年时效期间。

（2）汇票的持票人对承兑人的权利。承兑人在承兑汇票后，承担到期付款的责任（《票据法》第 44 条）。因此，持票人对承兑人有付款请求权。汇票到期

第九章

---

[1]　参见寿光市农机总公司与中国银行股份有限公司绍兴市分行票据利益返还请求权纠纷案（票据权利），浙江省绍兴市越城区人民法院（2005）越民二初字第 1421 号民事判决书。

被拒绝付款的，持票人可以对背书人、出票人以及汇票的其他债务人行使追索权（《票据法》第 61 条第 1 款）；汇票的承兑人与出票人、背书人、保证人等票据债务人，向持票人承担连带责任，持票人可不按照汇票债务人的先后顺序，对其中任何一人、数人或者全体行使追索权（《票据法》第 68 条第 1 款、第 2 款）。因此，持票人对承兑人有追索权。总此言之，持票人对承兑人的付款请求权和追索权，适用两年的时效期间。

（3）本票的持票人对出票人的权利。本票是自付证券，出票人在持票人提示见票时，须承担付款的责任（《票据法》第 77 条）。持票人未按照本票上规定的期限，提示见票请求付款的，丧失对其前手的追索权，但仍在时效期间内对出票人享有追索权（《票据法》第 79 条）。本票持票人对出票人的权利，适用两年的时效期间。

2. 6 个月期间之适用。这一时效期限，可适用于下述两种对象：

（1）支票的持票人对出票人的权利。支票是委托证券，出票人对持票人承担保证从付款人处获得付款的责任（《票据法》第 89 条），自己并不向持票人负担支付票面金额的义务。因此，持票人对出票人并无付款请求权。当支票不获付款时，持票人对出票人享有追索权。《票据法》第 17 条第 1 款第 2 项所指持票人对支票出票人的权利，即为追索权，且该权利的时效期间为出票日起 6 个月。

支票的付款期限很短。当持票人在短暂付款期限内未获付款时，应尽快行使追索权，使支票关系当事人的财产关系处于确定、安全的状态。为有力促使持票人尽快追索，票据法将支票持票人的追索权时效期间，定为较短的 6 个月。

（2）持票人对前手的追索权。票据以背书转让方式进入流通状态之后，背书人与被背书人之间、最初背书人（也叫"第一背书人"）及其之后的任何背书人、被背书人或者持票人之间，形成"前手—后手"关系。各国票据法上都规定，前手对后手承担担保责任，保证转让的汇票能够得到承兑和付款，转让的本票和支票能够得到付款。否则，后手或持票人对前手得行使追索权。我国《票据法》第 37 条、第 68 条、第 80 条第 1 款、第 93 条第 1 款等，即是如此的规定。

持票人对其前手行使追索权的，应当自被拒绝承兑或者被拒绝付款之日起，六个月内进行，否则追索权归消灭。

3. 3 个月时效期间之适用。这一时效期间，仅适用于再追索权。

持票人对其前手的再追索权，应当自清偿日或者被提起诉讼之日起 3 个月内行使。再追索权，是经其他票据权利人追索而清偿了票据债务的票据债务人，取得票据后得行使的向其前手再为追索的权利。

再追索发生在票据上有转让背书的场合。于《票据法》上，凡在票据上签名者，都要就票据文义承担票据责任，成为票据债务人。在票据背书转让的情

第九章

况下，各背书人和出票人都是票据债务人，但出票人是最终债务人。如果被拒绝的持票人未向出票人追索，而向其背书前手追索，被追索而清偿了债务的人，有权向追索人收回票据，转而向自己的前手再行追索。这种再追索权，即适用 3 个月的时效期限。

（二）票据时效期间的计算

正确计算票据时效期间，对认定票据权利是否因时效完成而消灭，具有重要作用。就法律规范而言，正确理解《票据法》第 17 条关于时效期间开始的规定，是准确运用时效制度的基础。

现行《票据法》第 17 条规定，票据权利在下列期限内，因未被行使而消灭：①持票人对票据的出票人和承兑人的权利，自票据到期日起 2 年。见票即付的汇票、本票，自出票日起 2 年；②持票人对支票出票人的权利，自出票日起 6 个月；③持票人对前手的追索权，自被拒绝承兑或者被拒绝付款之日起 6 个月；④持票人对前手的再追索权，自清偿日或者被提起诉讼之日起 3 个月。理解该条中的"自票据到期日起""自出票日起""自被拒绝承兑或者被拒绝付款之日起""自清偿日或者被提起诉讼之日起"的内涵，对票据时效期间的计算，特别是期间的开始，至关紧要，故不能不对其加以辨析。

从文义来看，此处的"到期日起""出票日起"等概念，意指自到期日或出票日等当日开始计算时效期间。然这一理解，并不正确。

《票据法》是《民法典》的特别法，后者关于期间的规定，得适用于票据时效期间。《票据法》第 107 条明定，本法规定的各项期限的计算，适用民法通则关于计算期间的规定。由于《民法通则》已被《民法典》所取代而失效（《民法典》第 1260 条），故票据时效期限应适用现行《民法典》关于期间计算的规定。《民法典》第 200～201 条规定，民法所称的期间按照公历年、月、日、小时计算，且期间按照日、月、年计算期间的，开始的当日不算入，从下一日开始计算。据此规定，《票据法》第 17 条中的期间，应从票据到期日、出票日等日的下一日开始计算。

值得注意的是，持票人的追索权与再追索权的时效起算时点，分别是"被拒绝承兑或者被拒绝付款之日"与"清偿日或者被提起诉讼之日"，但持票人针对出票人、承兑人的权利时效，自"出票日"计算，且时效期限是固定的。即便追索权与再追索权时效未届满，持票人针对出票人、承兑人的票据权利时效也不受影响，可能届满。[1]

〔1〕 参见上海汇德丰国际金融中心房地产有限公司与上海华丰国际集装箱仓储公司票据追索权纠纷案，上海市第二中级人民法院（2014）沪二中民六（商）终字第 266 号民事判决书。

第九章

（三）票据时效的中止与中断

票据法一般并不系统规定票据时效制度。由于票据法是民法的特别法，票据债权是一种特殊的债权，故在票据法没有规定的情况下，应适用民法上的有关规定。现行《民法典》第194～195条分别确立了债权诉讼时效中止、中断的基本规则，可适用于票据时效。[1]

根据《民法典》第194条第1款，时效中止仅能发生在期限的最后6个月。是故，票据时效期限为2年的（《票据法》第17条第1款第1项），仅在最后6个月可能发生中止；票据期限为6个月或3个月的（《票据法》第17条第1款第2～4项），自始就可能被中止。《民法典》第194条第1款规定了下述中止事由：不可抗力；无民事行为能力人或者限制民事行为能力人没有法定代理人，或者法定代理人死亡、丧失民事行为能力、丧失代理权；继承开始后未确定继承人或者遗产管理人；权利人被义务人或者其他人控制；其他导致权利人不能行使请求权的障碍。同时，《民法典》第194条第2款规定了中止的法律效果：自中止时效的原因消除之日起满6个月，诉讼时效期间届满。

现行《民法典》第195条规定了债权时效的中断问题，并明确其效果是时效期限的重新起算。根据该条，时效期限中断的事由包括以下几类：权利人向义务人提出履行请求；[2]义务人同意履行义务；权利人提起诉讼或者申请仲裁；与提起诉讼或者申请仲裁具有同等效力的其他情形。值得注意的是，票据权利时效发生中断的，虽然时效会重新起算，但该效果只对发生时效中断事由的当事人有效（《最高人民法院关于审理票据纠纷案件若干问题的规定》第19条）。[3]换言之，票据权利时效中断的效果，具有相对性。[4]

---

[1] Vgl. Peter Bülow, Heidelberger Kommentar zum Wechselgesetz（WechselG），Scheckgesetz（ScheckG）und zu den Allgemeinen Geschäftsbedingungen, 4. Aufl. , 2004, S. 285ff；［日］末永敏和：《日本票据法原理与实务》，张凝译，中国法制出版社2012年版，第264～265页；王志诚：《票据法》，元照出版有限公司2015年版，第285页。不过，有司法判决持不同观点，认为"票据权利时效是票据法上关于票据权利期限的特别规定，除票据法中明确规定因持票人行使票据权利而发生的中断事由外，并无其他中止、中断、延长等法律规定"［文安县天恒再生资源有限公司与天津万隆盛达科技有限公司等票据追索权纠纷案，天津市第三中级人民法院（2021）津03民终968号民事判决书］。这一判决，并不妥当。

[2] 参见乌鲁木齐市宏星宇物资有限公司与新疆红光山大酒店有限责任公司、新疆利安消防产业集团有限公司、新疆国经能源有限责任公司票据追索权纠纷案，新疆维吾尔自治区乌鲁木齐市米东区人民法院（2021）新0109民初5650号民事判决书。

[3] 关于票据时效期间中断的法律效果，德国《汇票与本票法》第71条作了类似规定。

[4] 参见［日］末永敏和：《日本票据法原理与实务》，张凝译，中国法制出版社2012年版，第265页。相关司法实践，参见济源市丰泽特钢实业有限公司与北京航天新立科技有限公司票据追索权纠纷案，北京市海淀区人民法院（2020）京0108民初42417号民事判决书。

第九章

### 二、国外及我国香港特别行政区、台湾地区票据法中的时效期间

（一）日内瓦《统一汇票和本票法公约》《统一支票法公约》中的票据时效期间

日内瓦《统一汇票和本票法公约》第70条规定：①汇票对承兑人主张权利的一切诉讼，自到期日起算，3年后丧失时效；②持票人对背书人和出票人主张权利的诉讼，自在恰当时间内作成拒绝证书之日起算，或如有"退票时不承担费用"的规定者，自到期日起算，1年后丧失时效；③背书人相互间和对出票人主张权利的诉讼，自背书人接受并清偿汇票之日起算，或自其本人被诉之日起算，6个月后丧失时效。

日内瓦《统一支票法公约》第52条规定：①持票人对背书人、出票人及其他债务人的追索权，自规定的提示期限届满日起算，6个月后丧失时效；②支票的债务人对其他债务人的追索权，自清偿之日或被诉之日起算，6个月后丧失时效。

（二）英、美票据法中的票据时效期间

英国《汇票法令》并未规定票据时效，但可适用民法上的普通时效制度。英国制定了专门的《时效法令》[Limitation Act（1980）]，且因票据行为不过是一种合同，故票据权利时效直接适用普通合同权利时效的规则。[1]根据该法令第5条，票据权利与合同权利皆适用6年的时效期限。美国《统一商法典》第三编第118条规定了票据时效。[2]

---

[1] See N. Elliott, J. Odgers and J. M. Phillips, *Byles on Bills of Exchange*, Sweet & Maxwell, 2002, p. 428.

[2] 美国《统一商法典》第118条：

(a) 除了 (e) 另行作出规定外，执行定期对本票付款的当事人义务的诉讼必须在到期日或本票上载明的日期后的6年内进行，如果到期日被提前（accelerated），应在被提前的到期日后的6年内提出。

(b) 除了 (d) 或 (e) 另行作出规定外，如果付款请求是向见票即付的本票制票人做出的，执行对本票付款的当事人义务的诉讼必须在请求后的6年内提出。在没有向制票人做出付款请求时，如果本票的本金或利息未被支付已经持续10年之久，执行本票的诉讼就被禁止了。

(c) 除了 (d) 另行作出规定外，执行未被承兑的汇票的当事人对汇票付款的义务的诉讼必须在汇票被拒绝承兑后的3年内或汇票日期后的10年内提出，以先到的期间为准。

(d) 执行保付支票承兑人的义务或出纳人支票、银行本票或旅行支票发行人的义务的诉讼必须在向承兑人或发行人做出付款请求后的3年内提出，应向谁提出付款请求要视情况而定（as the case may be）。

(e) 执行存款凭证的当事人对票据付款的义务的诉讼必须在向制票人做出付款请求后的6年内提出，如果票据记载了到期日而且制票人也未被要求在该日期前付款的，6年的期限从付款请求生效和到期日过去时开始计算。

(f) 如果汇票已得到承兑而且不是保付支票的，执行当事人对该汇票付款之义务的诉讼必须：(i) 在承兑人应定期付款时，在到期日或汇票记载的日期或在承兑后的6年内提出，或者 (ii) 在承兑人的义务是见票即付时，在承兑日后的6年内提出。

(g) 除非已为其他涉及赔偿或分担请求的法律所调整，(i) 针对票据侵占、已拥有和已收到的款项或类似的基于侵占的行为的诉讼，(ii) 针对违反担保的诉讼，或者（是）为了执行源自本编但不受本编调整的债务、义务或权利的诉讼必须在［诉因］产生后的3年内提出。

上述翻译援引自［美］美国法学会、美国统一州法委员会：《美国〈统一商法典〉及其正式评注》（第二卷），李昊等译，中国人民大学出版社2005年版，第34~35页。

（三）我国香港、台湾地区票据法中的时效期间

香港《汇票条例》受英国《汇票法令》之影响，并未规定票据时效，但票据权利可适用香港《时效条例》（*Limitation Ordinance*）。

我国台湾地区"票据法"第22条规定：①票据上之权利，对汇票承兑人及本票发票人，自到期日起算；见票即付之本票，自发票日起算；3年间不行使，因时效而消灭。②对支票发票人，自发票日起算，1年间不行使，因时效而消灭。③汇票、本票之执票人，对前手之追索权，自作成拒绝证书日起算，1年间不行使，因时效而消灭。其免除作成拒绝证书者，汇票、本票自到期日起算。④支票之执票人，对前手之追索权，4个月间不行使，因时效而消灭。其免除作成拒绝证书者，自提示日起算。⑤汇票、本票之背书人，对于前手之追索权，自为清偿之日或被诉之日起算，6个月间不行使，因时效而消灭。⑥支票之背书人，对前手之追索权，2个月间不行使，因时效而消灭。

## 思考题

1. 如何理解票据时效的效力？
2. 我国《票据法》规定了哪几种票据时效期间？它们各自的适用对象是什么？
3. 我国《票据法》规定的票据时效期间如何计算？

第十章

# 票据利益返还请求权

**学习目的和要求**　理解票据利益返还请求权的意义和性质，重点掌握票据利益返还请求权的要件和效力。

## ■第一节　票据利益返还请求权的意义和性质

### 一、票据利益返还请求权的意义

票据利益返还请求权，是持票人依照票据法享有的、当票据权利因时效或者票据记载事项欠缺而消灭时，能够请求出票人或者承兑人返还与其未获支付的票据金额相当的利益的权利，亦称"利益返还请求权"。对这个定义，本书作以下简要说明：

1. 利益返还请求权人是持票人，其他票据关系当事人不享有这一权利。享有利益返还请求权的持票人，既可以是因转让背书而取得票据的最后持票人，也可以是由其他合法方式（比如继承、法人合并）取得票据的持票人，还可以是因被追索而向追索权人清偿了票据债务并取得票据的背书人，或者是因清偿了保证债务而持有票据的保证人。在承认参加付款的票据法中，持票人尚包括因参加付款而取得票据的参加付款人。

值得注意的是，持票人应是真实票据权利人，仅形式上合法占有票据，但并非票据权利人者，不享有利益返还请求权。相反，当事人依除权判决证明其曾享有票据权利的，亦享有利益返还请求权，即便其并未持有票据。

2. 利益返还义务人限于出票人或承兑人，其他票据当事人不对持票人负担该义务。背书人并非返还义务人。盖背书人受让票据时，一般已经提供了对价，且在出让票据时，已经获得了对价，并不存在"不当得利"的情况。[1]是故，

---

[1]　即便背书人系无偿取得票据，未支付相应的对价，利益返还请求权规则也不得被类推适用，让背书人负担返还义务。Vgl. Peter Bülow, Heidelberger Kommentar zum Wechselgesetz (WechselG), Scheckgesetz (ScheckG) und zu den Allgemeinen Geschäftsbedingungen, 4. Aufl. , 2004, S. 315.

为避免返还关系的复杂化，票据法规定背书人不负担利益返还义务。

值得注意的是，同时存在出票人与承兑人的，持票人仅能向其中一人主张利益返还。出票人与承兑人，并未负担连带债务或按份债务，两者各自负担单一债务，并不涉及多数人之债问题。[1]

3. 利益返还请求权的客体是，持票人因时效或票据记载事项欠缺而丧失票据权利时，原本应得到而未得到的票面金额。当然，持票人对返还义务人也负担金钱债务的，返还义务人可在一定情况下主张抵销。

**二、利益返还请求权的性质**

《票据法》第 18 条规定，持票人因超过票据权利时效或者因票据记载事项欠缺而丧失票据权利的，仍享有民事权利，可以请求出票人或者承兑人返还其与未支付的票据金额相当的利益。这一条文，规定了利益返还请求权的性质、行使条件和效力等。这里先说明此一请求权的性质，本章第二节分析其行使要件和效力。

1. 利益返还请求权是票据法上的权利，但并非票据权利，即所谓"票据法上的非票据权利"。[2]《票据法》定其为"民事权利"。法定票据权利为付款请求权和追索权，不含利益返还请求权。具体而言，利益返还请求权由票据法直接规定，而非由持有票据而享有。利益请求权实际上仅在票据权利消灭之后才成立，故并非票据权利。

2. 利益返还请求权是持票人在丧失票据权利时，才得主张的一项救济。当票据权利存在时，持票人凭借票据权利，便可取得票面金额，无需其他救济权利。相反，当票据权利因时效或票据记载事项欠缺而丧失时，持票人既无付款请求权，又欠缺追索权，票据利益即有损失之危险。相反，出票人或受有票据利益的承兑人，则有因不再付款而无代价获得利益之可能。这一情况显然不公平，不符合票据立法确立的"安全"原则。作为持票人享有的法定救济权利，利益返还请求权可消除此等不公现象，实现票据流通的安全性。

3. 利益返还请求权并非持票人基于原因关系享有的权利。利益返还请求权是因法定的票据事实而产生的一项新债权，亦是票据法承认的一项权利，并非持票人因买卖合同等原因关系而取得的债权。当持票人与出票人或者承兑人存在直接原因关系，同时享有两项债权时，其仅能择一主张行使。[3]

---

〔1〕 参见曾大鹏：《为我国票据利益返还请求权制度辩护——基于〈票据法〉第 18 条的法教义学分析》，载《华东政法大学学报》2020 年第 5 期。

〔2〕 参见王志诚：《票据法》，元照出版有限公司 2015 年版，第 289 页。

〔3〕 参见安鑫达商业保理有限公司与神州长城股份有限公司票据付款请求权纠纷案，四川省高级人民法院（2021）川民终 1219 号民事判决书。

利益返还请求权是被普遍认可的权利。[1]例如，日本《汇票与本票法》第85条规定："（利益偿还请求权）由汇票、本票所生权利，虽因手续欠缺或时效而消灭时，持票人仍得向出票人、承兑人或背书人提出在其既得利益限度内偿还的请求。"德国《汇票与本票法》第89条第1款第1项规定："如出票人或承兑人的票据债务由于时效而消灭或因持票人怠于进行为维护票据权利所必不可少的处理而免除，则只要其有可能从持票人的损失中获得利益，仍然对票据的持票人负有义务。"除此之外，德国《汇票与本票法》第89条还直接把利益返还请求权，定为不当得利返还请求权（Bereicherungsanspruch）。

## ■第二节　票据利益返还请求权的要件和效力

### 一、利益返还请求权的要件

具备下列要件的，持票人才能行使利益返还请求权：

（一）票据权利因时效或者票据记载事项欠缺而丧失

利益返还请求权仅可适用于票据权利因下述两类事由而消灭的情形：一是时效期间届满，二是票据记载事项欠缺（《票据法》第18条）。基于票据法的强行法属性，除上述两类事由外，其他原因不能成为请求返还票据利益之基础。这一规定和域外立法并不完全相同。于德国、日本的法律中，利益返还请求权可适用于两类情形：一是时效期限届满，二是票据保全手续欠缺。[2]

我国《票据法》之所以未规定保全手续欠缺，是利益返还请求权的适用情形之一，主要原因在于：其一，即便持票人逾期提示承兑，其仅丧失针对前手的追索权，但仍针对出票人享有追索权；[3]其二，即便本票或支票的持票人逾期提示付款，其仍对出票人享有追索权；[4]其三，即便汇票的持票人逾期提示承兑人付款，其在说明理由之后，承兑人仍应继续付款；[5]其四，即便持票人未作成拒绝证明，出票人与承兑人仍应负责。由此可见，我国《票据法》在票据保全的效果上作了特别规定，票据保全手续欠缺，并不导致持票人丧失其对承兑人或出票人的票据权利，故而无需诉诸利益返还请求权。[6]

---

〔1〕　理论上，亦有学者主张废除票据利益返还请求权。参见徐晓：《论票据利益返还请求权制度的废除》，载《法商研究》2015年第3期。

〔2〕　参见德国《汇票与本票法》第89条、日本《汇票与本票法》第85条。

〔3〕　参见《票据法》第40条第2款和《最高人民法院关于审理票据纠纷案件若干问题的规定》第18条。

〔4〕　参见《票据法》第79条和第91条第2款。

〔5〕　参见《票据法》第53条第2款和《最高人民法院关于审理票据纠纷案件若干问题的规定》第58条。

〔6〕　参见曾大鹏：《为我国票据利益返还请求权制度辩护——基于〈票据法〉第18条的法教义学分析》，载《华东政法大学学报》2020年第5期。

　　票据时效期限届满是利益返还请求权的适用情形，且被各国普遍承认。盖票据时效期限较短，故为保护持票人免受短时效的不利影响，法律额外从民法层面赋予特别保护。值得注意的是，票据时效期限届满是否出于持票人的故意或者过失，并不影响利益返还请求权之成立。

　　颇为令人费解的是，《票据法》第 18 条规定，持票人"因票据记载事项欠缺而丧失票据权利"的，也享有利益返还请求权。票据记载事项类型较多，且其对于票据权利的影响并不完全一致（参见本书第四章第三节）。倘若未被记载的事项是绝对必要记载事项，那么欠缺该事项会直接导致票据无效，持票人自始未取得票据权利，故而既无所谓《票据法》第 18 条中的"丧失"，也无所谓利益返还请求权。其他记载事项之欠缺，也不会导致"丧失票据权利"的后果。因此，《票据法》第 18 条虽然规定了"票据记载事项欠缺"这一事由，但该规定在实践中并无适用空间。[1]

　　（二）出票人或者承兑人因票据而受有利益

　　出票人或者承兑人未受有利益的，持票人不能请求返还。出票人或承兑人因票据受有利益的，一般有以下几种情况：①汇票的出票人因出票获得对价，但未向付款人供给资金；②本票的出票人因出票取得对价，当持票人丧失票据权利时，依法免除了票据责任；③支票的出票人因票据权利丧失而免除票据责任，但原本应付的款项于银行仍存于自己账户中；④汇票的承兑人已从出票人处受有资金，持票人丧失票据权利时，承兑人免除票据责任但仍保有该资金。由此可见，此处所谓"受有利益"既包括积极财产（资产）的增加，也包括消极财产（债务）的减少。在上列场合，出票人或者承兑人取得利益而未支付对价，持票人支付了对价但未取得应得之利益。为求利益之公平，票据法赋予持票人一项利益返还请求权。

　　值得注意的是，即便出票人或承兑人因赠与等无偿事由，而出具票据或者

---

[1]　参见曾大鹏：《为我国票据利益返还请求权制度辩护——基于〈票据法〉第 18 条的法教义学分析》，载《华东政法大学学报》2020 年第 5 期。于我国司法实践中，有判决认为支票收款人记载错误，持票人自始未取得票据权利，故依票据的文义性和商事外观主义，《票据法》第 18 条并不适用［上海洪业不锈钢材料有限公司与上海塞嘉投资咨询有限公司票据纠纷案，上海市第二中级人民法院（2012）沪二中民六（商）终字第 130 号民事判决书］；还有判决认为，支票上的出票人签章与其在银行预留的印鉴并不一致，故票据无效，持票人因此不享有利益返还请求权［南京苏冶机械制造有限公司与江阴一建建设有限公司南京分公司、江阴建工集团有限公司票据利益返还请求权纠纷案江苏省高级人民法院（2018）苏民申 5470 号民事裁定书］。不过，另有判决认为，即便在票据因欠缺出票人签章而无效的情况下，持票人也得主张适用《票据法》第 18 条［桂林客车工业集团有限公司与天津农垦铭信嘉德小额贷款有限公司返还原物纠纷案，广西壮族自治区高级人民法院（2021）桂民终 70 号民事判决书］。这一观点并不妥当。

进行承兑，并未获得对价，其也应负担返还义务。之所以如此，原因有二。其一，考虑出票人的基础关系与承兑人的资金关系，不符合票据的无因性，也影响权利的确定性；其二，基于无偿原因而出票或承兑的主体，也获得了"社会好评或内心满足"的利益，其作出的票据行为也具有法律基础，即赠与合同等无偿合同。[1]不过，于我国司法实践中，主流判决仅在出票人或承兑人获得对价的情况下，才承认利益返还请求权。[2]

### 二、利益返还请求权的效力

利益返还请求权的效力，是指持票人行使利益返还请求权能够实现的效果。易言之，也就是持票人能够请求且可得到的返还利益。《票据法》第18条规定，持票人可以请求出票人或者承兑人"返还其与未支付的票据金额相当的利益"。这一规定，界定了利益返还请求权的效力范围。值得注意的是，作为一项普通金钱债权，返还义务人还须支付相应的法定利息。

利益返还请求权的主体包括持票人与除权判决申请人。不过，利益返还请求权是一项普通民事权利，权利人请求出票人或者承兑人返还票面额度的利益时，无须持有票据或除权判决。此为主流观点。[3]不过，票据既是证明持票人曾享有票据权利的证据，也是缴回证券，故出票人或者承兑人请求持票人交付票据，后者拒绝的，返还义务人自可进行抗辩。[4]

利益返还请求权是一项金钱债权，自可被转让给他人。除此之外，利益返

---

[1] 参见曾大鹏：《为我国票据利益返还请求权制度辩护——基于〈票据法〉第18条的法教义学分析》，载《华东政法大学学报》2020年第5期；Peter Bülow, Heidelberger Kommentar zum Wechselgesetz (WechselG), Scheckgesetz (ScheckG) und zu den Allgemeinen Geschäftsbedingungen, 4. Aufl., 2004, S. 317. 关于不同观点，参见李国光主编：《票据法及配套规定新释新解》，人民法院出版社2006年版，第209页；于莹：《票据法》，高等教育出版社2008年版，第73页。

[2] 司法实践中，有判决认为持票人"举证证明出票人及承兑人……受得票据金额相当的利益"，否则不得主张利益返还［远东电缆有限公司与科诺伟业风能设备（北京）有限公司票据利益返还请求权纠纷案，北京市高级人民法院（2021）京民申7030号民事裁定书］。类似判决，还参见东莞市寮步钟记建材店与张观清票据利益返还请求权纠纷、返还原物纠纷，广东省高级人民法院（2018）粤民申13181号民事裁定书。不过，还有判决要求持票人与出票人或承兑人存在"真实债权债务关系"，实际上排除了赠与这一债之关系［府谷县三道沟乡张明沟煤矿与贵阳银行股份有限公司成都分行票据利益返还请求权纠纷、返还原物纠纷案，四川省高级人民法院（2018）川民申2172号民事裁定书］。

[3] 参见王小能编著：《票据法教程》，北京大学出版社2001年版，第73页；赵新华主编：《票据法问题研究》，法律出版社2007年版，第36页；［日］末永敏和：《日本票据法原理与实务》，张凝译，中国法制出版社2012年版，第279页。

[4] 于德国法上，持票人在请求利益返还时，应当出示票据（Vorlegung des Wechsels）。Vgl. Peter Bülow, Heidelberger Kommentar zum Wechselgesetz (WechselG), Scheckgesetz (ScheckG) und zu den Allgemeinen Geschäftsbedingungen, 4. Aufl., 2004, S. 318.

还请求权之转让适用普通债权让与规则（《民法典》第 545 条及以下），持票人无须交付票据。[1]当然，从权利行使的角度看，交付票据有助于受让人行使该权利，避免出票人或者承兑人进行抗辩。除此之外，通知并非债权让与的要件，仅涉及债务履行问题（《民法典》第 546 条）。因此，未通知出票人或承兑人，并不影响利益返还请求权之让与。

### 三、利益返还请求权的时效

利益返还请求权虽由票据法规定，但其不适用票据时效制度。作为一项债权，利益返还请求权适用民法上的时效制度（《民法典》第 188 条及以下），自无疑问。时效起算时点一般为票据权利时效期限届满之日。盖持票人应当知晓其所持有的票据是否已届时效期限。[2]疑问唯在于，倘若利益返还当事人之间存在直接关系，基础关系所生之债权罹于时效，但票据所生之利益返还请求权未罹于时效的，债务人能否提出抗辩，拒绝履行利益返还之债。利益返还请求权是基于票据所涉事实而成立的一项新债权，有别于持票人在基础关系中享有的债权，故二者并行不悖，其中一者时效期限届满，不影响另一者的实现。[3]

## 思考题

1. 票据利益返还请求权与票据权利是何关系？
2. 在什么条件下得行使票据利益返还请求权？
3. 票据利益返还请求权人得请求返还的利益是什么？

---

[1]　参见李国光主编：《票据法及配套规定新释新解》，人民法院出版社 2006 年版，第 209 页；王志诚：《票据法》，元照出版有限公司 2015 年版，第 293、299 页；［日］末永敏和：《日本票据法原理与实务》，张凝译，中国法制出版社 2012 年版，第 278 ~ 279 页。

[2]　参见扬州兴洋船务有限公司与江苏玉兰木业有限公司票据利益返还请求权纠纷案，江苏省高级人民法院（2018）苏民申 5550 号民事裁定书；常州市华欣广告有限公司与西安银行股份有限公司票据利益返还请求权纠纷案，陕西省高级人民法院（2019）陕民申 1435 号民事裁定书；泉州联安实业有限公司与中国农业银行股份有限公司莆田城南支行票据利益返还请求权纠纷、返还原物纠纷案，福建省高级人民法院（2017）闽民申 1898 号民事裁定书。

[3]　参见王志诚：《票据法》，元照出版有限公司 2015 年版，第 296 ~ 298 页。

## 第十一章

### 票据责任和票据法上的法律责任

**学习目的和要求** 理解票据责任的意义和特点，重点掌握其与一般债务关系中的连带责任的区别；了解票据法上其他的法律责任。

## ■第一节 票据责任

### 一、票据责任的意义

我国《票据法》第 4 条第 5 款对票据责任定义为，票据责任是指票据债务人向持票人支付票据金额的义务。由此可见，票据责任实为票据债务的另一种表述。

票据责任是一种特殊的债务。我国《票据法》第 4 条规定，出票人和其他票据债务人在票据上签章的，依票据所记载的事项承担票据责任。第 50 条规定，被保证的汇票，保证人应当与被保证人对持票人承担连带责任。第 51 条规定，保证人为二人以上的，保证人之间承担连带责任。第 68 条规定，汇票的出票人、背书人、承兑人和保证人对持票人承担连带责任。第 60 条规定，付款人依法足额付款后，全体汇票债务人的责任解除。

日内瓦《统一汇票和本票法公约》第 47 条规定，所有出票人、承兑人、背书人，或对汇票作出担保的保证人，对持票人连带地（jointly and severally）负担责任。持票人有权对上述所有的人单独或集体起诉，无需遵照他们承担责任的先后顺序。任何在汇票上签名的人，在接受汇票并予清偿后，与持票人享有同样权利。对债务人之一起诉，不影响对其他债务人起诉，即使其他债务人是被诉债务人的后手。我国台湾地区"票据法"第 62 条与第 96 条第 1 款，也有类似规定。[1]

---

〔1〕 我国台湾地区"票据法"第 62 条规定，二人以上为保证时，均应连带负责。第 96 条第 1 款规定，发票人、承兑人、背书人及其他票据债务人，对于执票人连带负责。

由上述法律规定，可见票据责任的基本特点：①责任人范围广。凡在票据上签名者，俱为票据责任人。②责任内容与范围，由票据文义确定。票面记载的金额、付款日等事项，决定票据责任的内容和范围。其他任何文件，都不能改变票据文义确定的票据责任。③票据责任人负担的是连带责任，即任一责任人皆对持票人负有票据上记载的责任，而且每个责任人既不得以责任人数量多而推卸责任，也不得对持票人主张其仅按份承担责任。④责任有全部移转性。凡向持票人清偿票据金额的责任人，在取得票据后，原先的责任即刻全部地移转给其他责任人，该清偿者因持有票据，反可要求其他责任人向自己承担清偿全部票面金额的责任。

**二、票据连带责任与民法上的连带责任之差异**

票据债务人的连带责任（债务），与民法上一般共同债务人的连带责任（连带债务），名同实异。

1. 责任负担方式不同。于民法上的连带责任（债务）中，多名债务人中的一人、数人或者全体共同负担责任，且权利人可请求部分或全部连带责任人承担全部责任，履行全部债务（《民法典》第178条第1款与第518条第1款）。票据连带责任（债务），通常是由一个债务人向持票人履行债务，清偿债务者向持票人收回票据之后，再向其他票据债务人行使票据权利。[1]除此之外，票据债务人的责任承担存在一定的顺序：票据权利人仅能首先请求第一债务人（比如汇票的承兑人或其保证人、本票的出票人或其保证人）承担责任，并在未获清偿时，才能请求第二债务人（被追索人）承担责任。[2]

2. 追偿的可能性不同。于民法上的连带责任（债务）中，已清偿全部债务的连带债务人，仅得请求其他未为清偿的债务人向自己补偿超额清偿的部分，自己应承担的债务份额无权要求其他债务人负担（《民法典》第178条第2款与第519条）。在票据连带责任中，某一责任人向持票人清偿票据债务的，对其他票据责任人享有请求支付票面全部金额的权利，票据责任人之间并不存在债务份额，无所谓追偿问题。未履行责任的各债务人，依法单独就全部票据责任，向已为清偿而取得票据的持票人负清偿责任。

3. 票据责任范围具有逐渐扩大的性质。当持票人向某一债务人进行追索，被追索的票据债务人支付了追索金额和有关费用后，再向其他债务人追索时，

---

[1] 不过，根据《票据法》第68条，持票人在行使追索权时，可对"任何一人、数人或者全体"而为之。《第八次全国法院民事商事审判工作会议纪要（商事部分）》（2015年）在第三部分"关于票据纠纷案件的审理问题"第14条也规定，票据追索权纠纷的被告可以是一个或者多个法定被追索人，多个被告之间应承担连带责任。

[2] 参见王志诚：《票据法》，元照出版有限公司2015年版，第73页。

追索金额中除包含向原追索权人清偿的全部金额外，还增加了再追索时的费用与利息（《票据法》第 71 条第 1 款），且存在多次追索的，金额也逐次增加。民法中的连带责任欠缺这一性质。

## ■第二节　票据法上的法律责任

### 一、概说

票据法上的法律责任，是票据法上规定的违反票据法的人应当承受的法律制裁。由此可见，票据法上的法律责任与票据责任存在如下区分：①票据法上的法律责任，是法律制裁，不同于票据责任；票据责任是无条件支付票面金额的债务，不是法律制裁。②票据法上的法律责任，由违反票据法的人承受；相反，票据责任则是由票据上签章的人承担。违反票据法的人，可以是票据上签章的人和不在票据上签章的人。③票据法上的法律责任，由票据法规定；票据责任，依票据文义而定。④票据法上的法律责任，包括刑事责任、行政责任、民事责任；票据责任仅指依票据文义无条件付款的责任。

### 二、票据法上的刑事责任

根据我国《票据法》第六章及《刑法》的规定，违反票据法而构成刑事责任的，有下述几种情况：

（一）票据诈骗的犯罪

我国《票据法》第 102 条规定，对下列票据欺诈行为依法追究刑事责任：①伪造、变造票据的；②故意使用伪造、变造的票据的；③签发空头支票或者故意签发与其预留的本名签名式样或者印鉴不符的支票，骗取财物的；④签发无可靠资金来源的汇票、本票，骗取资金的；⑤汇票、本票的出票人在出票时作虚假记载，骗取财物的；⑥冒用他人的票据，或者故意使用过期或者作废的票据，骗取财物的；⑦付款人同出票人、持票人恶意串通，实施前 6 项所列行为之一的。

相应地，《刑法》第 177 条规定了伪造、变造金融票证罪。根据该条规定，伪造、变造汇票、本票、支票的，处 5 年以下有期徒刑或者拘役，并处或者单处 2 万元以上 20 万元以下罚金；情节严重的，处 5 年以上 10 年以下有期徒刑，并处 5 万元以上 50 万元以下罚金；情节特别严重的，处 10 年以上有期徒刑或者无期徒刑，并处 5 万元以上 50 万元以下罚金或者没收财产。

除此之外，《刑法》第 194 条第 1 款规定了票据诈骗罪，有下列情形之一，进行金融票据诈骗活动，数额较大的，处 5 年以下有期徒刑或者拘役，并处 2 万元以上 20 万元以下罚金；数额巨大或者有其他严重情节的，处 5 年以上 10 年以下有期徒刑，并处 5 万元以上 50 万元以下罚金；数额特别巨大或者有其他特别严重情节的，处 10 年以上有期徒刑或者无期徒刑，并处 5 万元以上 50 万元以下罚金或者没收财产：①明知是伪造、变造的汇票、本票、支票而使用的；②明知是作废的汇票、本票、支票而使用的；③冒用他人的汇票、本票、支票的；④签发空头支票或者与其预留印鉴不符的支票，骗取财物的；⑤汇票、本票的出票人签发无资金保证的汇票、本票或者在出票时作虚假记载，骗取财物的。

（二）违法承兑、付款或者保证的犯罪

《刑法》第 189 条还规定，银行或者其他金融机构的工作人员在票据业务中，对违反票据法规定的票据予以承兑、付款或者保证，造成重大损失的，处 5 年以下有期徒刑或者拘役；造成特别重大损失的，处 5 年以上有期徒刑。单位犯前款罪的，对单位判处罚金，并对其直接负责的主管人员和其他直接负责人员，依照前款的规定处罚。

**三、票据法上的行政处罚**

对实施票据诈骗行为，情节轻微，不构成犯罪的，依照国家有关规定给予行政处罚。

在《票据法》第 104 条、第 105 条中，还规定了对玩忽职守，违反承兑、付款或保证的金融机构工作人员的处分，对故意压票拖延支付的付款人的罚款、对直接责任人员的处分。这里所规定的处分，与上述行政处罚在性质上、责任程度上都不相同，不可等同视之。

**四、票据法上的民事责任**

《票据法》第 104 条第 2 款、第 105 条第 2 款、第 106 条及《票据管理实施办法》第 32 条、第 33 条、第 34 条，分别规定了三种场合中的两种民事责任：①金融机构工作人员玩忽职守，对违反《票据法》规定的票据予以承兑、付款、保证或者贴现给当事人造成损失的，由该金融机构和直接责任人员依法承担赔偿责任。②付款人对见票即付或者到期的票据，故意压票，拖延支付的，由中国人民银行处以压票、拖延支付期间内每日票据金额 0.7 ‰的罚款。③依照《票据法》规定承担赔偿责任以外的其他违反本法规定的行为，给他人造成损失的，应当依法承担民事责任。这里的行为，是指《票据法》第 104 条、第 105 条规定之外的违反票据法的行为，其中的民事责任应为财产责任。

**五、伪报票据丧失的法律责任**

伪报票据丧失，是指票据债务人没有丧失票据而以损害合法持票人为目的，伪造票据遗失、被盗等虚假情事，向人民法院申请公示催告和除权判决的不法行为。

《最高人民法院关于审理票据纠纷案件若干问题的规定》第 38 条规定了伪

报票据丧失的法律责任，《票据法》中没有相关规范。本书第十二章第四节有具体解说，此不赘论。

## 思考题

1. 票据责任有哪些特点？
2. 票据上有多人签名的，签名者之间是何种法律关系？
3. 同一般债务关系中连带责任相比较，票据上的连带责任有何特点？

# 第十二章

# 票据丧失后的救济

**学习目的和要求** 理解票据丧失的法律后果，了解我国《票据法》规定的失票救济制度，重点掌握挂失止付的要件和效力，公示催告的适用范围、效力，除权判决的要件、效力；对伪报票据丧失及其责任有所思考。

## ■ 第一节 票据的丧失及其后果

### 一、票据丧失的意义

票据的丧失，是指按照规定可以背书转让的票据的最后持有人，因票据被盗、遗失或者灭失等原因失去票据占有。票据丧失被简称为"失票"。[1]票据的丧失可分为，绝对丧失和相对丧失。因票据灭失而失去票据占有，无法重获占有的情形，构成绝对丧失。因票据被他人盗窃、遗失等失去票据占有，可以重获占有的情形，构成相对丧失。不同的丧失情形，在法律后果方面有所差异。至于票据的丧失，是否应以违反持票人的意愿为前提，值得进一步研究。[2]

---

[1] 根据《最高人民法院关于审理票据纠纷案件若干问题的规定》第25条，公示催告申请人是指，按照规定可以背书转让的票据在丧失票据占有以前的最后合法持有人。不过，出票人完成签章并将票据交付给收票人的，收票人也可能丧失票据。值得注意的是，出票人完成签章，但在交付至收票人之前，丧失票据的，票据行为尚未完成，票据权利也未成立，故应予以特别分析：其一，票据完全毁灭的，出票人重新出票即可；其二，票据丢失或者被他人非法占有的，票据权利虽未有效成立，但第三人可能被误导，且出票人或权利外观原理而负担责任，故应类推适用票据丧失的部分规则。

[2] 参见沁源县国新能源煤炭运销有限公司宁波梅山保税港区分公司与山西中煤焦化运销有限责任公司、山煤国际能源集团销售有限公司、中国中煤能源股份有限公司山西晋南销售分公司票据返还请求权纠纷案，上海市高级人民法院（2017）沪民申1417号民事裁定书；大冶市富通贸易有限公司与威县腾龙棉业有限公司票据返还请求权纠纷、返还原物纠纷案，河北省高级人民法院（2017）冀民申1314号民事裁定书；江苏三一工程设备有限公司与常州市武进双平电机有限公司票据返还请求权纠纷、返还原物纠纷案，江苏省高级人民法院（2015）苏审二商申字第00496号民事裁定书；凯澄起重机械有限公司与乌鲁木齐西豫盛通机械设备有限公司票据返还请求权纠纷、返还原物纠纷案，新疆维吾尔自治区乌鲁木齐市中级人民法院（2018）新01民终2100号民事判决书。

票据丧失问题，因票据的固有属性而产生。票据作为一种动产，既可能被毁灭而彻底不复存在，也可能非基于权利人的意愿而被他人占有。票据的丧失主要发生在纸质票据的情形中。电子票据一般不会"丧失"。盖电子票据已被无形化，其被载于电子票据系统之中。票据系统较为安全，且数据已被备份，一般不会发生绝对丧失的情形。不过，票据账户被非法入侵，他人非法控制票据权利人的账户，不妨被视为相对丧失的情形。

**二、票据丧失的法律后果**

表现在以下三个方面：

（一）失票人因失去了票据，不能行使票据权利

票据是完全证券，是票据权利的象征，离开票据就无法主张票据权利。失票人失去票据之占有，自然无法对票据债务人行使票据权利。票据为提示证券、缴回证券，失票人失去票据，不能向票据债务人为提示行为和缴回票据行为，从而也无法行使和实现票据权利。于票据绝对丧失的情形，票据本身已经毁灭，票据权利也归于消灭；于相对丧失的情形，票据本身未毁灭，失票人或未丧失权利，但已无法行使票据权利。

（二）失票人能够采取法定救济方法，防止损失

失票人虽然不能行使票据权利，但是失去票据并不像货币丧失那样，不易获得法律的救济。票据法为维持票据的安全性，维护票据权利人的合法利益，保障和促进票据的使用，特别规定了票据丧失后的救济制度。这一制度，专门解决票据丧失所发生的权利义务，使失票人有最后的但是十分可靠的法律保护条件。按照这一制度，失票人只要及时采取法定救济方法，就可免受损失。

（三）失票人未及时采取法定救济方法，票据款项被他人冒领且无法查到

票据绝对丧失的，任何人都无法占有原有的票据，故不会发生意外情况。于票据相对丧失的情形，票据被他人占有，故可能出现付款人无过失而票据被冒领、善意第三人取得票据的情况。在这两种场合，失票人便处于不利境地。具体分析如下：①失票人不得要求无过失的付款人承担责任，只能按民法上的侵权责任或不当得利相关规定，请求冒领者赔偿损失或退款（返还）。如果冒领者无法查明或者无力退还，失票人即要自负损失之后果。对此，我国《票据法》第57条第2款规定，付款人及其代理付款人以恶意或者有重大过失付款的，应当自行承担责任；第92条规定，付款人依法支付支票金额的，对出票人不再承担受委托付款的责任，对持票人不再承担付款的责任，但是，付款人以恶意或者有重大过失付款的除外。依前列两条款，付款人无恶意或者重大过失的，失票人即负担损失。之所以如此规定，一是不让无过失的付款人负担不利后果；二是对不及时采取法定救济方法的失票人分配不利后果，以示对其懈怠的应有

处理。②失票人不得请求善意取得人返还票据。善意取得人受票据法上"善意取得制度"之保护，其已成为票据权利人。[1]同时，失票人也无权要求票据债务人，对善意取得人拒绝履行票据债务。善意取得人既然为票据权利人，持有票据，票据债务人不能因原持票人的失票，对抗善意取得人的票据权利。

## ■第二节　票据丧失后的救济方法

### 一、概说

票据丧失后的救济，是指银行、出票人或法院应失票人的及时请求，按照法定程序，解决失票所发生的财产关系，维护失票人合法利益的制度。这一救济分为司法救济和非司法救济。司法救济由法院按照诉讼程序进行，而非司法救济由有关银行或出票人按规定进行。

票据丧失后的救济，目的和效果有二：一是防止冒领和善意第三人取得票据，以免失票人因此而受损失；二是对失票人进行利益补救，使失票人仍能取得本应依票据权利取得的利益。

### 二、救济方法的种类

票据丧失后的救济，是各国票据法都予设置的票据制度。日内瓦《统一汇票和本票法公约》《统一支票法公约》虽未规定，统一法系国家在本国的票据法中却不曾遗漏。我国自有票据法制以来，就有了可靠的救济方法，《票据法》《民事诉讼法》等法律中关于票据丧失的救济的规范体系，为失票人建立了有效的救济制度。各国票据法上虽然皆有救济制度，然而救济的具体方法各有不同。析其方法，大体有三种类型：

（一）挂失、公示催告、民事诉讼结合的方法

我国票据法采用这种方法。例如，我国《票据法》第15条第1款规定，票据丧失，失票人可以及时向付款人通知挂失止付，《民事诉讼法》规定失票人得向人民法院申请公示催告，或者向人民法院提起诉讼。我国台湾地区的"票据法"，规定了失票人止付通知和申请公示催告的救济方法。这一规定与《票据法》规定的方法，并无显著区别。香港《汇票条例》第69～70条关于失票救济的规定，与英国《汇票法令》第69～70条大致相同：失票人既能够请求出票人发给副本汇票，也可以诉讼。显然，这一救济方法与上述方法存在显著不同。

---

〔1〕　参见浙江省宁波浩盟工贸有限公司与江苏省扬州港口污泥发电有限公司、江苏省扬州金苹果纺织有限公司、江苏省扬州利祥纺织有限公司票据返还请求权纠纷案，江苏省扬州市中级人民法院（2012）扬商终字第0121号民事判决书。

### （二）公示催告、除权判决和判令支付的方法

统一法系国家，多采取这种救济方法。例如，德国《汇票与本票法》第 90 条第 1 款规定，失票人可以通过公示催告程序宣告丧失的或毁灭的票据无效；如果合法权利人在宣告无效前提供担保，那么在该程序开始后，该人得在票据到期时向汇票的承兑人或本票的出票人提出付款要求。法国《商法典》第 L 511－34 条规定，丧失票据者，可通过提供担保和证明其所有权，经法庭判决主张并获得丧失的汇票的付款。

### （三）诉讼、取得票据副本或者发出止付通知的方法

英、美票据法上，失票的救济以诉讼为主要手段，同时也采用其他方法。例如，英国《汇票法令》第 70 条、美国《统一商法典》第 3－804 条皆规定，失票人在向法院提供担保的条件下，可以通过诉讼程序实现票据利益。除此之外，英国《汇票法令》第 69 条还规定，失票人有权要求出票人提供与所失票据同样文义的汇票，但出票人有要求时，失票人应向出票人提供担保。美国《统一商法典》第 4－403 条还规定，失票人是与付款银行有账户往来或银行同意为其代收票据的任何人时，能够命令银行停止支付其账户应付款的任何票据。

## ■第三节　我国的失票救济制度

### 一、概说

我国的失票救济制度，主要由下列法律规定共同构成：

1.《票据法》第 15 条、第 57 条、第 92 条。其中，《票据法》第 15 条是一般性规定。

2.《最高人民法院关于审理票据纠纷案件若干问题的规定》第五部分"失票救济"。该部分包括 16 个条文（第 23～38 条），规定了失票救济的相关程序。

3.《民事诉讼法》第十八章"公示催告程序"（第 225～230 条）。该章包括六个法条，规定了公示催告程序、除权判决和失票诉讼。

4.《最高人民法院关于适用〈中华人民共和国民事诉讼法〉的解释》第二十部分"公示催告程序"。该部分包括 18 个条文（第 442～459 条），进一步细化了公示催告程序、除权判决等事宜。

5.《票据管理实施办法》第 19～21 条。

6. 中国人民银行《支付结算办法》第 48～50 条、第 71 条、第 113 条等条文。

根据上述规定，我国的失票救济方法共有四种：①失票人通知付款人挂失止付；②失票人向人民法院申请公示催告、除权判决；③失票人提供担保请求

出票人补发票据，或者请求付款人付款；④失票人与票据利害关系人提起诉讼。下面分别阐述。

## 二、挂失止付

### （一）挂失止付的意义

挂失止付，是指失票人将失票情况及时通知付款人，请求付款人停止支付所失票据的款项，付款人在未被冒领时满足失票人请求的失票救济方法。此处失票人仅限于曾经合法持有人。[1] 在民法学上，通知并非意思表示，而是一种准法律行为。

所谓"及时"通知，《票据法》就此未作具体的时间限制。失票人在失票后应立即采取挂失措施，特别是在票据遗失、被盗、被抢等相对丧失的情形，极易发生被冒领的现象，失票人更应立即通知付款人止付。否则，票款一旦被冒领，付款人只要尽到票据法规定的注意义务（《票据法》第57条、第92条），便无任何责任，失票人则要受损失。

由于我国各种票据均由银行或其他金融机构办理付款业务，故挂失止付中的付款人或者代理付款人，是所失票据上记载的付款银行或其他金融机构。

### （二）挂失止付的要件

失票人采取挂失止付方法，必须具备以下条件：

1. 失票人丧失的票据，是票据法准用挂失止付方法的票据。《票据法》第15条第1款规定，票据丧失，失票人可以及时通知票据的付款人挂失止付，但是，未记载付款人或者无法确定付款人及其代理付款人的票据除外。

2. 失票人须及时通知票据付款人。失票人采取挂失止付方法不及时，他人冒领票面金额的，不适用挂失止付方法，付款人可不再接受挂失止付（《票据管理实施办法》第21条）。不过，付款人在收到通知前完成付款，但就此存在恶意或重大过失的，应当继续承担责任（《支付结算办法》第51条）。值得一提的是，由于挂失止付本身不能阻却善意取得，故善意第三人取得票据之后，即便挂失止付已经完成，善意第三人也最终能够请求付款。

3. 失票人须按照中国人民银行关于挂失止付的规定（主要指《票据管理实施办法》第19~21条），办理挂失止付的手续。失票人应及时向付款银行提出书面通知，说明所失票据的情况，包括票据种类、编号、金额、期限、出票人、收款人、失票时间等，按银行的规定填写有关挂失的单证，缴纳挂失手续费等。同时，失票人也应向被请求的银行提供自己的有关证件或者证明。

---

〔1〕　参见利津县强盛塑料制品有限责任公司与青州贝特化工有限公司票据返还请求权案，山东省济南市市中区人民法院（2012）市商初字第229号民事判决书。

（三）挂失止付的效力

《票据法》第 15 条第 2 款规定，收到挂失止付通知的付款人，应当暂停支付。《票据管理实施办法》第 20 条规定："付款人或者代理付款人收到挂失止付通知书，应当立即暂停支付。付款人或者代理付款人自收到挂失止付通知书之日起 12 日内没有收到人民法院的止付通知书的，自第 13 日起，挂失止付通知书失效。"依前列规定，挂失止付的效力包括：

1. 收到挂失止付通知的付款人或者代理付款人，负有立即暂停支付的义务，无论任何持票人请求付款，都不得支付，否则付款人要对失票人的损失负责。不过，挂失止付并不能阻止票据流通。失票人欲阻止票据继续流转的，应当向法院申请公示催告（见下文）。挂失止付也不能让失票人恢复票据权利。失票人欲重新取得票据权利的，应当向法院申请除权判决（见下文）。

2. 失票人在挂失之后，如果不能及时发现所失票据，应当及早向人民法院申请止付通知书。如果延误时间，超过规定的时间，其挂失通知书失效，付款人或者代理付款人即解除暂停支付。持票人向银行发出的"挂失止付通知"和向法院发出的"止付通知"，在性质与效力上皆不相同。

（四）挂失止付与失票广告

挂失止付与失票广告，是两种性质、作用、效力都不相同的行为。挂失止付是一项准法律行为，对失票人有权利救济之法律效果。遗失票据后的各种广告（比如在各种新闻媒体上所作的失票广告），只是失票人向社会公众通告失票事实，以免因受取所失票据产生纠纷的行为。失票广告本身没有任何法律效力，对票据善意取得人、付款人皆无任何法律约束力。[1]例如，失票人仅在新闻媒体上作失票广告，但未向付款人提出挂失止付通知，付款人依票据法履行了付款审查义务而向其他人付款的，对失票人不再负有任何责任。相反，票据一旦被挂失，付款人应当停止付款，否则不能免责。

**三、公示催告和除权判决**

（一）公示催告

失票的公示催告，是指人民法院根据申请人的申请，以公告的方式公示申请人所失票据的情况，催告利害关系人于一定期限内，向法院申报权利，公告期满无人申报，根据申请人的申请依法判决除去所失票据的权利性质的民事非讼程序。

根据《票据法》第 15 条第 3 款，失票人应当在通知挂失止付后 3 日内，也

---

〔1〕　参见昆山科畅贸易有限公司与江苏先锋钢结构工程有限公司票据追索权纠纷案，江苏省高级人民法院（2019）苏民申 4579 号民事裁定书。

可以在票据丧失后，依法向人民法院申请公示催告。《民事诉讼法》第十八章系统地规定了公示催告的具体程序。

1. 公示催告的适用范围。《民事诉讼法》第225条第1款规定，按照规定可以背书转让的票据持有人，因票据被盗、遗失或者灭失，可以向票据支付地的基层人民法院申请公示催告。由此可见：①公示催告仅适用于按照规定可背书转让的票据丧失的情况。不可背书转让的票据丧失的，不能适用这一制度。[1] ②公示催告制度仅适用于可背书转让的票据被盗、遗失或者灭失三种情况，不能适用于其他票据纠纷。③公示催告仅适用于可背书转让票据持有人丧失票据提出申请的情况。此处所谓票据持有人，是指票据被盗、遗失或灭失前的最后持有人。换言之，所失票据的出票人、付款人、背书人、保证人等主体，皆无权申请公示催告。

2. 公示催告的管辖法院。依照《民事诉讼法》第225条第1款，票据支付地的基层法院受理公示催告申请，依法公示催告。

3. 公示催告的提起程序。失票人按照法律规定，向票据支付地的基层人民法院提交公示催告申请书，并在法院受理时，公示催告程序开始。公示催告申请书应当载明申请人姓名或名称、所失票据的金额、出票人、背书人等票据主要内容以及申请的理由、事实和请求（《民事诉讼法》第225条第2款）。法院在决定是否受理公示催告之申请时，应结合票据存根、丧失票据的复印件、出票人关于签发票据的证明、申请人合法取得票据的证明、银行挂失止付通知书、报案证明等证据（《最高人民法院关于适用〈中华人民共和国民事诉讼法〉的解释》第444条）。由于银行挂失止付通知书仅是其中考量因素之一，故挂失止付并非公示催告的前置程序。

4. 公示催告的公告方式与公告地点。《最高人民法院关于适用〈中华人民共和国民事诉讼法〉的解释》第446条明文规定，公告应当在有关报纸或者其他媒体上刊登，并于同日公布于人民法院公告栏内。人民法院所在地有证券交易所的，还应当同日在该交易所公布。《最高人民法院关于审理票据纠纷案件若干问题的规定》第31条则进一步限缩，规定公告登载的媒体须为"全国性"媒体。这一限定具有合理性，提高了第三人知晓失票情事的可能性。除此之外，本书认为，由于票据的特殊性，失票的公示催告不宜在证券交易所公布。目前，上海票交所是国内最大的票据交易平台，失票的公示催告公告在该票交所的交

---

[1]　值得注意的是，票据载有"不得转让"的，不属于此处"不可背书转让的票据"。盖"不得转让"之记载仅导致原背书人对后手的被背书人，不承担票据责任之效果（《最高人民法院关于审理票据纠纷案件若干问题的规定》第50条），不影响票据转让本身。是故，持票人丧失载有"不得转让"之票据的，也可申请公示催告。

易网络上公布，会有更好的公告效果。

5. 公示催告的公告期间。现行《民事诉讼法》第 226 条规定，人民法院受理公示催告申请后，应当同时通知支付人停止支付，并在 3 日内发出公告，催促利害关系人申报权利。公示催告的期间，由人民法院根据情况决定，但不得少于 60 日。鉴于票据的到期日可能较长，公告期间届满但可能未至到期日，为防止票据付款日之前申请人凭借法院的除权判决，从付款人处领取票款而损害利害关系人的合法权益，《最高人民法院关于适用〈中华人民共和国民事诉讼法〉的解释》第 447 条特别规定，公告期间不得少于 60 日，且公示催告期间届满日不得早于票据付款日后 15 日。

6. 公示催告的法律效力。公示催告的效力，是指人民法院依法公示催告所产生的效果，主要包括以下几点：

（1）防止第三人善意取得票据。票据被盗或者遗失之后，一旦发生第三人善意取得的情形，失票人就处于不利境地。按照善意取得制度，善意取得票据者能够行使票据权利，付款人不得拒绝。失票人及时向法院申请公示催告，法院以具有法律约束力的"公告"形式宣示失票情况和有关要求，不仅使社会公众知晓失票情事，而且使人们意识到这种"公告"的效力，知晓受取所失票据是无效行为。如此一来，人们在受取票据时会加倍注意，防止受取公示催告所涉票据。《民事诉讼法》第 227 条第 2 款规定，在公示催告期间，转让票据权利的行为无效。[1] 转让既然无效，善意取得即不会发生。盖善意取得即产生处分权瑕疵弥补效果，不能弥补转让合意无效之瑕疵。[2] 毫无疑问，这一规定会影响票据的正常流通，尚值得进一步斟酌。[3]

（2）付款人应停止支付，防止冒领和其他损害失票人合法利益现象的发生。《民事诉讼法》第 226 条规定，人民法院受理公示催告申请时，应同时通知支付人停止支付，并在 3 日内发出公告，催促利害关系人申报权利；第 227 条第 1 款规定，支付人收到人民法院停止支付的通知，应当停止支付，至公示催告程序终结。《最高人民法院关于审理票据纠纷案件若干问题的规定》第 30 条规定，

---

[1] 于我国司法实践中，有判决认为"对于公示催告期间转让票据行为无效的认定，应建立在其后的除权判决由人民法院依法作出，且未被人民法院依据民诉法第二百二十三条之规定在利害关系人提起的诉讼中依法予以撤销的基础之上，否则将严重损害票据的流通性，阻碍票据支付、汇兑功能的发挥，与公示催告程序的初衷相悖"［建华建材（莱阳）有限公司与邯郸市团亿物资有限公司票据返还请求权纠纷案，河北省邯郸市中级人民法院（2019）冀 04 民再 23 号民事判决书］。

[2] 不可否认的是，失票公告有别于不动产等财产登记，能否期待第三人时刻关注法院发布在全国性媒体、法院公告栏、证券交易所中的海量公告，并非毫无争议。公示催告能够阻却第三人善意取得，意味着立法者采取了下述法政策：优先保护真正的票据权利人。

[3] 参见邢海宝：《票据公示催告的限缩与转向》，载《法学》2018 年第 5 期。

付款人或者代理付款人收到人民法院发出的止付通知，应当立即停止支付，直至公示催告程序终结。非经发出止付通知的人民法院许可擅自解付的，不得免除票据责任。

（3）催促利害关系人向受理法院申报权利。人民法院受理公示催告申请后，其所发布的公告应登载于报刊。受理法院发出公告之后，利害关系人应当在公示催告期间向受理法院申报权利。超过法定期限未申报的，人民法院便作出判决，宣告所失票据无效。根据《民事诉讼法》第 226 条，公示催告的期间，由人民法院根据情况决定，但不得少于 60 日。

利害关系人申报权利的，人民法院以裁定方式终结公示催告程序，并通知申请人和支付人。申请人或者申报人可以向人民法院起诉。无利害关系人申报权利的，人民法院应当根据申请人的申请，作出判决，宣告票据无效。判决应当公告，并通知支付人。自判决公告之日起，申请人有权向支付人请求支付。《民事诉讼法》第 230 条规定，利害关系人因正当理由不能在判决之前向人民法院申报的，自知道或者应当知道判决公告之日起 1 年内，可以向作出判决的人民法院起诉。

（4）失票人得于公示催告公告期满，申请对所失票据进行除权判决。公示催告期间届满而无利害关系人申报的，申请人应自期间届满的次日起 1 个月内申请人民法院作出判决，逾期不申请的，法院终结公示催告程序。申请人申请判决的，受理法院依法作出所失票据的除权判决，除去所失票据的权利属性，使之不再具备票据的性质和功效。

（二）除权判决

1. 除权判决的意义。除权判决，是人民法院在公示催告期间内没有利害关系人申报权利或者申报被依法驳回时，应失票人之申请，依法宣告所失票据无效的判决。简言之，除权判决就是法院依法去除票据效力的判决。

2. 除权判决的效力。概括地讲，除权判决的效力是推定失票人是票据权利人，且所失票据无效，实际持票人既不得主张付款请求权，也不得行使追索权。[1]具体而言：①所失票据失去票据的性质和功效，他人即便占有该票据，也不能享有票据权利（包括追索权）;[2]②推定失票人是票据权利人，失票人得依除权判决请求付款人付款，付款人不得拒付。法院在作出除权判决时，并不会对票据权利关系进行实质审查，故除权判决的申请人并不必然是真实权利人，

---

〔1〕 参见浙江吉利控股集团汽车销售有限公司与济宁中油石化有限公司票据追索权纠纷案，山东省济宁市中级人民法院（2018）鲁 08 民终 4531 号民事判决书。

〔2〕 参见南京物特贸易有限公司与江阴市劲松科技有限公司买卖合同纠纷案，江苏省南京市中级人民法院（2013）宁商终字第 392 号民事判决书。

其他当事人自可通过提供相反证据，撤销除权判决。[1]

3. 除权判决和公示催告的关系。根据《民事诉讼法》第十八章，除权判决和公示催告是公示催告程序的两个阶段。人民法院受理失票人公示催告申请后，依法公告，催促利害关系人申报权利，公告期内有利害关系人申报权利的，公示催告程序应当终结；公告期间届满没有利害关系人申报权利的，程序是否继续，取决于失票人是否在法定期间（《最高人民法院关于适用〈中华人民共和国民事诉讼法〉的解释》第450条规定的期限是，自公示催告公告期间届满之日起1个月）申请除权判决。[2]失票人申请判决的，法院作出除权判决时，公示催告程序终结；逾期不申请判决的，公示催告程序也终结。尽管程序皆被终结，但法律效果并不相同。

4. 未申报权利人的利害关系人的救济。于票据相对丧失的情形，公示催告程序涉及的票据事实上被他人持有，甚至是善意取得人持有，而持票人可能由于正当理由，不但未能在公示催告期间申报权利，而且也不知道除权判决之公告。为平衡持票人和失票人之间的利益关系，《民事诉讼法》第230条规定，利害关系人因正当理由不能在判决前向人民法院申报的，自知道或者应当知道判决公告之日起1年内，可以向作出判决的人民法院起诉。利害关系人主要是指持票人，且不限于背书转让的持票人。[3]《最高人民法院关于适用〈中华人民共和国民事诉讼法〉的解释》第457~459条，就利害关系人的救济程序，作了详细的规定。

利害关系人的起诉，受制于下列要件：①利害关系人须合法持有公示催告程序涉及的票据；②须在除权判决前，未向审理公示催告案件的法院申报权利；③须未申报权利有正当理由，比如因为洪水、地震、交通断绝或因患重病等而迟误申报，或者因为法院没有公告或未依法定方式公告等而无法申报等；④须以公示催告申请人为被告；⑤须向作出除权判决的人民法院起诉。

利害关系人的起诉属于票据纠纷，适用普通诉讼程序，且其诉讼请求以撤销除权判决为主。法院经审理认定起诉理由成立的，应当判决撤销除权判决，确认利害关系人为票据权利人，否则驳回诉讼请求。不过，即便利害关系人只诉请确认其为票据权利人，而未请求撤销除权判决的，法院应当在判决书写明：

---

[1] 参见深圳创维-RGB电子有限公司山西分公司与介休市华旗选煤有限公司票据损害责任纠纷案，广东省高级人民法院（2017）粤民再137号民事判决书。

[2] 除非公示催告申请人主动申请除权判决，法院不得依职权主动作出除权判决。参见枣庄市欧健医疗器械有限公司与枣庄兴邦商贸有限公司等票据损害责任纠纷案，山东省枣庄市中级人民法院（2013）枣民四商终字第26号民事判决书。

[3] 票据的其他背书人嗣后通过后手退票的方式持有票据的，也属于利害关系人。参见厦门柏拉商贸有限公司与福建省长乐市福隆纺织有限公司票据纠纷案，福建省福州市中级人民法院（2015）榕民终字第4194号民事判决书。

确认利害关系人为票据权利人的判决作出后除权判决即被撤销。[1]

利害关系人胜诉，除权判决被撤销的，该判决自始无效，公示催告申请人自始未取得票据权利。相反，胜诉的利害关系人可请求付款人或承兑人给付票款。公示催告申请人在此之前已取得票款的，构成不当得利，须向胜诉的利害关系人返还其所受票款。公示催告申请人并非票据丧失占有前的最后合法持票人，且存在过错的，应就其申请公示催告行为对合法票据权利人所造成的损失，负担侵权赔偿责任。[2]

**四、失票人请求出票人补发票据，或者请求付款人付款**

根据《最高人民法院关于审理票据纠纷案件若干问题的规定》第 34 条的规定，票据丧失后，失票人在票据权利时效届满以前提供相应担保的情况下，可以请求出票人补发票据，或者请求债务人付款。出票人、付款人或者承兑人拒绝的，失票人可以通过诉讼寻求人民法院的支持。

**五、诉讼**

因失票引发的票据权利争议，当然可通过民事诉讼的方法解决。于失票的情形中，公示催告并非民事诉讼的前置程序。[3]就此而言，《票据法》第 15 条第 3 款，《最高人民法院关于审理票据纠纷案件若干问题的规定》第 23 条、第 34 ~ 37 条以及《民事诉讼法》第 26 条、第 200 条，皆有比较具体的规定。此些规定分别涉及确认所失票据无效之诉、失票后提供担保请求补发票据或者付款之诉、返还票据之诉等。

## ■第四节　伪报票据丧失及其责任

### 一、伪报票据丧失的意义和性质

（一）意义

伪报票据丧失，是指票据债务人没有丧失票据而以损害合法持票人为目的，

---

[1]　参见《第八次全国法院民事商事审判工作会议纪要（商事部分）》（2015 年）在第三部分"关于票据纠纷案件的审理问题"第 17 条。

[2]　参见深圳创维 – RGB 电子有限公司山西分公司与介休市华旗选煤有限公司票据损害责任纠纷案，广东省高级人民法院（2017）粤民再 137 号民事判决书；枣庄市欧健医疗器械有限公司与枣庄兴邦商贸有限公司等票据损害责任纠纷案，山东省枣庄市中级人民法院（2013）枣民四商终字第 26 号民事判决书。

[3]　参见鞍山市华俊钢材有限公司与济源市昊天实业有限公司票据返还请求权纠纷、返还原物纠纷案，辽宁省高级人民法院（2018）辽民申 529 号民事裁定书夏杰与上海浦东发展银行成都分行、七色纺商业连锁有限公司票据利益返还请求权纠纷、返还原物纠纷案，四川省高级人民法院（2016）川民再 419 号民事判决书。

伪造票据遗失、被盗等虚假情事，向人民法院申请公示催告和除权判决的不法行为。伪报票据丧失也常被称为"虚构票据丧失"。就这一概念，简要解释如下：①伪报票据丧失是票据债务人的行为。伪报人是出票人、出让人等曾经持有票据，但已转让了票据，且应当承担票据责任的主体；[1]②伪报人没有丧失票据的客观事实，伪造了票据遗失、被盗、灭失等虚假情况；③伪报人的目的是损害合法持票人，意图通过公示催告程序否定持票人的权利，并获取不法利益；④伪报人向人民法院申请公示催告程序，并被法院受理。人民法院没有受理公示催告申请的，不构成伪报票据丧失。

例如，买受人甲公司为支付货款将一张银行承兑汇票背书转让给出卖人乙公司，后双方因履行买卖合同发生纠纷，甲公司要求乙公司返还汇票。但是，乙公司已将汇票背书转让给不知情的丙公司，并从丙公司取得了对价利益。甲公司为阻止付款，向承兑银行挂失后立即向承兑银行所在地的基层人民法院申请公示催告，法院受理了案件，在人民日报海外版上作了公示催告公告。丙公司从来不看这个报纸，无从知晓公告，未能在公告期内申报权利。公示催告公告期满，甲公司很快申请并得到除权判决。丙公司在汇票到期日向承兑银行请求付款时才知道票据已经被除权，承兑银行不予付款，丙公司得不到付款，受到损失，不得不提起诉讼，请求法院撤销除权判决。甲公司申请公示催告和除权判决的行为，具备了伪报票据丧失的条件，构成伪报票据丧失。

（二）性质

伪报票据丧失是一项不法行为。欲抑制此等不法行为，一方面需法院进行严格审查，避免行为人轻易地完成公示催告，欺骗法院作出除权判决，另一方需加大打击力度，课予伪报人法律责任。

就后者而言，《最高人民法院关于审理票据纠纷案件若干问题的规定》第38条就该行为作了原则性规定：对于伪报票据丧失的当事人，人民法院在查明事实，裁定终结公示催告或者诉讼程序后，可以参照《民事诉讼法》第114条的规定，追究伪报人的法律责任。[2]不过，《民事诉讼法》第114条，仅规定了伪报人应

---

〔1〕　不过，曾经未持有票据的主体，也可能伪报票据丧失。

〔2〕　现行《民事诉讼法》第114条规定，诉讼参与人或者其他人有下列行为之一的，人民法院可以根据情节轻重予以罚款、拘留；构成犯罪的，依法追究刑事责任：①伪造、毁灭重要证据，妨碍人民法院审理案件的；②以暴力、威胁、贿买方法阻止证人作证或者指使、贿买、胁迫他人作伪证的；③隐藏、转移、变卖、毁损已被查封、扣押的财产，或者已被清点并责令其保管的财产，转移已被冻结的财产的；④对司法工作人员、诉讼参加人、证人、翻译人员、鉴定人、勘验人、协助执行的人，进行侮辱、诽谤、诬陷、殴打或者打击报复的；⑤以暴力、威胁或者其他方法阻碍司法工作人员执行职务的；⑥拒不履行人民法院已经发生法律效力的判决、裁定的。人民法院对有前款规定的行为之一的单位，可以对其主要负责人或者直接责任人员予以罚款、拘留；构成犯罪的，依法追究刑事责任。

承担罚款、拘留、刑事责任等公法上的责任，并未明确伪报人的民事责任。

## 二、伪报票据丧失的民事责任

伪报票据丧失，浪费了司法资源，损害了司法秩序，同时还损害了国家对有价证券的管理以及扰乱了票据市场秩序等。不过，这一不法行为直接损害了持票人的权利。是故，票据法应当明确伪报人的民事责任。于现行法体系下，伪报票据丧失的民事责任主要应以《民法典》为基础。

1. 票据关系是特种债权债务关系，原则上不能适用合同法规范。不过，如果伪报人与持票人存在直接的法律关系，那么也存在适用《民法典》合同法规定之余地。例如，出票人（买受人）与收票人（出卖人）达成一项买卖合同，并约定以票据支付所涉价金；出票人向收票人交付票据时，当事人存在一项基础协议，即以票据支付价金，并将该票据转让给收票人；出票人事后伪报票据丧失的，属于违反基础协议的情形，自应负担违约责任。

2. 票据权利是一项债权，原则上不受侵权责任规范之保护。不过，第三人侵害债权已经得到了普遍承认，且现行《民法典》第1165条第1款中的"民事权益"，并未将债权排除在侵权法保护之外。伪报票据丧失，是伪报人故意侵害持票人票据权利的行为，持票人可依侵权责任编的相关规定（尤其是第1165条第1款），请求伪报人负担侵权赔偿责任。这一见解得到了我国司法实践的广泛支持。[1] 根据《全国法院民商事审判工作会议纪要》（法〔2019〕254号）第106条之规定，合法持票人不仅有权请求法院撤销除权判决，而且在伪报人凭除权判决从付款人处获得票款的情形中，有权请求伪报人承担侵权损害赔偿责任。

3. 伪报人故意虚构票据丧失的事实，且受让票款的，还会构成侵害型不当得利。由于伪报人并无保有票款的法律依据，票据权利人还可依民法上的不当得利规则（《民法典》第985条），请求伪报人返还票款。

## 思考题

1. 丧失票据会发生什么样的法律后果？
2. 我国《票据法》上的挂失止付需要哪些条件？有什么法律效力？
3. 公示催告适用于何种情况？
4. 公示催告有何法律效力？
5. 如何看待伪报票据丧失的性质和法律责任？

---

〔1〕　参见熊毅、冒金山：《虚构票据丧失事实申请公示催告构成侵权》，载《人民司法（案例）》2014年第20期。

# 第二编　汇　票

## 第二编之一　汇票的基本原理

第十三章

# 汇票的意义、特点与种类

　　**学习目的和要求**　理解汇票的意义和特点；掌握票据的种类，尤其是我国《票据法》规定的票据种类；要求能够轻松地从票据关系当事人的不同、票据信用可靠度的不同、票据权利实现的程序不同等方面，分辨银行汇票、银行承兑汇票、财务公司承兑汇票、商业承兑汇票。

## ■第一节　汇票的意义与特点

### 一、汇票的意义

　　依《票据法》第19条第1款之规定，汇票是出票人签发的，委托付款人在见票时或者在指定日期无条件支付确定的金额给收款人或者持票人的票据。

　　（一）汇票是票据之一种

　　《票据法》第2条第2款规定，本法所称票据，是指汇票、本票和支票。汇票是一种法定的票据，与本票、支票同为金钱证券，在一定程度上替代货币，进行支付结算。因此，票据的各种性质在汇票上都有体现。

　　（二）汇票是委托他人付款的票据

　　汇票是委托证券，即出票人委托他人向收款人或持票人付款的票据。因此汇票关系的基本当事人有三方：出票人、付款人、收款人。其中，出票人与收款人之间有票据原因关系，出票人才向收款人签发汇票；出票人与付款人之间有票据资金关系，出票人才能委托付款人付款。出票人"撤销付款委托只是撤销了先前授予付款人的付款权限，持票人接受的付款的权限并不因此消灭"。[1]付款人向收款人支付票面金额之后，有同出票人结算、清结资金关系之权利义务。在某些情形中，商业承兑汇票的出票人和收款人或者付款人（承兑人）可以为同一人（《支付结算办法》第 79 条第 1 款）。在出票人兼任收款人的情形中不存在票据原因关系，在出票人兼任付款人的情形中，不存在票据资金关系。

（三）汇票是可由出票人依法选择付款日的票据

各种票据都有付款日，但支票限于见票即付，因此属于"支付证券"。汇票的付款日，《票据法》第 25 条规定了四种：见票即付、定日付款、出票后定期付款、见票后定期付款。《票据法》第 17 条第 2 款规定，票据的到期日由票据当事人依法确定。依上述规定，出票人在出票时，经受票人同意，可在四种付款日中选定一种，记载于汇票上。除见票即付的汇票外，其他三种到期日的汇票都是远期付款，有较大的信用功能。可见，汇票对当事人有方便和信用之利。电子商业汇票只能是定日付款票据（《电子商业汇票业务管理办法》第 13 条第 1 款）。

**二、汇票的特点**

汇票的特点，是指汇票相对于本票和支票所独有的特点。它主要有以下几点：

（一）汇票是有承兑程序的票据

所谓承兑，是指远期汇票付款人承诺在汇票到期日支付汇票金额的票据行为。《票据法》第 39 条规定，见票即付的汇票无需提示承兑，定日付款、出票后定期付款、见票后定期付款这三种到期日的汇票，持票人都"应当"向付款人请求承兑。这种规定，即是对汇票这一特点的确认。

汇票的承兑程序，是由汇票的性质决定的。汇票属于委托证券，而出票行为是单方法律行为，不能为付款人设定必须付款的义务，付款人是否承担无条件付款的义务，需要有本人的意思表示，承兑，就是这种意思表示。付款人承兑汇票后，承担到期付款的责任，未经承兑的，持票人无权要求付款人付款。与此相对，支票和本票都无需承兑。

支票虽然也是委托证券，但又为见票即付的票据，持票人提示票据请求付款之日，就是付款人立即付款之时。《票据法》第 89 条第 2 款规定，出票人在

---

〔1〕〔日〕末永敏和：《日本票据法原理与实务》，张凝译，中国法制出版社 2012 年版，第 87～288 页。

付款人处的存款足以支付支票金额时，付款人应当在当日足额付款，即为此义。从票据原理上讲，支票的付款人限于银行和其他金融机构，支票出票人必须在银行或其他金融机构开立存款账户，而且，签发的支票的金额不得超过其付款时在付款人处实有的存款额。付款人实际上是以出票人的资金向持票人付款，其付款行为实为"代理付款"。既然出票人出票时已载明付款人无条件地从自己的存款中向持票人付款，付款人就不必作承兑的行为，而是必须无条件支付。并且，支票的付款人不能进行承兑。

本票是自付证券，出票人就是付款人，他在出票时就已负担了由自己于本票到期日无条件付款的义务，因此，也无需另为承兑行为。如前所述，在商业承兑汇票中，出票人可以是付款人，此时仍需承兑行为。

（二）汇票的付款人可以是银行之外的人

汇票有银行汇票和商业汇票之分，银行汇票由银行充当出票人和付款人，商业汇票中的银行承兑汇票的付款人是承兑银行，商业承兑汇票则由银行之外的企（事）业法人充当付款人。

不同的是，支票的付款人有严格的资格限制，只能是"办理支票存款业务的银行或者其他金融机构"（《票据法》第81条）。这里所指的其他金融机构，是经过国家批准的从事金融活动的机构，如农村信用合作社等。本票的付款人，依《票据法》第73条第2款"本法所称本票，是指银行本票"的规定，也只能是银行。外国票据法上有"商业本票"，即非银行企业签发的，由自己到期无条件付款的票据，我国票据法上未承认这种本票。

（三）汇票是远期信用证券

支票为见票即付的票据，主要发挥支付手段功能，信用功能很弱，因而在票据法原理中属于"支付证券"，不是"信用证券"。本票虽与汇票同为信用证券，但是，本票的付款期限较短，依《票据法》第78条之规定，本票自出票日起，付款期限最长不得超过2个月，其信用功能虽存在，但因付款期限短，也显得不是太强。而在汇票，除见票即付者外，其他三种到期日的汇票，付款期限可以大大超过本票。电子商业汇票的付款期限虽然最长不为1年，但是也远超本票。付款期限越长，信用时间自然就越长，因而，汇票属于远期信用证券。对于出票人来说，付款期限长就等于从收款人处得到较长时间的借款，虽然要照付利息，但也有着较大的好处。在实践中，汇票还是银行授予客户信用的方式，银行通过承兑商业汇票的形式进行授信。[1]

---

[1] Vgl. Sieg, Handels-und Wertpapierrecht für Versicherungskaufleute, 1978, S. 90.

## ■第二节　汇票的种类

### 一、我国《票据法》规定的汇票种类

《票据法》第19条第2款规定："汇票分为银行汇票和商业汇票。"

（一）银行汇票

我国《票据法》没有给银行汇票下定义。《支付结算办法》第53条第1款规定："银行汇票是出票银行签发的，由其在见票时按照实际结算金额无条件支付给收款人或者持票人的票据。"因此，银行汇票即银行作为出票人签发的汇票。根据我国银行汇票的实务，这种汇票是银行向汇款人收妥款项后签发给汇款人以便其在异地办理转账结算或支取现金的汇票。通俗的说，是需要使用汇票的人（即申请人），向银行交足汇票金额换取的汇票。银行汇票的申请人并非票据当事人，不具有票据上的权利义务［《中国人民银行关于银行汇票等有关问题的复函》（银条法〔2000〕37号）］。银行汇票的出票金额并非票据金额，收款人根据实际上需要的款项所填写的实际结算金额才是票据金额（《支付结算办法》第61条）。

银行汇票还可以进一步分为银行现金汇票和银行转账汇票。

银行现金汇票是汇票上有出票银行按规定载明的"现金"字样的汇票，此种汇票申请人或者收款人只能是个人，且不能背书转让（《支付结算办法》第59条第3款、第27条第1款）。票面上载有"转账"字样或未记载"现金"字样的，是银行转账汇票。所谓转账，即通过银行将应付金额自付款人资金账户划转收款人资金账户，不发生现金支付，但与现金支付效果相同的支付方式。

这两种汇票的用途不同。银行现金汇票可用于支取现金；银行转账汇票一般用于结算，不用于支取现金。需要支取现金的，付款银行按照现金管理规定审查后才予支付。

（二）商业汇票

银行之外的出票人签发，由银行或者银行之外的人作为付款人进行承兑，于到期日向持票人无条件支付票面金额的汇票，叫做商业汇票。商业汇票可以在出票时就经过付款人承兑然后使用，也可以在出票后先使用再向付款人提示承兑。对于持票人而言，先承兑后使用的商业汇票，比先使用后提示承兑的商业汇票安全性大。

根据票据载体的不同，商业汇票分为纸质商业汇票和电子商业汇票。电子商业汇票是指出票人依托电子商业汇票系统，以数据电文形式制作的，委托付款人在指定日期无条件支付确定金额给收款人或者持票人的票据（《电子商业汇

票业务管理办法》第 2 条第 1 款）。电子商业汇票因其安全性、便捷性和低成本，逐步替代纸质商业汇票。2016 年 8 月 27 日，《中国人民银行关于规范和促进电子商业汇票业务发展的通知》明确：有效提升电票业务占比，确保办理的电票承兑业务在本机构办理的全部商业汇票承兑业务中金额占比逐年提高；自 2017 年 1 月 1 日起，单张出票金额在 300 万元以上的商业汇票应全部通过电票办理；自 2018 年 1 月 1 日起，原则上单张出票金额在 100 万元以上的商业汇票应全部通过电票办理。2018 年 5 月 2 日，《中国银行保险监督管理委员会办公厅关于规范银行业金融机构跨省票据业务的通知》公布，自 2018 年 11 月 2 日起，停止跨省纸质商业汇票的贴现、买入返售（卖出回购）业务，纸质商业汇票的使用范围受到进一步限制。

需要注意的是，针对纸质商业汇票的票据行为在特定情形中可以采用电子形式实施。例如，根据《票据交易管理办法》第 22 条的规定，已贴现票据背书通过电子形式办理，电子形式背书是指在票据市场基础设施以数据电文形式记载的背书，和纸质形式背书具有同等法律效力。但这并不代表该票据为电子商业汇票，仍属于纸质商业汇票。

根据承兑人的差异，商业汇票分为商业承兑汇票、银行承兑汇票和财务公司承兑汇票。依据《支付结算办法》第 80 条第 1 款的规定，商业汇票可以在出票时向付款人提示承兑后使用，也可以在出票后先使用再向付款人提示承兑。易言之，并非所有商业汇票均经过承兑。商业汇票是"商业承兑汇票"和"银行承兑汇票"的统称，是一个抽象概念，商业承兑汇票和银行承兑汇票才是具体的、在票据实务中使用的票据。

1. 商业承兑汇票。商业承兑汇票是指由银行业金融机构以外的企（事）业法人承兑的商业汇票。[1]

这种汇票，可由交易关系中的付款人签发，也可由收款人签发，由何方签发，按双方约定。付款人签发的，由本人承兑；由收款人签发的，则应交付款人承兑。也就是说，商业承兑汇票的承兑人是票据上记载的付款人（参见本书第一章第三节"我国票据的样式"中"商业承兑汇票"的样式）。商业承兑汇票的承兑人只能是企（事）业法人，不能是非法人机构或者自然人。商业承兑汇票的承兑人应当符合相关准入条件。依据中国人民银行〔2020〕第 19 号公告，商业承兑汇票的承兑人有义务在票据信息披露平台披露承兑信息。

2. 银行承兑汇票。银行承兑汇票是指银行和农村信用合作社承兑的商业汇票。这种汇票，在票据上承兑的不是交易关系中的付款人，而是出票人的开户

---

[1]　参见《商业汇票承兑、贴现与再贴现管理办法》第 10 条。

银行。换言之，商品交易关系中，付款人使用银行承兑汇票，自己是出票人但不是票据上的付款人，自己不为承兑行为。实践中，往往是出票人先申请银行承兑，得到银行承兑记载返回后，再将汇票返还给出票人。此时，出票人的开户银行担当票据付款人和承兑人，出票人则处于"承兑申请人"地位。银行同意为其签发之汇票担当付款人和承兑人时，在汇票上记载"承兑"字样并签章。出票人将经银行承兑的汇票交收款人，银行的承兑行为才完成。收款人于到期日即对承兑银行行使付款请求权，承兑银行负有无条件支付票面金额的义务（参见本书第一章第三节"我国票据的样式"中"银行承兑汇票"的样式）。对于电子商业汇票而言，根据《电子商业汇票业务管理办法》第 32 条的规定，电子商业汇票交付收款人前，应由付款人承兑。因此，电子商业汇票不存在持票人提示付款人承兑的问题，[1] 亦不存在拒绝承兑的问题。[2]

与商业承兑汇票相比较，除承兑人不同这一点之外，更主要的区别在于：商业承兑汇票是付款人利用自己的资金信誉，承诺在到期日无条件向持票人付款；而银行承兑汇票，则是利用银行的资金信誉，由银行向收款人承诺，于到期日无条件付款。由于银行承兑汇票的承兑人需要取得办理票据承兑业务的金融许可，并且受到中国人民银行和中国银保监会的指标监管，其信用通常比其他人的信用可靠度要高很多，银行承兑汇票之安全性，显然超过商业承兑汇票。

3. 财务公司承兑汇票。财务公司承兑汇票是指企业集团财务公司承兑的商业汇票。[3] 依据《企业集团财务公司管理办法》第 2 条的规定，财务公司是指以加强企业集团资金集中管理和提高企业集团资金使用效率为目的，为企业集团成员单位提供金融服务的非银行金融机构。虽然实践中由财务公司承兑的商业汇票经常使用银行承兑汇票字样，[4]《电子商业汇票业务管理办法》第 2 条第 3 款也规定财务公司承兑的电子商业汇票归入电子银行承兑汇票，但其实质上并

[1]　参见吉林集安农村商业银行股份有限公司、龙里国丰村镇银行有限责任公司与新疆乌苏农村商业银行股份有限公司票据追索权纠纷案，中华人民共和国最高人民法院（2020）最高法民终 895 号民事判决书。

[2]　参见大同冀东水泥盾石工程有限责任公司等与沛县恒旭建材经营部票据追索权纠纷案，江苏省徐州市中级人民法院（2020）苏 03 民终 726 号民事判决书。

[3]　《商业汇票承兑、贴现与再贴现管理办法》已经明确采纳了这一分类。已经运行的新一代票据业务系统也采纳了这一分类，不再将财务公司承兑汇票标记为银行承兑汇票。参见上海票据交易所《新一代票据业务系统票据包信息展示格式标准说明》。

[4]　参见上海福宇龙汽车科技有限公司与重庆力帆财务有限公司、重庆理想智造汽车有限公司票据纠纷案，重庆市第一中级人民法院（2019）渝 01 民初 1053 号民事判决书；南京丰道电力科技有限公司与上海金智晟东电力科技有限公司等票据追索权纠纷案，上海金融法院（2020）沪 74 民终 859 号民事判决书。

非银行承兑汇票。银行承兑汇票的承兑主体只能是银行业金融机构，而财务公司属于非银行业金融机构。与商业承兑汇票的承兑主体相比，财务公司受到中国银行业监督管理委员会的监督管理，其信用度通常更高。与商业承兑汇票相同，财务公司承兑汇票的承兑人同样需要履行信息披露义务。[1]

**二、汇票的其他分类**

汇票，除像我国《票据法》第 19 条那样，根据出票人的不同分为银行汇票和商业汇票外，在学理上还可以按照其他标准进行分类。

（一）即期汇票和远期汇票

按照汇票上记载的到期日的近远不同，将汇票分为即期汇票和远期汇票。

1. 即期汇票。即期汇票就是见票即付的汇票。这种汇票，不记载具体的到期日，持票人提示票据请求付款之日，就是票据付款日。

2. 远期汇票。远期汇票是指汇票上记载的到期日与出票日之间相隔一定期间，持票人只能于票据上记载的到期日请求付款的汇票。定日付款、[2]出票后定期付款（又称计期汇票）、见票后定期付款（又称注期汇票，从承兑起计算定期）这三种到期日的汇票，都属于远期汇票。

区分这两种汇票，实益主要有二：①即期汇票的持票人得随时向付款人提示汇票，请求付款，以便及时收取票据款项；远期汇票的持票人则只能在票据载明的将来的一定日期请求付款。②即期汇票为见票即付的票据，无需承兑程序，对持票人来说，自然方便；远期汇票均以承兑为必要程序，未经承兑不能请求付款。

（二）记名式汇票和无记名式汇票

按照出票时是否记载收款人名称，将汇票分为记名式汇票和无记名式汇票两种。

1. 记名式汇票。出票人出票时记载收款人姓名或名称的汇票，是记名式汇票。

记名式汇票中还有另外一种，即指示式汇票，是指出票时不仅记载收款人姓名或名称，还记载有"或其指定人"字样的汇票。

2. 无记名式汇票。出票人出票时不记载收款人姓名或名称的汇票，是无记名式汇票。不记名仅限于出票时，背书转让票据、请求承兑或付款必须有被背书人、收款人的姓名或名称。这种汇票是空白票据的一种。

─────────────

[1] 《商业汇票承兑、贴现与再贴现管理办法》第 27 条规定：商业承兑汇票承兑人和财务公司承兑汇票承兑人应当按照人民银行规定披露票据主要要素及信用信息。关于财务公司承兑票汇信息披露的规定，参见《中国人民银行〔2020〕第 19 号公告》、上海票据交易所《商业汇票信息披露操作细则》。

[2] 依据《电子商业汇票业务管理办法》第 13 条第 1 款，电子商业汇票只能定日付款。

　　我国《票据法》第 22 条把收款人名称定为出票时"必须记载事项"之一，还明定未记载的，"汇票无效"。因此，我国票据法不承认无记名式汇票。[1] 虽然根据《最高人民法院关于审理票据纠纷案件若干问题的规定》第 48 条的规定，背书人未记载被背书人名称即将票据交付他人的，持票人在票据被背书人栏内记载自己的名称与背书人记载具有同等法律效力，但收款人不能补记自己的名称。

　　比较法上，依据日内瓦《统一汇票和本票法公约》第 1 条和第 2 条的规定，汇票必须记载收款人或者其指定人的名称，否则不产生票据效力。而根据英国《汇票法令》第 3 条和第 7 条的规定，汇票并非必须记载特定收款人，持票人（来人）即可要求付款。

　　区分记名式汇票和无记名式汇票的实益，有两个方面：①流通方式不同。记名式汇票的转让必须以背书及交付的方式进行；而无记名式汇票的转让，仅有票据交付即可，不需出让人背书。然如允许记名式汇票空白背书，其同样可以交付而转让，与无记名式汇票并无差异。[2]②区别票据出让人在票据权利转让之后是否负担票据责任。记名式票据，在背书转让后，背书人对持票人负担票据责任；无记名式票据，出让人在票据上未签名，出让票据后便退出票据关系，不再负担票据责任。

　　无记名式汇票，有利有弊。若论其利，在于转让方便，记名式汇票之转让，持票人须以背书方式，签名于票上；而无记名式汇票，只需交付票据即生权利转移之效果。更深一层，无记名汇票之转让，由于票面上未记载原持票人姓名或名称，汇票转让后，原持票人即退出票据关系，一旦发生票据权利义务纠纷，他便能够因为汇票上无其签名，拒负责任。"凡在票据上签名者，须就票据文义负责"是各国票据法公认的原则。[3]反过来说，未在汇票上签名者，自不应承担票据责任。显然，无记名式汇票对票面上无名称记载的持票人有利。无记名之弊，在于加大汇票受让人的注意义务和风险，一旦付款人拒绝承兑或者拒绝付款，持票人可追索的债务人范围就要小一些，甚至在无其他任何人签名的场合，仅得向出票人主张追索权，而出票人支付不能或下落不明时，持票人则有

---

〔1〕 参见王小能主编：《中国票据法律制度研究》，北京大学出版社 1999 年版，第 171 页；赵新华主编：《票据法问题研究》，法律出版社 2002 年版，第 286 页。
〔2〕 参见郑玉波：《票据法》，三民书局 2008 年版，第 70 页。
〔3〕 我国《票据法》第 4 条第 1 款、第 3 款规定，出票人应当在票据上签章，并按照所记载的事项承担票据责任，其他票据债务人在票据上签章的，按照票据所记载的事项承担票据责任。外国法上，日内瓦《统一汇票和本票法公约》第 7 条、美国《统一商法典》第 3－118 条 e 项、英国《汇票法令》第 23 条、澳大利亚《汇票法令》第 28 条等，均有相同含义之规定。

受损之可能。同样转让次数的情况下，记名式汇票少有此虞。

（三）一般汇票和变式汇票

按照汇票上是否有一人兼充二方当事人之情形，将汇票分为一般汇票和变式汇票。

1. 一般汇票。出票人、付款人、收款人为不同的三个人的汇票，是一般汇票。

一般汇票是常见的汇票。如甲公司从乙公司购物，为付款而向乙公司签发汇票，委托丙公司付款，即是一般汇票。

2. 变式汇票。出票人、付款人、收款人有两方为同一人的汇票，是变式汇票。

汇票为委托证券，其法律关系常为三方当事人。然而，由于票据生活之实际需要，有时出票人与付款人约定，由自己出票，自己又是收款人；或者与收款人约定，由自己出票，自己还是付款人等。这样，就出现了"当事人资格合并"现象，基本当事人由三方变成了两方，产生了相对于一般汇票来说属于"变式"的汇票。

变式汇票包括三种：

（1）指己汇票，即出票人以自己为收款人的汇票，又叫"己受汇票"。例如，甲公司将货物出卖给乙公司，应收货款，双方约定后，甲公司签发汇票，由甲为收款人，乙为付款人者指己汇票多由原因关系的债权人签发，由债务人承兑并付款。债权人成为持票人后，可以于票据到期日取得票据款额，也可以依背书方式转让票据，或向银行请求贴现，于票据到期日之前获得现金。

（2）对己汇票，即出票人以自己为付款人的汇票，亦称"己付汇票"。例如，甲购买乙的货物而应付款，双方约定后，甲签发汇票，以乙为收款人，以自己为付款人者。对己汇票多由原因关系中的债务人为出票人和付款人，从性质上与本票无大的差异。英国《汇票法令》第 5 条第 2 款对这种汇票规定：如汇票出票人与受票人即付款人为同一人，持票人得自行决定视该票据为汇票或本票。美国《统一商法典》第 3 - 118 条 a 项则规定得更为直接：以出票人为受票人的汇票，其效力与本票相同。

（3）付受汇票，即付款人兼为收款人的汇票。例如，甲公司应向乙公司付款，约定由甲签发汇票且为付款人，但乙因对甲的分公司丙负有债务，为清偿债务，指定丙为汇票之收款人，这种汇票就是付受汇票。因分公司无法人资格，与其总公司甲为同一人格，该汇票便使得付款人与收款人由同一人兼充。收款人取得付受汇票后，可以用来进行内部资金结算，也可用背书方法转让，使其流通。

　　我国《票据法》没有明文规定变式汇票。依《票据法》第 19 条第 1 款，汇票是出票人签发的，委托付款人在见票时或者在指定日期无条件支付确定金额给收款人或者持票人的票据。由于本法不承认无记名汇票，这里所指收款人，只能是汇票上记载的收款人；而持票人，则可包括依背书方式取得汇票的持票人、依出票取得汇票的持票人，不能排除收款人和依出票取得汇票的持票人兼有其他票据当事人资格的可能性。《支付结算办法》中关于银行汇票的规定，表明银行是出票人兼付款人，此即为对己汇票；[1]如前所述，依据《支付结算办法》第 79 条第 1 款，收款人可出票，兼充出票人，此为指己汇票；付款人也可出票，兼充出票人，此为对己汇票。日内瓦《统一汇票和本票法公约》承认指己汇票和对己汇票。如该法第 3 条规定，出票人得以自己为收款人，出票人得以自己为付款人。统一法系国家也大都有如此规定，英、美票据法同样明文认可这两种汇票。

　　付受汇票，我国《票据法》和有关制度中未予承认。其他国家和地区的票据法认可者很少，如英国《汇票法令》第 5 条、澳大利亚《汇票法令》第 10 条。

　　（四）国内汇票与国外汇票

　　这种分类常被普通法系立法例采纳。英国《汇票法令》、美国《统一商法典》、澳大利亚《汇票法案》、加拿大《汇票法案》均有规定。例如，根据英国《汇票法令》第 4 条规定，在不列颠群岛内出票或付款或以该群岛内的居民为受票人的汇票，是国内汇票，其他汇票均为国外汇票。国外汇票被拒绝承兑或被拒绝付款时，必须作成拒绝证书。

**思考题**

　　1. 如何理解汇票的意义？
　　2. 汇票按照不同的标准，有哪些主要的分类？
　　3. 我国《票据法》规定了哪些种汇票？各种汇票有哪些特点？
　　4. 试从票据关系当事人、票据权利实现程序等方面分析各种汇票的信用度。

---

[1]　该办法第 53 条第 1 款规定，银行汇票是出票银行签发的，由其在见票时按照实际结算金额无条件支付给收款人或者持票人的票据。可见，付款人和出票人由银行兼充。

# 出　票

**学习目的和要求**　在理解汇票的出票的意义和效力的基础上，重点理解出票的"绝对必要记载事项""相对必要记载事项""到期日的类型""各种到期日的含义"这几个问题。了解"空白授权票据"的含义，掌握其三个方面的效力问题。

## ■第一节　出票的意义和效力

### 一、出票的意义

出票是指出票人签发票据并将其交付给收款人的票据行为（《票据法》第20条）。

对此定义作如下说明：

（一）出票是一种票据法律行为

出票，是票据法律关系得以发生的法律事实，出票人依照票据法，作成票据并交付于收款人，在出票人和收款人之间便发生了票据权利义务，因此，出票属票据法律行为。

（二）出票是基本的票据行为

票据法律行为有多种，包括出票、承兑、保证、追索等，但出票行为是基础，其他票据法律行为只能在出票行为之后发生，所以，出票是"基本的票据行为"。

（三）出票由作成票据和向收款人交付票据两种行为构成

首先，出票人须依照《票据法》的规定作成票据。所谓"作成票据"，即在银行统一印制的空白票据凭证上或者在电子商业汇票系统中记载《票据法》规定的出票的必要记载事项，使票据产生。之后，出票人向收款人交付票据。票据交付收款人，收款人即成为持票人，取得票据权利。可见，作成票据和交付票据，是出票的两个构成部分，仅有前者而无后者时，收款人没有取得票据，自无票据权利可言。

细究我国《票据法》第 20 条规定的出票的定义，使用"签发"二字似为不妥。签发本身就含有交给、交付之义，与其后的"将其交付给收款人"中的交付形成意义重复。再者，在域外立法例上，"签发"二字已有固定意义，可资参考。例如，依据英国《汇票法令》第 2 条的规定，"签发"指把形式上完整之汇票或本票第一次交付与持票人；依据美国《统一商法典》第 3 - 102 条的规定，"签发"指第一次把票据交给持有人或汇款人。

出票行为是否以交付票据为要件，票据法学上有不同主张。"单方行为说"中的"创造说"主张，只要完成票据之记载，票据行为即告成立，而不待票据交付。"契约说"主张，不交付票据，票据行为不能成立。如前所述，我国法上票据行为是单方法律行为（发行说），且适用权利外观理论。"单方行为说"中的"发行说"主张票据行为由"作成票据"和"交付票据"二者合并构成。在电子商业汇票的出票中，票据的交付是指出票人通过电子汇票系统将电子汇票发送给收款人（提示收票申请）并由收款人进行签收（应答）。电子商业汇票出票申请进入收款人控制的系统并不表明交付完成，只有收款人同意签收（应答），意思表示才完成受领。如果收款人未签收（应答），出票行为并未完成，出票人可以将提示收票撤回。收款人也可以拒绝签收（应答），此时出票行为同样未完成。[1]

**二、出票的效力**

《票据法》第 26 条规定了出票的效力。按照该条，出票人签发汇票后，即承担保证该汇票承兑和付款的责任，出票人在汇票得不到承兑或者付款时，应当向持票人清偿《票据法》第 70 条、第 71 条规定的被追索金额和费用。

分析之，出票的效力有以下三个方面：

（一）出票人对持票人负担了保证汇票获得承兑和付款的担保责任

从积极方面讲：出票人交付之汇票，应是形式合法无缺陷；出票人与付款人具有真实的委托付款关系；出票人有支付汇票金额的可靠资金关系，以此保证持票人于汇票到期日向付款人提示汇票，请求承兑或请求付款时，能够顺利得到承兑和付款。

从消极方面讲：持票人在汇票得不到承兑或者付款时，得向出票人行使追索权，出票人负有清偿汇票的票面金额、利息和取得有关拒绝证明和发出通知书费用的法定责任。

---

〔1〕 需要注意的是，电子商业汇票系统（ECDS）中的"出票已登记"状态在新一代票据业务系统中对应的状态为"已出票"，但这仅表明出票已经登记完成，并不表明出票行为已经完成。

有些票据制度上允许出票时免除出票人保证承兑的责任。如日内瓦《统一汇票和本票法公约》第 9 条规定，出票人保证汇票的承兑和付款，但承兑保证责任可以解除，保证付款的责任不得解除，汇票上有解除出票人保证付款责任的记载的，视为无记载。有些票据法上还允许出票时就在汇票上载明，出票人不承担被追索的责任（美国《统一商法典》第 3－413 条第 2 款）。我国《票据法》为促进票据使用，首先考虑票据权利的安全和持票人的方便，不认可免除出票人保证承兑和保证付款责任的做法。

（二）收款人成为持票人，享有票据权利

收款人取得票据，就取得了票据权利。但是，除见票即付的汇票外，其他三种到期日的汇票，须经付款人承兑，才得请求付款，因此，持票人在汇票获得承兑之前的付款请求权，属于期待权。持票人亦有追索权，但未发生汇票被拒绝承兑或付款情形时，不得行使之。

（三）授予付款人承兑和付款之资格

出票是出票人的单方法律行为，不能给付款人设定义务，付款人在承兑之前不负担票据责任，而且，就是否承兑来说，也是付款人自己的权利。由于出票人委托付款人付款，付款人同意的，先行承兑，承兑之后，就负担了票据付款责任，不同意的，不予承兑，没有任何责任。所以，出票只是给付款人授予付款人资格，付款人承兑前不是票据债务人，承兑后，由于在票据上作了承兑字样之记载并签章，便成为第一债务人，持票人得向其主张票据权利。如前所述，在纸质票据运行实践中存在出票人先将汇票交由承兑人承兑，再交付给收款人的现象，而对于电子商业汇票，依据《电子商业汇票业务管理办法》第 32 条的规定，必须先承兑才能交付给收款人，两种情形中在出票人将汇票交付给收款人之前，付款人即使进行了承兑，亦不承担票据付款责任。

**三、我国票据实务中的汇票出票程序**

（一）银行汇票的出票

1. 单位和个人均可向银行申请，使用银行汇票，应当以申请人地位，向出票银行提交"银行汇票申请书"，按申请书要求填写有关内容，并加盖其预留银行的签章；

2. 出票银行受理申请书、收妥汇票款项后签发银行汇票，将汇票和解讫通知一并交申请人。

（二）商业汇票的出票

商业承兑汇票由付款人签发并承兑，也可以由收款人签发交付款人承兑。银行承兑汇票由在承兑银行开立存款账户的存款人签发。

## ■第二节 出票之记载事项

### 一、概说

票据为要式证券，出票人必须按照票据法规定的格式作成汇票。汇票的格式也叫汇票的款式，而款式或格式，是由票据记载事项体现的。

票据的记载事项是票据法极为重视的问题，各国票据法无不详细地规定记载事项。日内瓦《统一汇票和本票法公约》更是表现出对这个问题的首要关注，在第 1 条、第 2 条就具体地规定了各个记载事项及其效力。

我国《票据法》以第 22 ~ 25 条共 4 个条文，规定了汇票出票的记载事项，这些记载事项，依其在票据上的效力的不同，分为"绝对必要记载事项""相对必要记载事项""可以记载但不发生汇票上效力的事项"，下面分述之。

### 二、绝对必要记载事项

所谓绝对必要记载事项，是指票据上必须记载、不记载就会导致票据无效的事项。如出票人签章，如果票据上欠缺这一事项，就没有票据的效力。在不同的立法中，对绝对必要记载事项有不同的规定。有些记载事项，在一个国家或者地区的法律上是绝对必要记载事项，而在另外一些国家或者地区的法律上，是相对必要记载事项。例如收款人名称，我国《票据法》规定为绝对必要记载事项，而英国《汇票法令》允许不记载特定收款人而记载所谓"付与来人"，我国台湾地区现行"票据法"则规定出票时"未记载受款人者，以执票人为收款人"，还规定"未记载付款人者，以出票人为付款人"。

我国《票据法》第 22 条规定，汇票必须记载下列七个事项，缺少任何一项的，汇票无效。

#### (一)表明"汇票"的字样

也就是票据法学上所说的"票据文句"。票据文句因票据种类的不同，有"汇票文句""本票文句"和"支票文句"。汇票文句，是表明该票据为汇票的标志，用来与其他票据相区别，以免混淆不同之票据，所以是绝对必要记载事项。

纸质票据文句记载于票据正面，处于票据上端中间位置。因汇票种类不同，分别记载为"银行汇票""银行承兑汇票""商业承兑汇票"等字样。

由于空白票据凭证由中国人民银行统一规定，由银行统一印制，票据文句事先就印载于票据凭证上，签发票据时不必另行记载，只要根据需要，正确选择票据凭证，记载其他事项即可。电子商业汇票票据文句则由电子商业汇票系统自动生成。按照《最高人民法院关于审理票据纠纷案件若干问题的规定》第

39 条的规定，违反《票据管理实施办法》第 5 条规定，未使用中国人民银行规定的统一格式的票据无效。[1]

　　日内瓦《统一汇票和本票法公约》及统一法系国家的票据法，把票据文句作为绝对必要记载事项，英、美票据法没有作如此规定，在美国《统一商法典》第 3 - 104 条关于票据的条件中，未认定票据文句为必要条件，在第 3 - 118 条"条款模糊和解释规则"中还规定，对票据是汇票还是本票有怀疑时，持票人可视之为汇票或者本票。以出票人为受票人的汇票，其效力与本票相同。

　　（二）无条件支付的委托

　　这一绝对必要记载事项，在票据法学上称为"委托文句"。它有两层含义：

　　1. 表明出票人支付委托的意思表示。汇票的出票人自己不付款而委托他人支付，必须有支付委托的意思表示。这一意思表示，必须以明示方式记载于汇票之上，作为委托文句的基本内容。

　　2. 表明出票人委托之支付为无条件支付。票据为无条件支付一定金额之证券，汇票虽由他人付款，但出票人不得为付款设置任何条件，在支付委托的意思表示中，不得带有任何限定支付资金范围、限定支付方法、附条件等内容，否则导致汇票无效。

　　委托文句一般由"本汇票请你行承兑，到期无条件付款""本汇票请予以承兑于到期日付款""本汇票请予以承兑，到期无条件付款""到期日凭票支付"之类的文字组成。

　　各国票据法都把委托文句作为绝对必要记载事项。日内瓦《统一汇票和本票法公约》第 1 条、美国《统一商法典》第 3 - 104 条、英国《汇票法令》第 3 条，都明文规定了这一点。

　　委托文句作为汇票的固定条件，在汇票上不容缺少。为减少出票时的工作，在统一印制的空白票据凭证上，已经印载有委托文句，不需出票人另行书写。电子商业汇票的委托文句由电子商业汇票系统自动生成，无需出票人填写。这是现代票据实务的一个特点。

　　在票据法学上，对支付委托的法律性质，有不同的认识。比较有力的观点是"支付指示说"。该说认为，支付委托有双重授权的作用：其一，出票人授予付款人以付款人自己的名义，为出票人利益计算而付款的权限；其二，出票人授予收款人以收款人自己的名义，为出票人利益计算而收受票据款额的权限。因此，支付委托是一种"权限授予"行为。

---

[1]　参见高洪生与江苏龙升幕墙工程有限公司票据付款请求权纠纷案，江苏省无锡市锡山区人民法院（2014）锡法商初字第 0020 号民事判决书。

（三）确定的金额

票据为金钱债券，因此，金钱数额自然为必要内容。票据法规定的这一必要记载事项，其义有二：

1. 出票时必须记载确定的金额。所谓确定，是指固定为一个金额。即不容许记载选择性金额范围，如 50 万元以内，或 10 万元左右等。否则，汇票无效。

2. 有关金额之记载必须按文义确定，不容含混、模糊。我国票据上的金额，使用中文大写和数字同时记载的方法记载，二者必须清晰易认，二者必须一致；金额文字模糊不能辨认或两种记载不一致的，票据无效。中国人民银行对票据金额的书写有专门规定，出票时应当严格按照这些规定记载，以免徒劳。票据金额不得涂改或更改，否则汇票无效。就电子商业汇票而言，在出票申请时只需填下数字，系统会自动生成中文大写，如果金额填写错误，只能通过撤票申请将票据作废，无法直接修改，如果受票人已经签收，则无法撤回。

外国票据法上，关于金额记载事项的规定与我国有所不同。日内瓦《统一汇票和本票法公约》第 6 条第 1 款规定，汇票应付金额同时以文字及数字表示者，如有任何差异，以文字表示的数额为应付金额。统一法系国家皆如此规定。英国《汇票法令》第 9 条第 2 款，有相同规定。美国《统一商法典》稍有差异，该法第 3－118 条规定，文字控制数字，但如文字模糊，则以数字为准。

（四）付款人名称

付款人是出票人委托的按照票据文义付款的人。付款人在承兑之前虽不负担付款责任，但没有付款人，持票人就没有承兑和付款的请求对象，汇票关系就无法建立，从而也就失去了签发汇票的必要性和可能性。因此，出票时必须记载付款人名称，持票人才得向其主张票据权利。

付款人名称应记载本名、全名或全称。就自然人来说，应为其身份证件上的姓名。就法人和其他非法人的企业、团体、单位来说，应为登记名称；不需登记的，应为批准使用的名称。

有人主张，付款人名称的记载，只要足以判明其为"同一性"，即不管以何种方式记载付款人名称，只要能确定地判明其为谁人即可。[1]这种观点不符合我国票据实务。并且在法律中出票人可以记载自己为付款人，签发对己汇票。在这种票据上，付款人名称应与出票人名称一致。付款人是否为复数记载，即出票时记载二个以上的付款人，我国《票据法》未置可否。电子商业汇票出票时系统设定无法记载复数付款人。立法例上对此有不同的规定。例如，根据我国《香港特别行政区汇票条例》第 6 条第 2 款，汇票可以是出具予 2 名或超过 2

〔1〕　参见刘家琛主编：《票据法原理与法律适用》，人民法院出版社 1996 年版，第 244 页。

名受票人，不论该等受票人是否为合伙人，但出具予 2 名可任择其一的受票人，或出具予 2 名或超过 2 名按先后次序排列的受票人的命令，不是汇票。依此规定，我国香港地区只承认付款人的并列记载，不承认其他复数付款人记载。在我国大陆地区票据实务中，常为一人之记载。目前，电子商业汇票系统出票时无法记载复数付款人。付款人复数记载因有多个承兑请求对象，对持票人有一定好处，但同时又有若干麻烦。例如，如何对并列记载的付款人行使请求权，是选择，还是依据记载顺序之先后等。在票据法学上，对这一问题也是说法不一。多数人认为：①并列记载，持票人可向其中任何一人行使请求权的，记载有效。如记载为：付款人甲、乙。②选择性记载，持票人可以向其中任何一人行使请求权的，记载有效。如记载为：付款人甲或乙。③顺次记载，持票人可先向顺序在先的付款人行使请求权，若有障碍，可向顺序在后的付款人行使请求权的，记载有效。对顺序在后的付款人，作为"预备付款人"。④分担付款责任的记载（如甲付一部分、乙付一部分），为无效记载，票据无效。

（五）收款人名称

收款人是票据上最初的权利人，出票人签发票据，就是将票据交付收款人，因此，汇票上必须记载收款人名称。我国《票据法》不认可无记名汇票，收款人名称是汇票绝对必要记载事项之一。

对收款人名称，也应记载本名，自然人收款的，应以其身份证上姓名为准，不可任意记载变名，因付款人付款时要审查收款人是否是票据权利人，要验看收款人身份证明，如记载之姓名与身份证明上的姓名不符，便会徒增麻烦，另求证明，甚至影响票据权利的实现。收款人为法人或非法人的团体、机关或其他单位的，应记载经登记或经批准的名称，且应为全名，不可记简称。收款人在付款银行开立资金账户的，出票时记载的名称，应与在开户银行预留印鉴的名称相一致，以便利票据权利的实现。如只是收款人开户行或者账户名称记载错误，并不属于收款人记载错误，不影响汇票效力。[1] 在收款人记载错误但能通过其他证据识别出付款人时，错误是否影响汇票效力，实践中存在不同的观点。[2] 依据《票据法》第 9 条和第 22 条的规定，收款人名称不

---

[1] 参见十堰大自然能源科技有限公司与中捷控股集团有限公司票据追索权纠纷案，湖北省高级人民法院（2015）鄂民二终字第 00176 号民事判决书；国中医药有限责任公司与中信商业保理有限公司票据纠纷案，中华人民共和国最高人民法院（2015）民二终字第 134 号民事判决书。

[2] 持汇票无效观点的案例，如东亚银行（中国）有限公司苏州分行与平安银行股份有限公司宁波分行等票据付款请求权纠纷案，宁波市江东区人民法院（2015）甬东商初字第 3644 号民事判决书；持汇票有效观点的案例，如深圳华欧电阻有限公司与中信银行股份有限公司佛山分行票据纠纷案，广东省佛山市禅城区人民法院（2016）粤 0604 民初 2643 号民事判决书。

得更改，也不能补记，在收款人名称记载错误时，纵使出票人和收款人及其直接后手能识别同一性，其他后手并不能有效识别其同一性，宜采严格形式主义，认定汇票无效。

对收款人，可否记载为 2 人以上，我国《票据法》上无明文规定，实务方面无法操作。电子商业汇票系统无法记载复数收款人。在立法例上，有些票据法对这一点予以正面肯定，如英国《汇票法令》第 7 条第 2 款规定，汇票得由 2 名或 2 名以上的收款人共同收款，或由 2 人中任一人收款，或由数名收款人之一或其中若干人收款。美国《统一商法典》第 3 - 110 条规定，票据上载有"汇票"字样并列明收款人姓名时，可以列 2 名或 2 名以上的人同时为收款人或选择其一。

出票人也可以记载自己为收款人，签发指己汇票。

（六）出票日期

出票日期即记载于票据上的出票年月日。

出票日期有以下作用：①是决定见票即付汇票的付款提示期限的标准。见票即付的汇票，自出票日起 1 个月内向付款人提示付款（《票据法》第 53 条第 1 款第 1 项），出票日即决定这 1 个月期限的起点。②是确定出票后定期付款汇票的到期日的根据。出票后定期付款的汇票，到期日由出票人记载，而所定期限的起点，便是出票日。③是决定见票后定期付款汇票的承兑提示期限的依据。《票据法》第 40 条第 1 款规定，见票后定期付款的汇票，持票人应当自出票日起 1 个月内向付款人提示承兑。可见，出票日决定这 1 个月期限的起点。④保证人在汇票上或者粘单上未记载保证日期的，出票日决定保证日期（《票据法》第 47 条第 2 款）。⑤持票人行使追索权时，出票日可以作为计算利息的时间因素。《票据法》第 70 条规定，持票人行使追索权时，可以请求被追索人支付汇票金额自到期日起至清偿日止的利息，由于出票日决定到期日，在利息计算的时间问题上，出票日自然有重要作用。⑥是决定电子商业汇票最长付款期限的起算点。《电子商业汇票业务管理办法》第 13 条第 2 款规定，电子商业汇票的付款期限自出票日起至到期日止，最长不得超过 1 年。不过，2022 年 11 月新修订的《商业汇票承兑、贴现与再贴现管理办法》第 25 条将汇票的最长付款期限缩短为 6 个月，该规定一体适用于纸质商业汇票和电子商业汇票。

此外，出票日对判断出票人出票时是否有票据行为能力、票据代理期限等，也有重大作用。

由于出票日作用重大，大多数国家的票据法都定其为绝对必要记载事项，日内瓦《统一汇票和本票法公约》和统一法系国家都是如此。英、美票据法与之相反，不认为出票日为绝对必要记载事项。英国《汇票法令》第 3 条第 4 款规定，汇票不因无出票日而无效，作为补救，该法第 12 条规定，持票人得以实际签发日或承兑日补填，该汇票即应按补填之日期，作相应付款。美国《统一商法典》第 3 - 114 条第 1 款规定，票据的可流通性不因其未载日期而受影响。

出票日为出票人意思表示的内容，不是事实上日期的记录，因此，可以记为实际出票的日期，也可以提前或错后，记载之出票日与事实上的出票日不符的，不影响票据的效力。持票人行使票据权利，以票据文义为凭，在出票日方面，自无例外。[1]在实践中，部分接入电子商业汇票系统的银行系统默认出票信息登记日为出票日，不允许出票人自行修改。

出票日须为历法上存有之日期，否则票据无效。如记载为 2 月 30 日、13 月 10 日等，均产生票据无效之后果。

（七）出票人签章

出票人对汇票承担保证承兑和付款的责任，按"在票据上签名者依票据文义负责"的原理，出票人在汇票上签名或签章时，才负有担保责任。出票人的签章，应置于汇票正面特设的出票人签章或签名处，以确定其出票人地位。出票人应签其本名、全名。电子商业汇票出票人的签章应为符合《电子签名法》第 13 条第 1 款的可靠电子签名（《电子商业汇票业务管理办法》第 14 条）。

2 人以上的出票人共同出票的，应分别签名或签章，并就汇票文义负连带责任。在我国票据实务中，一般不承认 2 人以上的共同出票，以 1 人单独出票为常规。

**三、相对必要记载事项**

《票据法》第 23 条规定了汇票的相对必要记载事项。

相对必要记载事项，是应当记载但未记载时不致影响票据的效力，由法律直接规定后果的事项。因此，出票人记载的，依出票记载之文义确定有关事项，出票人未记载的，则依法定。按《票据法》第 23 条的规定，汇票的相对必要记载事项包括付款日期、付款地、出票地。

（一）付款日期

付款日期，是指依照《票据法》的规定所确定的付款人应当付款的日期，也叫到期日。对于电子商业汇票而言，票据到期日是绝对必要记载事项（《电子商业汇票业务管理办法》第 29 条第 8 项）。在电子商业汇票系统中，出票人不填写付款日期无法完成出票申请。

---

[1] 我国台湾地区学者多认为，出票年月日是形式上记载于票据上的出票年月日。参见郑玉波：《票据法》，三民书局 2008 年版，第 78 页；林咏荣：《商事法新诠》，五南图书出版公司 1986 年版，第 116 页；张国键：《商事法论》，三民书局 1980 年版，第 419 页。

付款日期事关持票人请求承兑、请求付款、行使追索权、票据时效等多方事宜，对票据权利人自然属于重要事项，同时，付款日期也是付款人应否履行付款义务，是否负担期前付款责任的依据，对付款人同样重要。因此，一般应明确、清楚地记载于票据之上。

付款日期诚为重要，但它决定的是票据权利的行使和实现的时间，并不属于票据法律关系的构成要素，所以，与绝对必要记载事项相比，是相对必要的条件。在票据上无此项记载时，不影响票据权利的效力。

然而，付款日期不确定，就无以决定持票人行使权利的时间和付款人应当付款的时间。票据法本着便利持票人、促进票据使用的价值判断，规定汇票上未记载付款日期的，为见票即付，持票人在法定付款期限（自出票日起1个月）内，可以随时请求付款，及早取得票据金额。

我国《票据法》规定，未记载付款日期的为见票即付（《票据法》第23条第2款），与各国票据法的有关规定相同（参见日内瓦《统一汇票和本票法公约》第2条、英国《汇票法令》第10条、美国《统一商法典》第3-108条）。

（二）付款地

付款地，是指付款人应当支付票据款项的地方。因其事关票据权利的行使、保全等的地点，属于相对必要记载事项，一般应当记载于票据之上。出票人在电子商业汇票系统出票时记载的付款人（承兑人）开户行所在地可以解释为付款地。

付款地事项的作用主要有：①确定持票人行使和保全票据权利的地方，避免持票人无确定请求地方或任意随地请求，发生纠纷而又解决无据。②确定法院管辖和准据法。票据纠纷，由付款地法院管辖，是国际通例。我国《民事诉讼法》第26条规定，因票据纠纷提起的诉讼，由票据支付地或者被告住所地人民法院管辖。《最高人民法院关于审理票据纠纷案件若干问题的规定》第6条第2款对票据支付地进行了细化规定。应优先依据汇票上载明的付款地作为确定票据支付地的标准。依据《票据法》第98条的规定，应依票据付款行为地确定其准据法。

付款地的记载，通常为最小的独立行政区域，如某市、某县。票据上记载更小的地方的，是付款处所，如某市某大街某某号。

汇票上未记载付款地的，汇票付款人的营业场所、住所或者经常居住地，本票出票人的营业场所、支票付款人的营业场所为付款地。

（三）出票地

出票地，是指实施出票行为的地方。

出票地事项不影响票据的效力，因此属于相对必要记载事项。出票人记载出票地的，以其记载为准，出票时未记载出票地的，以出票人的营业场所、住所或者经常居住地为出票地。出票地的记载，是意思表示的内容，不是事实的记录。因此，汇票上记载的出票地与事实上的出票地不符的，不影响票据的效力。

出票地的作用，主要是确定票据纠纷的管辖法院，当出票人为被告时，由被告住所地即出票地法院管辖。出票地通常记载为最小的独立行政区域。

### 四、可以记载但不发生汇票上效力的事项

《票据法》第 24 条规定，汇票上可以记载本法规定事项以外的其他出票事项，但是该记载事项不具有汇票上的效力，但并不妨碍其产生其他权利义务。

所谓本法规定事项以外的其他出票事项，是指与出票有关但不是本法第 22 条、第 23 条规定的事项的其他事项，如当事人之间约定记载的出票原因的说明等。这类事项较为繁多，不能发生票据上的权利义务，故不一一列举。

### 五、禁止记载的事项

凡有害票据权利的事项，出票时均不得记载。例如，记载"有条件支付的委托"将导致汇票无效。又例如，记载"出票人不承担保证汇票承兑或者付款责任"，该记载无效，但不影响出票行为的效力。

## ■第三节    汇票到期日

### 一、汇票到期日的意义

汇票到期日，是指依照票据法的规定所确定的、付款人应当付款的日期，也叫"付款日期"。

对这个定义简要说明如下：

1. 到期日是付款人应当付款之日期。到期日的基本作用，在于规定应付款的时间，因此，付款人应于到期日履行付款义务。

2. 到期日由票据当事人双方依票据法确定。票据法规定有多种到期日，当事人可以根据自己的交易情况，选定一种。

3. 到期日是记载于票据上的应付款日期。票据之外的到期日约定，无到期日之效力。

4. 到期日与实际付款日通常一致。但遇法定节、假日，或付款人非营业日的，实际付款日则晚于到期日，付款人于法定节、假日，非营业日过后的次日付款，该付款日为实际付款日。

5. 到期日也是持票人应请求付款的日期。到期日虽为付款人应付款之日，但持票人不提示票据请求付款的，付款人不必主动付款，因此，持票人应于到期日请求付款。

我国《票据法》第 17 条第 2 款规定，票据的到期日由票据当事人依法确定。第 25 条规定，付款日期可以按照下列形式之一记载：①见票即付；②定日付款；③出票后定期付款；④见票后定期付款。对于电子商业汇票而言，只能是定日付款（《电子商业汇票业务管理办法》第 13 条第 1 款）。

由上可见：①汇票到期日为法律上的"期日"而不是"期间"。期日是指不可分或视为不可分的特定时间，例如某日、某月或某年，它表示时间长度中的某一点。期间是指从起始的时间到终止时间所经过的时间区间，它表示时间长度中的某一点到另一点，例如从某年某月某日到某年某月某日。出票人记载到期日时，应当确定为某年某月的某日（支票除外）。②汇票到期日由票据当事人记载于汇票之上。汇票和本票都属信用证券，法律允许当事人在法定形式范围内商定信用之期限即付款之日期，当事人在出票时应当确定到期日，记载于票据之上，否则，双方所商定的到期日，因票据文义没有体现而没有票据上的效力。例如，我国《票据法》第 23 条第 2 款规定，汇票上未记载付款日期的，推定为见票即付。③汇票到期日必须依法记载。我国《票据法》第 25 条规定，汇票的到期日可由当事人协商选择采用见票即付、定日付款、出票后定期付款、见票后定期付款四种形式之一，不允许使用别的方式。日内瓦《统一汇票和本票法公约》第 33 条规定的汇票到期日，与我国《票据法》完全相同，而且还明白地指出，其他到期日的汇票或分期付款的汇票均属无效。与此相对，我国《票据法》第 78 条把本票的付款期限定在出票日起的 2 个月内，出票人可在此期限内确定到期日；第 90 条规定，支票限于见票即付，不得另行记载付款日期，另行记载的，该记载无效。出票人只能按上述法律规定办事。④汇票到期日即为应付款日。依据我国《票据法》第 54 条的规定，汇票持票人依照票据到期日之记载及法律规定的提示付款时间提示票据请求付款的，付款人必须在当日足额付款。

### 二、汇票到期日的作用

票据到期日主要有三方面的作用：

（一）汇票付款提示时间

除见票即付的汇票外，记载其他形式到期日的汇票，持票人须按照票据法的规定，在汇票到期日前向汇票付款人提示，请求承兑或者请求付款。经承兑的汇票，须按到期日之时间，在法律规定的限期内向承兑人提示付款。背离到期日，过早地请求付款，付款人有权拒绝。所以，到期日首先作为确定请求付款时间的依据。

（二）限定付款时间

在到期日前，持票人不得要求付款，付款人也不应提前付款，预先付款的，自负其风险责任。

（三）界定票据时效起算时间

我国《票据法》第 17 条第 1 款第 1 项规定，持票人对票据的出票人和承兑人的权利，自票据到期日起满 2 年未行使的，时效期间届满，票据权利消灭。可见，到期日是票据时效起止的时间依据。

### 三、各种到期日的含义

我国《票据法》第 25 条规定的四种到期日含义各不相同。理解各种到期日的含义，对合理确定到期日，便利双方当事人，有重大作用。

（一）见票即付

见票即付，是指票据上不记载具体付款日，持票人能够在法定期限内随时向付款人提示票据，付款人见到票据并验看无误时应立即付款。

这种到期日的形式，通常由出票人在票据上记载"见票即付"字样，但是，根据票据法的规定，票据上未记载到期日的，视为见票即付（我国《票据法》第 23 条第 2 款、日内瓦《统一汇票和本票法公约》第 2 条第 2 款）。

见票即付的票据，不记载具体付款日，持票人提示票据请求付款之日，就是到期日，所以，对持票人有方便之利：①持票人可自行确定到期日，不向付款人提示票据请求付款，即不为到期，票据时效便不能开始计算。②持票人随时提示票据请求付款的，能立即得到付款。

见票即付的票据能于随时之提示付款日得到付款，在法律上又称之为"即期票据"。汇票和本票的出票人均可采用见票即付形式，签发"即期汇票""即期本票"，支票则属法定见票即付之票据，出票人自己无选择余地。

见票即付虽对持票人有方便之利，但法律并不容许持票人滥用此方便条件长期不请求付款，各国票据法上都限定了见票即付的汇票和本票的付款提示期限，未在法定期限内提示付款的，丧失追索权。

不同的票据立法，对见票即付的票据的付款提示期限，有不同的规定。

我国《票据法》第 53 条第 1 款第 1 项规定，见票即付的汇票，自出票日起 1 个月内向付款人提示付款；第 78 条规定，本票自出票日起，付款期限最长不得超过 2 个月，见票即付的本票的持票人，自然必须在这个法定最长期限内向付款人提示付款。日内瓦《统一汇票和本票法公约》第 34 条规定，见票即付的汇票，在提示时付款，并应在出票日起 1 年内提示付款；出票人得缩短或延长此期限；背书人得缩短此期限；出票人得规定，不得在指定日前提示付款，在此情况下，提示的期限自上述日期起算。对于见票即付的本票，该法第 77 条规定，准用第 34 条之规范。

对于未在法定期限内提示付款的，外国票据法上一般都规定持票人丧失追索权，例如日内瓦《统一汇票和本票法公约》第 53 条就规定，见票即付的汇票，在提示期限届满时未提示付款的，持票人丧失其对背书人、出票人，以及其他负有责任的当事人的追索权，但承兑人除外。根据我国《票据法》的有关规定，就见票即付的本票而言，基本与外国相同，该法第 79 条规定，本票的持票人未按照规定期限提示见票的，丧失对出票人以外的前手的追索权。但是，对于见票即付的汇票，却没有作出这样的规定。该法第 53 条第 2 款规定，持票人未按照法定期限提示付款的，在作出说明后，承兑人或者付款人仍应当继续对持票人承担付款责任，未曾明定持票人丧失追索权。推研该款之规范意旨，不难发现，持票人因有承兑人或者付款人的付款责任而可获得票面金额，不必行使追索权，自无从反面令其丧失追索权之必要，且该法第 54 条还规定，持票人依照第 53 条规定提示付款的，付款人必须在当日足额付款，更使未在法定期限内提示付款的持票人定获付款，根本无需发生追索，因而也就谈不到丧失追索权问题。

（二）定日付款

定日付款是指票据上载明确定的年月日为到期日，又称"板期汇票"。

如汇票上记载：2022 年 6 月 1 日付款。定日付款汇票所定之付款日，须为出票日后的特定日期。

定日付款的汇票，持票人应当在到期日前向付款人提示承兑，自到期日起 10 日内向承兑人提示付款。

（三）出票后定期付款

出票后定期付款是指出票人在票据上记载以出票后一定期限的届至为到期日，亦叫"计期汇票"。例如，汇票上记载"出票日后 2 个月付款，2022 年 3 月 1 日"。其中，2022 年 3 月 1 日为出票日，到期日即从该日起计算，满 2 个月后，即为到期日。

（四）见票后定期付款

见票后定期付款，是指出票人在票据上记载付款人于见票后经过一定时间予以付款，还称"注期汇票"。

如汇票上记载"见票后 1 个月付款"，则该汇票在持票人提示承兑而付款人见票后，经过 1 个月，即到付款时间。这种票据的到期日，从承兑或拒绝承兑之日开始计算，出票人在票据上注记的时间届满日，为到期日。

**四、到期日的计算**

汇票的到期日，除定日付款者外，其他的都有如何计算的问题。有些票据立法上承认"分期付款汇票"，这种汇票每一次付款有一个到期日，分几次付款就有几个到期日，到期日的计算规则与其他四种汇票相同。我国不承认分期付款汇票。

（一）见票即付的汇票

见票即付的汇票，持票人自出票日起 1 个月内向付款人提示付款时，提示付款之日就是票据到期日。

（二）定日付款的汇票

票据上所记载的付款日期，就是定日付款汇票的到期日。

（三）出票后定期付款的汇票

出票后定期付款的汇票，由于票据上记载有出票日后一定期限届满之日为到期日，因此，原则上是以该期限届满之日，作为确定到期日的根据。但是，由于历法上月份天数的差异和汇票上"定期"的记载方式的不同，有时会发生疑问，应当有合理的计算。

1. 汇票上记载为出票后 1 个月或数个月付款的，应以汇票上记载的应付款月份与出票日相同的日期，即出票日的对日，为到期日。如"出票后 2 个月付款，出票日 2022 年 5 月 30 日"，就应以 2022 年 7 月 30 日为到期日。我国《票据法》第 107 条第 2 款规定，按月计算期限的，按到期月的对日计算；无对日的，月末日为到期日。

2. 因历法的原因而不存在与出票日期相当的日期时，应以汇票上记载的应付款月份的月末日为到期日。我国《票据法》第 107 条第 2 款规定，按月计算期限的，按到期月的对日计算；无对日的，月末日为到期月。例如，"出票后 3 个月付款，出票日 2022 年 11 月 30 日"，由于 2 月份没有 30 天，就应以 2022 年 2 月 28 日为到期日。有闰二月的年份，应为 2 月 29 日。

3. 汇票上记载有"半个月"字样的，应按 15 天计算。如"出票后 2 个半月付款，出票日 3 月 10 日"，就应以 5 月 10 日为 2 个月，然后再加 15 天，即 5 月 25 日为到期日。

（四）见票后定期付款的汇票

见票后定期付款的汇票，由于出票人已经在汇票上记载了"见票后"一定期限届满之日为到期日，因此，付款人"见票和承兑"就成了这种汇票的到期日的决定因素。

《票据法》第 40 条规定，见票后定期付款的汇票，持票人应当自出票日起 1 个月内向付款人提示承兑。据此，这种汇票：①见票的期限为 1 个月，即持票人应自出票日起 1 个月内向付款人提示票据，请求承兑，让付款人见票；②在 1 个月见票期限内，何时提示承兑，由持票人选择。当然，早一日提示承兑，早一日见票，到期日就早一日到来。

《票据法》第 41 条规定，付款人对向其提示承兑的汇票，应当自收到提示承兑的汇票之日起 3 日内承兑或者拒绝承兑。付款人承兑的，应在汇票上记载承兑字样并签章，拒绝承兑的，应当出具拒绝证明书或者退票理由书。

从承兑日或者拒绝承兑日起，汇票上记载的"定期"开始计算，到所定期限届满之日，即为到期日。例如，"见票后 1 个月内付款"，付款人于 1997 年 6 月 1 日对票据承兑，到期日即应为 7 月 1 日。

（五）到期日遇法定假日或付款人非营业日的

应扣除法定假日或付款人非营业日后往后顺延一天。

（六）到期日记载为"月初""月中""月底"的

这种情况，在我国票据制度和票据实务中，不被允许，无出现之基础。从学理上讲，月初为该月的 1 日，月中为该月的 15 日，月底为该月的末日。

（七）出票地与付款地日历不同的汇票

涉外汇票可能出现这种汇票。日内瓦《统一汇票和本票法公约》第 37 条对此规定：①定日付款的汇票，到期日按付款地日历决定。②出票后定期付款的汇票，出票日应为付款地日历的相应之日，并以此决定到期日。③如汇票上表明采用其他规定时，适用该汇票上之规定。

## ■第四节　空白授权票据的出票

### 一、空白授权票据的意义

空白授权票据，是指出票人签名于票据之上，将票据其他绝对必要记载事项的一部分授权持票人补充的票据。如，出票时不记载收款人名称，或者不记载金额。

票据为法定要式证券，如果不具备法定的绝对必要记载事项，自属无效。票据的这一性质，主要取决于票据权利安全性之需要。相反，如果票据权利安全性足以保障，出票人在出票时有意不记载某些事项，授权持票人在向付款人提示承兑或提示付款时补充完整，对票据当事人亦有若干方便之利。在票据规则比较成熟的社会条件下，立法上认可空白授权票据。在立法例上，日内瓦《统一汇票和本票法公约》《统一支票法公约》、统一法系各国票据法、英美票据法等，都有相关的规定，认可空白授权汇票、本票和支票。

我国《票据法》只认可空白授权支票，对汇票和本票，则不准许签发空白授权票据。

对上述空白授权票据的定义稍作解释如下：

（一）空白授权票据须有出票人的签名

出票人欲签发空白授权票据，必须签名，如不签名，则出票人即授权人不确定, 不能产生空白授权票据之效力。签名, 必须符合票据法关于签名的规定。

(二) 空白授权票据可空缺票据应记载事项的一部或者签名之外的全部

英国《汇票法令》第 20 条规定, 如在一页空白的已贴印花之纸上仅有一个签名, 而由签名人交付, 意图将之转变为汇票, 即能作为在表面上授权予以填写成一完整的汇票, 所填金额可达到印花税所许可范围之金额, 其签名即为出票人, 或承兑人或背书人之签名。按同样方式, 如汇票之任一重要项目欠缺, 占有票据之人在表面上有权以其认为适当之方式补填该欠缺之项目。日内瓦《统一汇票和本票法公约》第 10 条规定, 签发记载不全的汇票, 即使未按原订合约补全, 善意持票人仍得行使票据权利。

空白授权票据空缺的, 一般是绝对必要记载事项。任意记载事项本身就具有可以不记载的属性, 票据空缺了这类记载事项, 效力不受影响, 不作补记也可以。

(三) 空白授权票据由出票人授权持票人补记空缺的记载事项

出票人签发空白授权票据时, 有意空缺应记载事项, 授权持票人补记, 持票人获得补记权。持票人的补记权属形成权。

出票人的授权, 可以另为明示行为, 也可不另外授权, 在票据上签名并交付票据, 就是授权的明示。

(四) 空白授权票据在补记完整之后, 才能生效

美国《统一商法典》第 3-115 条规定, 一张单据在签名时依其内容显系作为票据之用而签署, 但缺少任何必要内容的, 须在增补完全后方能生效。英国《汇票法令》第 20 条有相同规定。日内瓦《统一汇票和本票法公约》第 10 条中, 也含有类似的意思。

我国《票据法》允许支票的出票人授权持票人补记支票金额, 未补记前的支票, 不得使用。

**二、空白授权票据的效力**

(一) 持票人获得补记权

如上所述, 持票人的补记权是形成权。持票人有权以自己认为适当的文义加以补充, 依照与出票人的约定补记的, 自无争议。出票人对补记记载事项有异议的, 不得对抗补充后善意取得票据的持票人。对越权补记者, 则有权要求赔偿损失, 但应负举证责任。

(二) 票据债务人不得以票据有补充记载而对抗持票人

补充记载事项的票据, 效力与完全出票相同。

(三) 未补记完整的票据, 不具票据效力

不发生效力的空白授权票据, 持票人不能行使票据权利, 也不存在权利保

全、公示催告和除权判决等问题。失票人可以挂失止付方式保护自己。失票人对不法占有空白授权票据的人，有民法上的原物返还请求权。

（四）票据债务人对恶意或重大过失取得越权补充的票据的持票人，得行使抗辩权

所谓恶意，是指持票人取得票据时知道越权补记情形而仍然取得票据的不良心态。其客观上表现为行为人受让票据时知道存在越权补记的情形而受让票据。

所谓重大过失，是指持票人取得票据时虽然不知道越权补记情形但是应当注意到而未注意到的疏忽懈怠心态。[1]其客观上表现为持票人取得票据时不知道越权补记的情形，但是按照"一般人标准"，在相同条件下能够发现该情形而未予发现。

票据债务人对这两种持票人有权拒绝履行票据债务。票据债务人主张这一抗辩权的，负有举证责任。

## 思考题

1. 如何理解出票行为？
2. 汇票的绝对必要记载事项的效力如何？汇票有哪些绝对必要记载事项？
3. 何为相对必要记载事项？它与绝对必要记载事项有何主要不同？
4. 我国《票据法》规定了哪儿种到期日，各自的含义如何？
5. 空白授权票据的效力如何？
6. 查阅《最高人民法院关于审理票据纠纷案件若干问题的规定》，理解该司法解释关于空白票据的规定。

第十四章

---

[1] 参见胡海燕与沈阳市康园实业有限公司票据追索权纠纷案，辽宁省沈阳市中级人民法院（2013）沈中民四初字862号民事判决书。

第十五章

# 背　书

　　**学习目的和要求**　本章内容是票据法的一个重点，无论从理论上还是实践上，都具有特别重要的地位。《最高人民法院关于审理票据纠纷案件若干问题的规定》共 75 个条文，直接、集中规定背书的有 13 个条文，分散于其他条文，或条文中有背书概念，或间接涉及背书的，为数更多。从审判实践看，我国发生的很多票据纠纷案件都与"背书"有直接关联，尤其是无记名背书票据发生的纠纷案件，具有较大复杂性。伴随着电子商业汇票使用率的提升，与背书直接相关的纠纷案件有所减少。票据是流通证券，背书是流通的重要方法，因此，必须详细掌握本章的内容。

　　1. 要理解背书的意义和性质，认清背书是一种重要的票据法律行为；

　　2. 应熟悉背书的方式和特点，理解记名背书和无记名背书（空白背书）的特点、转让方式、利弊；

　　3. 必须明确转让背书和非转让背书的意义、种类、效力，对转让背书中的"禁转背书""期后背书""回头背书"三种特殊转让背书，以及非转让背书中的"委托取款背书""设质背书"，要逐一地理解清楚；

　　4. 须理解背书的效力，对一般转让背书的"权利移转""责任担保""权利证明"三个效力，两种非转让背书各自的效力，应当有清晰的掌握。

## ■第一节　背书的意义与性质

### 一、背书的意义

背书，是指在票据背面或者粘单上记载有关事项并签章的票据行为。这是我国《票据法》第 27 条第 4 款对背书的定义。对于电子商业汇票而言，背书则是指在电子商业汇票系统录入背书申请信息并使用背书人的数字证书加盖电子签名的票据行为。对这一定义作如下说明：

（一）背书是持票人的票据行为

持票人是指合法取得票据而持有票据的人。他可以是根据出票而取得票据的收款人、根据票据出让人转让票据而取得票据的受让人、根据清偿票据保证债务而取得票据的保证人，也可以是清偿了被追索义务而重新取得票据的前持票人，以及因继承、票据质押等合法方式取得票据权利的人。

付款人付款而取得票据，不能有持票人地位。因为付款之后，票据关系消灭。

持票人有权以背书方式转让票据、设立质权、委托他人取款等，其他票据当事人均无背书权利。无背书权的人实施背书行为的，不发生背书的效力，即：记载人不负背书的责任，被背书人不能取得持票人地位。

持票人背书的，称为"背书人"。因为背书分为转让背书、质押背书、委托收款背书，背书人在不同背书中地位有所差别：在转让背书中，是票据出让人，又是票据受让人的"前手"，受让人则为"后手"；[1]在质押背书中，是出质人，依质押背书而占有票据的人是质权人；[2]在委托收款背书中，是委托人。

背书时记载姓名或名称的受让人，以及票据质权人、收款受托人，是"被背书人"。票据法及票据法学上所称"被背书人"，除特别说明外，常指转让背书中的受让人。

票据法为何仅承认持票人有背书权？盖因在私法上，权利人才有权处分权利，而背书属债权处分行为，持票人是票据上的债权人，自然只有他才能对自己的权利进行转让、设质等。

（二）背书是在票据背面记载背书目的事项的票据行为

1. 背书应在票据背面，不能在票据正面，以免与其他票据行为混淆。"背书"二字的特定含义，就是在票据背面书写一定文字。对于电子商业汇票而言，不存在正面和背面的区分，背书人只需在电子商业汇票系统中进行背书操作即可。

2. 背书应当明确背书目的。按照《票据法》关于背书的规定，背书的目的或者说是效果，只能有三种：①转让票据权利；②为他人设定质权；③委托他

---

[1] 我国《票据法》第 32 条第 2 款对"后手"定义为：后手是指在票据签章人之后签章的其他票据债务人。

[2] 票据质权人占有出质的票据的，在质权实现之前虽持有票据，但通常无背书权；质权期满而实现质权时，取得票据权利的，方为票据权利人，有背书权。

人收款。我国《票据法》第27条第1款、第35条；日内瓦《统一汇票和本票法公约》第11条、第18条、第19条，以及各国票据法上都有相同的规定。背书时，必须以确定之文义表明背书目的，不记载背书目的的，法律上推定为转让背书。现代票据实务中，各种可转让票据的背面，都预先按统一格式印好背书栏，背书人在背书栏中记载背书应记载事项，签名或签章，即完成背书。

3. 背书须合乎法定形式。背书人只能记载背书应记载事项和任意记载事项，不能记载票据法禁止记载的事项，否则，票据法认其为无记载或无效。例如，我国《票据法》第33条规定，背书时附有条件的，所附条件不具有汇票上的效力；将汇票金额的一部分转让的背书、分别转让给2人以上的背书，无效。就纸质汇票而言，其经多次背书而不敷使用时，须续用专供背书的"粘单"，在粘单上记载背书事项，同样有背书效力。

（三）背书是附属的票据行为

背书发生于出票之后，以出票为前提和基础。没有出票，就不能有背书。出票是基本的票据行为，背书属于多种附属的票据行为中的一种。

由于背书的附属性，出票行为对背书有重大影响。出票合法，背书才能有效；出票不符合法定形式而不能使票据生效的，背书断难有效。根据"票据行为独立原则"，各个票据行为的效力互不影响，因此即使作为基本票据行为的出票行为无效，背书行为并非当然无效。[1]但在票据因形式欠缺而无效时，形成"物之瑕疵"，发生"绝对抗辩事由"，任何票据债务人都可行使"对物抗辩权"，拒绝履行，其结果必然是票据权利不存在而不能获得票据利益。可见，背书只能在形式合法的票据上进行。

（四）背书有广狭二义

广义的背书，包括转让背书、设质背书、委托取款背书。狭义的背书仅指转让背书。狭义的背书，以发生票据权利转让为法律后果。票据的流通转让，主要以这种背书进行。《票据法》关于背书的规定，基本是针对这种背书展开的。通常，如无特别说明为其他背书的，就是指转让背书。我国《票据法》第27条之背书定义，为广义。

**二、背书的性质**

背书的性质，是指背书这种行为的法律属性。票据法学上有五种认识。[2]

1. 债权让与说。认为背书是票据上债权的出让行为。

2. 保证行为说。把背书当做使背书人负担保证票据承兑和付款责任的书面

第十五章

〔1〕　参见曾世雄、曾陈明汝、曾宛如：《票据法论》，元照出版有限公司2005年版，第142～143页。
〔2〕　参见董安生：《票据法》，中国人民大学出版社2009年版，第155页。

行为。

3. 所有权取得说。主张背书是使被背书人取得票据所有权而原始取得票据权利的行为。

4. 债权及物权契约说。视背书为债权负担行为与票据所有权移转契约的结合，即背书是由背书人对取得票据所有权者负担偿还义务的债权的单方行为，与票据所有权移转的物权契约共同构成。

5. 有相对人的单方行为说。这种学说提出，背书不是契约，而是与出票一样，是有相对人的单方法律行为。其理由是：①背书只需背书人单方意思表示，不以被背书人签名承诺为成立要件，与契约须由"合意"构成，截然不同，自不能作为契约论；②背书以被背书人为相对人，完成背书记载后，须将票据交付被背书人，背书才为生效。所以背书为有相对人的单方行为。上述五种学说中，第五种为多数学者认可。对于电子商业汇票而言，交付具有特殊含义，不是指背书电文进入被背书人接入机构终端（票据状态显示为"背书待签收"，新一代票据业务系统已经取消在票据上展示该状态），而是指被背书人签收。签收完成即意思表示受领完成。如果被背书人拒绝签收或者不处理，因意思表示并未被受领，背书行为并未完成。

我国有学者认为，背书有多种性质：①从背书人角度看，背书有民法上债权让与性质；②背书人在担保票据付款方面，与保证人作用相同，在此意义上讲，背书有保证性质；③从被背书人角度讲，他经转让背书取得票据，当然取得票据的所有权，故背书有所有权取得性质；④背书无需被背书人签名承诺，因而具有"有相对人单方行为"的性质。[1]

本书认为，有相对人的单方行为说，揭示了背书的本质属性，足以采信。

## ■第二节　背书的方式和特点

### 一、背书的方式

背书的方式，是指在票据背面、粘单上或者电子商业汇票系统记载表明背书目的的事项并且签名或者签章。

票据行为是法定要式行为，背书行为自无例外，票据法上对背书的方式，有具体而又严格的规定，背书人应当遵行，以免事与愿违。

票据法理论上，根据背书是否记载被背书人姓名或者名称，将背书方式分为记名式和无记名式，因而有"记名背书"与"无记名背书"之区别。外国票

---

[1]　参见王小能编著：《票据法教程》，北京大学出版社2001年版，第181页。

据法上大都认可这两种背书方式，我国香港、台湾、澳门三个地区适用的票据制度亦然。在大陆，《票据法》只认可记名背书，不容许无记名背书，该法第30条规定，汇票以背书转让或者以背书将一定的汇票权利授予他人行使时，必须记载被背书人名称。

但是，《最高人民法院关于审理票据纠纷案件若干问题的规定》第48条规定："依照票据法第二十七条和第三十条的规定，背书人未记载被背书人名称即将票据交付他人的，持票人在票据被背书人栏内记载自己的名称与背书人记载具有同等法律效力。"对于该条解释是否意味着承认空白背书，司法实践中存在分歧。一种观点认为，该条司法解释并未承认空白背书，只是承认背书人授权记载。后续单纯交付并不构成背书，最终持票人因无背书人的补记授权，无权进行补记，不享有票据权利。[1]易言之，补记授权不允许转授权。另外一种观点则认为，该条司法解释承认了空白背书，后续单纯交付亦构成票据权利转让。[2]最高人民法院认为，空白背书的汇票被连续单纯交付的，仅最后记载于汇票上被背书人处的持票人享有票据权利，未记载于汇票上的持票人则不享有票据权利，有限承认了空白背书。[3]此时，背书是否连续的判断应以票据上的记载为准。[4]

---

[1] 持该种观点的法院认为，背书人交付票据时，如未按照票据法规定记载被背书人的名称，视为将背书这一单方民事法律行为中本应由背书人完成的部分行为，即记载被背书人名称、授权他人行使、最终在被背书人栏内自行记载名称的持票人的行为视为经背书人授权的补记行为。该司法解释规定的授权补记行为，不属于空白背书。《票据法》第31条中的"其他合法方式"是指票据法规定的税收、继承、赠与、公司合并等方式，并不包括单纯交付。参见盐城维正建筑工程有限公司与王锐等侵权责任纠纷案，江苏省高级人民法院（2016）苏民再30号民事判决书；南通瑞锋光伏玻璃有限公司因与被上诉人南通翔宇玩具机械有限公司票据损害责任纠纷案，江苏省南通市中级人民法院（2017）苏06民终1854号民事判决书；任丘市异型钢管有限公司与日照市岚山区博胜木材加工厂票据返还请求权纠纷案，河北省沧州市中级人民法院（2016）冀09民终847号民事判决书；台州市路桥有色金属市场有限公司与台州市路桥康威包装厂票据返还请求权纠纷案，福建省福州市中级人民法院（2009）榕民终字第888号民事判决书。

[2] 参见乌海银行股份有限公司与彭德军、全子飞、淅川县九信电化有限公司票据追索权纠纷案，湖北省高级人民法院（2014）鄂民监三再终字第29号民事判决书；成志宇：《空白背书的效力认定》，载《人民司法（案例）》2010年第14期；周立杰：《空白背书的法律效力——青岛联创实业有限公司诉哈尔滨泰达商贸有限公司票据返还请求权纠纷案》，载山东省高级人民法院民二庭编：《新类型民商事判例评析》，知识产权出版社2006年版，第285~290页。

[3] 参见北京大基康明医疗设备有限公司与北京中航国运科贸有限公司、无锡大基医疗科技有限公司票据追索权纠纷案，中华人民共和国最高人民法院（2018）最高法民申568号民事裁定书；北京大基康明医疗设备有限公司与北京中航国运科贸有限公司、无锡大基医疗科技有限公司票据追索权纠纷案，中华人民共和国最高人民法院（2018）最高法民申567号民事裁定书。

[4] 参见曹守晔等：《〈关于审理票据纠纷案件若干问题的规定〉的理解和适用》，载《人民司法》2001年第4期。

对于电子商业汇票而言，背书人不录入被背书人信息，无法完成背书申请，进而无法将电子汇票交付给被背书人。因而对于电子商业汇票而言，不存在无记名背书。

记名背书和无记名背书各有利弊，下面分述其具体方式及利弊所在，并依法理解析我国《票据法》关于背书方式的规定。

（一）记名背书

记名背书，是指背书人签章、记载被背书人名称和背书目的的背书。

记名背书因必要记载事项完整无缺，又叫"完全背书"。又因其格式正规，也称"正式背书"。

1. 记名背书的方式。记名背书的方式，由其必要记载事项组成。其必要记载事项，包括：①背书人签章；②被背书人名称（《票据法》第29条、第30条）。

背书人签章，由背书人为之，自不待言。被背书人名称，也由背书人记载，被背书人不必签章认可其被背书人地位。即使签章认可其被背书人地位，依票据文义仍为取得票据权利的人。

背书日期不是背书必要记载事项。《票据法》第29条第1款虽然规定背书由背书人签章并记载背书日期，但本条第2款又规定，背书未记载日期的，视为在汇票到期日前背书。这一规定，显然把背书日期定位于背书的"任意记载事项"，与其他票据立法的做法相一致。例如，日内瓦《统一汇票和本票法公约》第20条第2款也规定，如无相反证明，凡未载明日期的背书，视为在规定作成拒绝证书期限届满前在汇票上背书。对于电子商业汇票而言，则必须记载背书日期（《电子商业汇票业务管理办法》第41条），否则无法完成背书转让申请。

背书目的不是转让背书的必要记载事项。背书未特别注明为设质或委托收款的，就是转让背书。依《票据法》第35条的规定，设质背书以票据质押之背书目的为必要记载事项，应当记载"质押"字样，其立法意旨显为维护背书人之利益，防止因该事项之空缺，对背书目的发生异议，或使第三人误认为转让背书而善意受让质押之票据。对于电子商业汇票而言，背书人必须选择特定背书操作子项进行背书，不存在未注明背书目的之问题。

背书人的签名，应为本名，纸质汇票签章的，应使用与其在开户银行预留印鉴相符的印章，以免产生麻烦。对于电子商业汇票而言，背书人应使用其可靠的电子签名。

对于被背书人名称，也应记载本名。但如果通过其他证据能够证明缩写的名称或者不完整的名称系被背书人，不影响背书效力。[1]同样，如果被背书人名称存在记载错误，可结合其他证据证实，亦不影响背书效力。[2]在电子商业汇票系统中，背书人需要输入被背书人银行账号等信息，前手被背书人与后手背书人的账号、开户行行号、组织机构代码和身份类别均相同但名称有所不同时，不影响背书的效力〔《中国人民银行关于规范和促进电子商业汇票业务发展的通知》（银发〔2016〕224号）〕。

纸质汇票记名背书方式示意图：

| 被背书人 B | 被背书人 C |
| --- | --- |
| 背书人签章　A<br>2022 年 6 月 30 日 | 背书人签章　B<br>2022 年 7 月 5 日 |

**图 15－1　纸质汇票记名背书方式示意图**

2. 背书的任意记载事项。背书人可以在不违反《票据法》禁止性规范的基础上，记载一些其他事项，即票据法学上所说的任意记载事项。任意记载事项，一经记载，即有票据上的效力。不同的票据立法，认可之任意记载事项多寡不同，有些事项，是普遍认同的。

我国《票据法》认可下列任意记载事项：①禁止转让的记载事项（第 34 条）。②住所。背书人可以记载自己的住所。③背书日期（第 29 条）。如上所述，在背书电子商业汇票时，背书日期是必要记载事项，是否禁止转让只需在背书申请时进行勾选。

---

[1] 《最高人民法院关于鞍山钢铁公司弓长岭矿山公司与沈阳城市合作银行新华支行、辽阳城市合作银行弓长岭支行票据纠纷一案的复函》（〔2001〕民他监字34号）指出："结算处向弓长岭矿山公司背书转让银行承兑汇票时，在被背书人一栏仅记载为'弓矿公司'，以及弓长岭矿山公司将该银行承兑汇票用作质押时，签章与预留印鉴不符，违反了《票据法》第七条和《银行结算办法》第八条第一款的规定。但是，上述签章的结果并不必然导致弓长岭矿山公司丧失票据权利。鉴于合作银行弓长岭支行非以此为由拒付款项，弓长岭矿山公司的前手对持票人的真实性没有提出异议，该银行承兑汇票到期日前无人对其主张票据权利，人民银行辽阳市分行在诉讼期间对此问题也出具了证明，故应确认背书连续，弓长岭矿山公司不因此丧失票据权利。"

[2] 参见俞宏雷：《经背书转让的最后持票人上海石化公司诉承兑人宜兴中行在承兑后以公安机关因收款人涉嫌诈骗扣押票据为由拒付请求付款案》，载最高人民法院中国应用法学研究所编：《人民法院案例选》（二〇〇二年第二辑·总第40辑），人民法院出版社2002年版，第230页。

外国票据法上，除上述三事项外，还允许背书人任意记载以下事项：①免除背书人担保承兑与付款责任的事项。日内瓦《统一汇票和本票法公约》第15条第1款认可背书人免除担保责任之背书。美国《统一商法典》第3－414条，也有背书时可以记载背书人不受追索事项的规定。②预备付款人事项。背书人为加强背书的可靠性，可以记载付款人之外的在付款地的其他人为预备付款人。③规定应为提示承兑的事项。日内瓦《统一汇票和本票法公约》第22条第3款规定，除出票人已禁止承兑外，背书人均得规定汇票应提示承兑。④免除持票人作成拒绝证书义务的事项。日内瓦《统一汇票和本票法公约》第46条有此规定。

3. 背书不得记载的事项。各国票据法都规定，背书不得"部分背书"和"附条件背书"，因此，部分背书之记载事项和附条件背书之记载事项，成为票据法上禁止记载的事项。

所谓部分背书，是指将票据金额的一部分转让的背书或者将票据金额分别转让给2人以上的背书。我国《票据法》第33条第2款、日内瓦《统一汇票和本票法公约》第12条第2款、美国《统一商法典》第3－202条、英国《汇票法令》第32条第2款、德国《汇票与本票法》第12条第2款，都规定部分背书无效。法律之所以禁止部分背书，其可能的理由在于对票据占有是不可分割，立法者不希望票据权利被分割。[1]部分背书无效，即不能发生背书人部分转让票据金额的效果。当然，也不能发生被背书人取得全部票据金额的效果，仅使该种背书毫无意义而已。

然而，法律对于部分背书禁止的理由对于电子商业汇票而言难以成立。电子商业汇票并不存在移转唯一原始载体的难题。职是之故，新一代票据业务系统允许新系统签发的票据拆包转让，实质上承认了部分背书。出票人在出票时确定是否允许分包流转。如出票人允许分包流转，则后续背书时可进行部分背书。

所谓附条件背书，是指给持票人行使票据权利附加不利条件的背书。对附条件的背书，各国票据法或认为其不具背书的效力，或"视为无记载"。我国《票据法》第33条第1款规定，附条件背书中所附条件，不具有汇票上的效力。既然不具汇票上效力的记载，则对持票人无任何约束力，持票人得不受其限制地行使票据权利。

4. 记名背书的票据的转让方式。持票人转让记名背书的票据的，应当采用记名背书的方式。

---

〔1〕　Vgl. Hueck/Canaris, Recht der Wertpapiere, 12. Aufl., 1986, S. 86.

（二）无记名背书

无记名背书，是指背书人签章、不记载被背书人名称的背书。

由于它缺少被背书人名称之记载事项，亦称"不完全背书"。又缘于票据上被背书人名称记载处空白，还叫"空白背书"。再因这种背书仅要求有背书人签章，形式简略，又名"略式背书"。

无记名背书方式示意图：

| 被背书人 | 被背书人 |
| --- | --- |
| 背书人签章　甲<br>2022 年 6 月 30 日 | 背书人签章　乙<br>2022 年 7 月 5 日 |

**图 15 - 2　无记名背书方式示意图**

无记名背书的必要记载事项，仅有背书人签章一项。任意记载事项和不得记载的事项，与记名背书相同。

1. 无记名背书的票据的转让方式。持票人转让无记名背书的票据时，可因势在"单纯交付"和"记名背书"两种方式中选择其一。[1]

所谓单纯交付，就是出让人不在票据上记载任何事项，也不签章，将票据交受让人占有。

单纯交付方式限用于无记名背书的票据转让，对于记名背书票据的转让，此种方式不具有法律效力。

无记名背书的票据，未记载被背书人名称，持票人就是票据权利人，他以单纯交付方式转让票据，受让人取得票据所有权，成为持票人。

2. 单纯交付的效力。就票据受让人方面而言，效力有：①成为持票人，取得票据权利；②再转让票据时，有权在"单纯交付"和"记名背书"中选用一种。

从票据出让人方面讲，他退出了票据关系，不负担任何票据责任，任何持票人行使追索权时，都不能以他为被追索人。他和直接受让人之间发生票据利益争

---

[1]　有观点指出，承认空白背书并不等于承认单纯交付的效力，前者只是后者的技术条件。在我国，空白背书的票据只能通过记名背书转让。参见傅鼎生：《我国票据制度未赋予交付转让的效力》，载《法学》2009 年第 12 期。单纯交付既不发生票据法上的效果，亦不产生债权让与的效果。参见曾大鹏：《支付密码、单纯交付与票据流通性的法教义学分析——以"2013 年度上海金融商事案例 7"为重点的评释》，载《华东政法大学学报》2015 年第 6 期。

议时，适用民法上一般债权转让和物权转让的规定，相互之间并无票据权利义务。单纯交付的出让人之所以无票据责任，盖因票据上无其签名或签章，依票据法上"签名者就票据文义负责"的原则，他未签名或签章，自不应负担票据责任。

从票据关系方面看，由于出让人退出票据关系，就使得当事人数量减少，票据关系简化，被追索人范围缩小，甚至只在出票人、第一背书人和持票人之间存在票据关系。

3. 无记名背书的转变。持票人转让票据时，不采用单纯交付方式而进行背书的，能够选用无记名背书或者记名背书。一旦记载被背书人名称，无记名背书的票据就转变为记名背书的票据。

无记名背书的票据转变为记名背书的票据后，持票人再为票据转让时，就不能采用单纯交付方式，而是必须以背书转让。背书可以采用记名式，也可采用无记名式，所必要者，为背书人的签章。采用无记名方式再背书的，受让人仍然能够决定自己再转让时是单纯交付，还是背书转让。

（三）记名背书与无记名背书的利和弊

1. 从记载事项方面讲，无记名背书稍为简便，记名背书则略显麻烦。记名若有疏漏，发生错写，就会给被背书人行使票据权利或再为背书转让带来困难。无记名背书无此弊端。

2. 从转让方式上看，无记名背书的票据可采单纯交付，手续极简，增加了票据的流通性。[1]记名背书的票据无此便利条件。但是，就无记名背书的票据而言，单纯交付的出让人退出票据关系，持票人行使追索权时责任人减少，不如记名背书那样，票据出让人俱为票据责任人，持票人可有较大选择范围，以最有利的条件实现票据权利。

3. 从安全性方面看，记名背书比无记名背书有较可靠的安全性。记名背书的票据发生遗失、被盗等情况时，一般很难为第三人善意取得，或者冒领款项；而无记名背书的票据，则极易发生这些不安全现象。

总之，两相比较，各有长短，真可谓有一利必有一弊。我国《票据法》不认可无记名背书，主要考虑其安全性低于记名背书，在这两种背书的"效率"与"安全"之间，首先选择了安全。这种价值取向，虽然稍嫌过于谨慎，却是我国1995年票据立法当时票据生活能力和水平的真实反映，适时性尚可、合理性和超前性不足。到2000年，《最高人民法院关于审理票据纠纷案件若干问题的规定》颁行时，票据生活的实际发生了变化，无记名背书在票据流通中大量出现，最高人民法院因时制宜，在该规定的第49条认可了无记名背书。

---

[1]　Vgl. Sieg, Wertpapierrecht, 3. Aufl.，1981，S. 21.

## 二、背书的特点

背书，除有票据行为的共同性特点外，还有不可分性和单纯性两个特点。

### (一) 不可分性

背书的不可分性，是指背书必须转让全部票据金额，不能为部分背书转让或者分别背书转让。

票据的背书，以票据交付为生效要件，背书人不可能将同一票据分别背书转让2人以上的受让人，也不可能自己同被背书人分别持有该票据，因此，凡部分背书或分别转让的背书，都为无效。我国《票据法》第33条第2款关于部分背书和分别转让背书无效的规定，就是背书不可分性的立法。

### (二) 单纯性

背书的单纯性，是指背书只能将票据权利无条件地转让被背书人，不能附带任何条件。

票据权利为无条件支付票面金额的请求权，不仅出票时不能附带条件，背书转让票据权利，同样如此。否则，所附条件限制票据权利，使票据权利处于不确定状态，即违反了票据权利的立法本意。附条件的背书，所附条件无效，票据受让人得不受其限制地行使票据权利。

## ■第三节　背书的种类

### 一、概说

背书，依其方式和目的的不同，有许多各具特点的种类。研究各种背书，目的是掌握其内容和效力方面的特点，区别不同背书的作用。

依照背书方式的不同，有记名背书与无记名背书之区别。前节已作详解，本节不再重复。

根据背书目的的差异，背书有转让背书和非转让背书的划分。转让背书和非转让背书，又各包括若干种具体的背书。

外国票据法上规定的背书种类较多，我国《票据法》允可的背书种类较少，我国香港地区、台湾地区的票据制度中，背书种类多于《票据法》的规定。

本书立足我国《票据法》之有关规定，同时也对外国票据法上的一些背书种类略作讲解。

### 二、背书的种类

### (一) 转让背书

转让背书，是指以转让票据权利为目的的背书。大多数的背书属于这一类型。

根据有无其他特殊情事，转让背书又分为一般转让背书和特殊转让背书。

1. 一般转让背书。凡在到期日前以一般方式转让票据权利的背书，是一般转让背书。

所谓一般方式，是指记名背书和无记名背书两种转让方式。据此，一般转让背书又分记名背书和无记名背书。它有三个方面的效力：权利移转效力、责任担保效力、权利证明效力。（详见本章第四节"背书的效力"）

2. 特殊转让背书。特殊转让背书，是指有特殊的背书情事，而在效力上与一般转让背书有所差异的转让背书。

这种背书，或在背书任意记载事项，或在背书时间，或在被背书人，有特殊的情事，因其特殊性，票据法上承认其有一定的特别效力。

根据我国《票据法》第 34 条、第 36 条等的规定，特殊转让背书有以下几种：

（1）禁止转让的背书。简称"禁转背书"是指背书人在票据上记载"不得转让"字样，禁止被背书人再背书转让该票据的转让背书。

禁转背书对票据权利不构成妨害和不良限制，仅表示背书人只对自己背书的被背书人负票据担保责任，不对其他人保证承兑和保证付款的意思，票据法认可这种背书为有效。

禁转背书的效力有二：其一，限制被背书人，即禁转背书人的直接后手再转让票据；其二，将禁转背书人保证承兑和保证付款的票据责任，限制于对禁转背书的被背书人。《票据法》第 34 条规定，背书人在汇票上记载"不得转让"字样，其后手再背书转让的，原背书人对后手的被背书人不承担保证责任。对于电子商业汇票而言，根据《电子商业汇票业务处理手续》（第三章"转让背书业务处理"）的规定，如果背书人在背书时勾选不得转让，则被背书人无法在系统中操作将其再背书转让给其他人。在新一代票据业务系统中，禁转背书的背书人可以申请撤销不可转让记载。撤销通过后向持票人等相关人通知撤销结果。

对于禁转背书人的直接后手以该汇票设立票据质押的效果，理论及实践中均存在一定的分歧。[1]根据《最高人民法院关于审理票据纠纷案件若干问题的规定》第 50 条的规定，依照《票据法》第 34 条和第 35 条的规定，背书人在票据上记载"不得转让""委托收款""质押"字样，其后手再背书转让、委托收款或者质押的，原背书人对后手的被背书人不承担票据责任，但不影响出票人、承兑人以及原背书人之前手的票据责任。据此规定，"不得转让"记载实际上并不影响其后手对票据权利的处分权，只是产生原背书人不承担票据责任，不被

第十五章

---

〔1〕　参见刘保玉主编：《担保纠纷裁判依据新释新解》，人民法院出版社 2014 年版，第 270～274 页。

追索的法律后果。因此，禁转背书不会对票据质押效力产生影响。对于电子商业汇票而言，按照《电子商业汇票业务处理手续》（第八章"质押业务处理"）的规定，票据上记载"不得转让"事项的，无法办理票据质押业务。

禁转背书为各国普遍认可，日内瓦《统一汇票和本票法公约》第 15 条第 2 款，美国《统一商法典》第 3-205 条（b）项及第 3-603 条（1）款（b）项，英国《汇票法令》第 8 条第 1 款，有与我国相同的规定。

违反禁转背书而转让票据的，对其后手负担保证承兑和付款的责任，持票人行使追索权时，得向禁转背书人之外的票据债务人追索。持票人误向禁转背书人追索的，禁转背书人有权抗辩。

应当区分禁转背书和禁转票据。禁转票据是出票人在票据上记载"不得转让"字样，自始就不具有可转让性的票据。对禁转票据，《最高人民法院关于审理票据纠纷案件若干问题的规定》第 47 条规定："依照票据法第二十七条的规定，票据的出票人在票据上记载'不得转让'字样，票据持有人背书转让的，背书行为无效。背书转让后的受让人不得享有票据权利，票据的出票人、承兑人对受让人不承担票据责任。"该司法解释第 52 条还规定："依照票据法第二十七条的规定，出票人在票据上记载'不得转让'字样，其后手以此票据进行贴现、质押的，通过贴现、质押取得票据的持票人主张票据权利的，人民法院不予支持。"可见二者不仅记载人不相同，不得转让之记载事项的效力也迥然有异。

（2）期后背书。在票据被拒绝承兑、被拒绝付款或者超过付款提示期限之后的转让背书，为期后背书。[1]对于电子商业汇票而言，根据《电子商业汇票业务管理办法》第 39 条的规定，提示付款期后不得进行背书转让。又根据《电子商业汇票业务处理手续》（第三章"转让背书业务处理"）的规定，提示付款期经过，无法进行转让背书操作，不存在期后背书的可能。

《票据法》第 36 条对期后背书作了规定：汇票被拒绝承兑、被拒绝付款或者超过付款提示期限的，不得背书转让；背书转让的，背书人应当承担汇票责任。

推研该条之规范意旨，应有二点：其一，汇票被拒绝或逾期的，不得再背

---

[1] 与之相反，凡票据到期日前的背书，称为"期前背书"。期前背书具备背书形式要件的，发生背书效力；期后背书即使形式齐备，其效力也不能与期前背书等同。外国立法例上，日内瓦《统一汇票和本票法公约》与英美票据法有不同的规定。日内瓦《统一汇票和本票法公约》第 20 条第 1 款规定，期前背书与期后背书效力相等。而英国《汇票法令》第 36 条第 2 款则规定，过期汇票如流通转让，应受到在其到期时该汇票的有瑕疵所有权的制约，并在此后，任何人不能取得或给予较其前手更优越的权利。此外，根据我国《票据法》第 29 条第 2 款的规定，背书未记载日期的，视为期前背书。此处的视为，属于可反驳的推定。

书转让，既定为"不得"，就是禁止性规范。据此可认为，期后背书为违反禁止性规范之行为，不能产生票据背书的法律效果。其二，期后背书仅使被背书人对背书人有票据权利，不能使被背书人对其他票据债务人享有票据权利。由于期后背书违反票据法禁止性规范而无效，就不能像有效背书那样，使全体票据债务人对持票人负担票据责任。但是，期后背书人对被背书人承担汇票责任，即本法第4条第5款所规定的"向持票人支付票据金额的义务"。《票据法》第36条的规定，实际上认可了期后背书的效力，这就是，持票人对期后背书人有票据权利，而对其他票据债务人无票据权利。

有观点认为，期后背书虽然不产生票据法上有效背书转让的效果，但是可产生一般债权让与的效果，被背书人仍然享有票据权利，仍然可以对背书人之外的所有债务人主张票据权利。[1]有学者进一步指出，《票据法》第36条后半句只是《民法典》债权让与一般规范之上的特殊规范，即使承认期后背书的被背书人享有对期后背书的背书人享有票据权利，也不能否定其对票据债务人的权利，只不过其地位不得优于背书人，不享受票据法上人的抗辩保护。[2]承认期后背书人享有权利仅为让与之债权明显与《票据法》第36条后半句的文义相悖。但如承认被背书人取得的是期前既有的票据权利，则实际上变相承认此时汇票仍然具有流动性，与该条的规范目的相悖。

从票据法理论上讲，票据被拒绝之后，流通性受到限制，票据到期日过后，即失去流通性，因此，不应再为背书转让。然而，事实上难以杜绝被拒绝后仍然转让，依背书取得票据，或由其他原因在付款提示期限后依背书取得票据。在这种情形下，一方面，要维护票据流通规则的严肃性；另一方面，要维护持票人的正当利益，由这种价值取向出发，就有了持票人对期后背书人有票据权利而对其他票据债务人无票据权利的立法规范。因此，期后背书的被背书人不享有背书人的权利，既无权向背书人行使追索权，亦无权要求承兑人或者付款人承担责任。[3]期后背书的持票人只能向首次期后背书的背书人及其后手背书人主张汇票责任。此时期后背书的背书人承担的是票据责任，而地位与一般债权让与人存在差异。

与外国票据法上有关制度相比较，《票据法》第36条的规定有其特殊点。日内瓦《统一汇票和本票法公约》第20条第1款就期后背书规定：汇票到期后

---

[1] 参见董翠香：《论票据期后背书及其效力——兼论〈票据法〉第36条之修正》，载《政治与法律》2003年第3期。

[2] 参见刘江伟：《票据期后背书的法教义学分析》，载《西南政法大学学报》2021年第4期。

[3] 参见陈荣富与湖北长江大药房连锁有限公司票据利益返还请求权纠纷案，湖北省高级人民法院（2020）鄂民申5209号民事裁定书。

的背书与到期前的背书有同等效力。但因拒付而作成拒绝证书后，或规定作成拒绝证书的期限届满后的背书，只具有通常债权转让的效力。由这一规定可以看出：①日内瓦《统一汇票和本票法公约》上，汇票到期后的背书与拒绝证书作成后和作成拒绝证书的期限届满后的背书，效力不同，前者有背书的效力，后者不具背书的效力。我国《票据法》不作这种区分，期后背书的判断亦未采期限后背书模式。[1]②作成拒绝证书后的背书、作成拒绝证书的期限届满后的背书，被背书人不能取得票据权利，只能取得"通常债权"即"普通债权"，不能向背书人之外的票据债务人主张权利，只能要求背书人支付票据上的金额。这与我国《票据法》统一规定的"不得背书转让"显然不同。

（3）回头背书。回头背书，又称"还原背书""回还背书""逆背书"，是指以票据上的债务人为被背书人的转让背书。例如，甲背书转让票据给乙，乙又背书转让丙，丙与甲发生交易时，又将该票据背书转让给甲，此时，即发生回头背书。

我国《票据法》第 69 条认可回头背书。依该条，持票人为出票人的，对其前手无追索权。持票人为背书人的，对其后手无追索权。这里所指的出票人又持有的和背书人又持有的票据，就是以回头背书所取得。

回头背书的效力，分为两个方面：

第一，有一般背书的各种效力，包括权利移转效力、权利证明效力、权利担保效力。因此，被背书人仍可再为转让背书。

第二，追索权的行使，受到限制。持票人为出票人时，对其前手（即他取得票据时，在票据上有签名的任何背书人）无追索权，否则出现循环追索。

持票人为背书人（曾在票据上有背书签名）时，对其先前背书之后，又一次取得票据之前的背书人（中间背书人），无追索权，以免循环追索；对他先前背书的前手，有追索权。例如，A 将票据背书转让给 B，B 又背书转让给 C，复依同样方式由 C 到 D、由 D 至 E，然后，又由 E 背书转让给 C，此时，C 持回头背书之票据，对后手 D、E 无追索权，对前手 B、A 可为追索。

持票人为承兑人时，对任何人无追索权。承兑人承兑之后，是汇票的主债务人，应当承担到期付款的责任（《票据法》第 44 条），当他依转让背书取得票据，成为持票人时，对其他票据债务人均无追索权。然而，未为承兑的付款人，成为持票人的，应有追索权。

持票人为保证人的，对其被保证人的后手无追索权，以免循环追索；对其被保证人及其前手有追索权。例如，汇票以转让背书方式，依次在 A、B、C、

---

〔1〕　参见郭站红：《期后背书制度新解》，载《法律科学（西北政法大学学报）》2013 年第 5 期。

D、E、F 等人之间转让后，F 又将票据背书转让给 G，而 G 却是 C 的保证人，在票据上记载保证事项并签名，此时，G 持回头背书的票据，只能向 B、A 追索，不得向 C 的后手 D、E、F 等人行使追索权。当然，G 可以保证人身份，向被保证人 C 行使追索权。

有些外国票据法，允许"免除担保责任背书"，即背书人可以背书，免除自己担保汇票承兑和付款的责任。例如，日内瓦《统一汇票和本票法公约》第 9 条第 2 款规定，背书人和被背书人可以约定，在背书中记载免除担保责任之事项，从而不负担保证承兑和付款的责任。该种背书，虽名为"免除担保责任背书"或"无担保背书"，实际上是免除被追索责任的背书，它仍有权利转让、权利证明的效力，只是持票人行使追索权时，不能向这种背书的背书人追索。由于这种背书对票据流通无积极作用，对持票人无益，有些国家不予认可。我国《票据法》以票据权利安全为要旨，当然也不允许这种背书，相反，在其第 37 条明文规定，背书人以背书转让汇票后，即承担保证其后手所持汇票承兑和付款的责任，以此限定了背书人的责任。

（二）非转让背书

非转让背书，是指非为转让票据而别有特殊目的的背书，包括委托收款背书和设质背书两种。对于电子商业汇票而言，只存在设质背书，而不存在委托收款背书。

1. 委托收款背书。委托收款背书，又称"委任背书"，是指背书人以委托被背书人代为收取票据款项、在票据背面记载"委托收款"字样的背书。

在委托收款背书，背书人为委托人，被背书人为受托人，被背书人虽持有票据，可以代理人身份，行使请求承兑、请求付款等权利，但他不得以背书转让票据权利。我国《票据法》第 35 条第 1 款对这种背书作了规定。需要注意的是，受托人虽然不能不得再以背书转让汇票权利，但不妨碍其以背书方式再次委托他人（即转委托）。

2. 设质背书。设质背书，也叫"质押背书"，是指背书人以票据上的权利为被背书人设定质权的背书。当事人签订票据质押合同，而未作质押背书，不成立票据质押。即使当事人委托第三人代为票据质押的被背书人，由于欠缺票据文义，仍然不成立票据质押。[1]

票据虽为票据权利的载体，但又属于民法上的动产，票据上的权利是债权，在性质上可为质权的标的。票据设质背书，背书人为出质人，被背书人为质权

---

[1] 参见华创证券有限责任公司与瑞高商业保理（上海）有限公司、青岛星瀚信德贸易有限公司票据追索权纠纷案，中华人民共和国最高人民法院（2018）最高法民终 890 号民事判决书。

人。《票据法》第 35 条第 2 款规定了设质背书的要件与效力：汇票可以设定质押；质押时应当以背书记载"质押"字样。被背书人依法实现其质权时，可以行使汇票权利。

据此，设立票据质押只需同时满足质押背书和交付要件。首先，就质押背书而言，设质背书以在票据背面记载"质押"字样并签章为必要，以与其他背书相区别。当事人约定为设质但未记载"质押"之类含义的文字的，依票据文义定其背书性质，不能以票据文义之外的证据证明之。对此，《最高人民法院关于审理票据纠纷案件若干问题的规定》第 54 条规定，以汇票设定质押时，出质人未在汇票、粘单上记载"质押"字样而另行签订质押合同、质押条款的，不构成票据质押。但是，如果当事人另行签订合同约定持票人有义务设立票据质押，在质押背书和交付义务可能履行的情况下，法院可判决持票人履行票据质押设立义务。[1]就交付而言，背书人应将出质之票据交付被背书人占有。依据最高人民法院《关于适用〈中华人民共和国民法典〉有关担保制度的解释》第 58 条的规定，以汇票出质，当事人以背书记载"质押"字样并在汇票上签章，汇票已经交付质权人的，人民法院应当认定质权自汇票交付质权人时设立。质言之，汇票交付完成，质权设立。被背书人虽占有出质之票据，但依背书之文义，仅有质权，在其质权实现之前，不能行使票据权利。

如果背书人与被背书人虽然达成了担保协议，但却进行转让背书而非质押背书，此时明显不符合票据质押的要件，被背书人不享有票据质权。[2]但是值得讨论的是，此种情形能否成立民法上的让与担保。最高人民法院《关于适用〈中华人民共和国民法典〉有关担保制度的解释》第 68 条第 1 款规定，债务人或者第三人与债权人约定将财产形式上转移至债权人名下，债务人不履行到期债务，债权人有权对财产折价或者以拍卖、变卖该财产所得价款偿还债务的，人民法院应当认定该约定有效。当事人已经完成财产权利变动的公示，债务人不履行到期债务，债权人请求参照《民法典》关于担保物权的有关规定就该财产优先受偿的，人民法院应予支持。关键是确认此时是否已经完成了权利变动的公示。

虽然此时双方的转让背书欠缺真实的交易关系和债权债务关系，但是并不构成贴现。在贴现情形中，如果被背书人欠缺贴现资格，背书贴现行为无效。[3]在

---

[1]　参见张雪楳：《票据纠纷案件新型疑难问题研究》，载《中国应用法学》2021 年第 5 期。

[2]　参见景象：《未以法定形式背书转让质押汇票，持票人不享有票据权利》，载《人民法院报》2021 年 4 月 22 日，第 007 版。

[3]　《全国法院民商事审判工作会议纪要》（法〔2019〕254 号）第 101 条第 1 款规定，票据贴现属于国家特许经营业务，合法持票人向不具有法定贴现资质的当事人进行"贴现"的，该行为应当认定无效，贴现款和票据应当相互返还。

此种情形中，当事人背书转让票据并非是为了买卖汇票，取得贴现款，而是为了担保真实的债权债务关系的履行。即使与赎回式贴现亦存在较大的差异，赎回式贴现与作为非典型担保的典当更为相似。

根据《中国人民银行关于完善票据业务制度有关问题的通知》（银发〔2005〕235 号）第 2 条，如果主债务已经履行完毕，票据质押解除时，被背书人应以单纯交付的方式将质押票据退还背书人。票据交还行为不属于票据行为。

就电子商业汇票而言，根据《电子商业汇票业务管理办法》第 51 条的规定，电子商业汇票的质押，是指电子商业汇票持票人为了给债权提供担保，在票据到期日前在电子商业汇票系统中进行登记，以该票据为债权人设立质权的票据行为。与转让背书相同，出质人填写质权人相关信息提交申请后，质押尚未设立。票据质押在质权人同意签收（应答）后方可设立。质权人未签收（应答）或者拒绝签收（应答）的，质押并未设立。在签收（应答）之前，出质人可撤回质押背书申请［参考《电子商业汇票业务处理手续》（第八章"质押业务处理"）］。如电子商业汇票为允许分包汇票，电子商业汇票可以部分背书质押。电子商业汇票质押解除亦有其特殊性。根据《电子商业汇票业务管理办法》第 54 条的规定，质押解除必须记载以下事项：①表明"质押解除"的字样；②质押解除日期。电子商业汇票质押解除申请同样需要出质人（背书人）签收（应答）同意。同样，电子商业汇票的质押解除也允许分包处理。质权人提交质押解除申请的金额小于或者等于待解除的票据（包）金额。新一代票据业务系统解决了电子商业汇票系统票据到期之后不能解除质押的问题。

## ■第四节　背书的效力

### 一、概说

背书的效力，依是否转让背书而有所不同，可以分为转让背书的效力和非转让背书的效力。我国《票据法》第 37 条，是关于转让背书的效力的规定，按照该条，背书人以背书转让汇票后，即承担保证其后手所持汇票承兑和付款的责任，背书人在汇票得不到承兑或者付款时，应当向持票人清偿本法第 70 条、第 71 条规定的追索金额和费用。对非转让背书的效力，在该法第 35 条中作了规定。

### 二、一般转让背书的效力

一般转让背书的效力有三：权利移转效力、责任担保效力、权利证明效力。下面分述之。

（一）权利移转的效力

权利移转的效力，是指转让背书发生票据权利全部移转给受让人的效果。

背书是票据法律行为，转让票据权利，是背书的目的，因此，背书生效后，票据权利便由背书人移转至被背书人，被背书人成为票据权利人。票据权利移转，是背书的基本效力。

依背书移转票据权利，与普通债权的移转，在效力上有所不同。票据权利的移转，除受让人为恶意或者有重大过失外，一般都能取得优于其前手的权利，前手与票据债务人之间的抗辩事由，因背书转让而被切断，对持票人无任何影响。民法上普通债权的转让，受让人继受出让人与债务人之间的抗辩事由，债务人能对抗出让人的抗辩事由，都可用以对抗受让人（《民法典》第 548 条）。

背书转让，移转的是票据的一切权利，不仅包括付款请求权、追索权，还包括再转让票据权利的权利，票据有保证人签名的，对保证人的权利也一并移转，并无需另行保证手续。对此，日内瓦《统一汇票和本票法公约》第 14 条第 1 款规定，背书转让汇票上所有权利。我国《票据法》虽无这样的表述，但在第 27 条、第 33 条的规定中，含有同样的意思。

（二）责任担保的效力

责任担保的效力，是指背书产生背书人对被背书人和后手担保票据承兑和付款的效果。

背书转让票据权利，主要的是付款请求权和追索权。付款请求权，可能因付款人拒绝承兑或拒绝付款而难以实现。为保障持票人能够安全实现票据权利，票据法一方面对付款人的承兑和付款作出明确的规定，要求付款人对持票人按期提示承兑的汇票，尽快承兑或者拒绝承兑；凡予承兑的，不得附条件，而且承担到期无条件付款的责任。另一方面对背书人定以担保责任，要背书人保证出让的票据能够得到承兑和付款。背书之担保效力由此而生。

背书人的担保责任，从担保内容上讲，分为担保承兑和担保付款；从担保时间上讲，从背书生效一直到持票人获得付款；从担保的持票人的范围来说，包括一切后手，即他背书之后的任何持票人，都有权要求他依法承担保证承兑和付款的责任；从担保的形式来说，只要转让背书并交付票据，担保责任便告成立，不必另行约定。因此，背书人对持票人的担保责任，是法定责任而不能是约定责任。外国票据法上虽允许"免除担保责任的背书"，但我国票据法不予认可。从责任的内容上看，如果背书转让的票据得不到承兑或者付款，持票人得对背书人行使追索权，被追索的背书人应当向行使追索权的持票人偿付票据金额和追索费用。

（三）权利证明的效力

权利证明的效力，是指票据上的背书连续，有证明持票人为票据权利人的法律效果。

背书连续，是指背书在形式上，除第一次的背书人为收款人外，其余各次背书，背书人都是前一次背书的被背书人，衔接不间断而直至最后被背书人。我国《票据法》第 31 条第 2 款将背书连续定义为：在票据转让中，转让汇票的背书人与受让汇票的被背书人在汇票上的签章依次前后衔接。

背书连续示意图：

（粘单和汇票粘接处）　　粘　单

| 被背书人：B | 被背书人：C | 加盖骑缝章 | 被背书人：D | 被背书人：E |
|---|---|---|---|---|
| 背书人签章 A<br>年　月　日 | 背书人签章　B<br>年　月　日 | | 背书人签章　C<br>年　月　日 | 背书人签章　D<br>2018 年 5 月 20 日 |
| 第一次背书 | 第二次背书 | | 第三次背书 | 第四次背书 |

**图 15 - 3　背书连续示意图**

上图中，E 为持票人，即最后被背书人，A 为第一次背书的背书人，即票据正面记载的收款人。第二次背书的背书人，是第一次背书的被背书人，以下顺次呈现上一次背书的被背书人是下一次背书的背书人的形式，没有间断。

背书连续从形式上表明后手依背书自直接前手受让票据，最后的被背书人则依背书取得持票人资格，享有票据权利。

对转让背书而言，原持票人背书转让票据，使被背书人有持票人资格，转让背书即有持票人资格授予的效力。背书连续，则是自最初持票人到最后持票人，逐一为持票人资格授受。因此，权利证明效力也叫资格授予的效力。

背书连续的权利证明效力，得到各国票据法的普遍认可。我国《票据法》第 31 条第 1 款规定，以背书转让的汇票，背书应当连续，持票人以背书的连续证明其汇票权利。日内瓦《统一汇票和本票法公约》第 16 条、英国《汇票法令》第 32 条第 5 项，有基本相同的规定。

持票人以背书连续证明自己有票据权利，不需提供其他证据。票据债务人也不得要求持票人另外举证。背书不连续而持票人确为合法持票人的，应由持票人提供有效证据，如依继承等合法方式取得票据的证据，证明其票据权利（《票据法》第 31 条第 1 款）。

### 三、特殊转让背书的效力

我国《票据法》认可的三种特殊转让背书：禁转背书对被背书人而言，有一般转让背书的效力，对被背书人再行背书转让的后手，则有免除担保责任的效力；回头背书，除回头背书票据持票人因票据上有其签名，追索权受有限制外，有权利移转效力和权利证明效力；期后背书，持票人仅得对期后背书人行使权利，对其他票据债务人，无权利移转和权利证明的效力。有关详细内容，本章第三节已有讲述。

在标准化票据背书转让场合，票据权利并不是移转给被背书人。作为被背书人的存托机构只是受投资者的委托代为持有汇票。存托机构依照法律法规规定和存托协议约定，完成标准化票据相关的登记、托管、信息披露以及协助完成兑付、追索等，督促原始持票人、承兑人、承销商等相关机构履行法律法规规定及存托协议约定的义务（《标准化票据管理办法》第 5 条第 2 款）。作为基础资产的商业汇票属于投资者，并非信托架构中的受托财产。

### 四、非转让背书的效力

#### （一）委托收款背书的效力

委托收款背书给受委托的持票人授予代理收款的权限，票据权利人仍是背书人，故不发生权利移转和责任担保的效力。它的效力有二：

1. 代理权授予效力。委托收款背书的目的是委托收款，受委托的人虽持有票据，但其依背书文义只有票据代理权，票据权利未移转。对此，《票据法》第 35 条第 1 款规定，背书记载"委托收款"字样的，被背书人有权代背书人行使被委托的汇票权利。此时，被背书人的地位实际上与背书人相同，票据债务人可主张其对背书人的抗辩，但不能主张其对被背书人的抗辩。[1]

2. 代理权证明效力。受托人依委托收款背书证明其代理权，无须提供其他权利证明。

委托收款背书由其效力所限，持票人行使收款代理权时所发生的一切法律后果，均归背书人，积极后果像如期收款，消极后果如被拒绝或遇其他原因不获付款，皆由背书人承受。

代理人疏于行使委托收款权，给背书人造成损失的，相应适用民法上委托合同的规定处理。

#### （二）设质背书的效力

设质背书，目的在于以票据权利作债务担保，背书文义自然无转让票据权利之含义，其效果，也不发生权利移转。然而，被背书人依背书取得质权，依

---

[1] 参见王志诚：《票据法》，元照出版有限公司 2015 年版，第 344～345 页。

质权占有票据，在质权实现时得行使票据权利。

我国《票据法》第35条第2款规定，汇票可以设定质押；质押时应当以背书记载"质押"字样。被背书人依法实现其质权时，可以行使汇票权利。

按照质权之特性和票据法之规定，设质背书的效力有三：

1. 质权设定效力。设质背书为被背书人设定质权，在被担保的原因关系中的债务未届清偿期或者未发生当事人约定的实现质权的情形时，该质权起担保作用，被背书人"仍有独立的经济利益"。[1]被担保的债务到期未履行或发生当事人约定的实现质权的情形时，被背书人得行使票据权利。

被背书人在其质权实现之前：①不得以背书方式处分票据，即无权背书转让、贴现或者再以背书方式设立质权；②须妥善保管票据。因过失而致票据毁损灭失的，应负担失票救济措施的费用，给设质背书人造成其他损失的，应负赔偿责任。但是质权人并无提示承兑或者提示付款的义务，因超期提示承兑或者提示付款导致背书人对前手背书人追索权丧失的，质权人不承担损害赔偿责任。[2]

2. 质权证明效力。设质背书证明被背书人有票据质权。被背书人无需以质押合同证明其质权，设质背书之文义足以为凭。

质权以出质物的占有为要件，被背书人依质权占有票据，有持票人之资格，因此，设质背书之权利证明效力，也是持票人资格授予效力。不过，质权人的持票人资格，仅表明其享有票据质权，它与票据所有人的持票人资格、性质和权利两方面都不等同。

3. 责任担保效力。设质背书的背书人，对出质票据负有担保承兑和付款的责任。设质背书虽不发生票据权利移转之效果，但是：①背书人负有保证出质票据真实、有效之责任。出质的票据无效的，不具财产性质，不能担当出质物。票据真实、有效，才能得到承兑和付款。②设质背书所担保的债务，到期未履行或者发生当事人约定的实现质权的情形时，被背书人得行使票据权利，请求付款人付款，背书人应担保被背书人能够得到付款，否则，被背书人对票据上的签名者，有追索权，背书人自属被追索人范围。

（三）对非转让背书的被背书人权利的讨论

在非转让背书中，被背书人分别因委托和设质持有票据。我国《票据法》第35条第1款、第2款中分别规定，委托收款背书的，"被背书人有权代背书人

〔1〕　参见梁宇贤：《票据法新论》，中国人民大学出版社2004年版，第157页。
〔2〕　参见江西升华新材料有限公司与九江银行股份有限公司宜春分行质押合同纠纷案，江西省高级人民法院（2021）赣民终114号民事判决书。

行使被委托的汇票权利"，设质背书的，"被背书人依法实现其质权时，可以行使汇票权利"，对被背书人持有票据时的权利，作了界定。

票据法是强制性法律规范，准确理解其各项规定的含义，是有效实施票据行为的前提和基础。从法学的任务方面讲，准确解释实定法、现行法是任务之一，而不局限于实定法和现行法，合理地说明权利的性质、效力与范围，则是另一更重要的任务。实定法的健全，有赖于法学的贡献。据此基点，对我国《票据法》关于非转让背书的被背书人权利的规定，进行以下讨论。

1. 委托收款背书被背书人的权利。被背书人有票据代理权，此为不争之事理。但是，分析我国《票据法》所规定的"被背书人有权代背书人行使被委托的汇票权利"，却有一个问题应当讨论说明，此处所称"汇票权利"，仅为付款请求权，还是兼有追索权，甚至票据保全权等权利也在其中？《票据法》未作具体规定。从第 35 条第 1 款的字面意思分析，既然使用"被委托的汇票权利"，就有依背书人委托授权意思而定被背书人代理权内容的立法意旨，因此，被背书人得行使的汇票权利为何，应依委托背书的文义而定。此一点，与外国立法不同。日内瓦《统一汇票和本票法公约》第 18 条第 1 款规定，委托代理的背书，持票人得行使汇票上所有的权利，但只能以代理人资格背书。《日本票据法》第 18 条、《德国票据法》第 18 条，为相同的规定。同这些外国立法相比较，我国《票据法》显然对委托收款背书被背书人的权利范围作了限制，并且把被背书人代理权的内容，变为由背书人决定。深一层讲，对委托收款背书，在安全和效率两个方面，《票据法》仍然首先考虑票据权利的安全。

2. 设质背书被背书人的权利。被背书人有票据质权，这是不言而喻的。然而，仔细推敲，我国《票据法》第 35 条第 2 款规定的"被背书人依法实现其质权时，可以行使汇票权利"，有两个问题需要澄清：

（1）此所谓"依法实现其质权"之"法"，应指《民法典》第 425 条、第 441 条以及《民法典》第 442 条的相关规定。

理由是，《票据法》和《最高人民法院关于审理票据纠纷案件若干问题的规定》没有关于如何"依法实现质权"的具体规定，而票据质权属于"权利质权"，适用上述法律规定理所应当。

按照这些条文的规定，票据质权人：①在出质人未履行主债务而票据已经到期时，对未获承兑的汇票，有权直接请求承兑；对已获承兑的汇票，有权直接向票据付款人请求付款；对见票即付的票据，则有权直接请求付款（《民法典》第 446 条规定权利质权除适用本节规定外，适用本章第一节即动产质押的规定，而动产质押规定中以第 425 条为基本规则，按照该条，票据质权人有优先受偿权）。②在出质人未履行主债务但票据未到期时，对未获承兑的汇票，应当按照《票据法》关于提示承兑期限的规定请求承兑，然后请求付款；对已获承兑的汇票，只能等到付款期届至时请求付款（《担保法司法解释》第102条，已失效）。③在票据已经到期但是被担保的主债务未到履行期的，票据质权人可以在主债务履行期届满前请求付款，并与出质人协商将所收取的票款用于提前清偿或者向第三人提存（《民法典》第441条、《民法典》第442条）。④在出质票据的债务人拒绝（承兑或者付款）时，质权人可以起诉出质人和出质票据的债务人，也可以单独起诉出质票据的债务人（《担保法司法解释》第106条，已失效）。

（2）此处之"汇票权利"，应理解为付款请求权和追索权。票据质押虽然不发生票据权利转让的效果，但是，在质押期间，票据质权人是合法持票人，其质权不但得对抗出质人，也能够对抗第三人，更重要的是，票据权利人在行使票据权利时，是以自己名义而非出质人名义，是为自己利益而非为出质人利益。而此期间，出质人则因不持有票据和质押背书，不能以自己名义为自己利益行使出质票据的权利。因此，票据质权人在依法实现其票据质权、行使票据权利时，正常情形，行使的是付款请求权，特殊情形（拒绝承兑或者拒绝付款的情形），行使的是追索权。

在日内瓦《统一汇票和本票法公约》中，规定设质背书的被背书人有持票人资格，得行使汇票上所有的权利，但只能以代理人资格背书（第19条第1款），也就是说，票据质权人可以出质人的代理人的身份，向付款人请求付款，并将票据背书交付给付款人。这种规定有参考和借鉴的价值。

## 思考题

1. 如何理解背书行为？
2. 背书有哪些方式？各种方式的特点如何？
3. 为什么背书具有不可分性和单纯性？
4. 一般转让背书和特殊转让背书是如何区分的？
5. 特殊转让背书有哪几种？各种特殊转让背书的效力如何？
6. 非转让背书有哪几种？从票据关系角度讲，各种非转让背书各有什么特点？
7. 一般转让背书有哪些效力？
8. 各种非转让背书的效力如何？
9. 查阅《最高人民法院关于审理票据纠纷案件若干问题的规定》，熟悉并思考其关于背书的规定。

第十六章

承　兑

> **学习目的和要求**　理解承兑的意义和性质，重点掌握承兑的方式、效力、程序、承兑关系、保证金等知识。对不单纯承兑、参加承兑有基本的了解。

# ■第一节　承兑的意义和性质

## 一、承兑的意义

承兑，是指汇票付款人承诺在汇票到期日支付汇票金额的票据行为。[1]此为我国《票据法》第 38 条对承兑给出的定义，析述其意义如下：

（一）承兑是一种附属的票据行为

承兑，是"承诺兑付汇票金额"的简化。承兑使承兑人和持票人之间发生票据权利义务关系，因而是票据行为。

承兑以出票为前提，承兑人对有效的汇票才予承兑，没有出票行为，就没有承兑的基础和对象，所以承兑是一种附属的票据行为。

（二）承兑是汇票付款人实施的票据行为

1. 承兑是汇票特有的票据行为。在三种票据中，支票为委托支付证券、见票即付证券，银行在出票人存款账户内有足额款项时，实际上是以出票人的金钱向持票人付款，因此，有无条件立即付款的义务，不必以承兑来给持票人增添麻烦。本票是已付证券，付款人即出票人，负有无条件付款的义务，也不必承兑。而汇票，除见票即付者外，其他汇票的付款人都是出票人委托的人，出票时记载的付款人在承兑之前不负付款义务，出票行为不能为付款人设定无条件付款义务，必须由付款人作出同意付款的意思表示，才能使他成为票据上第

---

[1]　谢怀栻先生指出，在承兑的定义中，使用"承诺"一词是不相宜的，这容易让人误解为：发票人的支付委托是要约，付款人的承兑是承诺，因而这是一种合同关系。参见谢怀栻：《票据法概论》，法律出版社 2017 年版，第 136 页。

一债务人，因此，承兑是汇票特有的现象。

2. 承兑仅是汇票上记载的付款人的票据行为，其他的票据当事人，无承兑的资格。外国票据法普遍设置"参加承兑"制度，[1]允许其他人为维护票据信誉，进行承兑。我国票据立法过程中，认为这种制度无实际需要，没有规定。[2]

3. 承兑以承兑人的签章和记载承兑事项为必要条件。承兑是一种票据行为，签章和记载"承兑"字样，必不可少，不签章，不发生承兑的效力；不记载"承兑"字样，极易与其他票据行为混淆，发生歧义和争执。然而承兑不限于"承兑"二字，只要是表明承兑意义者均可。承兑记载事项，在汇票正面记载，现代票据实务中，统一印制的空白汇票凭证已经印刷了"本汇票已经承兑，到期日由本行付款"或者"本汇票请予以承兑于到期日付款"字样，承兑人只需要在专门位置签章即可。对于电子商业汇票而言，交付收款人之前，应先由付款人承兑。出票人应在电子商业汇票系统提交提示承兑申请，填写承兑人相关信息。承兑人签收（应答）提示承兑申请，即作出了承兑的意思表示。系统自动生成表明"承兑"的字样和承兑日期。相比纸质汇票，电子商业汇票必须记载承兑日期（《电子商业汇票业务管理办法》第37条）。

（三）承兑以承诺在汇票到期日无条件支付汇票金额为内容

承兑是付款人同意依汇票文义负担付款义务的票据行为，因此，承兑的意思表示只能以无条件支付汇票金额为内容，不能是其他，也不能附条件。我国《票据法》第38条对承兑的定义和第43条关于承兑不得附有条件的规定，应予以肯定。承兑附有条件时，并不因条件事后成就而产生承兑的效力。[3]至于当事人在汇票之外设置的承兑条件并不会对汇票上承兑的效力产生影响。

就部分承兑而言，有部分域外立法例予以承认。例如，德国《汇票与本票法》第26条第1款规定，承兑必须是无条件的，但付款人仅得承兑部分的汇票金额。我国票据法实践不允许部分承兑。即使新一代票据业务系统允许在转让背书、质押、保证、贴现时分包处理，在承兑时仍然不允许部分承兑（参见上海票据交易所《新一代票据业务系统业务方案》第2.3条）。

承兑制度是各国票据法公认的重要制度。统一法系国家和英美法系国家，在承兑制度方面的规定，有同有异。统一法系国家的票据法，通常未对承兑下定义。英、美两国则有明确定义，如美国《统一商法典》第3-410条第1款，

---

[1]　参见日内瓦《统一汇票和本票法公约》第55条、英国《汇票法令》第65条、美国《统一商法典》第3-603条第2款。

[2]　参见中国人民银行前副行长周正庆《关于〈中华人民共和国票据法（草案）〉的说明》。

[3]　Vgl. Müller-Christmann/Schnauder, Wertpapierrecht: Eine falldidaktische Einführung, 1992, S. 60.

把承兑定义为，承兑是受票人签名同意在汇票提示时付款的约定；英国《汇票法令》则认为，承兑是受票人接受出票人命令的表示（第 17 条第 1 款）。而且，英美票据法在承兑的条件方面，与统一法系相比也有不同。例如，日内瓦《统一汇票和本票法公约》第 21 条规定，承兑须在汇票到期前由持票人为承兑提示；《法国商法典》第 L511－15 条第 1 款规定，汇票持票人或者汇票的单纯持有人，得于汇票到期日之前，在付款人的住所向付款人展示汇票提示承兑。而美国《统一商法典》第 3－410 条第 2 款则规定，汇票即使未经出票人签名，或在其他方面不完整，或已过期，或已被拒付，仍可被承兑。

**二、承兑的性质**

承兑是付款人的单方票据法律行为。付款人作出承兑，就要依汇票文义承担付款责任，不需他人的合意就发生票据行为的效力。在电子商业汇票系统中，承兑不能由付款人主动发起，只能由出票人在出票已登记后发起提示承兑申请，付款人收到申请后签收（应答）同意承兑即完成。但这并不表明承兑行为是双方法律行为。承兑人签收（应答）同意后，电子商业汇票系统即修改票据状态为"提示承兑已签收"（新一代票据业务系统票据显示"已承兑"），并不需要出票人的同意（参见《电子商业汇票业务处理手续》第二章"出票及承兑业务处理"）。易言之，出票人的提示承兑申请并非要约，付款人也并非是对出票人的"要约"进行承诺。

承兑是附属的票据行为，是使付款人成为票据债务人的票据行为。它还是法定要式行为。

承兑，就其效力来说，是债务负担行为。但它与民法上一般债务承担行为，在性质和效果方面有明显区别。承兑是负担票据债务的单方法律行为，民法上一般债务承担行为多属双方法律行为，仅有少数如捐助、遗赠等，是单方法律行为；承兑是依承兑意思发生债务，一般债务的承担，则是已有债务的移转。

■第二节　承兑的方式与效力

**一、承兑的方式**

（一）纸质汇票的承兑方式

承兑的方式，分为正式承兑和略式承兑。

1. 正式承兑。正式承兑，是指在汇票正面签章并记载承兑应记载事项的承兑。它由三个要件构成：①在汇票正面进行。②记载承兑字样。凡足以表示承兑的文字均可，如承兑、兑付、照兑等。③付款人签章。

正式承兑应记载事项完整，因此又叫完全承兑。

正式承兑的绝对必要记载事项，包括两项：①"承兑"字样。②付款人签章。相对必要记载事项，仅为承兑日期。[1]对此，我国《票据法》第 42 条规定，付款人承兑汇票的，应当在汇票正面记载"承兑"字样和承兑日期并签章；见票后定期付款的汇票，应当在承兑时记载付款日期。汇票上未记载承兑日期的，以付款人收到提示承兑的汇票之日起的第 3 日为承兑日期。

2. 略式承兑。付款人仅在汇票正面签章，未记载承兑字样的，为略式承兑。略式承兑必须在汇票正面实施，以免与空白背书相混淆。

依我国《票据法》第 42 条的规定，我国未规定略式承兑。因为该条第 1 款要求，付款人承兑汇票时，应当在汇票正面记载"承兑"字样。实际上，由于汇票正面已有印制好的承兑文字和付款人签章的位置，付款人承兑时只要按汇票承兑要求，签章、记载承兑日期即可，并不需要另外书写承兑文字。

（二）电子商业汇票的承兑方式

电子商业汇票的承兑由出票人发起，出票人在票据状态为"出票已登记"（新一代票据业务系统中票据状态显示为"已出票"）时，填写承兑人的相关信息，向承兑人提示承兑。电子商业汇票系统对提示承兑申请进行检查，通过后电子商业汇票状态变为"提示承兑待签收"。在承兑人签收之前，出票人可以撤回提示承兑申请。承兑人签收提示承兑申请，电子商业汇票状态变为"提示承兑已签收"（新一代票据业务系统状态为"已承兑"），承兑完成（参见《电子商业汇票业务处理手续》第二章"出票及承兑业务处理"）。如前所述，电子商业汇票的承兑除记载承兑字样以及签章外，还必须记载承兑日期。承兑日期通常由其开户金融机构系统自动生成。承兑人在备注栏记载的自身评级信息等内容，这些记载不具有票据上的效力。在新一代电子商业汇票系统中，承兑人记载的评级主体、信用登记等信息将展示在票据正面。

**二、承兑的效力**

承兑的效力，是指承兑使当事人之间发生的票据法上的权利义务。

我国《票据法》第 44 条、第 53 条、第 65 条、第 68 条，对承兑的效力作了规定。依据这些规定，承兑有下述几个方面的效力

（一）付款人成为承兑人，是汇票第一债务人

付款人承兑之后，进入票据关系，成为汇票关系当事人。此时，他的当事人地位，是承兑人和债务人，而且是第一债务人。

---

[1] 在外国票据法上，承兑的记载事项还有任意记载事项，如日内瓦《统一汇票和本票法公约》允许记载担当付款人、付款处所等。

在承兑之前，汇票上记载的付款人不是持票人的票据债务人，而是处于一种"期待债务人"的地位，持票人仅得期待其予以承兑并付款，付款人一旦承兑，就是以自己的单方法律行为，承担了付款义务，使自己成为持票人的"现实债务人"，并且，相对于出票人、背书人、

保证人等票据债务人来说，承兑人是持票人付款请求权的第一请求对象，处于"第一债务人"顺位，其他票据债务人则是第二顺位债务人。持票人必须先请求承兑人付款，承兑人无法定理由拒不付款的，持票人可持已承兑的汇票，请求法院强制付款。在承兑人拒绝付款，或者承兑人被依法宣告破产或者因违法被国家主管机关责令终止业务活动，或者承兑人死亡、逃匿，持票人无法请求付款时，持票人才能行使追索权，请求第二顺位的票据债务人履行票据债务。

（二）承兑人负担了无条件支付汇票金额的票据责任

我国《票据法》第44条规定，付款人承兑汇票后，应当承担到期付款的责任；第54条规定，持票人依照本法第53条规定的期限提示付款的，付款人必须在当日足额付款；第53条第2款规定，持票人未按照本条第1款规定的期限提示付款的，在作出说明后，承兑人仍应当继续对持票人承担付款责任；第65条规定，持票人不能出示拒绝证明、退票理由书或者未按照规定期限提供其他合法证明的，只丧失对其前手的追索权，承兑人仍应当对持票人承担责任。

承兑人的付款责任，不因出票人未向他提供资金而被免除。这一点，与支票付款人的责任不相同，支票付款人在出票人存款账户内无足额资金时，可以"空头支票"对待，不予付款。汇票的承兑人，以自己的承兑意思表示承担票据付款责任。承兑是票据行为，有无因性，与汇票资金关系相分离；有独立性，与出票行为相独立，只要承兑了，就要依承兑的效果意思，即无条件付款，发生票据法上的效力。因此，即使出票人始终未提供资金，承兑人也不得以该资金关系对抗持票人。《票据法》第44条和第55条，规定了承兑人付款责任的绝对性。即使出票人破产，承兑人亦不得以此为由拒绝付款。承兑人的追索权只能通过登记为破产债权来从资金关系层面寻求救济（《最高人民法院关于审理票据纠纷案件若干问题的规定》第16条）。

（三）承兑人在票据失效而未付款时对持票人负有票据利益返还义务

持票人因超过票据权利时效或者因票据记载事项欠缺而丧失票据权利的，可以请求承兑人返还其与未支付的票据金额相当的利益。

## ■第三节　承兑的程序

### 一、概说

汇票承兑程序，分为两个步骤。第一步，是持票人按票据法规定的期限，向付款人提示承兑。所谓提示承兑，对于纸质汇票而言，是指持票人向付款人出示汇票，并要求付款人承诺付款的行为；对于电子商业汇票而言，提示承兑则是指出票人将已出票登记的票据包在电子商业汇票系统中向承兑人发起的提示承兑申请（参见上海票据交易所《新一代票据业务系统业务方案》第3.3.2条）。就电子银行承兑汇票而言，出票人在提示承兑时还应当备注贸易背景（《电子商业汇票业务管理办法》第35条）。第二步，是付款人按照票据法规定的时间、方式进行承兑，并将承兑的汇票交还持票人。在实践中，更多的情形是出票人向付款人提示承兑，付款人承兑完成后将其交还给出票人，出票人再将其交付给收款人。如前所述，电子商业汇票必须先进行承兑，才能交付收款人。

付款人决定拒绝承兑的，应当在票据法规定的时间内，向持票人作出拒绝承兑的意思表示，出具拒绝证书，退还汇票。对于电子商业汇票而言，付款人拒绝承兑的，只需点击驳回出票人提示付款申请即可。

在四种到期日的汇票中，见票即付的汇票无需承兑，持票人得直接请求付款，其他三种到期日的汇票，均须承兑。票据法学上有"承兑自由原则"，其意为，在承兑制度中，除例外规定外，承兑与否、提示承兑与否，由当事人自由决定。我国《票据法》第39条、第40条规定，除见票即付的汇票无需承兑外，其他汇票的持票人"应当"在规定的时间范围内向付款人提示承兑。

与日内瓦《统一汇票和本票法公约》的承兑制度相比，我国《票据法》的"应当"提示承兑的规定，文字意思显得严格。日内瓦《统一汇票和本票法公约》第21条规定，汇票在到期前，得由持票人或仅是占有汇票的人向受票人提示承兑。不过，两个法律关于提示承兑与不提示承兑的法律效果的规定，没有实质性区别。

### 二、提示承兑

#### （一）提示的性质和效力

提示不是票据行为，是行使或者保全票据权利的行为。提示与民法上的请求相似，但在行为方式上有不同的法律规定。民法上的请求，口头、书面形式均可，提示则必须出示票据，交付款人验看，口头要求或不出示票据而以其他文件要求承兑或付款的，不发生提示的效力。对于电子商业汇票而言，提示必须在电子商业汇票系统中进行。根据《电子商业汇票业务管理办法》第5条的规定，电子商业汇票的出票、承兑、背书、保证、提示付款和追索等业务，必须通过电子商业汇票系统办理。因此，线下提示行为不产生票据法上的效果。

提示的效力，是票据权利的行使和保全，不但表现持票人对票据权利的主张，还能中断票据时效，又可保全追索权。

提示分为提示承兑和提示付款，二者的目的不同。本节仅涉及承兑提示，付款提示在第十八章第二节另为讲解。

（二）提示承兑的当事人

持票人为提示承兑人，汇票上记载的付款人为接受提示承兑的人。票据权利人授权代理人为提示承兑的，与本人提示承兑效力相同。对于电子商业汇票而言，提示承兑的当事人只能是出票人和承兑人。

（三）提示承兑的期限

1. 定日付款的汇票、出票后定期付款的汇票，到期日即为提示承兑的期限。《票据法》第 39 条第 1 款规定，这两种到期日的汇票，持票人应当在汇票到期日前向付款人提示承兑。

2. 见票后定期付款的汇票，其提示承兑的期限，为自出票日起 1 个月。《票据法》第 40 条规定，这种汇票的持票人，应当自出票日起 1 个月内向付款人提示承兑。

（四）提示承兑期限的效力

持票人应当在票据法规定的期限内提示承兑，未按规定期限提示承兑的，丧失对其前手的追索权。

**三、承兑**

（一）承兑的考虑期间

一般情况下，付款人对向其提示承兑的汇票，能够很快决定是否承兑。在一些特殊情况下，付款人难以立即承兑或者拒绝承兑，为安全起见，票据法准予付款人在一定时间内考虑或作必要的查询了解，这个时间不必长也不宜太短。我国《票据法》第 41 条第 1 款规定，付款人应当自收到提示承兑的汇票之日起 3 日内承兑或者拒绝承兑，付款人承兑考虑期间为 3 日。在解释上，不应认为对任何提示承兑都必须考虑 3 日，而应将此 3 日作为考虑的最高时限，能当即决定或尽快决定的，不应拖延，以免影响票据的流通。

（二）提示承兑的汇票的交接手续

对于纸质汇票，持票人提示承兑时，应将汇票交付款人验看。付款人收到汇票时，应当向持票人签收到汇票的回单。回单上应当记明提示承兑日期并签付款人章。对于电子商业汇票而言，出票人在向付款人发起提示承兑申请后，付款人可通过登陆接入机构终端查询该汇票。

（三）作出承兑

付款人决定承兑的，应当依照《票据法》第 42 条第 1 款之规定，记载承兑应当记载的事项，签章；见票后定期付款的汇票，还必须记载付款日期。对于电子商业汇票而言，付款人通常只需点击签收并经复核（应答）即可，其余信息通常由其开户金融机构自动代为生成。

（四）交还已承兑的汇票

承兑人完成承兑记载之后，应当立即将已承兑的汇票交还持票人，持票人则应向承兑人交还回单。对于电子商业汇票而言，承兑人完成"提示承兑签收"之后，电子商业汇票系统自动修改票据状态为"提示承兑已签收"（新一代票据业务系统票据状态为"已承兑"），出票人可向收款人发起提示收票申请（参见《电子商业汇票业务处理手续》第二章"出票及承兑业务处理"）。

外国票据法上，允许承兑人在交还汇票之前为承兑涂销行为。例如，日内瓦《统一汇票和本票法公约》第 29 条就规定，在汇票上作出承兑的受票人，如在归还汇票时涂销承兑，视为拒绝承兑；如无相反证明，该涂销视为在归还汇票前所为；但是，受票人如已向持票人或任何在汇票上签名的当事人以书面通知其承兑者，仍按其承兑的条件向上述各当事人负责。

我国《票据法》不认可票据涂销行为，自无承兑涂销可言。在理论上讲，一旦有承兑人在交还汇票前涂销承兑的，亦应解释为拒绝承兑，应由付款人出具拒绝证书。对于电子商业汇票而言，付款人提示承兑签收（应答）后无需出票人签收（应答），其无法撤回已经签收（应答）的提示承兑。

**四、我国票据实务中汇票承兑程序**

（一）纸质汇票承兑程序

1. 银行承兑汇票可以在出票时经付款人承兑后使用，也可以在出票后先使用再向付款人提示承兑，商业承兑汇票在出票时应完成承兑，否则其信用度极低。

2. 持票人应当在法定期限内提示承兑，定日付款或者出票后定期付款的商业汇票，应当在汇票到期日前向付款人提示承兑，见票后定期付款的汇票，应当自出票日起 1 个月内向付款人提示承兑，未按此规定期限提示承兑的，持票人丧失对其前手的追索权。

3. 付款人接到出票人或持票人提示承兑的请求时，应当接受汇票，向提示承兑人签发收到汇票的回单，记明提示承兑日期并签章，并在收到提示承兑的汇票之日起 3 日内承兑或者拒绝承兑，拒绝承兑的，必须向提示承兑人出具拒绝承兑的证明。

4. 银行承兑汇票的出票人或持票人向银行提示承兑时，银行要对出票人的资格、资信、购销合同和汇票记载的内容进行审查，必要时还会要求出票人提供担保，符合规定和承兑条件的，与出票人签订"承兑协议"（参见下附："银行承兑协议"示意图），成立承兑合同关系，承兑合同是普通债权合同。

5. 付款人承兑的，在汇票正面记载"承兑"字样、承兑日期并签章，承兑时不得附有条件，附有条件的，视为拒绝承兑。

6. 付款人承兑后，将汇票交还提示承兑人。

"银行承兑协议"示意图：

---

## 银行承兑协议

编号：＿＿＿＿＿＿＿＿＿＿＿＿

**银行承兑汇票的内容：**

出票人全称＿＿＿＿＿＿＿＿＿　　收款人全称＿＿＿＿＿＿＿＿＿

开 户 银 行＿＿＿＿＿＿＿＿＿　　开 户 银 行＿＿＿＿＿＿＿＿＿

账　　　　号＿＿＿＿＿＿＿＿＿　　账　　　　号＿＿＿＿＿＿＿＿＿

汇 票 号 码＿＿＿＿＿＿＿＿＿　　汇票金额（大写）＿＿＿＿＿＿＿

出票日期＿＿＿年＿＿＿月＿＿＿日　到期日期＿＿＿年＿＿＿月＿＿＿日

以上汇票经银行承兑、出票人愿遵守《支付结算办法》的规定及下列条款：

一、出票人于汇票到期日前将应付票款足额交存承兑银行。

二、承兑手续费按票面金额千分之（　　）计算，在银行承兑时一次付清。

三、出票人与持票人如发生任何交易纠纷，均由其双方自行处理，票款于到期前仍按第 1 条办理不误。

四、承兑汇票到期日，承兑银行凭票无条件支付票款。如到期日之前申请人不能足额交付票款时，承兑银行对不足支付部分的票款转作出票申请人逾期贷款，并按照有关规定计收罚息。

五、承兑汇票款付清后，本协议自动失效。


承兑银行签章　　　　　　　　　　出票人签章

　　　　　　　　　　　订立承兑协议日期＿＿＿年＿＿＿月＿＿＿日

---

**图 16 - 1　"银行承兑协议"示意图**

（二）电子商业汇票承兑程序

1. 出票人通过接入机构终端完成出票信息登记后，在票据状态显示为"出票已登记"（新一代票据业务系统中票据状态显示为"已出票"）时，向承兑人提示承兑。

2. 对于商业承兑汇票而言，出票人可以选择自己承兑，也可以选择第三人承兑，选择第三人承兑的，承兑人应当自行与第三人建立票据资金关系。承兑人应当符合法律规定的资质条件。[1] 承兑人需要按照中国人民银行公告〔2020〕第19号履行商业承兑汇票信息披露义务。

3. 对于银行承兑汇票而言，出票人在出票登记之前需要先向开户行提交开立银行承兑汇票的申请书、能够证实真实交易关系或者债权债务关系的交易合同或其他证明材料，并同银行签订承兑协议，根据情况再与银行签订《保证金协议》（《保证金质押合同》）并存入保证金（全额保证金银行承兑汇票）或者在银行核定授信额度后与银行签订授信合同（敞口保证金银行承兑汇票）。

4. 出票人在接入机构客户端完成提示承兑申请，付款人在接入机构客户端操作签收（应答）提示承兑申请或者驳回提示承兑申请，承兑必须在票据到期日之前完成。在付款人操作处理之前，出票人可撤回提示承兑申请。

5. 付款人完成签收提示承兑申请（应答）后，出票人向收款人发起提示收票申请。出票人在提示收票申请被签收（应答）之前可以申请撤票，票据状态变更为"票据已作废"。

财务公司承兑汇票的承兑流程与银行承兑汇票承兑流程基本相当。

**五、我国承兑合同关系中的保证金**

（一）保证金的意义、性质

1. 意义。承兑合同关系中的保证金，是银行承兑汇票的出票人向承兑银行申请承兑时，按照约定交承兑银行所设保证金账户、由承兑银行掌控的以备该银行付款时优先受偿的资金。通称"承兑保证金"。稍加解释如下：

（1）承兑保证金是银行承兑汇票的出票人交给承兑银行的具有担保金性质和功能的金钱。在出票人和承兑人之间，承兑银行应出票人请求而承兑，而一旦承兑就要向持票人承担无条件付款的责任，为自身财产安全起见，承兑银行可以要求出票人预先付清票款，也可以要求出票人预先交付占票款一定比例的资金作为担保，在票据到期付款时就该资金优先受偿。保证金就是这样的一种

---

〔1〕《商业汇票承兑、贴现与再贴现管理办法》第10条规定：商业承兑汇票承兑人应为在中华人民共和国境内依法设立的法人及其分支机构和非法人组织。同时，该管理办法第22条规定：商业汇票的承兑人和贴现人应当具备良好的经营和财务状况，最近2年不得发生票据持续逾期或者未按规定披露信息的行为；商业汇票承兑人对承兑的票据应当具备到期付款的能力。

资金。

（2）保证金在承兑银行向持票人付款前属于该银行保证金账户内的资金，但仍然是出票人的资金而不属银行所有。银行的保证金账户是一种特设账户，进入该账户的资金，在设定的条件具备之前，银行和出票人都不能动用，已经被特定化，可以以此为标的设立金钱质权。[1]实践中，出票人将特定账户之上的大额存单移转给作为债权人的银行质押，如果账户满足特定化要求并且银行对该大额存单具有控制权，亦成立保证金质押。[2]如果出票人可以随时支取该资金，则作为债权人的银行实际上欠缺对该特定财产的控制，资金也没有被特定化，无法设立保证金质押。

（3）保证金担保的对象，是承兑银行按照承兑协议对出票人享有的与票款额相当的金钱债权。承兑银行承兑后，对持票人承担无条件付款的票据责任，实际上是为出票人支付票款，因此，按照承兑协议对出票人享有与票款额相当的金钱债权，并得就保证金优先受偿；出票人按照承兑协议在票据到期日前清偿债务、票据失效或其他原因不必付款的，该项金钱债权消灭，保证金回归出票人。我国承兑实务中，保证金通常冲抵出票人在承兑协议中所负债务的相对应部分。如果特定账户中的款项或者存单并不是担保承兑协议项下债务，而是为了担保授信合同，则不属于承兑保证金。[3]

2. 性质。承兑保证金是特定数额的金钱构成的担保财产。保证金不是票据关系中的票款，是承兑合同关系中的担保金。

（二）保证金的法律地位

保证金虽然属于出票人的资金，但是，在保证金账户内由承兑银行掌控，是出票人提供给承兑银行的质押财产，承兑银行履行了付款义务时，就保证金有优先受偿权。

对此，《最高人民法院关于适用〈中华人民共和国民法典〉有关担保制度的解释》第70条规定，债务人或者第三人为担保债务的履行，设立专门的保证金账户并由债权人实际控制，或者将其资金存入债权人设立的保证金账户，债权人主张就账户内的款项优先受偿的，人民法院应予支持。当事人以保证金账户

第十六章

---

[1] 参见长春发展农村商业银行股份有限公司与郝媛媛、吉林天景食品有限公司申请执行人执行异议之诉纠纷案，中华人民共和国最高人民法院（2019）最高法民再376号民事判决书。

[2] 参见贵州黔新企业集团有限公司与中国民生银行股份有限公司贵阳分行、贵州源翼矿业集团有限公司申请执行人执行异议之诉纠纷案，贵州省贵阳市中级人民法院（2021）黔01民初2026号民事判决书。

[3] 参见中国民生银行股份有限公司长春分行与钟首岩等执行异议之诉纠纷案，中华人民共和国最高人民法院（2017）最高法民申2129号民事裁定书。

内的款项浮动为由，主张实际控制该账户的债权人对账户内的款项不享有优先受偿权的，人民法院不予支持。另外，最高人民法院和中国人民银行曾经共同以〔2000〕21 号文下发《最高人民法院、中国人民银行关于依法规范人民法院执行和金融机构协助执行的通知》，其中第 9 条指出：人民法院依法可以对银行承兑汇票保证金采取冻结措施，但不得扣划。如果金融机构已对汇票承兑或者已对外付款，根据金融机构的申请，人民法院应当解除对银行承兑汇票保证金相应部分的冻结措施。银行承兑汇票保证金已丧失保证金功能时，人民法院可以依法采取扣划措施。该条中的"丧失保证金功能"是指保证金所担保的承兑协议中的债权消灭，保证金因此不再具有担保功能。

## ■第四节　不单纯承兑

### 一、概说

承兑，以有无限制为标准，分为单纯承兑和不单纯承兑。

单纯承兑，是付款人依照汇票文义，不加任何条件限制的承兑。承兑一般为单纯承兑。

不单纯承兑，是付款人对汇票文义加以限制或者变更所作的承兑。它是承兑的特殊现象。

外国票据法上多有认可不单纯承兑的，如日内瓦《统一汇票和本票法公约》第 26 条第 1 款，允许付款人就票据金额的一部分为承兑，即"一部承兑"；英国《汇票法令》第 19 条认可"附条件承兑""一部承兑""限地付款承兑"；德国《汇票与本票法》第 26 条第 1 款规定，承兑必须是无条件的，但付款人得仅承兑部分的汇票金额等。

我国《票据法》不容许不单纯承兑，在第 43 条规定，付款人承兑汇票，不得附有条件，承兑附有条件的，视为拒绝承兑。如前所述，新一代票据业务系统允许保证时拆包处理，但不允许承兑时拆包处理（参见上海票据交易所《新一代票据业务系统业务方案》第 2.3 条），仍然不承认部分承兑。

法律不容许不单纯承兑，仍有必要认识不单纯承兑，掌握其特点和效力。

### 二、不单纯承兑的种类

（一）附条件承兑

付款人于承兑时对付款附加条件的，是附条件承兑。

票据为无条件支付确定金额的证券，不仅出票时不应对付款附加条件，其他附属的票据行为，也不应对付款附加条件。考虑到承兑和付款有诸多复杂问题，绝对禁止附条件承兑有时反而对持票人不利，因此许多票据法上有条件地认可附条件承兑。这种立法，一方面要求承兑必须是无条件的，附加条件的以拒绝承兑看待；另一方面，又规定承兑人仍应按其承兑向持票人负付款责任。日内瓦《统一汇票和本票法公约》第26条即是这样规定的。

在英国《汇票法令》中，附条件承兑包括一部承兑、限地付款承兑、时间附有条件等。

我国《票据法》未另定"一部承兑"，第43条所称"条件"为广义，包括了一部承兑。

（二）一部承兑

付款人仅就汇票金额的一部分承兑的，是一部承兑。

我国《票据法》未规定一部承兑，如上所述，第43条所禁止的附条件承兑中，应包括一部承兑。一部承兑对持票人不利，它减弱了汇票的信誉和票据权利的安全性。

日内瓦《统一汇票和本票法公约》第26条认可一部承兑，对未承兑的其余汇票金额，在第43条规定为部分拒绝承兑，持票人得作成拒绝证书，向前手行使追索权。

## ■第五节　参加承兑

### 一、参加承兑的意义

参加承兑，是指票据债务人之外的第三人，因汇票不获承兑，于到期日前为维护特定票据债务人的利益，防止持票人行使追索权，参加到票据关系中，代替付款人承兑。[1]我国《票据法》未规定参加承兑制度，票据实践亦不予认可。

由此定义可见：

（一）参加承兑是票据债务人之外的第三人，代替付款人承兑的票据行为

汇票的承兑，本应由付款人进行，而参加承兑，则由票据债务人之外的第三人实施。该第三人，可以是汇票上原记载的预备付款人，也可以是原与汇票毫无牵连而自动参加进行承兑的人。该第三人为承兑后，成为"参加承兑人"，负担了付款义务。

（二）参加承兑的目的或者说是作用，是防止持票人行使追索权，维护特定票据债务人利益

参加承兑的原因，是汇票不获承兑，持票人有可能行使追索权。而一旦有

---

[1]　统一法系各国票据法上普遍采纳这一制度。

追索发生，汇票的信誉便受到不良影响，背书人、出票人等票据债务人亦因之而有被追索之虞，第三人为防止这些情事发生，对汇票作出承兑，以加强汇票信用，[1]持票人有了付款请求对象，自不必再为追索，第三人维护的特定票据债务人，便可高枕无忧。

参加承兑人维护的特定票据债务人，叫做"被参加人"。被参加人可以是汇票的背书人、出票人、付款人，无论为何票据债务人，都只能是参加承兑人在参加承兑记载事项中指明的人。

（三）参加承兑是附属的票据行为

参加承兑发生于出票之后，参加承兑使参加承兑人成为票据债务人，故属于附属的票据行为。

**二、参加承兑的方式**

参加承兑，以参加承兑人记载参加承兑事项并且签名为必要方式。其必要记载事项有三：

（一）参加承兑的意思表示

参加承兑人应于汇票正面记载参加承兑或表明此意思的文字，以防与其他票据行为相混。

（二）被参加人名称或姓名

被参加人是参加承兑的利益享受者，应当在汇票上载明其姓名或名称。一般的做法是记载"被参加人某某"或者"为某某参加承兑"。未记载被参加人的，视为为出票人参加承兑（日内瓦《统一汇票和本票法公约》第57条）。

（三）参加承兑的年、月、日

以此确定参加承兑行为生效的时间。

**三、参加承兑的期限与通知**

（一）参加承兑的期限

参加承兑须在汇票不获承兑之后、到期日之前进行。不获承兑包括拒绝承兑，付款人死亡或逃匿、破产、被终止或解散而不获承兑。不获承兑之前无需参加承兑，到期日之后已无需承兑，更不必参加承兑。

（二）参加承兑的通知

参加承兑人未受被参加人委托而参加者，应在票据法规定的通知期限内，向被参加人发出其参加承兑的通知。如未通知，参加承兑人应对由于其疏忽而造成的损失负责，但赔偿额以汇票金额为限。

第十六章

---

[1]　参见李开远：《票据法：理论与实务》，五南图书出版股份有限公司2004年版，第102页。

### 四、参加承兑的效力

**(一) 对持票人的效力**

参加承兑的作用在于阻止持票人于汇票到期日前行使追索权,故参加承兑生效之时,持票人不得行使追索权。此一点,称为参加承兑的消极效力。

持票人虽不得行使期前追索权,但对参加承兑人有付款请求权,不仅得请求支付票据金额,还得要求支付利息和作成拒绝证书的费用等。

**(二) 对参加承兑人的效力**

参加承兑人处于与被参加人相同的地位。这是参加承兑的积极效力。

付款人或担当付款人不在规定期限内付款时,持票人应向参加承兑人提示付款,参加承兑人必须付款,并如数支付票据金额、利息、作成拒绝证书的费用等。参加承兑人付款时,有权要求持票人交付汇票和拒绝证书及有关费用的收据,借以再向被参加人请求偿付。

**(三) 对被参加人及其前手、后手的效力**

参加人参加承兑后,被参加人及其前手、后手均得到在汇票到期日前不被追索的利益。

如果参加人在到期日付款,被参加人的后手即解除了票据债务。反之,被参加人的后手仍为被追索对象之一。

参加人付款后,对被参加人的后手不能行使任何权利,对被参加人、被参加人的前手,得以汇票为凭,行使追索权。

## 思考题

1. 承兑有什么样的效力?
2. 提示承兑有哪些基本问题?
3. 我国票据实务中的承兑程序是怎么样的?
4. 如何理解我国承兑协议关系中保证金的性质和地位?
5. 试分析我国票据法为什么不规定"不单纯承兑"?
6. 什么是参加承兑?它有什么效力?

第十六章

保　证

**学习目的和要求**　理解票据保证的意义和性质，能够区别票据保证和普通债务关系中的保证，重点掌握票据保证的方式和效力。对隐存保证理论应当有一定的了解和思考。

## 第一节　保证的意义和种类

### 一、保证的意义

票据法上的保证，是指票据债务人之外的人所为的，以担保特定票据债务人的债务清偿为内容的票据行为。这个定义说明：

（一）保证是一种票据行为

保证以保证人在票据上记载保证意思和签名为要件，按照签名者依票据文义负责的法则，保证人成为票据债务人。因保证是依保证人的意思发生票据权利义务，所以属于票据行为。又因保证以形式上有效的出票为基础，它自然是附属的票据行为。保证人未在票据或者粘单上记载"保证"字样而另行签订保证合同或者保证条款的，不属于票据行为，不产生票据保证的效力（《最高人民法院关于审理票据纠纷案件若干问题的规定》第61条）。此外，实践中商业承兑汇票保贴等业务虽然已经被纳入新一代票据业务系统，并且与票据保证同被归入增信业务，完成后可呈现在票据附加页，但是这一行为本身不属于票据保证，其本质上是一种授信行为。

（二）保证以票据债务人之外的人为保证人，以特定的票据债务人为被保证人

票据债务人不能担当保证人，因他已经负有票据债务，根据票据债务人对持票人负连带责任的法则，再由票据债务人为其他票据债务人担保，没有实益。票据债务人之外的人为保证人的，增加了新的票据债务人，票据可靠性加强，当无疑问。担当保证人的，应当是有清偿能力的自然人和法人。国家机关、以公益为目的的事业单位、社会团体作为票据保证人的，票据保证无效，但

经国务院批准为使用外国政府或者国际经济组织贷款进行转贷，国家机关提供票据保证的除外（《最高人民法院关于审理票据纠纷案件若干问题的规定》第 59 条）。

保证人为特定票据债务人担保，而被保证人可以是出票人、背书人、承兑人、付款人等任何一种票据债务人。无论为哪一种票据债务人保证，都是某个由保证人在票据上载明名称的人。保证人未记载被保证人名称的，票据法根据票据是否承兑过，推定他以承兑人或者出票人为被保证人。这种推定，是从最有利于持票人的角度出发的。

（三）保证以担保被保证人的债务清偿为内容

保证制度之宗旨，在于由保证人担保清偿票据债务，当被保证人的债务不能清偿时，保证人应依票据文义代位清偿。这一宗旨，决定了保证意思只能以担保被保证人的债务清偿为效果意思，此种效果意思即为保证的内容。

**二、保证的种类**

（一）全部保证与一部保证

全部保证，是就汇票金额的全部所作的保证。原则上，保证应全部保证。

一部保证，是就汇票金额的一部分所作的保证。一部保证的保证人，对其保证部分负责。

统一法系国家均明文允许一部保证。我国《票据法》中无此种条文，从第46 条、第 48 条、第 50 条这三个与保证责任有关的条文看，我国票据法不承认一部保证为有效保证。第 48 条规定，保证不得附有条件；附有条件的，不影响对汇票的保证责任。第 50 条还规定，汇票到期后得不到付款的，持票人有权向保证人请求付款，保证人应当足额付款。[1]但是，在新一代商业汇票系统中，对于出票时设置为允许分包的商业汇票，除出票保证和承兑保证外，允许分包发起保证（《新一代票据业务系统业务方案》第 3.9.1 条），这实际上承认了一部保证。

（二）单独保证与共同保证

保证人为一人的，是单独保证。

二人以上的保证人同为一个票据债务人保证的，是共同保证。

这两种保证，保证人的责任形式不同。单独保证的，保证人独自承担其保证责任。共同保证的，保证人之间承担连带责任，这种连带责任，为法定连带

第十七章

---

[1]　在《票据法》上虽无认可一部保证之明文，但在实务中，若有二人以上的保证人在票据上明示，就同一票据债务人分别保证一部分的，如何对待？从有利持票人角度出发，应认其有效。在时效方面，这些权利又分别适用不同的时效制度。

责任，共同保证人不得以约定改变。在新一代商业汇票系统中，如果保证人为分包保证人，多个保证人之间并不一定成立连带责任，有可能不具有连带关系，或者仅具有部分连带关系。在该系统中，贴现人作为被保证人时，不允许有多个保证人。为同一票据债务人提供保证的多个保证人之间无票据法上的追索权（《新一代票据业务系统业务方案》第3.6.5条）。

（三）出票保证、承兑保证、背书保证和贴现保证

这一分类是根据被保证人的差异展开的，对于电子商业汇票具有重要意义。出票保证是指出票人在出票信息登记完成后、提示承兑申请前发起保证申请，保证人对保证申请进行应答的行为。承兑保证是指承兑人在提示承兑完成后、提示收票申请前发起保证申请，保证人对保证申请进行应答的行为。背书保证是指持票人发起保证申请，保证人对保证申请进行应答的行为。前三类统称为贴现前保证。[1]贴现保证是指贴现机构在首次交易前发起保证申请，保证人对保证申请应答的行为。不同类型的保证适用的规则存在一定的差异。例如，出票保证和承兑保证不允许分包发起保证（《新一代票据业务系统业务方案》第3.9.1条）。

**三、票据法上的保证与民法上保证的异同**

票据法上的保证与民法上的保证虽为同名，然而两相比较，小同大异。

（一）相同点

二者都是从法律行为。从债务方面看，都是从债务，各自保证的主债务消灭时，均自行消灭。

若以我国《民法典》与《票据法》为准，民法上的保证和票据法上的保证同属法定要式行为。票据保证属法定要式行为自不待言，《民法典》第685条规定保证合同应当采纳书面形式，自然也属法定要式。

（二）相异点

1. 票据保证是单方法律行为，民法上的保证为合同行为。

2. 票据保证有独立性，民法上的保证有从属性而无独立性。

3. 在票据未分包时，多个保证人为同一票据债务人的同一票据债务提供票据保证的，为法定连带保证责任；民法上多个保证人为同一债务提供保证的，可以约定各自的保证份额。

4. 票据保证，保证人无先诉抗辩权（也叫检索抗辩权）；民法上的保证，可因一般保证而有先诉抗辩权。

5. 票据保证，保证人清偿后取得票据而有追索权；民法上的保证，保证人

---

[1] 《电子商业汇票业务管理办法》第56条规定了这三类保证。

清偿后有追偿权及代位权。

## ■第二节　保证的方式和效力

### 一、保证的方式

#### （一）记载事项

票据保证行为必须通过在票据上记载保证相关事项实施。我国《票据法》第 46 条、第 47 条规定了保证的必要记载事项。在第 48 条规定了保证禁止记载事项。按照这些规定，可以分出保证的绝对必要记载事项与相对必要记载事项。

1. 绝对必要记载事项。共三项：①表明"保证"的字样。通常，记为"保证""担保""保证人"，只要表明保证的意思即为合适。对于电子商业汇票而言，"保证"字样由系统自动生成。②保证人名称和住所。对于电子商业汇票而言，被保证人在发起保证申请时需要填写保证人名称、银行账号、开户行等信息。由于票据主体的票据账号具有唯一性，银行账号关联统一社会信用代码信息，无需单独填写住所。新一代票据业务系统在展示页面新增票据附加信息页面，展示保证人名称、统一社会信用代码以及银行账户相关信息。③保证人签章。

2. 相对必要记载事项。共两项：①被保证人的名称。通常，保证人应当而且也会记载被保证人名称，但在某些特殊情事，也会不记载或者漏记载。对此种情况，《票据法》第 47 条第 1 款作了"推定"，即未记载被保证人名称的，已承兑的汇票，承兑人为被保证人；未承兑的汇票，出票人为被保证人。这种推定，首先着眼于持票人利益，也兼顾了其他票据债务人。因为，对已承兑的汇票来说，承兑人是最后责任人，而未承兑的汇票，出票人是最后责任人，推定为承兑人、出票人保证，就是增加了一个最后责任人，无论已承兑的、未承兑的，各有了两个最后责任人，获得付款的可靠性有了加倍保障。从维护票据安全的需要上讲，这种推定是合理的。对于电子商业汇票而言，由于采取被保证人发起、保证人应答的模式，不存在欠缺被保证人名称记载的问题。②保证日期。保证日期关系保证生效时间，保证人一般都会慎而记之，或有未记者，不是有意不记，便是疏忽漏记。对未记者，票据法也采取推定方法，我国《票据法》第 47 条第 2 款规定，保证人未记载保证日期的，出票日期为保证日期。这样，使保证生效时间与出票时间一致，对保证人来说，可能不是其真实保证时间，但因其不记载，而要其承担这种后果，对持票人来说，则是有利的。对于电子商业汇票而言，票据保证日期为被保证人签收（应答）日期，不存在遗漏记载问题。

3. 禁止记载事项。保证不得记载附条件的文义，附有条件的，所附条件无效，对保证责任无影响，保证人仍应依票据文义负保证责任。

（二）纸质汇票的保证程序

实践中，通常由票据债务人将纸质汇票交由保证人完成上述保证记载，保证人完成保证记载后再将汇票交还给票据债务人。

纸质汇票保证示意图：

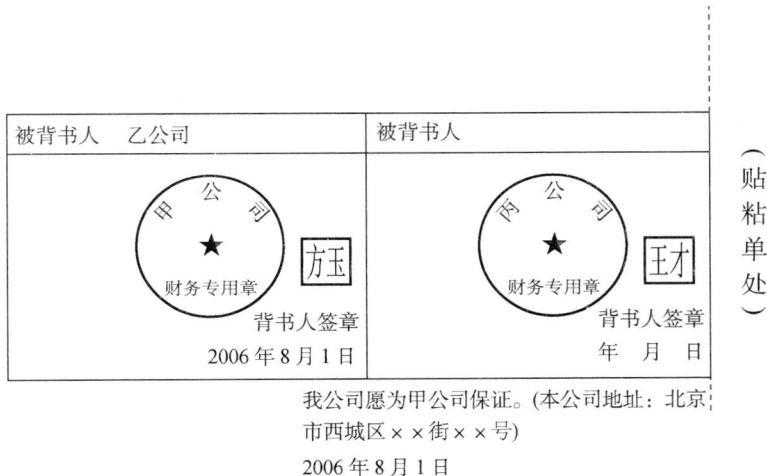

图 17-1　票据保证示意图

（三）电子商业汇票的保证程序

对于电子商业汇票，保证人和被保证人通常会在保证前达成保证协议。基于票据行为的无因性，当事人之间即使没有达成保证协议或者保证协议无效、被撤销，均不影响票据保证行为的效力。被保证人通过接入机构终端向保证人发起保证申请，选择涉及的汇票，并填写保证人名称、银行账号、开户行等信息，保证人对保证申请进行应答。对于出票保证、承兑保证外的其他保证类型，被保证人可以分包提起保证。被保证人可以向多人提起保证申请，但不能同时提起保证申请。

**二、保证的效力**

保证使保证人负担票据责任，使持票人有了更多的付款请求对象；保证人清偿票据债务后，持有票据，享有追索权。

（一）保证人的票据责任

1. 保证人对合法持票人承担保证责任。不法取得票据者，不享有票据权利，保证人对其不负保证责任（《票据法》第 49 条）。

2. 保证人对形式合法的票据，负保证责任，形式不合法的汇票，不生票据权利，被保证人的债务亦因之无效，保证责任即无从发生（《票据法》第49条）。

3. 保证人与被保证人对持票人承担连带责任。此种连带责任，是代位责任而非补充责任，即在汇票到期得不到付款时，持票人有权要求被保证人清偿，也有权要求保证人清偿，被保证人不清偿或者持票人未要求被保证人清偿，径向保证人要求清偿的，保证人应当足额付款，既不能要求持票人先请求被保证人清偿，也不能主张先用被保证人资金偿付，自己补充不足部分。

4. 在票据未分包保证时，保证人为二人以上的，保证人之间承担法定的连带责任。每个保证人都有单独清偿被保证债务的责任。

（二）保证人清偿被保证债务之后的票据权利义务

保证人清偿被保证债务后，被保证人的后手的票据责任解除，前手的票据责任未解除。被保证人对清偿票据债务的保证人，负担票据责任。保证人得凭借自受清偿的持票人收回的汇票，向被保证人或其前手追索（《票据法》第52条）。保证人亦可根据基础关系向票据债务人或者其他共同保证人进行追偿。但是，如前所述票据保证人不能基于票据关系向其他共同保证人进行追索。

# ■第三节 隐存保证

## 一、隐存保证的意义、特点和性质

（一）意义

隐存保证，是指背书人为增强票据信用，不在票据上记载保证字样而纯粹利用转让背书的形式所进行的票据保证。

例如，甲向乙购买一批货物，提议向乙签发一张商业承兑汇票，乙顾忌甲的资信而有所推诿，甲为增强票据的信用，同资信良好的丙商定，先将票据背书转让给丙，丙再以转让背书形式转让给乙。

由于转让背书的背书人承担了担保承兑和担保付款的义务，客观效果上，转让背书具有票据保证的功能，人们在使用票据的过程中充分发挥这一功能，隐存保证遂得以发生。

（二）特点

1. 具有转让背书的形式而不具备保证背书的构成要件。隐存保证是利用转让背书的形式而不记载"保证"的字样，因此不具备票据保证的形式要件。

2. 背书的目的在形式和实质方面不一致。背书人明知自己的转让背书是为了增强票据信用，运用转让背书的形式是为了达到票据保证的目的。但是，由于具备了转让背书的形式要件，根据票据文义，当然发生转让背书的效果，如前例中丙的转让背书。就此特点而言，隐存保证的背书属于"以一个合法形式掩盖另外一个合法目的"的行为。

3. 具有票据保证的实质效果。由于转让背书的背书人承担了担保承兑和担保付款责任，背书人与其前手或者出票人对持票人承担连带责任，所以，隐存保证有着票据保证的实质效果。

4. 票据受让人与其直接前手背书人之间没有对价关系。如前举例子中，丙是乙的直接前手，乙、丙之间既没有交易关系也无普通债权债务关系。没有这个特点的转让背书，就不是隐存保证而是真实的票据转让背书。

（三）性质

隐存保证受到转让背书形式的制约，因此有票据权利转让的效果，就此点，属于票据权利转让行为。同时，由于票据受让人与其直接前手背书人之间没有对价关系，背书人和票据受让人明知行为是为了增强票据的信用，所以，又属于票据保证行为。

**二、隐存保证的效力**

在隐存保证背书人与票据受让人之间，因转让背书而发生票据权利转移的效力，背书人承担了担保承兑和担保付款的责任；背书人不得以其与票据受让人之间没有对价关系为理由而主张抗辩权。

在隐存保证背书人与出票人之间，出票人是背书前手，隐存保证背书人是其直接后手，具有票据权利人的地位，出票人是票据债务人。

**三、确认隐存保证合法性之必要**

从票据法理上讲，票据是文义证券、无因证券，票据权利义务的解释原则是"表示主义"，所以，票据上记载事项的文义，就是票据权利义务的依据。

从制定法层面讲，《票据法》第 4 条第 3 款规定，"其他票据债务人在票据上签章的，按照票据所记载的事项承担票据责任"；第 27 条第 1 款中规定，"持票人可以将汇票权利转让给他人"；第 31 条第 1 款规定，"以背书转让的汇票，背书应当连续。持票人以背书的连续，证明其汇票权利"。

根据上述原理和法律规定，即使背书人与其后手持票人之间没有对价关系，在没有其他法定的或者约定的抗辩事由的条件下，背书人依然应当对间接后手承担票据责任，不能否定票据当事人之间的票据权利义务。

从票据使用的社会需要讲，流通性是票据的生命所在，当事人之间自主采取对社会经济没有危害的方式保障票据权利的安全性，既方便了交易，又具备了安全性，结果是促进了流通，推动了经济发展。因此，不能否定隐存保证的正当性，法律和司法应当认可隐存保证的合法性。

## 思考题

1. 如何理解票据保证？它与民法上的保证有哪些区别？
2. 票据保证的绝对必要记载事项有哪些？
3. 在被保证人名称漏记的情况下，如何确定被保证人？
4. 票据保证有何效力？
5. 查阅《票据法》和《最高人民法院关于审理票据纠纷案件若干问题的规定》，熟悉并思考其关于保证的规定。

第十七章

**第十八章**

# 付 款

> **学习目的和要求** 理解付款的意义、种类和效力，重点熟悉付款的程序，重点掌握持票人的提示付款和付款人的审查义务这两个知识点。对参加付款应当有一定的了解。

## ■第一节 付款的意义、种类与效力

### 一、付款的意义

付款，是指票据的付款人向持票人支付票据金额、使票据关系消灭的行为。此定义表明：

（一）付款是票据付款人的行为

票据法上的付款，限定于票据付款人向持票人支付票据金额。[1]持票人向背书人、出票人等票据债务人行使追索权时，被追索者也向持票人支付票据金额，但此种支付行为，不是票据法所定之付款。

（二）付款是付款人向持票人支付票据金额

票据为金钱债权证券，票据权利的标的物为票据金额，因此，付款限于票款的支付，一般不得以其他财产替代。特殊情况下经持票人同意的，可以例外。

付款应当按票据记载的币种支付，记载为人民币的，不得以其他币种替换。《票据法》第59条第2款明文规定，汇票当事人对汇票支付的货币种类另有约定的，从其约定。汇票金额为外币，需要人民币的，应按照付款日的市场价格折算为人民币。

（三）付款是消灭票据关系的行为

首先，付款使持票人的票据权利得以实现，票据完成了其使命，票据关系

---

[1] 日内瓦《统一汇票和本票法公约》上定有"担当付款人"，即汇票上记载的代替付款人实际付款的人，他是付款人的付款代理人，其付款效果与付款人付款相同。

失去了存在的基础，自然归于消灭。对此，《票据法》第 60 条规定，付款人依法足额付款后，全体汇票债务人的责任解除。其次，付款虽使票据关系消灭，但其不属票据行为。付款人不在票据上表示发生票据权利的意思，亦不签章，而是支付票据款项、收回票据，予以注销，故付款不是票据行为。票据法学上普遍认其为"准法律行为"。

## 二、付款的种类

### （一）全部付款与一部付款

付款人支付票据金额的全部的，是全部付款。付款人仅支付票据金额的一部分的，是一部付款。这两种付款，手续和效力均不相同。

全部付款的，付款人收回票据，票据关系消灭，全体票据债务人的责任解除。一部付款的，就效力而言，不能使票据关系消灭，不付款部分，以拒绝付款对待，持票人得请求作成拒绝证书，向其他票据债务人行使追索权；就手续而言，付款人不得收回票据，但得要求在票据上载明已付款额，并得要求持票人给以收据。日内瓦《统一汇票和本票法公约》认可一部付款，第 39 条第 2 款规定，持票人不得拒绝部分付款，第 3 款规定了一部付款的手续问题。

一部付款，对持票人不利。对于纸质汇票而言，我国《票据法》第 54 条规定，持票人依照规定提示付款的，付款人必须在当日足额付款。可见，我国法律不允许一部付款。对于电子汇票，新一代电子票据业务系统允许汇票拆包。在汇票被拆包的情况下，付款人可能出现部分付款。

### （二）到期付款与期外付款

付款人于票据到期日应持票人提示付款之请求付款的，为到期付款。

付款人于票据到期日之前或者提示付款期限后付款的，为期外付款。又分"期前付款"和"期后付款"两种。二者的效力有所不同。

到期付款为正常付款，期外付款为特殊现象。

## 三、付款的效力

### （一）到期付款的效力

持票人依照票据法规定的提示付款期限提示付款，付款人足额付款的，票据关系消灭，全体票据债务人的责任解除。在汇票被拆包的情况下，如果付款人只是清算了部分票据包，那么未清算部分票据包上的债务人责任并未解除。

### （二）期前付款的效力

期前付款，是指持票人于票据到期日前提示付款，付款人予以付款。

期前付款对付款人有风险，一般不应如此。我国《票据法》第 58 条规定，对定日付款、出票后定期付款或者见票后定期付款的汇票，付款人在到期日前付款的，自行承担所产生的责任。日内瓦《统一汇票和本票法公约》第 40 条第

2 款规定，到期日前付款的，自己承担风险。

期前付款的责任或者说是风险，是指付款人于到期日前付款的，如果该持票人并非票据权利人时，即使付款人尽到审查注意义务，对真正票据权利人仍应负付款之责任。到期付款的，则无此种责任。

（三）期后付款的效力

期后付款，是指提示付款的法定期限之后，或者拒绝证书作成后的付款。

期后付款的效力，因付款人是否为承兑人而有不同。

1. 承兑人期后付款的效力。付款人对汇票承兑之后，成为承兑人，负有绝对的付款责任，除票据时效届满的原因外，承兑人的付款责任不可免除，所以，持票人未按票据法规定的提示期限为提示付款的，承兑人仍应对持票人负付款责任，但持票人应作出说明（《票据法》第 53 条第 2 款）。

2. 未经承兑的汇票的期后付款，效力状况有三种：①持票人在提示付款的法定期限过后，仍得请求承兑和付款，付款人承兑、付款的，与到期付款效力相同。②持票人在到期日请求承兑、付款被拒绝的，在作成拒绝证书后仍可向付款人请求付款，付款人同意而付款的，与到期付款有同样效力。③付款人一直未承兑，持票人未在法定期限内提示付款的，付款人如果付款，不发生付款的效力，属于民法上的无合法原因的给付，持票人则属不当得利。因为，付款人未承兑，持票人对其无付款请求权；持票人未在法定期限内提示付款，保全手续欠缺，丧失了追索权，这样，持票人已没有票据权利。

3. 见票即付汇票的期后付款的效力。除时效届满原因外，付款人应负期后付款责任，但持票人要作出说明（《票据法》第 53 条第 2 款）。

## ■第二节　付款的程序

### 一、概说

付款程序，可以分为三步：①持票人提示付款；②付款人审查；③付款人付款或者拒绝付款。

### 二、持票人提示付款

（一）提示付款的当事人

1. 提示人。一般为持票人，也可以是持票人委托的代理人。《票据法》第 53 条第 3 款规定，通过委托收款银行或者通过票据交换系统向付款人提示付款的，视同持票人提示付款。

2. 被提示人。有以下几种：①已承兑的汇票，承兑人为被提示人。②见票即付的汇票，付款人为被提示人。③未承兑的汇票，付款人为被提示人。④汇票上有担当付款人的，担当付款人可为被提示人。我国《票据法》虽然未使用"担当付款人"这个名词，但依第56条第2款关于"付款人委托的付款银行的责任，限于按照汇票上记载事项从付款人账户支付汇票金额"的规定，应认为"付款人委托的付款银行"，就是"担当付款人"。⑤付款人破产的，破产管理人为被提示人。

（二）提示付款的方式

依《票据法》第16条的规定，持票人应在承兑人、付款人、担当付款人的营业场所和营业时间内提示付款，无营业场所的，应当在其住所进行。

对于电子商业汇票而言，提示付款只能通过线上方式进行，线下提示付款不产生提示付款的效力（《电子商业汇票业务管理办法》第5条）。即使付款人无法进行线上清算，持票人仍应发起提示付款申请。[1]电子商业汇票系统提示付款采用手动发起、手动应答模式，新一代票据业务系统对此进行了全面改革。对于电子银行承兑汇票而言，在汇票到期日（遇节假日顺延至下一工作日）系统自动发起提示付款，承兑人自动应答。对于电子商业承兑汇票，在汇票到期日（遇节假日顺延至下一工作日）系统自动发起提示付款申请，由付款人或者付款人开户行手动应答。为解决付款人拒不处理提示付款申请的问题，在提示付款申请日日终，新一代票据业务系统对当日未应答的提示付款申请自动做拒付处理（《新一代票据业务系统业务方案》第3.6.2条）。除了新一代票据业务系统在到期日自动发起提示付款外，持票人可在期前或者期后手动发起提示付款，付款人在提示付款申请日日终未应答，系统自动拒付。无论是期前提示付款、到期提示付款还是期后提示付款被拒或者清算失败，持票人均可以再次发起提示付款申请（《新一代票据业务系统业务方案》第3.6.1、3.6.3条）。无论是系统自动发起提示付款还是持票人或者质权人手动发起提示付款，系统均会自动记载日期并签章或者代理签章。

无论是纸质汇票还是电子汇票，持票人均可通过起诉的方式提示付款，但仍需遵守提示付款的期限。[2]

（三）提示付款的期限

提示付款的期限，为法定期限。依《票据法》第53条第1款之规定，汇票提示付款的期限分为两种。

1. 见票即付的汇票，期限为1个月。自出票日起1个月内应提示付款。

---

[1] 参见江苏海纳智光科技有限公司与杭州伯高车辆电气工程有限公司等票据追索权纠纷案，重庆市高级人民法院（2021）渝民终13号民事判决书。

[2] 参见江苏海纳智光科技有限公司与杭州伯高车辆电气工程有限公司等票据追索权纠纷案，重庆市高级人民法院（2021）渝民终13号民事判决书。

2. 定日付款、出票后定期付款、见票后定期付款这三种汇票，期限为 10 日。自票据到期日起 10 日内应向承兑人提示付款。

电子商业汇票均为定日付款，提示付款期均为自票据到期日起 10 日内，最后 1 日遇法定休假日、大额支付系统非营业日、电子商业汇票系统非营业日顺延（《电子商业汇票业务管理办法》第 58 条第 3 款）。在新一代票据业务系统上线前，电子商业汇票系统中出现了大量的期前提示付款。依照《电子商业汇票业务管理办法》第 59 条的规定，持票人在票据到期前提示付款的，承兑人可以付款或者拒绝付款，或于到期日付款。承兑人拒绝付款或未予应答的，持票人可待票据到期后再次提示付款。该规定并未明确期前提示付款在承兑人未予应答时，是否产生到期提示付款的效力。电子银行承兑汇票在 2021 年 1 月 11 日之前，电子商业承兑汇票在 2022 年 3 月 21 日之前，由于电子商业汇票系统欠缺相应自动应答机制，承兑人如果一直不处理提示付款申请，票据一直处于"提示付款待签收"状态，并延续至票据到期之后。对于此种情形，能否产生到期提示付款的效力，实践中存在一定的分歧。多数观点认为，由于电子商业汇票系统实时接收、处理票据信息，并向票据当事人的接入机构实时发送信息，再由接入机构实时向承兑人发送该信息，票据的出票人和承兑人可实时收到申请人发出的提示付款信息，因承兑人未予应答而在电子商业汇票系统中呈连续状态，提示付款行为的效力及于票据到期后的提示付款行为，具有提示付款期内提示付款的效力。[1]相反的观点则认为，应严格适用《电子商业汇票业务管理办法》第 66 条，期前提示付款处于"提示付款待签收"状态并延续到票据到期之后并不符合向所有前手拒付追索的构成要件。[2]

[1] 参见上海际华物流有限公司与昆山天雄商业保理有限公司、上海璃澳实业有限公司票据付款请求权纠纷案，上海市高级人民法院（2020）沪民申 1927 号民事裁定书；青岛四方庞巴迪铁路运输设备有限公司与张家港科贝奇机械科技有限公司等票据追索权纠纷案，江苏省张家港市人民法院（2019）苏 0582 民初 14680 号民事判决书；济源市丰泽特钢实业有限公司与北京航天新立科技有限公司票据追索权纠纷案，北京市海淀区人民法院（2020）京 0108 民初 42415 号民事判决书；晋中华夏混凝土有限公司与唐山晟挚友商贸有限公司好友加油站票据追索权纠纷案，河北省唐山市中级人民法院（2020）冀 02 民终 3107 号民事判决书；日照富邦进出口有限公司与日照岚山万盛港业有限责任公司票据追索权纠纷案，山东省日照市中级人民法院（2020）鲁 11 民终 619 号民事判决书；中建三局集团有限公司与中庆（广州）商业保理有限公司票据追索权纠纷案，湖北省武汉市中级人民法院（2022）鄂 01 民终 8769 号民事判决书。
[2] 参见湖北江耀机械股份有限公司与北京航天新立科技有限公司票据追索权纠纷案，北京金融法院（2021）京 74 民终 154 号民事判决书；利星行机械（昆山）有限公司与浙江德森基础工程有限公司、上海怡饴国际贸易有限公司票据追索权纠纷案，浙江省高级人民法院（2020）浙民申 2290 号民事裁定书；中通客车控股股份有限公司与深圳威铨电子有限公司等票据追索权纠纷案，广东省深圳市中级人民法院（2019）粤 03 民 17421 号民事判决书。

第十八章

针对此类问题，上海票交所经中国人民银行同意，修正了提示付款的应答规则。针对电子银行承兑汇票，如果票据到期日在 2021 年 1 月 11 日及之后：

1. 持票人在提示付款期内或超过提示付款期提示付款、承兑人在收到提示付款请求的次日（遇法定休假日、大额支付系统非营业日、电子商业汇票系统非营业日顺延）仍未应答的，电子商业汇票系统于日终时变更票据状态为拒付状态。

2. 持票人在票据到期日前提示付款、承兑人在票据到期日的次日（遇法定休假日、大额支付系统非营业日、电子商业汇票系统非营业日顺延）仍未应答的，电子商业汇票系统于日终时变更票据状态为拒付状态。

如果票据到期日在 2021 年 1 月 11 日之前：

承兑人应当在收到持票人发起的提示付款请求的当日至迟次日（遇法定休假日、大额支付系统非营业日、电子商业汇票系统非营业日顺延）自主进行应答，系统不自动变更状态。

针对电子商业承兑汇票，如果票据到期日在 2022 年 3 月 21 日及之后：

1. 持票人在电子商业承兑汇票的提示付款期内或超过提示付款期提示付款，承兑人在收到提示付款请求的次日起第 3 日（遇法定休假日、大额支付系统非营业日、电子商业汇票系统非营业日顺延）仍未应答，承兑人接入机构也未在下一日（遇法定休假日、大额支付系统非营业日、电子商业汇票系统非营业日顺延）代为应答的，则电子商业汇票系统在该日日终时将票据状态"提示付款待签收"和"逾期提示付款待签收"变更为拒付状态。

2. 持票人在电子商业承兑汇票的票据到期日前提示付款，承兑人在票据到期日的次日起第 3 日（遇法定休假日、大额支付系统非营业日、电子商业汇票系统非营业日顺延）仍未应答，承兑人接入机构也未在下一日（遇法定休假日、大额支付系统非营业日、电子商业汇票系统非营业日顺延）代为应答的，则电子商业汇票系统在该日日终时将票据状态"提示付款待签收"变更为拒付状态。

如果票据到期日在 2022 年 3 月 21 日之前：

承兑人及承兑人接入机构应当在收到持票人发起的提示付款请求后，根据《电子商业汇票业务管理办法》第 60 条相关规定作出应答，系统不自动变更票据状态。

如前所述，新一代票据业务系统采用到期日自动提示付款，电子银行承兑汇票采自动应答，电子商业承兑汇票采未应答自动拒付的模式，已经有效解决这一问题。除系统自动提示付款外，持票人可以在期前或者因承兑人拒付或者清算失败导致票据被拒付时手动发起提示付款（《新一代票据业务系统业务方案》第 3.6.1～3.6.3 条）。

（四）提示付款的效力

提示付款是持票人行使和保全票据权利的行为，因此，具有法律效力。从权利行使方面讲，是行使付款请求权；从保全权利方面讲，是保全追索权。持票人不提示付款，便无法得知付款人是否付款，是否拒绝，也就无从得到拒绝证明，依《票据法》第65条，持票人不能出示拒绝证明的，丧失对其前手的追索权。所以，不提示付款，也就无法保全追索权。

**三、付款人审查**

对于纸质汇票而言，付款人的审查义务有三：①审查票据的真实性和合法性。包括票据用纸是否符合中国人民银行的规定、票据上的签章是否正确（有预留印鉴的要进行必要的比对）、记载内容是否合法等。②审查票据背书是否连续。③审查提示付款人的身份证明或者有效证件，即查清提示付款人是否真为票据权利人本人或代理人，有无假冒等。

代理付款人付款的，有相同审查义务。付款人及其代理付款人以恶意或者有重大过失，发生错付的，应当自行承担责任，即对真正票据权利人仍应负付款责任。

对于电子商业汇票而言，由于汇票本身不存在伪造、变造的可能，对于电子银行承兑汇票，新一代票据业务系统将自动应答同意付款，电子商业承兑汇票需要付款人在提示付款申请当日手动应答同意付款。如果电子商业承兑汇票付款人无理由拒绝付款或者提示付款申请被系统自动拒绝付款，则可能在票据资金关系层面承担违约责任，并且在被追索时承担自到期日起至清偿日止的利息损失。

**四、付款**

对于纸质汇票而言，付款人审查无误的，应于持票人提示付款的当日足额付款。持票人获得付款时，应当在汇票上签收，并将汇票交给付款人。持票人委托银行收款的，受委托的银行将代收的汇票金额转账汇入持票人账户，视同签收。在外国票据法上，允许票据金额提存，以为付款。例如，日内瓦《统一汇票和本票法公约》第42条就是关于票据金额提存的规定。

对电子商业汇票，无论是电子银行承兑汇票系统自动应答为同意还是电子商业承兑汇票付款人手动应答为同意，系统都将进入自动清算流程。新一代票据业务系统在提示付款结算方式中取消了纯票过户（Free of Payment，FOP）和票款对付（Delivery Versus Payment，DVP）的区分，统一为票款对付，先完成资金结算，再完成票据结算。[1]新一代票据业务系统同时支持提示付款结算情形

---

〔1〕　特殊情形为：若票据包的承兑人或承兑人开户行与持票人或持票人开户行为同一会员，则票据包纳入批量清算范围，但按FOP方式轧差处理。参见《新一代票据业务系统业务方案》第4.5.3条。

中的批量付款和逐笔付款，实时付款和延时付款（业务达成时新系统已不在清算结算时序内，T＋1逐笔清算）（《新一代票据业务系统业务方案》第4.2.1条）。如果付款人虽然同意付款，但是清算失败导致汇票被拒付，持票人或者质权人可在收到拒付结果通知后将其持有的票据包向承兑人再次发起提示付款（《新一代票据业务系统业务方案》第3.6.3条）。

## ■ 第三节　参加付款

### 一、参加付款的意义

参加付款，是指汇票付款人不付款时，付款人或担当付款人之外的人代为付款。参加付款的目的，是阻止持票人行使追索权，维护特定票据债务人的利益。与参加承兑相同，均是"在汇票信用受损之情形发生时，依介入为事后补救以弥补汇票信用"。[1]参加付款不发生票据关系的消灭，参加付款人付款后，从持票人处取得票据，对承兑人、被参加付款人及其前手，有票据权利。

参加付款是统一法系国家普遍认可的制度，日内瓦《统一汇票和本票法公约》第55条、第59~63条，规定了参加付款的参加人和被参加人，参加付款的时间、方式、效力等。

我国《票据法》未规定这一制度，从我国票据法体系看，应属不承认参加付款。第三人向付款人提供资金付款，或者承诺付款，均不构成参加付款。

### 二、参加付款的时间和方式

持票人在汇票不获付款而得行使追索权时，参加付款人可以参加付款，以阻止其行使追索权。日内瓦《统一汇票和本票法公约》对参加付款的时间条件规定得比较宽松，依其第59条，凡持票人在汇票到期日或到期前得行使追索权时，在任何情况下，均得参加付款。但付款最迟应在作成拒绝付款证书期限的最后1日的次日。

参加付款须记载参加付款意思、参加付款年月日、被参加人姓名，如无记载被参加人姓名，推定出票人为被参加人。参加付款人应签名。参加付款必须就被参加人应付金额的全部参加。参加付款人向持票人付款，持票人应将票据、拒绝证书交于参加付款人，并在票据上记载收款事实。

### 三、参加付款人和被参加人

（一）参加付款人

任何人都可以担当参加付款人。但票据法上记载有参加承兑人或预备付款

---

[1]　刘甲一：《票据法新论》，五南图书出版公司1978年版，第205页。

人的，这两种人为当然参加付款人，持票人应先向参加承兑人提示付款。

（二）被参加付款人

参加付款人在汇票上记载被参加人名称，确定被参加付款人为何票据债务人。一般来说，参加承兑人参加付款的，以被参加承兑人为被参加付款人，预备付款人参加付款的，指定预备付款人的票据债务人为被参加付款人。

参加付款人参加付款，应在法定通知期限内书面通知被参加付款人。如未通知，对其疏忽所造成的损失负责，但赔偿额以票据金额为限。

**四、参加付款的效力**

持票人的票据权利，因参加付款而消灭。

被参加付款人的后手因参加付款而解除票据责任。参加付款人取得票据权利，但不得再背书转让票据。持票人拒绝参加付款的，对因参加付款而可解除票据责任的票据债务人，丧失追索权。

**思考题**

1. 什么是期前付款？它有什么风险？

2. 什么是期后付款？它有什么样的效力？

3. 持票人提示付款有哪些注意事项？

4. 如何理解付款人的审查义务？

5. 查阅《票据法》第 57 条、《最高人民法院关于审理票据纠纷案件若干问题的规定》第 69、70 条，理解这些条文的含义。

6. 什么是参加付款？参加人参加付款的目的是什么？参加付款有何效力？

第
十
八
章

第十九章

# 追索权

**学习目的和要求** 理解追索权的意义，了解其种类；重点掌握追索权的对人效力和对物效力，追索权行使的实质要件和形式要件、追索金额、追索权丧失的条件等知识点；了解再追索的含义、条件、再追索金额；熟悉"拒绝证明"的作用、取得方法、无"拒绝证明"的效果。

## ■第一节　追索权的意义和种类

### 一、追索权的意义

追索权是指持票人享有的当票据到期不获付款、期前不获承兑或有其他法定原因时，在采取保全权利行为之后，能够请求前手或其他票据债务人偿还票据金额、利息和有关费用的票据权利。此定义说明：

（一）追索权是一种票据权利

票据权利有两种：一是付款请求权；二是追索权。各种票据，都有这两种权利。付款请求权的作用，是使持票人得向承兑人或付款人请求支付票据金额，它是票据权利的基本功能。付款请求权顺利实现，票据关系消灭，追索权也就不必发生效用，一旦付款请求权遇阻，追索权便发挥其功效，持票人可凭借追索权，向有关票据债务人追索票据金额、利息及有关费用，实现付款请求权未达到的目的。由此，可以说，追索权是补救付款请求权之不足的票据权利。追索权与未实现的付款请求权，是两种独立的票据权利。追索权的行使，不是以恢复和保护付款请求权为目的，而是独立发生功效，使持票人得到付款请求权遇阻而未能得到的票据利益和因行使追索权而支出的费用补偿。从这两种票据权利的关系来说，付款请求权是票据权利的"第一次请求权"，追索权是票据权利的"第二次请求权"，不是付款请求权的救济权。追索权得以行使之时，付款请求权已无单独发生功能的条件和必要，追索权完全取代了它。

（二）追索权是票据到期不获付款、期前不获承兑或有其他法定的足以使付款请求权不能实现的原因时才能行使的票据权利

票据权利，以付款请求权为基本权利，票据关系因付款请求权的实现而消灭，是理想和应有的结果，付款请求权不能实现，则是不正常、不理想的现象。付款请求权的不能实现，包括既定的不能实现和可能的不能实现，前者如到期不获付款，到期前不获承兑；后者如到期日前承兑人或付款人下落不明、死亡、破产、解散等。在前者，付款请求权已然落空，在后者，付款请求权无法行使或极易落空。为防止付款请求权落空而使持票人受损失，票据法赋予持票人追索权，允许并保障付款请求权落空或可能落空的持票人，转而向其他票据债务人追索票据金额、应得利息以及因追索所花费用，使持票人免受损失。所以，付款请求权安全无虞时，追索权蛰居待终，付款请求权不能实现时，持票人即可启用追索权，维护自己的票据利益。可见，付款请求权和追索权是票据权利的两面。形象地说，付款请求权犹如正面先头兵，追索权则恰似迂回预备队。

（三）追索权的请求对象，是持票人前手和其他有关票据债务人

持票人行使追索权，得以直接前手、任何前手、出票人、保证人等票据债务人为请求对象。所谓追索，一方面为追寻索要之义，另一方面又有穷追遍索之义，按照在票据上签名者依票据文义负责的法则，一切在票据上签名者，都属于被追索人范围。追索权的效力为向其前手主张法定担保责任。[1]

（四）追索权的标的，包括票据金额、利息和追索费用

这一点体现出追索权与付款请求权的一个区别：付款请求权的标的，不能有追索费用，仅限票据金额与利息。付款请求权的作用在于获得票据金额及约定利息，追索权的功效则是使未获付款的持票人得到偿还，故追索权也叫"偿还请求权"。

追索权标的种类，由票据法具体规定，因追索权乃法定之请求权，票据当事人不得以约定改变追索权的标的。外国票据法有允许票据当事人记载不负担作成拒绝证书的费用的文义的规定（如日内瓦《统一汇票和本票法公约》第46条），我国票据法不认可这种做法。

（五）追索权以票据权利保全手续为行使要件

需要承兑的汇票，应当在法定提示承兑期限内提示承兑，即按期为保全措施，否则持票人丧失对其前手的追索权；票据不获承兑或不获付款的，持票人应依法取得拒绝证书或者退票理由书等，否则丧失对其前手的追索权。

〔1〕 参见王志诚：《票据法》，元照出版有限公司2015年版，第412页。

我国《票据法》第62、65条规定，持票人行使追索权时，应当提供被拒绝承兑或者被拒绝付款的有关证明，不能出示拒绝证明、退票理由书或者其他合法证明的，丧失对其前手的追索权。外国票据法基本上也是如此规定。足见，欠缺票据权利保全手续，无法行使追索权。

## 二、追索权的种类

### （一）期前追索权和到期追索权

这是以追索权行使时间的不同所做的区分。从行为的角度讲，这些种类又可叫"期前追索和到期追索"。

期前追索权，是指到期日之前，票据因拒绝，或因承兑人或付款人死亡、逃匿、破产、终止或其他法定原因，不获承兑或不获付款，持票人所得以行使的追索权。我国《票据法》第61条第2款规定了这种追索权。

到期追索权，是指票据到期而被拒绝付款时，持票人得行使的追索权。《票据法》第61条第1款有相关规定。

### （二）拒付追索权和非拒付追索权

这是以追索权发生的原因的不同所作的区分。与上一种分类较为相似，这一分类为电子商业汇票所采用。由于电子商业汇票在交由收款人之前必须先进行承兑，所以不存在纸质汇票的拒绝承兑追索的问题。此外，电子商业汇票的参与主体不包含自然人，故不存在死亡或者逃匿的情形。根据《电子商业汇票业务管理办法》第65条的规定，拒付追索权是指电子商业汇票到期后被拒绝付款，持票人请求前手付款的权利。非拒付追索权是指存在承兑人被依法宣告破产或因违法被责令终止业务活动的情形时，持票人请求前手付款的权利。在新一代票据业务系统中，已贴现票据的持票人暂不能发起非拒付追索。

### （三）最初追索权和再追索权

这是以追索权行使主体的不同所作的区分。从行为的角度讲，这些种类又可叫"最初追索"和"再追索"。

最初追索权是持票人所行使的追索权。再追索权是受他人追索而为清偿的票据债务人，向其前手再为追索的追索权。

### （四）贴现前追索权和贴现后追索权

这是以追索流程的不同所作的区分。

贴现前追索权是指汇票未被贴现时，持票人对汇票债务人发起追索的权利。贴现后追索权是指汇票贴现后持票人在汇票被拒付后向贴现人、贴现保证人发起追索的权利。如为贴现后追索权，按照上海票据交易所《票据交易主协议

（2016 年版）》[1]第 3 条，提示付款后承兑人拒绝付款的，可以按照保证增信行（若有）、贴现人、贴现人的保证人（若有）的顺序进行追索或追偿。

此外，在新一代票据业务系统中，贴现前追索和贴现后追索在资金结算方式上存在较大的差异，贴现前追索同时支持纯票过户和票款对付、逐笔清算、实时清算和延时清算。而贴现后追索仅支持票款对付、逐笔清算和实时清算（《新一代票据业务系统业务方案》第 4.2.1 条）。

## ■第二节 追索权的效力

### 一、概说

追索权的效力，是指追索权的内容，包括可追索之对象、追索之方式、追索之金额。

追索权的对人效力，表现为：①追索权人可对哪些票据债务人为追索行为；②追索权人对被追索人可为哪些方式之追索行为。我国《票据法》第 68、69 条规定了追索权的对人效力。

追索权的对物效力，表现为追索权人可主张并应得到的金钱的范围。《票据法》第 70、71 条是追索权对物效力的规定。

### 二、被追索人

对于最初追索而言，《票据法》第 61 条第 1 款规定，汇票到期被拒绝付款的，持票人可以对背书人、出票人以及汇票的其他债务人行使追索权；第 68 条第 1 款规定，汇票的出票人、背书人、承兑人和保证人对持票人承担连带责任。上述规定表明，持票人行使追索权，被追索人包括在票据上签名的一切票据债务人。对于再追索而言，被追索人为最初追索的被追索人的前手票据债务人。

无论是最初追索还是再追索，有三种票据债务人例外：①回头背书票据的持票人为出票人的，该持票人的前手，不受该持票人的追索。②回头背书票据的持票人为曾在票据上背书的背书人的，其原背书的后手，不受该持票人的追

---

[1] 上海票据交易所股份有限公司、中国银行间市场交易商协会组织市场成员制定了《票据交易主协议（2016 年版）》。经中国人民银行同意，予以公布实施。《票据交易主协议（2016 年版）》为开放式协议，采用多边签署模式，在签署方有效签署《票据交易主协议（2016 年版）》后，协议即在该签署方与其他各签署方之间生效。《票据交易主协议（2016 年版）补充协议》采用双边签署模式，已有效签署《票据交易主协议（2016 年版）》的市场参与者之间，可以视情况签署《补充协议》。由于《票据交易主协议（2016 年版）》的签署与票交所会员资格挂钩，该协议为行业规定。参见【票交所公告［2016］1 号】。截至 2022 年 9 月 9 日，共 3567 家签署备案。参见上海票据交易所网站，载 http://www.shcpe.com.cn/content/shcpe/vip.html？articleType＝vip&articleId＝WZ20200818129563419550972336，访问时间：2022 年 10 月 1 日。

索，以免在该持票人与其原背书后手之间发生循环追索。③禁转背书的背书人，不受其直接后手之外的持票人的追索。

如前所述，由于出票和背书不能附有条件，票据债务人不能通过背书记载"免于追索"的方式免于被追索，但持票人能否通过民法上的行为自愿放弃追索权，不无疑问。在民法上，如果是事后弃权，原则上应予以承认。由于弃权行为系单方行为，即使欠缺该特定票据债务人签章，也不影响其效力。[1]需要注意，并不能从持票人选择某一票据债务人进行追索中推定其有放弃对其他债务人追索之意思。《票据法》第68条第3款明确规定持票人对汇票债务人中的一人或者数人已经进行追索的，对其他汇票债务人仍可以行使追索权。

如果出票人只是与特定票据债务人事后达成了放弃对该票据债务人追索的约定，则该约定原则上仅对特定票据债务人生效，并不能当然及于其他票据债务人。易言之，票据债务人并不能解除票据法上的责任，仍然可能面临再追索。被免于追索的票据债务人如果为被追索人的前手，不能以其与持票人之间的约定进行抗辩。虽然依据《票据法》第68条第1款规定，汇票的出票人、背书人、承兑人和保证人对持票人承担连带责任，但多数票据债务人所承担的实际上是不真正连带债务。我国目前主流观点认为，不真正连带债务包含以下四个构成要件："其一，数个债务的发生系基于不同的法律关系，债权人对数个债务人分别享有独立的请求权；其二，数个债务乃基于偶然的原因而联系在一起，数个债务人缺乏共同的目的或者说缺乏主观上的意思联络；其三，各个债务人对债权人承担同一给付；其四，各个债务人之间没有内部分担关系，即使发生求偿也非基于分担关系，而是基于终局责任的承担"。[2]汇票的票据债务人之间"并无民法上连带债务人间分担、求偿或代位之关系"。[3]正是由于不真正连带债务的这些特殊性，不能径直适用《民法典》第520条第2款的规定，认定免除部分连带债务人的绝对效力。[4]作为例外，如果持票人放弃了对最终债务人的追索，则产生绝对效力。[5]

对于事前弃权的效力，应进行动态权衡，重点考察是否涉及人身（信赖）

---

[1] 参见贵州有色矿业股份有限公司与贵州圣杰煤炭供销有限公司等票据追索权纠纷案，中华人民共和国最高人民法院（2021）最高法民申5052号民事裁定书。

[2] 参见李中原：《不真正连带债务理论的反思与更新》，载《法学研究》2011年第5期。

[3] 参见王志诚：《票据法》，元照出版有限公司2015年版，第423页。

[4] 参见蔡睿：《民法典中连带债务人之一人事项所生效力的制度设计》，载《河北法学》2018年第12期。

[5] 参见中国民生银行股份有限公司成都分行与成都宝润物资贸易有限公司、四川省达州钢铁集团有限责任公司票据追索权纠纷案，四川省成都高新技术产业开发区人民法院（2016）川0191民初11654号民事判决书。

利益，是否存在利用格式条款扭曲意思自治，是否属于期待权，是否构成对表意人自由的过分限制，是否涉及其他公共利益等。[1]放弃票据追索权明显不涉及人身（信赖）利益，也没有对表意人的自由进行过分限制，更不涉及其他公共利益，且汇票参与主体基本为商主体，应更加强调意思自治，注重交易效率，因而对于事前放弃追索权的行为原则上应当予以认可。事前放弃追索权的形式既可能是持票人提前签署开放协议，也可能是提前达成双边或者多边协议。就前者而言，如果持票人签署了上海票据交易所《票据交易主协议（2016 年版）》，则根据该协议第 3 条的规定，持票人放弃对前手背书人行使追索权，但保留对票据出票人、承兑人、承兑人的保证人、贴现人、贴现人的保证人（若有）及贴现人前手背书人的追索权。就后者而言，实践中最为常见的形态是双边协议，这种协议约定并未记载于票据，不属于附条件背书。即使当事人未明确使用放弃追索的表示，但通过意思表示解释能得出"持票人放弃追索"的意思，即应予以认可。例如，双方约定"由此引起的任何纠纷，与票据债务人无关"。[2]但是，如果只是在合同中划去追索权条款并不意味着放弃追索，只是代表双方未就此进行约定。[3]

### 三、追索方式

根据《票据法》第 68 条的规定，最初追索权人行使追索权，能够采取"选择追索"和"变向追索"两种方式。再追索权人因清偿票据债务，有"代位追索"之资格，同样可以采取这些追索方法。

选择追索、变向追索和代位追索表现了追索权的效力和特性，因此，从效力方面讲，分别称它们为"追索权的选择追索效力""追索权的变向追索效力""追索权的代位追索效力"。从特性方面讲，它们又分别被称为追索权的"选择性""变向性""代位性"。

1. 选择追索。持票人可以不按照票据债务人的先后顺序，而在债务人中选择对自己最为有利的一人或数人进行追索，也可以把全体票据债务人都作为被追索人，对他们行使追索权。

由于持票人可越过直接前手，对其他票据债务人追索，追索权的选择追索效力也叫"飞越追索的效力"。从特性方面讲，也称追索权的"飞越性"。但是，如前所述，上海票据交易所《票据交易主协议（2016 年版）》第 3 条对追索顺

---

[1] 参见叶名怡：《论事前弃权的效力》，载《中外法学》2018 年第 2 期。

[2] 参见广东新联创富装饰材料有限公司与深圳市万京投资有限公司、深圳长城装饰实业有限公司票据追索权纠纷案，广东省深圳市罗湖区人民法院（2022）粤 0303 民初 4272 号民事判决书。

[3] 参见广州广电传媒集团有限公司与上海浦东发展银行股份有限公司广州分行、广东东电广告有限公司票据追索权纠纷案，中华人民共和国最高人民法院（2018）最高法民申 1628 号民事裁定书。

序进行了限制，对于签署了该协议的民事主体具有约束力。

2. 变向追索。持票人对票据债务人中的一人或者数人已经进行追索的，对其他票据债务人仍可追索。

如持票人原已向背书人 A 行使追索权，正在追索过程中，发现 A 有支付不能之可能，便可以立即转向其他票据债务人行使追索权。

变向追索也叫"变更追索"或"追索的变更性"。

3. 代位追索。代位追索是指最初追索的被追索人清偿追索金额之后，取得追索权人地位，对其前手进行的追索。显而易见，它是再追索权人的追索。

被追索的票据债务人清偿追索金额之后，票据债务解除，其后手的票据责任也告解除，但其前手仍负有票据责任，被追索而清偿的票据债务人，因清偿而自受清偿的追索权人手中取得票据，凭票据而成为持票人，追索权人与最初追索的持票人有同样追索权，可向前手"选择追索"或"变向追索"。

**四、追索金额**

（一）最初追索权人得请求的追索金额

依《票据法》第 70 条第 1 款，持票人属最初追索权人的，可以请求被追索人支付下列三项金额和费用：

1. 被拒绝付款的汇票金额。此项金额，以票据上记载的金额为准。追索权人有权要求被追索人全额清偿，被追索人应当如数支付。

2. 汇票金额自到期日或者提示付款日起至清偿日止，按照全国银行间同业拆借中心公布的贷款市场报价利率（LPR）计算利息。《票据法》第 70 条第 1 款第 2 项规定，持票人行使追索权时，可以请求被追索人支付的利息是：汇票金额自到期日或者提示付款日起至清偿日止，按照中国人民银行规定的利率计算的利息。此项利息的支付，有两个要点：一为计息时间；二为利率标准。《最高人民法院关于审理票据纠纷案件若干问题的规定》第 21 条规定，《票据法》第 70 条、第 71 条所称中国人民银行规定的利率，是指中国人民银行规定的企业同期流动资金贷款利率。由于从 2019 年 8 月 20 日起，中国人民银行不再公布贷款基准利率，而是授权全国银行间同业拆借中心公布同业拆借中心受权公布贷款市场报价利率（LPR），利率标准应当适用 LPR。司法实践亦是参照 LPR 计算利息。[1]

---

[1] 参见江苏海纳智光科技有限公司与杭州伯高车辆电气工程有限公司等票据追索权纠纷案，重庆市高级人民法院（2021）渝民终 13 号民事判决书；威海市星樾房地产开发有限公司与山东捌佰建筑工程有限公司、深装总建设集团股份有限公司票据追索权纠纷案，山东省威海市中级人民法院（2022）鲁 10 民终 1861 号民事判决书；中国京冶工程技术有限公司与沈阳市苏家屯区苏中建材经销处、沈阳宏盛达机械化施工有限公司票据追索权纠纷案，辽宁省沈阳市中级人民法院（2022）辽 01 民终 3958 号民事判决书。

第

十

九

章

3. 追索费用，即为行使追索权而取得有关拒绝证明和发出被拒绝情事通知书的费用。[1]该项费用，以有效的收据为计算凭据。被追索人有清偿该费用的义务。在电子商业汇票的追索中，通常不存在追索费用。律师费、差旅费等费用不属于追索费用，[2]但是可以根据票据基础关系主张赔偿。例外情况是，线上追索无法进行，持票人被迫进行线下追索时，可能产生相关费用。[3]

（二）再追索权人得请求的再追索金额

依《票据法》第 71 条第 1 款，被追索人向追索权人清偿之后，成为"再追索权人"，可以向其他汇票债务人行使再追索权，请求支付"再追索金额"。再追索金额包括以下三项：

1. 已清偿的全部金额，即他人追索时被追索人也就是再追索权人，已经向那个追索权人清偿的三种金额。这三种金额，虽已由被追索人支付给追索权人，但依票据责任的特性，被追索人对其他票据债务人有再追索的权利的，这些金额不必由被追索人最终负担，而要由票据上最终的票据责任人负责。再追索权人为求得补偿，向其他票据债务人追索的，被再追索权人追索的人有义务清偿这些金额。

2. 再追索权人已清偿金额自清偿日起至再追索清偿日止，按照 LPR 计算利息。该项利息、利率的确定与最初追索相同，但计息时间却是"自再追索权人清偿日起至再追索清偿日止"，不可与最初追索的计息时间混淆。

3. 发出通知书的费用，即再追索权人受到他人追索时，为向其前手再追索，而向被再追索人通知的费用。在电子商业汇票的追索中，通常不存在发出通知书的费用。

## ■第三节　追索权的行使

### 一、概说

追索权事关持票人和票据债务人的利益，也影响着票据的信誉，因此，一方面，要确认持票人追索权，以便他在付款请求权遇到障碍时有所援助；另一方面，也要防止追索权的行使因没有规则或者不循规则，给票据当事人和票据流通造成不良影响。

---

〔1〕　关于追索权人的通知，参见《票据法》第 66、67 条。本书本章第三节中有专述。
〔2〕　参见四川东方物流集团有限公司与辽宁三三工业有限公司、沈阳动力集团有限公司票据追索权纠纷案，辽宁省辽阳市中级人民法院（2021）辽 10 民终 636 号民事判决书。
〔3〕　参见梁溪区莲华建材商行与无锡市运华物资有限公司等票据追索权纠纷案，江苏省无锡市锡山区人民法院（2019）苏 0205 民初 866 号民事判决书。

为使追索权正常发挥功效，票据法上规定了追索权的行使要件和丧失条件。[1]追索权的行使要件，从正面确定持票人在什么条件下得以行使追索权，如何行使追索权的规则；追索权的丧失条件，从反面提供持票人如不按照法定要件行使权利就丧失追索权的标准。

## 二、追索权的行使要件

具备了票据法规定的行使要件的，持票人才得行使追索权。根据我国《票据法》第 61 条和第 40 条等条文，追索权的行使要件可分为实质要件和形式要件。

### （一）实质要件

追索权行使的实质要件，是指票据法规定的、持票人得以行使追索权的原因，有时也叫"追索权行使的原因"。

依据我国《票据法》第 61 条，凡有下列原因之一的，即为具备了行使追索权的实质要件：①汇票到期被拒绝付款；②汇票于到期日前被拒绝承兑；③承兑人或者付款人于汇票到期日前死亡或逃匿；④承兑人或者付款人被依法宣告破产；⑤承兑人或者付款人因违法被责令终止业务活动。如前所述，对于电子商业汇票而言，只存在第①、第④和第⑤种情形。

外国票据法上，关于追索权行使实质要件的规定，与我国有同有异，如日内瓦《统一汇票和本票法公约》第 43 条就此要件规定，持票人得在下述日期向背书人、出票人及其他有责任的当事人行使追索权：①在到期日不作付款；②在到期日前全部或部分拒绝承兑；③不论汇票已否承兑，受票人破产；或即使未由仲裁宣告，受票人停止付款；或对其货物已执行扣押而无效果；④未承兑的汇票出票人破产。

### （二）形式要件

追索权行使的形式要件，是指票据法规定的、持票人行使追索权所必有的程序，也叫"追索权行使的程序"或"追索权行使的程序要件"。

依据我国《票据法》第 39、40、62 条等条文的规定，追索权行使的形式要件有二：①按规定的期限提示承兑和提示付款；②按规定取得拒绝证明、退票理由书或其他合法证明。下面分述其详细内容：

1. 按规定的期限提示承兑和提示付款。《票据法》第 40 条第 2 款规定，汇票未按照规定期限提示承兑的，持票人丧失对其前手的追索权；第 65 条规定，持票人不能出示拒绝证明、退票理由书等以证明自己按规定期限提示付款的，

---

[1]　追索权丧失的条件主要有：①持票人未于规定期限内行使或保全票据权利；②票据权利因时效期间届满而消灭；③《票据法》规定的其他原因。

丧失对其前手的追索权。可见，行使追索权，必须得保全追索权，而按规定期限提示承兑和提示付款，不仅是行使票据权利的行为，还是保全追索权的行为。持票人在规定期限内保全追索权，是下一步向其前手行使追索权的必要程序。根据《最高人民法院关于审理票据纠纷案件若干问题的规定》第 4 条，持票人不先行使付款请求权而先行使追索权遭拒绝提起诉讼的，人民法院不予受理。除有《票据法》第 61 条第 2 款以及票据被拒绝承兑、被拒绝付款或者汇票、支票超过提示付款期限后，票据持有人背书转让的，被背书人以背书人为被告行使追索权而提起诉讼的情形外，持票人只能在首先向付款人行使付款请求权而得不到付款时，才可以行使追索权。如前所述，在新一代票据业务系统中，系统会自动进行提示付款以保全追索权。

2. 按规定取得拒绝证明、退票理由书和其他合法证明。这些证明是保全追索权的证据。我国《票据法》第 62 条第 1 款规定，持票人行使追索权时，应当提供被拒绝承兑或者被拒绝付款的有关证明；第 65 条规定，持票人不能出示这些证明的，丧失对其前手的追索权。所以，要行使追索权，必须取得拒绝证明或退票理由书或其他合法证明。付款人拒绝承兑的，持票人应取得拒绝承兑的证明，称为承兑拒绝证书。付款人拒绝付款的，持票人应取得付款拒绝证明，称为付款拒绝证书。

持票人因承兑人或者付款人死亡、逃匿或者其他原因，不能取得拒绝证明的，可以依法取得其他有关证明。《票据管理实施办法》第 28 条规定："……'其他有关证明'是指：（一）医院或者有关单位出具的承兑人、付款人死亡的证明；（二）司法机关出具的承兑人、付款人逃匿的证明；（三）公证机关出具的具有拒绝证明效力的文书。"

承兑人或者付款人被人民法院依法宣告破产的，持票人应取得人民法院的有关司法文书，它具有拒绝证明的效力。

承兑人或者付款人因违法被责令终止业务活动的，持票人应取得有关行政主管部门的处罚决定，它具有拒绝证明的效力。

日内瓦《统一汇票和本票法公约》中关于追索权行使的形式要件，也包括了"按期提示"和"作成拒绝证书"这两个条件。该法第 44 条第 5 款规定，不论汇票已否承兑，如受票人停止付款，或对其货物已执行扣押而无效果，持票人在向受票人提示付款和拒绝证书作成前，不得行使追索权。对于已拒绝承兑的，该条第 4 款规定，作成拒绝承兑的拒绝证书后，无需提示付款也无需作成拒绝付款的拒绝证书。

美国《统一商法典》的有关规定大体相同，在第 3－501 条第 1 款规定，为使票据债务人负责，除经票据债务人免除者外，持票人必须提示承兑、提示付款；第 3-507 条第 2 款规定，作出必要的退票通知或拒绝证书后，持票人即有权向出票人或背书人追索。英国《汇票法令》第 42、51 条作了大致相同的规定，但该法认为，国外汇票须作成拒绝证书，国内汇票可以不必为追索而作成拒绝证书，与统一法系国家、与我国，有所不同。

对于电子银行承兑汇票而言，在新一代票据业务系统中，系统自动为持票人发起提示付款，为承兑人自动应答处理。

通常情况下，电子银行承兑汇票不会存在清算问题。但在银行出现严重金融风险时，可能存在清算失败的可能。此时，虽然系统自动付款应答，但由于清算失败仍可能出现拒付。在银行出现严重金融风险但尚未被依法宣告破产时，可能产生部分付款时，[1]是否属于拒付不无争议。有法院认为，此种情况不属于实质拒付，因而持票人不享有追索权。[2]亦有法院认为，即使系统显示"提示付款已确认拒付"，案涉票据款项通过系统之外的其他方式支付，不存在事实拒付，因而持票人不享有追索权。[3]相反观点则认为，此种情况下持票人对未兑付部分享有追索权。[4]付款人在作出拒绝付款的意思表示后，支付部分款项仅影响追偿的数额，并不能否定追偿权本身。[5]后一种观点较为合理。首先，中国人民银行以及票交所的通知已经明确承兑人应当协助进行追索，如持票人无追索权，何来追索。其次，付款应当是无条件全额付款，在此种特殊情形下，

---

〔1〕 2019 年 5 月 30 日，中国人民银行办公厅发布《中国人民银行关于做好包商银行承兑汇票保障工作的通知》（银办发〔2019〕106 号）。根据该通知第 1 条的规定，对同一持票人持有合法承兑汇票合计金额 5000 万元（含）以下的，存款保险基金管理有限责任公司对承兑汇票全额保障；对同一持票人合法持有承兑汇票合计金额 5000 万元以上的，由存款保险基金管理有限责任公司对承兑金额提供 80% 的保障，未获得保障的剩余 20% 票据权利，包商银行应协助持票人依法追索。2019 年 5 月 31 日，上海票据交易所中国票据交易系统发布了《关于转告包商银行承兑汇票保障安排的通知》，上海票据交易所对涉及的汇票进行了标识，对非全额保障的承兑汇票，上海票据交易所暂停提供到期和追索的自动扣款功能。

〔2〕 参见河北黄骅农村商业银行股份有限公司与石家庄市鹿泉农村商业银行股份有限公司票据追索权纠纷案，河北省石家庄市鹿泉区人民法院（2020）冀 0110 民初 560 号民事判决书；朝阳银行股份有限公司与温州民商银行股份有限公司票据纠纷案，浙江省温州市鹿城区人民法院（2020）浙 0302 民初 3123 号民事判决书；大同银行股份有限公司与湖南辰溪农村商业银行股份有限公司票据纠纷案，湖南省辰溪县人民法院（2020）湘 1223 民初 611 号民事判决书。

〔3〕 参见友利银行（中国）有限公司天津分行与天津宏信久和机电有限公司等票据追索权纠纷案，天津市第二中级人民法院（2021）津 02 民终 1409 号民事判决书。

〔4〕 参见山西银行股份有限公司长治分行与山东如意科技集团有限公司票据追索权纠纷案，山东省济宁高新技术产业开发区人民法院（2021）鲁 0891 民初 2124 号民事判决书；晋中银行股份有限公司太原分行与山东章丘农村商业银行股份有限公司、济南隆泽建筑装饰工程有限公司票据追偿权纠纷案，山东省高级人民法院（2020）鲁民终 1843 号民事判决书。

〔5〕 参见长城华西银行股份有限公司与大连银行股份有限公司上海浦东支行票据追索权纠纷案，上海市浦东新区人民法院（2020）沪 0115 民初 4472 号民事判决书。

付款人部分付款并不代表持票人放弃了相应部分的追索权。在付款人被宣告破产，持票人仅可能获得部分付款的情况下尚允许追索，此种情形不允许追索明显不公。

如果票据被分包，部分票据包被拒绝付款或者未清算成功，该部分票据包的持票人可进行追索。

### 三、追索权人的通知义务

持票人行使追索权时，应当向被追索人发出"追索通知"。当事人可以通过提起诉讼的方式行使追索权，并不一定要向票据债务人发出追索通知。[1]

追索通知须为书面形式，记明被拒绝承兑或被拒绝付款的票据的主要记载事项，说明已被拒绝的事实。对于电子商业汇票而言，根据《电子商业汇票业务管理办法》第 5 条，追索业务必须通过电子商业汇票系统办理。但是实践中对于电子商业汇票线下追索的效力，存在一定的分歧。持否定的意见的法院认为，将电子汇票打印进行线下追索时，无法进行电子签章，并且持票人无法交付票据，且容易产生系统中登记的票据状态与票据真实状态不一致的问题，影响金融监管。[2]持相反观点的法院则认为，追索并非票据行为，《电子商业汇票业务管理办法》并未禁止线下追索，第 5 条属于管理性规定，且追索通知本身并非行使追索权的必备要件。[3]

从《电子商业汇票业务管理办法》第 5 条的文义来看，追索虽然并非票据行为，但是其必须通过系统进行。在新一代票据业务系统中，追索通知发出后并不能实现自动应答和自动清算，需要被追索人收到追索通知后再向追索人发送"追索同意清偿申请"，持票人对该申请进行应答后才进入线上清算流程（参见《新一代票据业务系统业务方案》第 3.6.5 条）。在此模式下，如果被追索人

---

〔1〕 参见河南神马氯碱发展有限责任公司与晋能控股装备制造集团有限公司等票据追索权纠纷案，中华人民共和国最高人民法院（2021）最高法民申 2878 号民事裁定书；河南派达标识标牌有限公司与山东省七星园林建设有限公司票据追索权纠纷案，山东省潍坊市奎文区人民法院（2021）鲁 0705 民初 5927 号民事判决书；《电子商业汇票业务管理办法》第 68 条。

〔2〕 参见浙商银行股份有限公司深圳分行与扬州亚星客车股份有限公司等票据追索权纠纷案，广东省深圳市中级人民法院（2021）粤 03 民终 1153 号民事判决书；广东海星贸易实业有限公司与深圳广田集团股份有限公司票据追索权纠纷案，广东省深圳市罗湖区人民法院（2021）粤 0303 民初 31843 号民事判决书。

〔3〕 参见上海际华物流有限公司与重庆宝亚金融服务有限公司、昆山天雄商业保理有限公司票据追索权纠纷案，上海金融法院（2020）沪 74 民终 1056 号民事判决书；中国工商银行股份有限公司芜湖赭山支行与新华联控股有限公司等票据权追索纠纷案，安徽省芜湖市中级人民法院（2020）皖 02 民初 51 号民事判决书；中建新疆建工（集团）有限公司、腾冲市北海湿地生态旅游投资有限公司与昆明市盘龙区东兴四钢租赁站票据追索权纠纷案，新疆维吾尔自治区乌鲁木齐市中级人民法院（2022）新 01 民终 1256 号民事判决书。

第十九章

拒绝处理或者清算失败，通过诉讼方式进行追偿自无疑问。当事人如果是自行线下追索并且线下清算成功，仍需通过发起上述线上流程来实现电子汇票的移转，被追索人才能进行线上再追索（《新一代票据业务系统业务方案》第3.6.5条）。是否承认线下追索通知行为的效力实际上主要影响诉讼时效的中断的确定。依照《电子商业汇票业务管理办法》第24条，电子商业汇票追索行为的发生日是指追索通知的指令进入电子商业汇票系统的日期。又根据该规定第68条，持票人因电子商业汇票到期后被拒绝付款或法律法规规定其他原因，拥有的向票据债务人追索的权利时效规定如下：持票人对出票人、承兑人追索和再追索权利时效，自票据到期日起2年，且不短于持票人对其他前手的追索和再追索权利时效；持票人对其他前手的追索权利时效，自被拒绝付款之日起6个月；持票人对其他前手的再追索权利时效，自清偿日或被提起诉讼之日起3个月。诉讼时效中断的时间应当是线上追索通知进入被追索人接入机构终端的时间，而非被追索人线下受领纸质或者口头追索通知的时间。[1]

需要注意的是，如果当事人本非基于票据关系进行追索，而是根据基础合同进行追偿，无需按照法律规定的形式进行。[2]

追索通知的作用大体有三：①向票据债务人告知被拒绝的事实。②向票据债务人传达追索之信息，以便票据债务人考虑、准备。所谓考虑，是考虑主动向持票人偿付票据金额，还是应持票人之追索再为清偿，或者采取其他办法，如与持票人协商解决的办法等。如果考虑应持票人追索再作清偿，还要再向自己的前手通知，发出同样的追索通知书。所谓准备，即准备资金之意。③便于被追索人及早向其前手通知追索情事，为再追索履行通知义务。

通知的时间。按照我国《票据法》第66条第1款的规定，自持票人收到被拒绝承兑或者被拒绝付款的有关证明之日起3日内，应完成通知。被通知人应当自收到通知之日起3日内再书面通知其前手。持票人也可以同时向各票据债务人发出书面通知。

通知的地址。以受通知人的法定地址或票据当事人约定的地址为准。持票人在规定的期限内将通知按受通知人法定地址或约定地址邮寄的，有通知的效力。

我国《票据法》第66条，日内瓦《统一汇票和本票法公约》第45条，对追索权人的通知义务作了规定，相同点很多。不同点是通知的期限，日内瓦

---

〔1〕 参见阳云其：《线下追索行为的合法性和有效性》，载《人民司法（案例）》2022年第5期。

〔2〕 参见天津金城银行股份有限公司与疏勒县农村信用合作联社合同纠纷案，新疆维吾尔自治区高级人民法院（2020）新民终322号民事判决书。

《统一汇票和本票法公约》将持票人通知期限定为 4 个营业日，自收到拒绝证书之日起计算，受通知人再向其前手通知的期限，为收到通知之日后两个营业日；我国票据法则统一规定为 3 日，在理解上也应为 3 个营业日。还有，日内瓦《统一汇票和本票法公约》还允许应发通知的人得以任何方式发给，甚至仅把汇票退回，我国票据法则要求须以书面形式通知，并且未允许退回票据。

追索通知的性质。立法例上，关于追索通知的性质，有两种模式：①条件主义。以通知为追索权行使的必要条件，不通知者，丧失追索权。美国《统一商法典》第 3－501 条第 2 款，英国《汇票法令》第 48 条即如此规定。②义务主义。以通知为追索权人的义务，不通知者，不影响其追索权。但须对因其怠于通知而使应受通知人受到的损失负赔偿责任。日内瓦《统一汇票和本票法公约》第 45 条如此规定。

我国《票据法》第 66 条规定，持票人应当自收到被拒绝承兑或者被拒绝付款的有关证明之日起 3 日内，将被拒绝事由书面通知其前手；其前手应当自收到通知之日起 3 日内书面通知其再前手。持票人也可以同时向各汇票债务人发出书面通知。未按照前款规定期限通知的，持票人仍可以行使追索权。因延期通知给其前手或者出票人造成损失的，由没有按照规定期限通知的汇票当事人，承担对该损失的赔偿责任，但是所赔偿的金额以汇票金额为限。在规定期限内将通知按照法定地址或者约定的地址邮寄的，视为已经发出通知。应当认为我国票据法采取的是"义务主义"。在实践中，不按期进行追索主要影响追索金额的计算，即持票人不得主张逾期发出追索通知时间段内的利息。[1]从这一角度来看，追索通知义务主要是不真正义务。

**四、被追索人的清偿**

对于纸质汇票而言，被追索人只能全额清偿才能取得持票人的地位，向其他汇票债务人发起再追索。对于电子商业汇票而言，在新一代票据业务系统中，在汇票可分包情形下，被追索人可以进行部分清偿，亦即追索同意清偿的子票区间可小于或者等于追索通知的子票区间。如属于前一种情况，系统将进行分包处理，被追索人对分包票据享有再追索权。由于持票人可向多个被追索人发起追索通知，如果多个被追索人向追索人发起追索同意清偿申请，追索人只能择一进行应答。对于清算方式为线上清算的追索同意清偿申请，追索人在"追索同意清偿申请"发起当日未应答，日终系统将进行清理。对于清算方式为线

---

[1] 参见河北建设集团股份有限公司与西安卫宁商贸有限公司、西安品诺实业有限公司票据追索权纠纷案，陕西省铜川市中级人民法院（2022）陕 02 民终 283 号民事判决书；民丰县世恒商贸有限公司与中铁一局集团有限公司第三工程分公司、中铁一局集团有限公司票据追索权纠纷案，西安市碑林区人民法院（2022）陕 0103 民初 8281 号民事判决书。

下清算的追索同意清偿申请，系统不做清理（《新一代票据业务系统业务方案》第 3.6.5 条）。新一代票据业务系统支持贴现前追索清偿的实时和延时资金结算，只支持逐笔清算，不支持批量清算。如果是已经贴现的票据包，对于贴入人保证的追索只支持实时清算和逐笔清算（《新一代票据业务系统业务方案》第 4.2.1 条）。

### 五、追索权人的票据交付义务

追索权人自被追索人受到清偿时，应当向被追索人交付票据和拒绝证明，并出具所收到的利息和费用的收据。此亦称为追索之附随效力。[1]就电子商业汇票而言，在新一代票据业务系统中，贴现前票据追索可采用纯票过户或者票款对付方式，贴现后的追偿则只能采取票款对付方式（《新一代票据业务系统业务方案》第 4.2.1 条）。对于选择线上清算的追索，清算成功后系统自动变更状态，被追索人可进行再追索。对于选择线下清算的追索，持票人对同意清偿申请应答同意后，系统状态发生变更，被追索人可进行再追索（《新一代票据业务系统业务方案》第 4.2.1 条）。

## ■第四节　拒绝证明

### 一、拒绝证明的意义

拒绝证明是证明持票人已按照票据法的规定，作了票据权利行使和保全行为，但不获付款或不获承兑的法定文书。对这个定义作以下两点解说：

#### （一）拒绝证明是一种法定证明文书

首先，拒绝证明是证书而非证券，它只证明事实而不能表彰权利。其次，拒绝证明是法定主体制作的证书，持票人或其他个人、票据法未认可的主体所制作的文书或者数据电文，没有拒绝证明的法律地位和证明效力。最后，拒绝证明的内容，须符合票据法的要求，不能任意记载。

#### （二）拒绝证明是证明持票人已按照规定期限提示承兑或提示付款，但被拒绝的证书

持票人获承兑或付款的，无需拒绝证明。持票人未为承兑或付款提示的，不能确定付款人是否拒绝，亦无需制作拒绝证明。持票人未按规定的期限提示承兑或提示付款的，丧失对其前手的追索权，不能获得有效的拒绝证明；只有在按票据法规定的期限提示承兑、提示付款，被付款人拒绝或者因其他原因，不获承兑、不获付款时，为了行使追索权，向被追索人证明不获付款或不获承

---

〔1〕 参见曾世雄、曾陈明汝、曾宛如：《票据法论》，元照出版有限公司 2005 年，第 247 页。

兑，才需要作成拒绝证明。所以，不证明持票人按规定行使和保全票据权利，不获承兑或不获付款的，没有拒绝证明的性质和效力。

在日内瓦《统一汇票和本票法公约》中，把拒绝证明限定为"公证书"。日内瓦《统一汇票和本票法公约》第44条第1款规定，拒绝承兑或拒绝付款须由公证书证明之。英、美票据法也要求由"公证人"作成拒绝证书，依这些外国票据法，拒绝证书的基本方式就是由公证人或公证机关应持票人要求作成的，证明持票人按期提示但不获承兑、不获付款的公证书。

我国《票据法》未使用"拒绝证书"这个名词，另行选定了"拒绝证明"这一概念，第62～65条规定了拒绝证明的作用、出具义务人、另行制作、代用文书、效力等。这些规定，从比较法的角度讲，与外国票据法上的拒绝证书制度有相同的地方，也有一些区别。究其区别，主要是外国主要由公证机关制作拒绝证书，我国则主要由付款人或承兑人负担出具拒绝证明的法定义务。

## 二、拒绝证明的作用

拒绝证明是行使追索权的必要条件。有拒绝证明，能证明不获付款或不获承兑的事实，被追索人即不能推卸被追索之责任。若无拒绝证明，在票据到期日前，无付款人拒绝或者票据不获付款的证明，为防止票据债务人受欺诈，法律保护其不受追索。同理，在票据到期日后，持票人也不能向票据债务人行使追索权。我国《票据法》第62条第1款规定，持票人行使追索权时，应当提供被拒绝承兑或者被拒绝付款的有关证明；第65条规定，不能出示有关证明的，丧失对其前手的追索权。概括地说，拒绝证明的作用有三：①证明持票人按规定行使和保全票据权利；②证明票据不获付款或不获承兑；③防止票据债务人受欺诈而负担不必要之清偿责任。

如前所述，根据《电子商业汇票业务管理办法》第66条的规定，即使持票人未取得拒付证明，但只要在提示付款期内进行提示，即使付款人未处理提示付款申请，亦不影响其对所有前手的追索权。易言之，此时是否取得拒绝证明并不影响持票人的追索权。在新一代票据业务系统中，系统对当日未应答的提示付款申请自动做拒付处理（《新一代票据业务系统业务方案》第3.6.2条）。这一改革实际上明晰了拒绝证明的作用，也与《电子商业汇票业务管理办法》第67条的规定相符合。质言之，无论是纸质汇票还是电子商业汇票，拒绝证明都是行使追索权的要件。

## 三、拒绝证明的取得

不同的票据法，对拒绝证书的取得有不同的规定。我国《票据法》规定的取得方法如下：

（一）　自拒绝承兑或拒绝付款的付款人取得

持票人提示承兑或者提示付款被拒绝的，拒绝者必须出具拒绝证明或者退票理由书，持票人从而取得拒绝证明或者退票理由书。根据《最高人民法院关于审理票据纠纷案件若干问题的规定》第 70 条第 2 款，承兑人自己作出并发布的表明其没有支付票款能力的公告，可以认定为拒绝证明。

然而，拒绝承兑或拒绝付款的付款人，拒不出具拒绝证明或退票理由书时，持票人该如何处置？《票据法》第 62 条第 2 款还规定，承兑人或者付款人应出具而未出具拒绝证明或者退票理由书的，应当承担由此产生的民事责任。这里所说的"民事责任"是何种民事责任，《票据法》未明文规定，仅指明为"由此产生的"。那么，不出具拒绝证明或者退票理由书，能产生什么样的民事责任呢？我国票据法学上对此有两种不同的解释。第一种解释认为，这里的民事责任，是指承兑人或付款人承担赔偿持票人因丧失追索权而未获实现的票据金额、利息以及由此产生的其他必要费用。[1]第二种解释认为，如果付款人拒不承担或履行出具拒绝证明的义务时，持票人可请公证机关对其拒绝出具拒绝证明的情形予以公证，持票人因请公证机关予以公证而支出的费用，可以视为付款人不履行出具拒绝证明义务所造成的损失，持票人可就有关损失向付款人请求赔偿，付款人应当依法承担民事责任。[2]

从票据法原理角度讲，持票人因付款人不出具拒绝证明或者退票理由书，有丧失对其前手的追索权的危险，为消除这一危险，应承认持票人有权请求公证机关作成拒绝证明，以公证书证明持票人按规定提示票据而被拒绝、付款人不出具拒绝证明的事实，这种公证书，应有拒绝证书的地位和效力（《最高人民法院关于审理票据纠纷案件若干问题的规定》第 70 条第 1 款）。持票人请求公证机关制作拒绝证书，实由付款人拒不履行其出具拒绝证明义务所致，有关费用的支出全因付款人不履行其法定义务所产生，故应令付款人承担赔偿责任。

至于付款人不出具拒绝证明，是否应赔偿持票人因丧失追索权而未实现的票据金额、利息等，《票据法》第 65 条已有规定。该条中规定，持票人因不能出示拒绝证明或其他合法证明，丧失对前手的追索权，但是，承兑人或者付款人仍应当对持票人承担责任。这里所说的责任，显然与《票据法》第 62 条第 2 款中的"民事责任"不同，应当是付款责任。有必要说明的是，承兑人因其承兑而负无条件付款义务，即使拒绝付款或拒不出具拒绝证明，仍不能免除其付

〔1〕　参见刘家琛主编：《票据法原理与法律适用》，人民法院出版社 1996 年版，第 433 页。
〔2〕　参见王保树主编：《中国商事法》，人民法院出版社 1996 年版，第 462 页。

款责任；见票即付的票据，付款人于持票人提示付款时，必须当日足额付款（《票据法》第54条），其付款责任亦为绝对责任。只有应提示承兑的三种汇票，才有付款人拒绝承兑而又不出具拒绝证明的可能。要求付款人对自己不予承兑的汇票，在不出具拒绝证明时承担赔偿票据金额、利息等责任，显然责之太重，在法理上欠缺基础，在立法上也找不到先例。因此，由这三种汇票的持票人在遇到不获承兑而又得不到付款人拒绝证明时，得请公证机关制作拒绝证明，责令付款人赔偿费用的解释，应为合理。

就电子商业汇票而言，在上海票交所改革提示付款应答规则之前，有法院认为不处理提示付款申请即可推定为拒绝付款。[1]在新一代票据业务系统中，持票人发起提示付款申请后，承兑人（付款人）的拒付存在三种形态：一是承兑人手动拒付（对于银行承兑汇票的到期提示付款而言，系统自动应答处理，不存在手动拒付的可能）；二是承兑人不处理，系统当日自动拒付；三是线上清算失败导致拒付（《新一代票据业务系统业务方案》第3.6.2条）。需要注意的是，如果持票人与付款人选择线下清算，并在系统中进行处理，导致票据状态变更为"已结清"，在持票人未获得付款人的实际付款时，能否认定为拒绝付款，司法实践中存在一定的争议。持赞同观点的法院认为，付款人如果只是出具兑付计划书或者以其他方式承诺付款，并未实际清算，构成拒绝付款，持票人仍然享有追索权。[2]持反对意见的法院则认为，票据具有无因性、要式性、文义性，线下未实际清算不构成拒绝，且汇票已经移转，票据关系已经消灭，其不再享有对前手的追索权，但不影响其民法上的权利。[3]后一观点更为合理。

如果付款人拒绝付款后又主动线下部分付款，不影响拒绝付款的认定，只是会影响追索的金额。[4]

---

〔1〕　参见梁溪区莲华建材商行与无锡市运华物资有限公司等票据追索权纠纷案，江苏省无锡市锡山区人民法院（2019）苏0205民初866号民事判决书；安美科技股份有限公司与东莞市建升压铸科技有限公司票据追索权纠纷案，广东省东莞市第三人民法院（2020）粤1973民初3704号民事判决书；苏州耐尔金属制品有限公司与盐城市伊利嘉商贸有限公司、新吴区巨士五金商行票据追索权纠纷案，江苏省无锡市新吴区人民法院（2019）苏0214民初7170号民事判决书。

〔2〕　参见重庆嘉天翔商贸有限公司、重庆新帆机械设备有限公司与建滔（常州）化工有限公司等票据追索权纠纷案，江苏省无锡市中级人民法院（2020）苏02民终2532号民事判决书。

〔3〕　参见成都凡想商业地产顾问有限公司与邯郸市达富农业科技有限公司、达州蓝光和骏置业有限公司票据追索权纠纷案，四川省成都市中级人民法院（2022）川01民终3145号民事判决书。

〔4〕　参见长城华西银行股份有限公司与大连银行股份有限公司上海浦东支行票据追索权纠纷案，上海市浦东新区人民法院（2020）沪0115民初4472号民事判决书。

（二）持票人请求公证机关作成拒绝证书

如上所述，除见票即付的纸质汇票外，其余三种到期日的纸质汇票，付款人不承兑又不出具拒绝证明的，持票人有权请求公证机关制作拒绝证明。

（三）取得法定的其他合法证明

持票人因承兑人或者付款人死亡、逃匿或者其他原因（如承兑人或付款人丧失民事行为能力、患有不能正确表达意思的严重疾病等），不能提示承兑或提示付款的，免除提示责任，因其无从获得拒绝证明，而最简便又节省的方法，是从司法机关、医院或者有关单位取得证明承兑人或付款人死亡、逃匿等情况的证明文件，依《票据法》第63条，这种证明可替代拒绝证明。根据《最高人民法院关于审理票据纠纷案件若干问题的规定》第70条第1款的规定，这些证明包括：人民法院出具的宣告承兑人、付款人失踪或者死亡的证明、法律文书；公安机关出具的承兑人、付款人逃匿或者下落不明的证明；医院或者有关单位出具的承兑人、付款人死亡的证明。

对于电子商业汇票而言，如果存在承兑人被依法宣告破产或者因违法被责令终止活动的情形，持票人需要线下取得相关法定证明后，发起线上非拒付追索（《电子商业汇票业务管理办法》第65条）。

**四、拒绝证明的种类**

对我国《票据法》规定的拒绝证明，可以按照证明内容的不同，分为以下六种：①承兑拒绝证明；②付款拒绝证明；③无从为承兑提示的证明，即公安机关出具的承兑人死亡或逃匿的证明；④无从为付款提示的证明，即公安机关出具的付款人死亡或逃匿的证明医院或者有关单位出具的承兑人、付款人死亡的证明；⑤破产证明，即人民法院作出的承兑人或付款人依法被宣告破产的司法文书；⑥行政终止证明，即国家行政主管机关所作的终止承兑人或付款人业务活动的文件。

从拒绝证明的形式上看，可以分为正式的拒绝证明或略式的拒绝证明。正式的拒绝证明，指银行的退票理由书或专门制作的有相对完整的记载事项的拒绝证明。略式的拒绝证明，是拒绝承兑或付款的人在票据上记载"拒绝"之类的文义，并签章，注明时间的拒绝证明。

**五、拒绝证明的应记载事项**

完整的拒绝证明，应记载：①拒绝者名称；②被拒绝者名称；③不获承兑或不获付款之原因；④提示承兑或提示付款的地方，或不能提示的地方，以及日期；⑤拒绝证明作成之处所及日期。对于电子商业汇票而言，拒绝者名称、被拒绝者名称以及日期等信息均由系统自动生成，在系统自动拒付时，无实际拒绝理由信息。因资金不足导致线上清算失败拒付时，拒付理由代码对应资金不足拒付理由（《新一代票据业务系统票据包信息展示格式标准说明》）。

**思考题**

1. 如何理解追索权？

2. 被追索人包括哪些人？哪些票据当事人可以不受追索？

3. 追索权的行使，可以有哪些方式？

4. 行使追索权有哪些要件？

5. 追索权人行使追索权，有哪些义务？

6. 什么是拒绝证明？它有什么作用？持票人提示承兑或者提示付款被拒绝而无拒绝证明的，后果如何？

7. 如何取得拒绝证明？

8. 查阅我国《票据法》，了解在什么条件下追索权丧失。

第二十章

# 汇票的复本、誊本和粘单

**学习目的和要求**  了解汇票的复本、誊本、粘单的意义、作用和效力。

## ■第一节  汇票的复本

### 一、复本的意义

复本，是指纸质汇票的出票人应持票人的请求，就同一汇票关系而签发的数份内容相同的汇票。[1]由上述定义可知：

（一）复本是同一汇票关系的一式数份的汇票

复本之复，有"复数"之义。汇票的一般存在形式，为单独一份，这种情况，有时对持票人反为不利。为便利和安全，制作数份内容相同的汇票，表明其为汇票复本，是一种有效的方法。既然为同一汇票关系的数份证券，其内容就应当完全相同，以免发生麻烦。

（二）复本由持票人请求，出票人应其请求而签发

凡签发复本，必由出票人为之，其他任何持票人无此权利。通常，有两种做法：①出票时，最初持票人为安全和便利，请求出票人签发复本；②原无复本，后来持票人为安全和便利，经过其前手，然后顺次至最初持票人、至出票人，请求签发复本。

### 二、复本的作用

主要有二：①防止因汇票毁损灭失，使持票人行使票据权利发生困难，预防失票可能造成的不安全，强化票据权利的安全性。在无复本的场合，遇有票据毁损灭失，票据权利人不仅不能行使权利，还得防止冒领、第三人善意取得等情事，稍有缓慢，发生意外，便生诸多麻烦，有复本在手，即可迅速采取保

---

[1]  复本为汇票所特有，本票和支票都不得有复本。复本份数为 2~3 份。

护措施，防患于未然。②助长票据流通，增加汇票的便利。汇票的异地使用，因路程、时间等因素制约，影响其流通转让，有复本者，可以解决这个矛盾。票据权利人可以一份提示承兑，以另一份背书转让，两无影响，互无妨害。复本虽有数份，得获付款者仅为其一，一份付款，其他皆废。

### 三、复本的形式

复本应记载同一文句，即各份内容完全相同；应标明为复本；应对各份编列序号，如复本一、复本二。如未编号，每张汇票视为单独生效。

### 四、复本的效力

复本有"一体效力"和"独立效力"。

一体效力表现为，在任何一份复本上所为的票据行为，效力遍及其余各份。对一复本承兑，即是对全部复本的承兑；对一复本的背书，即对全部复本有背书效力；付款人就一复本付款，其余复本便失去效力。一体效力是复本的一般效力，在特殊情况下，复本的"独立效力"发挥作用。

独立效力，是指承兑人对数复本俱为承兑的，形成数个独立的票据行为，承兑人就一复本付款而未收回其他承兑复本的，对未收回的复本有付款责任；背书人将数复本分别背书转让的，对各复本负其责任。

### 五、对复本的立法

复本是统一法系的票据制度，英、美票据法上均定有"成套汇票"，与复本名异而其实大体相同。我国《票据法》未规定这种汇票形式，解释上应以不容使用为是。

## ■第二节 汇票的誊本

### 一、誊本的意义和特点

誊本，是指纸质汇票的持票人以背书或保证为目的，自行依照所持票据制作的誊写本。

誊本所依据的票据，叫做原本。

誊本有以下特点：①由持票人作成。此一点与复本不同。②由持票人依自己需要，照原本誊制。誊本的制作不需前手和出票人同意。③不具票据的权利，须与原本合用。这一点也与复本不同，持票人不能以誊本请求承兑或请求付款，行使票据权利，仍须提示原本。而复本则可在其上面为承兑、背书等票据行为，还可提示付款。④誊本可用于汇票和本票，复本仅限于汇票。

### 二、誊本的形式

誊本须正确记载原本的内容，并记载"誊本"字样，使人一望而知其为誊本。

誊本原本的内容，不仅包括出票记载事项，有背书、保证等的，须一并照誊。

誊本上还应记载原本持有人的名称和住所，以便因背书而取得誊本者向其请求交还原本。

**三、誊本的作用**

誊本的功效，在于方便票据流通和起保证作用，持票人将原本送交承兑期间，可将誊本背书转让，或在誊本上为票据保证。此外，誊本可起保护原本的作用，票据权利人可妥善保管原本而以誊本流通。

原本持有人有义务向誊本持有人交还原本，如拒绝交还，誊本持有人在请求作成拒绝证书证明此事后，得行使追索权。否则，不能对誊本上的背书人、保证人进行追索。

为防止原本、誊本分别转让给不同持有人而给誊本持有人造成损失，在誊本制成前，原本的出票人或最后背书人可以在原本上记载"此后仅于誊本上所为的背书有效"的文义，有此文义的，誊本作成后再在原本上进行的背书，即为无效。

**四、关于誊本的立法**

誊本制度为日内瓦《统一汇票和本票法公约》所规定，统一法系各国票据法亦采纳。我国《票据法》未予认可。

## ■第三节 汇票的粘单

**一、粘单的意义**

粘单，是指票据本身不能满足记载之需要时，粘续于票据以供继续记载使用的特制空白凭单。

日内瓦《统一汇票和本票法公约》、统一法系各国票据法，都有关于粘单的规定。我国《票据法》第27、28条规定了粘单。

**二、粘单的用途**

粘单粘续于票据，主要用于背书，作成拒绝证书，也可用于记载其他事项。

**三、粘单的性质**

粘单粘附于票据，与票据形成一体，是票据的组成部件。

**四、粘单的用法与效力**

粘单使用人将粘单粘附于票据上之后，在粘单上记载背书事项或其他有关事项，并应在粘单和汇票的粘接处签章（骑缝章）。

粘单按法定方式粘附、签章的，发生票据的效力。在粘单上签章者，依票据文义负责。

**思考题**

1. 什么是汇票的复本？什么是汇票的誉本？二者有哪些主要区别？
2. 粘单有何用途？其性质如何？其有何效力？

第二十一章

## 汇票的贴现、再贴现和转贴现

**学习目的和要求** 理解贴现、再贴现和转贴现的含义，了解贴现的程序。

# ■第一节 汇票的贴现

## 一、贴现的意义和特点

票据的贴现是指持票人在商业汇票到期日前，贴付一定利息将票据转让至具有法定贴现资质（即贷款业务资质）法人及其分支机构的行为。[1]通俗地说，就是持票人向具有法定贴现资质的法人贴息而获得先期兑现票面款项。

《支付结算办法》第 92~95 条对"商业汇票贴现"问题作了简单、概括的规定，《商业汇票承兑、贴现与再贴现管理暂行办法》及《支付结算会计核算手续》则对这一票据现象作了较为具体的规范。按照中国人民银行的统一规则，各金融机构各自定有对应系统适用的贴现实施办法。

贴现是票据转让的一种方式，具有以下特点：

1. 贴现是票据权利转让行为。按《支付结算办法》第 93 条的规定，贴现应当作成转让背书。背书是一种重要的票据行为，而贴现背书的目的和效果是转让票据权利，因此贴现是持票人转让票据权利的行为。贴入人由此票据转让行为取得票据权利，并可继续转让。

对于电子商业汇票而言，贴现分为回购式贴现和买断式贴现。买断式是指贴出人将票据权利转让给贴入人，不约定日后赎回的交易方式。回购式是指贴出人将票据权利转让给贴入人，约定日后赎回的交易方式（《电子商业汇票业务管理办法》第 43 条）。对于回购式贴现而言，在赎回开放日前，原贴出人、原贴入人不得作出除追索行为外的其他票据行为。回购式贴现的原贴出人、原贴入

---

〔1〕 参见《商业汇票承兑、贴现与再贴现管理办法》第 5 条。

人应按照协议约定，在赎回开放期赎回票据。在赎回开放期未赎回票据的，原贴入人在赎回截止日后只可将票据背书给他人或行使票据权利，除票据关系以外的其他权利义务关系由双方协议约定（《电子商业汇票业务管理办法》第45条）。据此，在回购式贴现中，贴出人并非转让票据权利。回购式贴现本质上是一种具有融资功能的非典型担保。

回购式贴现不同于质押式回购。质押式回购是指正回购方在将票据出质给逆回购方融入资金的同时，双方约定在未来某一日期由正回购方按约定金额向逆回购方返还资金、逆回购方向正回购方返还原出质票据的交易行为（《票据交易管理办法》第41条第3款）。回购式贴现中会移转票据权属，而质押式回购中不移转票据权属。此外，二者在交易方式、定价方式、嵌套交易等方面存在差异。

在新一代票据业务系统中，买断式贴现支持分包处理，而回购式贴现不支持分包处理。贴现时，贴出人可以在贴现时进行"是否可转让"标记，标记不可转让后可以嗣后进行撤销更改。

2. 可贴现的票据是商业汇票。包括商业承兑汇票、银行承兑汇票和财务公司承兑汇票。已经背书记载不得转让的汇票不得申请贴现。对于纸质汇票而言，在特定情况下可承认部分金额贴现。[1]对于电子商业汇票而言，如果票据可分包，则持票人可以选择部分金额贴现（《新一代票据业务系统业务方案》第3.4.3条）。

3. 持票人申请贴现的商业汇票须为未到期但已获承兑的汇票。中国人民银行《支付结算办法》第92条规定了商业汇票申请贴现的条件，虽未明文规定申请贴现的商业汇票须已经承兑，但原《商业汇票承兑、贴现与再贴现管理暂行办法》第23条规定："贴现人对贴现申请人提交的商业汇票，应按规定向承兑人以书面方式查询……"由此可以推定，未获承兑的汇票银行不予贴现。已到期的汇票可直接提示付款，无需贴现。

4. 持票人办理贴现时，通常向其开户金融机构提出申请，经开户金融机构审核才能获得贴现。但是根据《最高人民法院关于审理票据纠纷案件若干问题的规定》第55条的规定，商业汇票的持票人向其非开户银行申请贴现，与向自己开立存款账户的银行申请贴现具有同等法律效力。但是，持票人有恶意或者与贴现银行恶意串通的除外。

在贴现之前，具有法定贴现资质的法人可以进行保贴承诺。保贴纳入授信

---

〔1〕　参见《最高人民法院经济审判庭关于银行承兑汇票能否部分金额贴现、部分用于抵押贷款的复函》，法经〔1994〕244号。

管理，属于贷款的一种形式。[1]在新一代票据业务系统中，保贴人可在系统中发起保贴信息登记（《新一代票据业务系统业务方案》第3.9.2条）。保贴承诺属于票据增信信息，展示于电子商业汇票附加信息栏。

5. 具有法定贴现资质的法人贴现时，按照规定应从票面金额中扣减一定利息，然后才予以付款。

## 二、票据贴现人

贴现人为持票人开立存款账户的具有法定贴现资质的法人，如银行类金融机构和财务公司。《商业汇票承兑、贴现与再贴现管理暂行办法》第20条规定，办理票据贴现业务的机构，是经中国人民银行批准经营贷款业务的金融机构；第18条规定，持票人申请贴现，必须在申请贴现的金融机构开立存款账户。

票据贴现属于国家特许经营业务，合法持票人向不具有法定贴现资质的当事人进行"贴现"的（即所谓的"民间贴现"，即通过背书转让的方式获得款项），该行为应当认定无效，贴现款和票据应当相互返还。当事人不能返还票据的，原合法持票人可以拒绝返还贴现款。法院在民商事案件审理过程中，发现不具有法定资质的当事人以"贴现"为业的，因该行为涉嫌犯罪，应当将有关材料移送公安机关。民商事案件的审理必须以相关刑事案件的审理结果为依据的，应当中止诉讼，待刑事案件审结后，再恢复案件的审理。案件的基本事实无须以相关刑事案件的审理结果为依据的，法院应当继续审理。

根据票据行为无因性原理，在合法持票人向不具有贴现资质的主体进行"贴现"，该"贴现"人给付贴现款后直接将票据交付其后手，其后手支付对价并记载自己为被背书人后，又基于真实的交易关系和债权债务关系将票据进行背书转让的情形下，应当认定最后持票人为合法持票人〔最高人民法院《全国法院民商事审判工作会议纪要》（法〔2019〕254号）第101条〕。

## 三、贴现程序

第一步，纸质持票人（贴现申请人）持未到期的商业汇票，通常向自己开户的金融机构申请贴现。对于电子商业汇票而言，之前的模式为持票人（贴现申请人）通常需要在线下提交申请，与贴入人协商一致后，再通过接入终端申请贴现。贴现通业务上线后，针对买断式贴现，持票人（贴现申请人）亦可通过经人民银行备案的票据经纪机构进行票据贴现询价（意向询价、挂牌询价或者对话报价）和成交，成交后由贴现申请人在电子商业汇票系统发起贴现申请，

---

〔1〕　参见江苏中瑞路桥建设有限公司与泰兴市蓝天工贸实业有限公司担保追偿纠纷案，中华人民共和国最高人民法院（2014）民申字第1356号民事裁定书。

贴现机构进行签收应答。[1]

新一代票据业务系统对贴现通业务进行了升级，增加了意向询价的应用场景，不仅贴现申请人可以发起意向询价（《新一代票据业务系统"线上贴现"业务方案》第 2.4.1 条）。此外，贴现双方通过"线上贴现"成交后票交所系统自动完成贴现业务的清算结算和票据权属变更，生成交割单（《新一代票据业务系统"线上贴现"业务方案》第 2.5.1 条）。当然，贴现申请人亦可采用线下协商，线上手动申请贴现的方式申请贴现，自行填写贴现金额、贴现利率、贴现方式、贴现日期、贴入人及贴出人的相关信息、清算方式等信息。

第二步，贴入人受理持票人的申请后，按照规定对票据的真实性、背书连续性、贴现申请人签章的真实性、贴现申请人票据来源的合法性、持票人的身份证明等进行审查，确定无误的，予以贴现。这种审查是"形式审查"，不应当要求贴入人进行实质审查。否则，票据的文义性、无因性、流通性就会被否定。如果贴入人的审查违反人民银行的相关规定以及内部管理规定，例如未审查真实交易背景中发票原件，应认定贴入人存在重大过失。[2]但如果内部管理规定中并无审查原件的要求，《商业汇票承兑、贴现与再贴现管理暂行办法》第 19 条实际上并未明确需要审查原件，原则上不宜认定贴入人存在重大过错。[3]贴现行的负责人或者有权从事该业务的工作人员与贴现申请人合谋，伪造贴现申请人与其前手之间具有真实的商品交易关系的合同、增值税专用发票等材料申请贴现，贴现行主张其享有票据权利的，人民法院不予支持。对贴现行因支付资金而产生的损失，按照基础关系处理［最高人民法院《全国法院民商事审判工作会议纪要》（法〔2019〕254 号）第 100 条］。

对于电子商业汇票，持票人申请贴现时，应向贴入人提供用以证明其与直接前手间真实交易关系或债权债务关系的合同、发票等其他材料，并在电子商业汇票上作相应记录，贴入人应负责审查。新一代票据业务系统建立了统一的交易背景信息线上登记、存储和应用平台。对于供应链票据，收票和贴现时，系统会自动验证是否存交易背景信息登记。如不存在贴现申请人及其前手历史背书行为关联的交易背景信息，则不允许发起贴现申请的同意应答（《新一代票据业务系统业务方案》第 6.1、6.3 条）。

---

[1]　参见上海票据交易所《贴现通业务操作规程（试行）》、《商业汇票承兑、贴现与再贴现管理办法》第 17 条。

[2]　参见中国建设银行股份有限公司侯马支行与山西侯马市亨丰贸易有限公司等票据纠纷案，最高人民法院（2011）民提字第 84 号民事判决书。

[3]　参见中国民生银行股份有限公司南通分行与江苏国建企业发展股份有限公司等票据追索权纠纷案，中华人民共和国最高人民法院（2017）最高法民终 218 号民事判决书。

贴入人审查后，在系统中对票据贴现申请进行应答。

第三步，贴入人将实付金额交贴现申请人，一般做法是转入申请人账户或者申请人指定的账户。对于电子商业汇票而言，贴入人应答为同意的，进入线上或者线下清算流程。如清算方式为线上清算，系统对贴现实付资金发起线上清算（《新一代票据业务系统业务方案》第 3.4.3 条）。电子商业汇票贴现资金结算方式可以是票款对付也可以是纯票过户，机制上为逐笔结算，时效上为实时结算（《新一代票据业务系统业务方案》第 4.2.1 条）。

**四、贴现利率的确定**

按照 2013 年 7 月 19 日《中国人民银行关于进一步推进利率市场化改革的通知》，自 2013 年 7 月 20 日起，取消票据贴现利率管制，改变贴现利率在再贴现利率基础上加点确定的方式，由金融机构自主确定。

**五、贴现利息和实付贴现金额的计算**

1. 贴现利息。按实际贴现天数计算。计算方法是：贴现利息 = 汇票金额 × 贴现天数 × （月贴现率 ÷ 30 天）。

2. 实付贴现金额。在确定了贴现利息的基础上，按下列方法计算：实付贴现金额 = 汇票金额 − 贴现利息。

**六、票据贴现后，承兑汇票到期，承兑人或承兑申请人不能支付时的责任**

1. 商业承兑汇票。已贴现的商业承兑汇票到期，承兑人的账户不足付款时，其开户金融机构对承兑人比照签发空头支票的规定，按票面金额处以罚款，并立即将该汇票退回贴入人。贴入人再按票面金额向贴出人追回款项，将汇票退回贴现申请人。如果贴现申请人账户内存款不足追回款项，不足部分按逾期贷款的规定加收利息，直至收回全部款项。

2. 银行承兑汇票和财务公司承兑汇票。因银行和财务公司属于金融机构，受到较强的监管。已贴现的银行承兑汇票和财务公司承兑汇票到期，承兑申请人账户存款不足支付的情况，一般不易发生。因为该种汇票一般由承兑申请人向其开户金融机构缴纳保证金或者取得授信，申请开户金融机构承兑，再由开户金融机构承兑付款。目前在我国，商业银行和财务公司支付不能的情况极少发生（如包商银行股份有限公司承兑商业汇票、重庆力帆财务有限公司承兑商业汇票、宝塔石化集团财务有限公司承兑商业汇票均发生过支付不能的情况），贴入人取得票款就有很大的可靠性。但是，在承兑申请人（即实质上的付款人）与其开户金融机构之间，可能发生承兑申请人无力向金融机构支付申请承兑的汇票上的款项的情况。一旦出现这种情况，承兑金融机构必须向贴入人付款，然后再按承兑申请人与承兑金融机构订立的承兑协议，由承兑申请人向承兑金融机构清偿，并承担违约责任。

## ■第二节　汇票的再贴现和转贴现

### 一、汇票的再贴现

汇票的再贴现，是指中国人民银行对金融机构持有的已贴现未到期商业汇票予以贴现的行为，是中央银行的货币政策工具。[1]

再贴现是在贴现基础上发生的。具有商业汇票贴现业务资格的银行业金融机构向持票人贴现收取汇票后，因需要调剂资金，即可向中央银行申请，予以再贴现。按照中国人民银行的规定，在再贴现关系中，再贴现申请人是在中央银行开户的金融机构，再贴现的中央银行是再贴现申请人（即请求再贴现的金融机构）的开户银行。也就是说，只有在人民银行开立账户的银行业金融机构才有资格成为再贴现申请人，其他任何单位，包括非银行业金融机构，均不能申请再贴现。

再贴现的程序，与贴现程序基本相同。再贴现利息的计算方法如下：

再贴现利息＝再贴现金额×再贴现天数×（再贴现率÷30天）。

实付再贴现金额的计算方法是：实付再贴现金额＝再贴现金额－再贴现利息。

对于电子商业汇票，再贴现同样分为回购式和买断式，相应适用不同的规则（《电子商业汇票业务管理办法》第43~45条）。再贴现业务暂不支持分包处理（《新一代票据业务系统业务方案》第3.7.1条）。再贴现业务由持有汇票的金融机构在新一代票据业务系统中发起（《电子商业汇票业务处理手续》第六章"再贴现业务处理"、《新一代票据业务系统业务方案》第3.7.1条）。

### 二、汇票的转贴现

转贴现，是指持有票据的金融机构将已贴现但未到期的汇票，背书转让给其他金融机构，由其他金融机构按规定从票面金额中扣除一定利息后，向背书金融机构支付约定金额的行为。[2]它是金融机构间的一种融资活动。转贴现的程序、转贴现率的确定、转贴现利息和实付转贴现金额的计算等，执行中国人民银行和上海票交所的有关规定。其中，按照上海票据交易所《票据交易主协议（2016年版）》的规定，实付结算金额＝票面金额－应付利息。应付利息＝

---

[1] 参见《商业汇票承兑、贴现与再贴现管理办法》第6条、《电子商业汇票业务管理办法》第42条第3款。

[2] 参见《票据交易管理办法》第41条第2款、《电子商业汇票业务管理办法》第42条第2款、最高人民法院《全国法院民商事审判工作会议纪要》（法〔2019〕254号）第102条、《商业汇票承兑、贴现与再贴现管理暂行办法》第2条第3款。

$\Sigma$（票据金额×交易利率×剩余期限/360）。

对于电子商业汇票而言，转贴现同样分为回购式和买断式，相应适用不同的规则（《电子商业汇票业务管理办法》第43~45条）。转贴现及回购交易业务暂不支持分包处理（《新一代票据业务系统业务方案》第3.4.6条）。转贴现业务由持有汇票的金融机构在新一代票据业务系统中发起（《电子商业汇票业务处理手续》第五章"转贴现业务处理"、《新一代票据业务系统业务方案》第3.4.6条）。

### 思考题

1. 什么是贴现？它有什么特点？
2. 什么样的汇票能够贴现？
3. 贴现、再贴现、转贴现三者之间有哪些差异？

## 第二编之二　无记名背书纸质商业汇票纠纷案件的法律适用

# 无记名背书纸质商业汇票纠纷案件法律适用概述

　　**学习目的和要求**　了解无记名背书纸质商业汇票的三种转让方式，重点理解其中第三种方式的复杂性；掌握最高人民法院《民事案件案由规定》中关于票据纠纷案由的规定，认识不同商业汇票的信用与票据纠纷的关系。

## ■第一节　无记名背书商业汇票纠纷法律适用的基本问题

### 一、无记名背书纸质商业汇票纠纷的法律适用具有复杂性

　　票据关系的抽象性和复杂性，决定了票据纠纷与普通民事纠纷相比，具有特殊性和复杂性，而票据纠纷中，无记名背书商业汇票纠纷与记名背书商业汇票相比，更有其特殊性和复杂性，因此，在法律适用方面，应该更加重视。

　　无记名背书纸质商业汇票包括具有无记名背书的银行承兑纸质汇票和商业承兑纸质汇票。由于电子商业汇票不存在无记名背书的问题，无记名背书的商业汇票只可能发生在纸质商业汇票上。

　　无记名背书的纸质商业汇票，由于背书人背书时只在背书人栏签章，不在被背书人栏记载被背书人名称即将票据交付受让人，受让人成为持票人时持有的票据上，被背书人栏呈空白状态，票据转让的双方当事人可以根据需要，协

商选择采取不同的转让方式。根据票据流通的实际情况看，常见的有以下三种转让方式：

第一种方式，持票人在其前手背书时空白的被背书人栏补记自己名称后，再行背书签章并记载受让人为被背书人，将票据交付受让人。这种方式，属于将无记名背书改变为记名式背书。

第二种方式，持票人在其前手背书时空白的被背书人栏补记自己名称后，再行背书签章，但是不在被背书人栏记载受让人名称，将自己采取无记名背书的票据交付受让人。这种方式，是把前一无记名背书改变为记名背书，但新的背书仍然是无记名背书。

第三种方式，持票人既不在其前手背书的空白被背书人栏补记自己的名称，也不在背书人栏背书签章，把票据原样不变地交付受让人。也就是所谓"单纯交付"票据。

这三种方式中，第一和第二两种方式转让票据之后发生的纠纷，虽然也会有复杂性，但是，相对于第三种方式而言法律适用问题相对简明一些。因为，根据《票据法》第4条第3款的规定，持票人转让票据时在背书人栏签章就成为背书人，应当按照票据上的记载事项承担票据责任，在票据关系中担当票据债务人，一旦发生票据纠纷，就应当适用票据法的规定认定其票据责任。例如后手持票人向其行使追索权，就应当按照《票据法》承担被追索的责任。相反，在第三种方式中，由于当事人之间的法律关系具有特殊性，导致法律适用具有复杂性。

第三种转让方式中，转让人虽然在客观事实层面曾经是票据关系当事人，但是，根据票据"文义性"和"在票据上签章就记载事项负责"的法律规则，他没有补记自己为被背书人、转让票据没有背书签章，在票据转让之后就不再是票据关系当事人，不能适用票据法确认其票据责任，只能根据转让票据的相关证据，适用民事普通法主要是合同法，认定其普通民事权利义务。更为特殊和复杂的是"票据原因关系"和"票据授受事实"方面的举证责任及其对纠纷当事人票据权利义务的影响作用。这种影响作用在不同的纠纷里有不同的具体表现。

（一）在受让人和其直接前手之间发生的纠纷

因为相互之间有票据转让的原因关系和票据授受事实，尽管被背书人栏空白，受让人也能够以其与直接前手之间的原因关系和票据授受方面的证据证明其票据权利，举证简便易行、直截了当，适用法律认定权利义务也就相对容易和快捷。比如直接前手因为向持票人支付货款，采取无记名背书并交付票据，持票人就能够轻松地以该原因关系和因此而取得票据的证据，证明其票据权利。

（二）在受让人和原背书人之间发生的纠纷

持票人采取"单纯交付"将票据转让其受让人后受让人和原背书人发生纠纷时，受让人和转让人之间有原因关系和票据授受事实，但和原背书人之间就不可能再有转让该票据的原因关系和票据授受事实，受让人向原背书人主张票据权利在不同情形会遇到不同困难，不但受让人举证难度远大于记名背书票据，法律适用也相对复杂。

1. 受让人未在空白被背书人栏补记自己名称的情形。一般情况下持票人在向票据债务人主张权利时会行使补记权，但是，特殊场合会有未补记遭到票据债务人抗辩、发生纠纷的情况。在此情形，受让人持有票据及其与票据转让人之间原因关系的证据，不能证明持票的合法性，还需要提供票据转让人合法取得票据的证据，才能证明自己不属于非法取得票据。因为，《票据法》第 12 条中不但规定以欺诈、偷盗或者胁迫等手段取得票据的不得享有票据权利，而且还规定明知有前列情形，出于恶意取得票据的，也不得享有票据权利。此外，根据《票据法》第 13 条第 1 款，持票人明知票据债务人与出票人或者与自己前手之间存在抗辩事由的，票据债务人对持票人有"对人抗辩权"。《最高人民法院关于审理票据纠纷案件若干问题的规定》第 8 条第 2 款也规定，依照《票据法》第 4 条第 2 款、第 10 条、第 12 条、第 21 条的规定，向人民法院提起诉讼的持票人有责任提供诉争票据。该票据的出票、承兑、交付、背书转让涉嫌欺诈、偷盗、胁迫、恐吓、暴力等非法行为的，持票人对持票的合法性应当负责举证。

2. 受让人在空白被背书人栏补记了自己名称的情形。在此情形，票据形式上的"背书连续"显示受让人是被背书人、持票人，如果事实上的票据转让关系和票据形式上的"背书连续"一致的，持票人以背书连续证明其票据权利，不存在特殊性，持票人持有票据并提供与直接前手背书人之间原因关系的证据，即尽到了举证责任，证明了其合法取得票据权利。问题是，此情形中的"背书连续"表明持票人和原背书人之间是"直接当事人之间"，而事实上这种"直接当事人之间"却没有原因关系和票据授受事实。根据《票据法》第 10 条的规定和直接当事人之间权利义务一致的法理，直接当事人之间不存在票据转让原因和授受事实的，前手对其直接后手持票人有"对人抗辩权"，原背书人以双方之间没有原因关系和票据授受事实为理由主张该抗辩权的，持票人仅凭"背书连续"证明其票据权利证据不足，不能对抗票据债务人的抗辩权，还需要提供证明自己合法取得票据的证据，包括自己与前手转让人之间的交易关系和债权债务关系的证据、前手转让人合法取得票据的证据。主张持票人这种举证责任的根据，除《票据法》第 10 条、第 13 条第 1 款、《最高人民法院关于审理票据纠纷案件若干问题的规定》第 8 条等法律规定之外，我国票据法律施行的"票据无因性"原则也是重要根据。

我国票据法律施行的"票据无因性"属于"相对无因性"不是"绝对无因性"。间接当事人之间适用无因性原则，"背书连续"是持票人票据权利有效证据；直接当事人之间没有原因关系和票据授受事实的，不适用这一原则。《票据法》第 10 条、第 12 条、第 13 条、第 21 条，《最高人民法院关于审理票据纠纷案件若干问题的规定》第 13 条等规定，是"相对无因性"的规定。其中该司法解释第 13 条"票据债务人以票据法第十条、第二十一条的规定为由，对业经背书转让票据的持票人进行抗辩的，人民法院不予支持"中的"业经背书转让票据的持票人"是指"根据转让背书取得票据的第三人"，直接当事人之间发生纠纷的持票人无权以该司法解释作为其票据权利的法律依据。

在票据纠纷涉及刑事犯罪问题的案件中，还兼有民商事法律和刑事法律的适用问题。

总之，在第三种转让方式中，持票人不可避免地需要证明自己取得票据的合法性，但是又不能证明其与原背书人有原因关系和票据授受事实，在举证责任和证明对象方面、认定案件事实和适用法律方面就有了特殊性和复杂性。

**二、票据法的适用有较高的专业要求**

票据的功能以及票据的普遍使用，必然导致票据法适用的重要性。同时，由于票据法律关系的复杂性，票据法是特别法和技术性法律规范，具有较强专业性等原因，造成了票据法的适用具有较高专业性要求。没有良好的民法理论功底和票据法理论储备，理解和解释票据法就会有较大的困难，在面对票据关系和票据法适用问题时，不但事倍功半，而且容易发生错误。

人民法院裁判票据纠纷案件，贯彻民事诉讼法"以事实为根据，以法律为准绳"的原则，这个原则中的"法律准绳"就是票据法律。由于立法历史的原因，我国票据法尚未臻完善，《最高人民法院关于审理票据纠纷案件若干问题的规定》第 62 条规定，人民法院审理票据纠纷案件，适用《票据法》的规定；《票据法》没有规定的，适用《民法典》等法律以及国务院制定的行政法规。中国人民银行制定并公布施行的有关行政规章与法律、行政法规不抵触的，可以参照适用。此外，我国《民法典》《民事诉讼法》《刑法》等法律中也有一些规范票据关系、正确审判票据案件、维护票据市场秩序的规定。在这些法律规范中，《最高人民法院关于审理票据纠纷案件若干问题的规定》在司法审判中有重要地位和作用。

自从 1996 年 1 月 1 日《票据法》施行以来，人民法院审理的大量的票据纠纷案件，无论案件简单或者复杂，逻辑起点都是依据票据法确认涉案票据是否有效、持票人是否合法取得票据。因此可以说，尽管在一些情况下会涉及其他相关法律的适用问题，但是，无论如何，票据法律的适用是基本要求。

### 三、最高人民法院关于票据纠纷案件的民事案由规定

最高人民法院《民事案件案由规定》第八部分"与公司、证券、保险、票据等有关的民事纠纷"中，在"票据纠纷"这一上级案由规定之下，分别规定了票据付款请求权纠纷、票据追索权纠纷、票据交付请求权纠纷、票据返还请求权纠纷、票据损害责任纠纷、票据利益返还请求权纠纷、汇票回单签发请求权纠纷、票据保证纠纷、确认票据无效纠纷、票据代理纠纷、票据回购纠纷等各种具体票据纠纷案由，当事人根据其票据纠纷的性质和特点，从中选择最相吻合的案由向有管辖权的人民法院提起诉讼。如果案件特殊无法确定相吻合的具体案由，可以采用上级案由"票据纠纷"作为起诉的案由。

### 四、无记名背书纸质商业汇票纠纷与涉嫌犯罪情形牵连条件下的票据法律适用

《最高人民法院关于审理票据纠纷案件若干问题的规定》第73条规定，人民法院在审理票据纠纷案件时，发现与本案有牵连但不属同一法律关系的票据欺诈犯罪嫌疑线索的，应当及时将犯罪嫌疑线索提供给有关公安机关，但票据纠纷案件不应因此而中止审理。

对这一规定的理解，应当有两个方面：其一，票据纠纷案件具有和涉嫌犯罪相牵连的可能性。票据作为支付工具，在一定程度上是金钱的替代物，不法行为人会利用票据的这一性质和功能，实施欺诈犯罪。一旦存在这种情况，票据纠纷案件的法律适用就会更加复杂。尤其是受到社会历史条件的制约，"先刑后民"往往成为惯常思维。但是，推究这一司法解释的意旨，并不是确立"先刑后民"理念。而是区别性对待，但书"票据纠纷案件不应因此而中止审理"就是明确区分对待的规定。其二，票据纠纷案件与涉嫌犯罪案件有牵连的，有两种不同的牵连关系，一种是有牵连关系但不属同一法律关系，如乙公司以提供钢材为名骗取甲公司的银行承兑纸质汇票后，以该汇票付款从丙公司购买高档消费品，将汇票背书转让给该善意第三人丙公司，丙公司向甲公司请求付款被拒付，双方发生票据纠纷。这种牵连关系，即"和欺诈犯罪有牵连但不属于同一法律关系"，"票据纠纷案件不应因此而中止审理"。另外一种是牵连关系存在于同一法律关系，如行为人A公司法定代表人明知其公司无货可供，骗取B公司的汇票后取得票款为其公司消费，后无力偿还，欺诈犯罪和票据行为并存于同一法律关系，须查明犯罪行为才能依法审判票据纠纷。其他利用同一票据关系欺诈他人的情形均属于这种牵连关系。这种牵连关系，无论从旧有司法观念还是现行裁判模式，都是刑事审判在先。

司法实践中仍然存在一些不加区分一律"先刑后民"的做法，这种一刀切的做法不符合这一司法解释的规定。

## ■第二节　商业汇票的信用与无记名背书纸质票据纠纷的关系

### 一、商业汇票的信用对无记名背书纸质票据纠纷的发生有一定作用

汇票是信用证券，出票人或者背书人的资金信用是汇票功能正常发挥的基础和保障。商业汇票的信用度虽然不是票据纠纷案件的主要起因，但也是发生纠纷的一种重要原因，了解票据信用问题，对减少票据纠纷有防患于未然的意义。

### 二、银行承兑汇票的信用与无记名背书纸质票据纠纷的关系

银行承兑汇票由于银行是承兑人，其信用建立于承兑银行的资金信用。从一般意义上讲，银行尤其是资金雄厚的银行所承兑的汇票，持票人通常都能从承兑银行得到付款，因此，正常情况下属于信用度高的票据。

不过，随着我国金融市场和金融政策的变化，全国各地有许多资金规模不大的甚至小型的银行，这些银行也从事汇票承兑业务担当承兑人。这些银行由于资金规模和票据债务能力不大，在一定时期内承兑的汇票的总金额，受其资金信用和债务清偿能力的制约也不能太多，尤其是有些小银行承兑的汇票数量过多、金额过大，再加上对承兑申请人采取的担保措施不足，容易在承兑阶段就酿成票据资金风险，甚至使持票人受到损失。但是，一些小型银行为利益驱动，不惜违规、违法从事票据业务，助长票据纠纷。更为重要的是，从长远发展看，银行破产现象在所难免，资金体量不大的银行破产的概率会高一些，这种银行一旦破产，在出票人资金不足的条件下，破产银行承兑的汇票得不到付款或者不能全额付款，是金融市场发展逻辑的必然结果。[1]在一般意义上讲，

----

[1]　国务院于2015年2月17日公布、同年5月1日起施行的《存款保险条例》规定，商业银行、信用合作社农村合作银行、农村等吸收存款的银行业金融机构作为投保机构，应当向存款保险基金管理机构交纳保费，进行存款保险；存款保险实行限额偿付，最高偿付限额为人民币50万元；同一存款人在同一家投保机构所有被保险存款账户的存款本金和利息合并计算的资金数额在最高偿付限额以内的，实行全额偿付；超出最高偿付限额的部分，依法从投保机构清算财产中受偿。本条例施行前，已被国务院银行业监督管理机构依法决定接管、撤销或者人民法院已受理破产申请的吸收存款的银行业金融机构，不适用本条例。例如，根据2019年5月30日中国人民银行发布《中国人民银行关于做好包商银行承兑汇票保障工作的通知》（银办发〔2019〕106号）第1条的规定，对同一持票人持有合法承兑汇票合计金额5000万元（含）以下的，存款保险基金管理有限责任公司对承兑汇票全额保障；对同一持票人合法持有承兑汇票合计金额5000万元以上的，由存款保险基金管理有限责任公司对承兑金额提供80%的保障，未获得保障的剩余20%票据权利，包商银行应协助持票人依法追索。

小银行承兑的汇票的信用度略低于大银行承兑的汇票。发生银行承兑汇票纠纷案件的原因很多,信用差导致的纠纷是原因之一。

### 三、商业承兑汇票的信用与无记名背书票据纠纷的关系

商业承兑汇票的出票人和承兑人都是企业法人和经营性的非法人团体的,其资金的流动性是常态,资金信用和资金的规模与流动资金保有量直接相连,而且其主观信用与其承兑汇票的信用安全息息相关。资金实力雄厚的企业承兑的汇票,信用比较可靠,即便发生纠纷,持票人只要是合法取得票据的,最终也能够通过司法救济程序收取票款。相反,资金实力差的企业承兑的汇票,在发生纠纷时持票人受损失的风险就大。在司法审判实践中,因出票人或者承兑人无资金而汇票到期无力付款、有资金而不讲信用、编造借口拖延甚至无理拒绝付款等发生纠纷的案件屡见不鲜。持票人在遇到到承兑人无资金可以付款、其前手背书人和出票人也都无力支付被追索款项时,就很难取得票款,即使通过诉讼取得胜诉也因败诉方没有可供强制执行的足额财产,不可避免地受到损失。比较而言,商业承兑汇票信用度明显低于银行承兑汇票,事实上也是纠纷案件高发率的汇票。

**思考题**

1. 为什么说无记名背书票据采用"单纯交付"转让后发生的纠纷,适用法律相对复杂?

2. 如何正确理解无记名背书票据纠纷中的无因性原则?

第二十二章

第二十三章

# 无记名背书纸质商业汇票纠纷案件法律适用中的重点问题

　　**学习目的和要求**　熟悉纸质商业汇票空白背书的三种形式，主要是无记名背书的不同形式；在重点理解持票人"补记权"的法律规定和理论阐释的基础上，对无记名背书票据纠纷及其法律适用问题进行深入思考。

## ■第一节　纸质商业汇票空白背书的四种常见形式

### 一、无背书目的之背书
即票据背书栏有背书人签章但是不记载是转让背书还是其他目的之背书。
空白背书示意图1（记名背书，未记载背书目的）：

| 被背书人：乙公司 | 被背书人：丙银行 |
|---|---|
| 　<br><br>背书人签章　甲公司<br>2018 年 4 月 25 日 | 转让<br><br>背书人签章　乙公司<br>2018 年 5 月 31 日 |

图 23 – 1　空白背书示意图 1

　　上图中，甲公司是票据记载的收款人，是第一背书人，其背书记载了被背书人名称，没有记载背书目的究竟是为转让票据还是为其他目的。

　　根据票据的功能和票据法律制度，背书目的有三种：票据转让、票据质押、委托收款。除质押和委托收款必须记载背书目的之外，法律没有强制性地规定转让背书必须记载转让字样，不记载质押或者委托收款字样的，推定为转让背书。

　　背书人不记载背书目的，其本意是简化票据转让手续，或者应受让人要求不予记载，以便受让人再转让时方便、快捷。但是，在特殊情形下，不记载背书目的却容易给不守诚实信用的人造成可乘之机，导致背书人受损失。

例如，A 公司为担保其 20 万元金钱债务，与债权人 B 公司签订质押合同，将本公司背书签章、记载 B 公司为被背书人、未在背书栏记载"质押"字样的一张 30 万元未到期的银行承兑纸质汇票交付 B 公司，不料 B 公司因一时资金急需，将该汇票作为货款，背书转让给不知情的受让人 C 公司，从 C 公司取得货物并使用殆尽。结果，A 公司尽管可以抵销其 20 万元债务，但是对于超出债务的 10 万元 B 公司无力支付，受让人 C 公司也拒绝退还票据，酿成纠纷案件。在诉讼中，A 公司虽然以质押合同作为证据，请求 C 公司返还票据，但是，由于未记载背书目的为质押，其诉讼请求不能得到人民法院的支持。

**二、无记名背书**

背书人在票据背书栏签章但是不记载被背书人名称的，是无记名背书。

空白背书示意图 2（一次无记名背书）：

| 被背书人： | 被背书人：C 银行 |
|---|---|
| 转让<br>背书人签章 A 公司<br>2018 年 5 月 8 日 | 质押<br>背书人签章 B 公司<br>2018 年 5 月 28 日 |

图 23 - 2　空白背书示意图 2

A 公司是票据记载的收款人，是第一背书人，其背书签章并记载了背书目的是转让票据，但是没有记载被背书人名称。

**三、票据上有多次无记名背书**

票据上有数次且各次的背书人在背书栏签章，不记载被背书人名称。

空白背书示意图 3（多次无记名的背书）：

（粘单和汇票粘接处）　　粘　单

| 被背书人： | 被背书人： | 丙加盖的骑缝章 | 被背书人： | 被背书人： |
|---|---|---|---|---|
| 背书人签章<br>甲公司 | 背书人签章<br>乙公司 | | 背书人签章<br>丙公司 | 背书人签章<br>丁公司 |
| 年　月　日 | 年　月　日 | | 年　月　日 | 年　月　日 |

图 23 - 3　空白背书示意图 3

甲公司是票据记载的收款人，第一背书人，以无记名背书将票据转让给乙公司。此后，乙公司原样不动地将票据转让给丙公司，丙公司转让票据时采取了相同方式。

**四、无记名且不记载背书目的之背书**

空白背书示意图4：

| 被背书人： | 被背书人： |
|---|---|
| 背书人签章 三江公司<br>2018 年 4 月 23 日 | 背书人签章 四海公司<br>2018 年 5 月 18 日 |

**图 23 – 4　空白背书示意图 4**

第一背书人三江公司不记载被背书人名称和背书目的，第二背书人四海公司没有在前次背书的空白被背书人栏补记其名称，在背书时也采取了和三江公司相同的方式。在票据实务中，也有多次无记名背书但记载了背书目的的情况。

上述四种空白背书，都容易发生纠纷案件，尤其是示意图 3 这种票据上有多次不记载被背书人名称的情况，发生票据纠纷时，适用法律的问题比较复杂。

不记载背书目的但是记名背书的纸质汇票，相对于无记名背书的和既无记名又不记载背书目的的纸质汇票而言，由于背书人、被背书人均为确定，当事人之间权利义务简明、直接，发生纠纷时在没有相反证据的条件下推定为转让背书，因此，解决纠纷相对容易一些，此故，除本节内容已经涉及的问题外不作更多论述。

## ■第二节　无记名背书制度及无记名背书票据持票人补记权

### 一、我国无记名背书制度的演进和无记名票据持票人补记权的确认

纸质汇票无记名背书和无记名背书票据持票人补记权在我国经历了由立法不认可到司法解释上确认的过程。具体而言，就是由《票据法》第 30 条的不认可到《最高人民法院关于审理票据纠纷案件若干问题的规定》第 48 条的确认。该司法解释不但确认了无记名背书的有效性，还确认了无记名背书票据持票人补充记载被背书人名称的权利，由此确立了无记名背书票据持票人的"补记

权"。[1]这一司法解释已经成为裁判相关票据纠纷的法律依据。

从理论层面讲，准确理解和解释该司法解释，掌握"补记权"的性质、行使、效力等，是正确适用相关票据法律，依法、合理解决无记名背书票据纠纷案件的关键之一。

《票据法》第 30 条规定："汇票以背书转让或者以背书将一定的汇票权利授予他人行使时，必须记载被背书人名称。"由于其中的"必须"二字，该条应当解释为强制性规范，不认可纸质汇票无记名背书，其立法目的，应该认为系立法者强调对票据流通安全性的关注以及对票据市场的监管。

但是，票据是流通证券，在需要安全的同时还需要便捷、必要监管和法律范围内的流通自由。在票据流转过程中，背书人为交易方便，在实施背书这种法律行为时出于自己的意思或者应受让人的请求，不记载被背书人名称，签章之后将票据交付受让人，把票据权利和记载被背书人名称的权利一并转让给受让人的做法，不但大量存在，而且满足了票据流转的客观需要，具有合理性。在外国和我国香港、台湾等地区的票据制度中都准许无记名背书。我国票据流转中大量出现的无记名背书以及由此发生的纠纷，形成迫切立法需求。《最高人民法院关于审理票据纠纷案件若干问题的规定》第 48 条（2020 年修改前为第 49 条）适应票据流转的客观需要，明确规定："依照票据法第二十七条和第三十条的规定，背书人未记载被背书人名称即将票据交付他人的，持票人在票据被背书人栏内记载自己的名称与背书人记载具有同等法律效力。"纸质汇票无记名背书制度和无记名背书票据持票人的"补记权"得以确立。

**二、无记名背书票据持票人的"补记权"**

《最高人民法院关于审理票据纠纷案件若干问题的规定》第 48 条并没有"补记权"的术语，它是本书根据这一司法解释提出的一个概念，完整的表述应

---

〔1〕　最高人民法院部分法官和学者共同撰写的《解读〈关于审理票据纠纷案件若干问题的规定〉》认为，"票据运作实务中，背书人经常不记载被背书人名称就将票据交付他人，持票人为了能够如期行使票据权利，往往在被背书人栏内记载自己的姓名（名称）。依据《票据法》的基本理论，'被背书人名称'属于背书人记载的事项，那么，由持票人补充记载该事项，法律效力如何？《规定》第四十九条规定：背书人未记载被背书人名称即将票据交付他人的，持票人在票据被背书人栏内记载自己的名称与背书人记载具有同等法律效力。如此解释的用意在于促成背书行为的效力，确保票据流通的安全。同时，从法理上讲，'被背书人名称'本应由背书人记载，如果欠缺，将导致背书行为无效。而背书人在没有记载完全的情况下就交付了票据，这意味着背书人授权他人补充记载该事项，纵然没有书面的或口头的授权，但交付票据这一行为本身就隐含了授权的意思。被授权人所做的记载与授权人的记载产生相同的法律效力，就成了顺理成章的事情。"撰稿人：曹守晔、王小能、汪志平、吕方；审稿人：邵文红。参见李国光主编：《解读最高人民法院司法解释民事卷（1997～2002）》，人民法院出版社 2003 年版，第 511 页。

该是"被背书人名称补充记载权"。

（一）补记权的意义

补记权是无记名背书票据的持票人根据其票据权利所享有的在票据空白被背书人栏补充记载被背书人名称的权利。

对此定义解释如下：

1. 补记权是无记名背书票据持票人的特有权利。记名背书的票据，背书人背书时已经记载了被背书人名称，不发生补记权。

2. 补记权是无记名背书票据持票人根据其票据权利享有的权利，占有票据但没有票据权利者没有补记权。例如以欺诈、偷盗或者胁迫等非法手段取得票据的，或者明知有前列情形出于恶意取得票据的，不得享有票据权利，也就没有补记权。

3. 补记权是持票人在空白被背书人栏补充记载被背书人名称的权利。补记权的功能限于补充记载被背书人名称，除此无他。

4. 补记权是背书人转让的记载被背书人名称的权利。被背书人名称记载权本来是背书人的权利，但背书人采取无记名背书方式不记载，而将票据交付持票人的，按照社会一般生活经验和意思表示原理，除有相反证据者外，其可推知的意思表示即是将票据权利和记载被背书人名称的权利一并转让给受让人。因此，受让人取得票据权的同时，就取得了被背书人名称记载权。[1]由于背书

---

〔1〕 对于持票人补记权的来源，有人主张是背书人"授权"。对此观点可称为"授权说"。详见李国光主编：《解读最高人民法院司法解释民事卷（1997～2002）》，人民法院出版社2003年版，第511页。本书主张是"权利转让"，即背书人将其票据权利背书转让给受让人的，一并将其被背书人名称记载权转让给受让人。"授权说"认为持票人的"补记权"来源于背书人的授权，虽然有一定的合理性，但是，也存在一些不可自恰的地方：其一，"授权"二字的通常理解，是权利人授予他人行使本人权利的意思，即权利人在保留自己权利的条件下授予他人行使其权利。对此，《票据法》第27条第1款"持票人可以将汇票权利转让给他人或者将一定的汇票权利授予他人行使"有清晰的区分。还有，在无记名转让背书的情形，背书人转让自己的票据权利、"授权"受让人补记被背书人名称，他能否保留记载被背书人的权利？稍加推演就能看到，无论在事实上、法律上还是法理上，受让人成为票据权利人持有票据，甚至再将票据转让给第三人，原背书人都不再享有票据权利人地位，反而成为票据债务人，不能保有记载被背书人名称的权利，没有该权利何以"授权"他人？其二，持票人在转让无记名背书票据时再采取无记名方式的，按照"授权说"的法理逻辑，被授权人是在"转授权"，即将原背书人授予的记载权转授予第三人，在此情形，持票人是否需要经过原背书人同意？在事实上和法律上，持票人以无记名背书方式转让其持有的无记名背书票据时，不需要原背书人的同意。其三，能否认为原背书人的授权中已经当然地包括了同意"转授权"的意思表示？如果认为如此，则不但持票人作为被授权人要对其前手背书人负责，受让票据的第三人也成为间接前手的"被授权人"而需要对原背书人负责。显然，这一认识和解释于法不合、于理不通。原背书人在转让票据时已将其票据权利全部转让给持票人而成为票据债务人，不但对其直接后手而且对其间接后手也承担票据责任，在此情形，认为原背书人的直接后手和间接后（转下页注）

（转下页注）

人背书时不在被背书人栏记载被背书人名称，而受让人成为持票人后才行记载，时间上属于后补，所以称为"补记权"。

（二）补记权的狭义和广义

1. 狭义补记权。持票人在其前手背书人转让背书时空白的被背书人栏补记自己名称的权利，是狭义补记权。如收款人甲公司将纸质汇票背书转让给乙公司，不在票据被背书人栏记载乙公司名称，乙公司取得票据权利的同时就取得补记权。

2. 广义补记权。广义补记权是指持票人依其票据权利按照背书签章者顺序，依次在各空白被背书人栏补记各次签章者为各自前次背书的被背书人的权利。

按照广义的补记权，在"不能证明持票人具有法定不能取得票据权利的事由"的条件下，应当确认各无记名背书前手均将其票据权利和被背书人名称记载权一并转让给各自的后手持票人，顺次各自转让，直至最后持票人。而且，在"不能证明持票人具有法定不能取得票据权利的事由"的条件下，即使各次无记名背书的被背书人栏的空白全由最后持票人补记，也应当认为具备了"背书连续"的形式，持票人业已以"背书连续"证明了其票据权利。当然，倘若有证据证明持票人具有法定不能取得票据权利的事由的，则不能认为"背书连续"。例如，空白背书示意图3中，第一背书人甲公司以无记名背书将其票据转让给乙公司，乙公司未补记自己为被背书人又采取无记名背书将票据转让给丙公司，丙不但有权在乙公司背书时空白的被背书人栏补记本公司为被背书人，也有权在甲公司背书时空白的被背书人栏补记乙公司为被背书人。假如丙公司有法定不能取得票据权利的事由，就不能认为其有补记权，纵使其补记完整也不能具有"背书连续"的证明效果。引申而言，在各次背书的背书人均有权转让背书的正常情况下，丙公司未补记亦采取无记名背书将票据转让给丁公司，丁公司根据其票据权利，有权按照各次背书签章者的顺序，逐一补记各后次背书人为各自前次背书的被背书人。

（1）广义补记权的前提条件。"不能证明持票人具有法定不能取得票据权利

---

（接上页注〔1〕）手在补记被背书人名称方面需要对原背书人负责，负的是什么责？可以肯定地说，第一不能是票据责任，第二也不能是普通民事责任，即使后手持票人补记错误，也无须对原背书人负担任何法律责任。基于以上三点，应该认为"授权说"不能准确揭示无记名背书中持票人"补记权"的实质。本书主张"权利转让说"，认为背书人将其被背书人名称记载权随同票据权利一并转让给受让人，受让人成为持票人时继受了背书人的票据权利和被背书人名称记载权，由于持票人取得票据后才记载被背书人名称，时间上和形式上属于"补充记载"，所以称为"补记权"。易言之，被背书人名称记载权随票据权利转移到持票人，发生权利主体的变更，不存在持票人根据背书人"授权"补记的问题。在票据上有多次无记名背书的，是当事人之间发生的多次的票据权利和被背书人名称记载权的转让。

的事由"，是广义补记权的前提条件，如果持票人有法定不能取得票据权利的事由，就不具备这个前提条件，就不能认为其有补记权。

（2）广义补记权的法律依据。《票据法》第 31 条中规定的"背书连续"是广义补记权的法律依据。该条中的"背书连续"是"形式上背书连续"，法律没有强行规定地要求必须是各次票据转让关系"实质上的连续"。因此，持票人在各种票据纠纷中主张承兑请求权、付款请求权、追索权或者其他相关权利时，票据"形式上背书连续"就符合该条规定的背书连续。按照该条，"背书连续"是证明持票人票据权利的证据，只要"背书连续"，持票人即有效地尽到了举证责任，在"不能证明持票人具有法定不能取得票据权利的事由"的条件下，其票据权利就应当得到确认，其补记行为就应当认为有效。

（3）广义补记权的正当性根据。其一，记载被背书人名称是有权背书人的权利，法律确认无记名背书，有权背书人就有权在转让其票据权利时不记载被背书人名称，将其被背书人名称记载权一并转让票据受让人。也就是补记权具有"附随票据权利一并转让"的性质和功能。其二，既然有权背书人依法得采取无记名背书方式转让其票据权利和被背书人名称记载权，凡有权背书人就都有此种权利。同理，法律确认受让人得受让无记名背书票据，凡合法受让人就都能在受让票据权利的同时一并受让补记权。其三，《票据法》第 4 条第 1 款、第 3 款规定，出票人、其他债务人在票据上签章，按照票据所记载的事项承担票据责任，凡在票据上签章者都是持票人的票据债务人，最后持票人从其前手持票人合法取得无记名背书票据成为票据权利人，就是各个签章者的票据权利人，其各个背书前手不记载各自的被背书人的名称，分别将被背书人名称记载权转让各自的后手，不改变签章者的票据责任，除非持票人有法定不能取得票据权利的事由。其四，《最高人民法院关于审理票据纠纷案件若干问题的规定》第 48 条里"持票人在票据被背书人栏内记载自己的名称与背书人记载具有同等法律效力"一句中的"持票人"，究竟特指各次无记名背书的受让人，还是最后持票人，有解释的必要。按照文义解释，该处的"持票人"应属"全称概念"，理应指各次背书当时受让票据的持票人，当然包括最后的受让人即最后持票人，而且，归根结底是指最后持票人。因为，无记名背书的票据的最后持票人之前的受让人在受让当时是持票人，而其一旦背书转让票据就成为背书人即票据债务人，在票据有多次无记名转让的情形，就有了"最后持票人"，先前的各个持票人都已不再有持票人的法律地位而均成为背书人。据此而论，最后持票人的补记权才有实质性意义和法律价值，所以，该句中的持票人包括"最后持票人"是该条司法解释的应有之义。

上述狭义补记权的理解和解释，应无争议。但是，对于广义补记权的理解和解释，是按照票据的流通性和票据流通所需要的便捷、安全的价值判断，在各背书人均为有权转让背书的条件下，对上述最高人民法院司法解释第48条的学理解释，难免有不同看法，在票据纠纷案件中也会有不同理解和解释导致的不同裁判结果。究竟是狭义还是广义，需要有权解释予以确定。

（三）补记权的性质

1. 补记权是无记名背书票据的背书人转让给其后手持票人的权利。持票人的补记权来源于无记名背书人的权利转让，即背书人将其被背书人名称记载权随同票据权利一并转让给持票人。

2. 补记权是将无记名背书票据补充为记名背书的权利。持票人行使补记权补记被背书人名称后，该票据便成为记名背书票据。

3. 补记权属于从权利。此即无记名背书票据的持票人根据其票据权利所享有的权利。这一权利依票据权利而发生，不能独立存在，没有票据权利，就没有补记权。票据代理人虽然也能补记被背书人名称，但其补记是根据票据权利人的授权。

4. 补记权具有附随转让性。补记权不能单独转让但是可以附随票据权利的转让一并转让，受让人成为无记名背书票据的持票人享有票据权利就享有补记权。

（四）补记权行使方式

持票人依自己行使补记权的单方意思表示就能改变既存的票据关系。比如，甲公司是无记名背书纸质汇票的第一背书人，它采取无记名背书方式将其票据转让给乙公司，乙公司作为持票人，既有权在空白的被背书人栏补记自己的名称，也有权不补记自己的名称而将该汇票转让给丙公司，使丙公司成为合法持票人，由新的持票人丙公司补记自己为被背书人。其结果，就把先前甲、乙两公司之间曾经的票据关系改变为甲、丙之间的票据关系。

（五）补记权的效力

关于这一问题，应当对《最高人民法院关于审理票据纠纷案件若干问题的规定》第48条进行两个方面的分析：一方面，从正面来看，该条文义明示"持票人在票据被背书人栏内记载自己的名称与背书人记载具有同等法律效力"；另一方面，票据权利转让包括"背书转让"和"单纯交付"两种方式，持票人有权不记载自己名称而采取"单纯交付"方式转让票据，同时将自己的被背书人名称记载权转让给票据受让人。持票人采取"单纯交付"方式转让无记名背书的票据之后，因没有背书签章而不是票据关系当事人，与其前手转让人、后手受让人之间，有普通民事法律关系而没有票据权利义务关系，该转让人与其前手转让人和后手受让人之间，应当根据普通债权债务的法律（主要是合同相关法律）认定各自的权利义务。

（六）补记权的限制

1. 补记权的行使，局限于持票人在向银行提示票据请求贴现之前，或者向票据债务人请求付款之前的票据流转阶段。

持票人向银行提示票据请求贴现或者向票据债务人请求付款时，必须将被背书人栏内补记完整，否则，银行或者票据债务人有权以"背书不连续"为由进行抗辩，法院或者仲裁机构也不应支持该持票人。《票据法》第 31 条中"以背书转让的汇票，背书应当连续"，"前款所称背书连续，是指在票据转让中，转让汇票的背书人与受让汇票的被背书人在汇票上的签章依次前后衔接"，《最高人民法院关于审理票据纠纷案件若干问题的规定》第 49 条中"连续背书的第一背书人应当是在票据上记载的收款人，最后的票据持有人应当是最后一次背书的被背书人"，以及中国人民银行《支付结算办法》第 33 条第 2 款"背书连续，是指票据第一次背书转让的背书人是票据上记载的收款人，前次背书转让的被背书人是后一次背书转让的背书人，依次前后衔接，最后一次背书转让的被背书人是票据的最后持票人"等，都是对补记权限制的规定。

2. 法律对票据转让有限制性规定的，持票人补记权的效力受有限制。《票据法》第 27 条第 2 款规定，出票人在汇票上记载"不得转让"字样的，汇票不得转让。这种汇票属于"禁转票据"，持票人的转让行为对出票人没有法律效力，如果持票人采取无记名背书转让的，受让人即使补记自己的名称也只能对转让人主张权利，对出票人没有票据权利。《票据法》第 34 条规定，背书人在汇票上记载"不得转让"字样，其后手再背书转让的，原背书人对后手的被背书人不承担保证责任。据此规定，如果持票人采取无记名背书方式转让票据，其后手的补记行为对原背书人没有补记的法律效力，原背书人对持票人的后手有"对人的抗辩权"。

# ■第三节  "补记权"行使纠纷及其法律适用

因无记名背书发生的纠纷类型很较多，难以一一列举，但是，其中和"补记权"相关的纠纷在法律适用方面具有特点，本节从票据权利人行使"补记权"发生的纠纷和无补记权人违法补记导致的纠纷两个方面讨论法律适用问题。

## 一、持票人行使"补记权"发生的纠纷

（一）主要情形

实际生活中，票据流转存在票据在当事人之间多次流转、多个背书人均采取无记名背书方式转让票据的现象。如空白背书示意图 4 的情形。持票人在有

多次无记名背书的纸质汇票上行使"补记权"发生的纠纷，主要有两种情形：

第一种情形，持票人对票据上所有被背书人栏的空白依照背书人的顺序进行了补记，已经呈现背书连续形式，但是票据债务人对持票人的全部补记提出异议，主张持票人只能对其直接前手的无记名背书进行补记，对间接前手的无记名背书没有补记权，进而以背书不连续进行抗辩，有的甚至以持票人假冒其他背书人伪造补记为由拒绝履行。例如，空白背书示意图 4 中的丁公司在汇票到期日向承兑人提示汇票请求付款时，在票据上各被背书人栏中顺次补记了乙公司、丙公司的名称，但是承兑人主张，丁公司无权全部补记，其全部补记行为构成背书不连续，拒绝接受票据，形成纠纷。

第二种情形，持票人仅对自己直接前手背书时的无记名背书进行了补记，对其他人的无记名背书没有补记，有的被背书人栏仍然空白，票据债务人以持票人直接前手之前的各个被背书人栏没有被背书人名称，与各后次的背书人名称不衔接，属于背书不连续为由，拒绝接受票据，形成纠纷。

（二）法律适用涉及的主要问题

上述两种主要纠纷案件的法律适用，涉及如何理解和解释"背书连续"、如何理解和解释《票据法》第 31 条以及《最高人民法院关于审理票据纠纷案件若干问题的规定》第 49 条。从理论层面讲，则涉及在多次无记名背书票据纠纷中如何理解和解释持票人补记权的问题。

1. 《票据法》第 31 条第 2 款规定的背书连续，是形式上的背书连续。票据是文义证券，票据上记载的事项表彰了票据关系当事人及其各自的权利义务，在没有相反证据的条件下，票据文义就是当事人之间票据权利义务证明力最强的证据。背书连续的文义清晰地表明了票据流转过程中当事人之间票据权利转让的关系。

票据流转的实践中，出于各种原因，背书连续显示的票据关系，有可能与票据转让的客观事实有所不同。例如前述"单纯交付"的情况，背书连续中并没有"单纯交付"转让人的签章，该转让人就不再是票据关系当事人，此时背书连续显示的票据流转关系与客观事实层面的票据流转关系就有了差异。

但是，票据作为"完全证券""无因证券"，决定了票据关系具有高度抽象性，与其原因关系相分离，持票人除有法律规定的不能取得票据权利的事由之外，持有票据就享有票据权利，特别是经过背书转让的票据，票据债务人不能以其与持票人没有原因关系对抗持票人。对此，《票据法》第 31 条第 1 款中规定，以背书转让的汇票"持票人以背书的连续，证明其汇票权利"，《最高人民法院关于审理票据纠纷案件若干问题的规定》第 13 条规定，"票据债务人以票据法第十条、第二十一条的规定为由，对业经背书转让票据的持票人进行抗辩的，人民法院不予支持"。因此，尽管在事实层面存在持票人没有签章而转让票据、背书中没有该人名称的情况，只要形式上背书连续，最后持票人没有法定的不能取得票据权利的事由，就应当确认该持票人是票据权利人。

不同的是，在上述第二种情形，票据上尚有空白被背书人栏，在形式上呈现"背书不连续"状态，持票人就不能"以背书的连续证明其票据权利"。

2. 背书连续是持票人票据权利的证据，但是，持票人有法定不能取得票据权利的事由的，即使背书连续，票据债务人也对其有抗辩权。

《票据法》第31条的规范意旨，是把"背书连续"作为证明票据权利的证据，并没有规定"背书连续"具有使票据权利绝对确定的含义。持票人有法定不能取得票据权利事由的，背书连续不能构成其票据权利的有效证据。对此，《最高人民法院关于审理票据纠纷案件若干问题的规定》第14条明定："票据债务人依照票据法第十二条、第十三条的规定，对持票人提出下列抗辩的，人民法院应予支持：（一）与票据债务人有直接债权债务关系并且不履行约定义务的；（二）以欺诈、偷盗或者胁迫等非法手段取得票据，或者明知有前列情形，出于恶意取得票据的；（三）明知票据债务人与出票人或者与持票人的前手之间存在抗辩事由而取得票据的；（四）因重大过失取得票据的；（五）其他依法不得享有票据权利的。"这些规定，排除了背书连续的证明效力。此外，该司法解释第15条中关于票据债务人以票据"（一）欠缺法定必要记载事项或者不符合法定格式的；（二）超过票据权利时效的；（三）人民法院作出的除权判决已经发生法律效力的"等理由对持票人进行抗辩的，人民法院应予支持的规定，也属于排除"背书连续"证明力的规定。

3. 有多次无记名背书的票据，票据债务人不能证明最后持票人有法定不能取得票据权利事由的，最后持票人对其间接前手无记名背书均有"补记权"。

最后持票人对其任何间接前手未记载的被背书人名称，有权按照各次背书签章者的顺序，依次进行补记，补记的结果，应当成立"背书连续"，作为最后持票人票据权利的有效证据。关于此点理解和解释，前文关于"补记权"能够依各背书人转让票据权利一并转让且能顺次转让的讨论已有充分说明，此不赘述。

### 二、受托人利用占有无记名背书票据骗取票款，导致委托人受损害的纠纷

（一）主要情形

1. 企业法人内部工作人员利用本企业委托而占有本单位票据的便利条件，与他人串通，在空白的被背书人栏补记没有交易关系和债权债务关系者的名称，造成"背书连续"的外观，辅之以伪造交易合同、欺骗等手段，最后将票据背书转让给不知情且支付合理代价的第三人，骗取票款用于其他，使该企业法人蒙受损失。

2. 委托人轻信而将无记名背书票据交付其他企业或者自然人，委托其办理有关事务，受托人违背诚实信用，在票据上补记己方为被背书人，与其他企业串通，编造虚假交易合同、使用虚假的增值税发票等，将票据背书转让其他企业，使票据具备了形式上的"背书连续"，使该企业具备了合法取得票据的外观，然后欺骗银行进行贴现，骗取贴现款后不向委托人交付款项，用于其他，委托方因此受到损失。

例如，某市甲企业听信乙工厂负责人王某，将本企业一张 A 公司无记名背书转让的 10 万元银行承兑纸质汇票交付王某，委托王某为其代办票据贴现事务并授权其代为行使"补记权"。王某在空白被背书人栏填写乙工厂名称后，与好友李某协商，将票据背书转让李某担任董事长的丙公司，丙公司和丁公司共同签订了虚假买卖货物的合同，将汇票背书转让给丁公司，丁公司利用其他交易关系的增值税发票和买卖合同，以卖货取得汇票为由向当地 B 商业银行申请贴现。银行经审查，票据属于背书连续，丁公司有偿取得汇票，手续齐全，给丁公司办理了贴现手续支付了贴现款。丁公司按照与丙公司的约定留取"佣金"后，将余款 9 余万元交付丙公司，丙公司扣除所谓"代理费"后将余款 9 万元交付乙工厂，不料李某却安排乙工厂把该款用于偿还对 C 工厂的欠款，结果无力向甲企业偿还。甲企业以王某、乙工厂、丙公司、丁公司、B 银行、C 工厂为共同被告，提起票据纠纷诉讼。后因本案涉嫌犯罪，公安机关进行了侦查，检察院起诉后法院认定王某构成诈骗罪。在票据纠纷案件方面，甲企业因其他被告没有资金能力，请求法院判令 B 银行承担还款责任，法院审理后认定，B 银行尽到了中国人民银行规定的贴现银行对汇票和贴现申请人票据来源合法性的"形式审查义务"，支付了合理的贴现款，没有过错，不承担责任；C 工厂依据其对乙工厂的合法债权收取清偿款，没有过错，不应返还；乙工厂、丙公司和丁公司均无资金，甲企业受到损失。

（二）基本特点

1. 受托人合法占有委托人的无记名背书票据，有代理行使"补记权"的条件，但是，滥用代理权，采用与他人串通填写被背书人名称、签订虚假交易的合同、欺骗等手段，造成"背书连续"形式。

2. 恶意串通者可能是双方，也可能是多方，无论几方，都需要一个企业作为"白手套"，以便制造虚假的交易关系和债权债务关系，并通过该企业背书转让票据，利用事实上虚假但是形式上的"背书连续"，骗取善意第三人包括贴现银行的信任，受让票据。

3. 恶意串通者从善意第三人包括贴现银行骗取票款，将票款用于其他，无力向委托人偿还。第三人尽到了对票据背书连续性和直接前手票据来源合法性的注意义务，善意且支付了合理代价，委托人不能从善意第三人收回票据或者票款，蒙受损失。

4. 发生票据纠纷案件的同时通常也构成刑事案件。

（三）法律适用

这一类纠纷案件，受托人有权代理行使"补记权"但是滥用"补记权"，不惜采用诈骗手段损害委托人利益，兼有民事和刑事两方面的问题，在法律适用方面，涉及《最高人民法院关于审理票据纠纷案件若干问题的规定》第48条、《票据法》第31条、《刑法》第266条等法律规定。

## 思考题

1. 如何理解无记名背书票据持票人的"补记权"？

2. 如何理解《票据法》第30条和《最高人民法院关于审理票据纠纷案件若干问题的规定》的关系？

3. 如何理解和解释《票据法》第31条第1款规定的"以背书转让的汇票，背书应当连续。持票人以背书的连续，证明其汇票权利"？

4. 为什么说有多次无记名背书的票据的纠纷适用法律比较复杂？

5. 为什么说我国票据法采用"相对无因性"原理？具体的法律规定有哪些？

第二十三章

# 第三编　本　票

## 本票的概述

**学习目的和要求**　理解本票的意义和特点，熟悉本票的种类。

## ■第一节　本票的意义和特点

### 一、本票的意义

本票，是指出票人签发的，承诺自己在见票时无条件支付确定的金额给收款人或者持票人的票据。对此定义析解如下：

（一）本票是一种票据

本票的基本效能，是用于替代货币进行支付，亦属以无条件支付一定金额为内容的法定要式、不要因的金钱证券、文义证券和设权证券。因而，本票与汇票、支票一样，同属于票据。以各国票据法而论，本票俱在票据立法规定范围之内。例如，日内瓦《统一汇票和本票法公约》及统一法系各国，都把本票与汇票规定在同一部法律之内；[1]英、美两国，也是如此。[2]本票是票据的一

---

[1]　例如，德国《汇票与本票法》（*Wechselgesetz*）。同时为了调整汇票（gezogene Wechsel）及本票（eigene Wechsel），德国单独规定了《支票法》（*Scheckgesetz*）。

[2]　英国的《汇票法令》（*Bills of Exchange Act*）看似仅调整汇票，但其同时调整本票（promissory note）与支票，且英国还在1957年制定了专门的《支票法令》（*Cheques Act*），用于补充、修订《汇票法令》中关于支票的规定。

种，必然具有票据的共同属性和特点，但同时又有自身特有的性质和表征，以区别于汇票和支票。是故，本票有其独立存在的价值和独有的地位，难以被其他票据所替代。

（二）本票是出票人直接向持票人支付票面金额的票据

这一点，表现了本票与汇票、支票的根本区别。汇票，由出票人委托第三人，即汇票上记载的付款人，向持票人付款，出票人并不直接向持票人付款。支票，则是由出票人委托自己的存款银行，在自己的存款额内，代自己向持票人付款，虽有以自己存款付款之特点，但因必须由银行或其他金融机关代为支付，故不是出票人直接支付。本票却恰恰是由出票人直接向持票人付款。由此可见，本票的付款人就是出票人。[1]从票据名称来看，本票之"本"即为"出票人本人是付款人"之义。

（三）本票是出票人承诺于见票时无条件付款的票据

本票由出票人付款，根源于出票人的自付承诺，即出票人记载于本票上的自己到期无条件付款的意思表示。出票是单方法律行为（单方允诺），出票人在出票时作出的自己付款的意思表示，对出票人有票据行为的约束力，出票人自当信守其有法律约束力之诺言，履行付款责任。本票，恒以出票人自己付款的承诺为绝对必要记载事项，就是为了明确出票人自付票款的单方意思表示。

本票，由出票人承诺自己付款，发生信用，故属于"信用证券""自付证券"。又因出票人承诺于到期日无条件自行付款，本票为"预约证券"。

本票的出票人为付款人，故无需承兑。出票人签发本票之后，负有到期无条件付款的责任。因本票有出票人于到期日无条件付款的性质，故亦称为"期票"。

上述本票之定义，引自我国《票据法》第73条。关于本票之定义，域外票据法有两种做法：一是不给定义，比如日内瓦《统一汇票和本票法公约》，以及诸多属于统一法系票据法体例；[2]二是给出定义，如英、美两国的票据法。英国《汇票法令》第83条将本票定义为：本票是一项书面之无条件支付的承诺，由一人开致另一人，并由出票人签名，保证凭票或在规定日期，或在某一可预定之日期，将一定金额之货币付与规定之人或其指定人或来人。

───────────

[1]　有些国家的票据立法允许由"担当付款人"代出票人付款，但是：①这是本票付款的特殊现象，本票一般由出票人担任付款人；②我国《票据法》不承认本票担当付款人制度。

[2]　德国《汇票与本票法》并未界定本票，但在第75条规定了其应记载的事项。日本《汇票与本票法》第75条，亦是如此。

## 二、本票的特点

所谓本票的特点，有两种所指：一是指本票作为票据而有之特点，讲的是与汇票、支票共有的，区别于其他有价证券的特点；二是指本票作为票据之一种所有之特点，讲的是与汇票、支票的不同点。不过，本票特点一般是指后者。以此为准，本票有以下特点：

### （一）本票是自付证券

本票由出票人承担付款责任，与汇票、支票相区别。汇票的付款，由承兑人施为，不需承兑的汇票，则由付款人支付，出票人无狭义上的付款责任；支票则由银行或其他金融机构充当付款人。这两种票据的基本法律关系，皆涉及出票人、持票人、付款人三类主体。然就本票而言，出票人即为付款人，基本法律关系的当事人仅为出票人和持票人两方。由于当事人较少，票据权利义务关系更为简单，票据权利之行使也更为简便。例如，本票不涉及付款人承兑，本票持有人可直接请求付款，无须担心票据不获承兑等情况。

### （二）本票以出票人为主债务人

本票出票人对持票人负无条件付款责任。各国票据法公认，本票出票人的付款责任，为绝对责任。到期未付款者，持票人得请求法院强制执行。我国《票据法》一方面在第73条第1款界定本票含义时，指明了出票人的付款不附任何条件支付；另一方面在第74条规定，出票人必须"保证支付"；并在第77条规定，出票人在持票人提示见票时，"必须承担付款的责任"。由此可见，出票人以出票行为，给持票人设定了一项对自己的付款请求权，使自己处于票据主债务人地位。就此而言，本票与汇票、支票皆不同。

于汇票的情形中，不必承兑的，付款人为主债务人，而必须承兑的，承兑人则是主债务人；不论如何，汇票的出票人仅负担保承兑和担保付款之责任，持票人不得向出票人行使付款请求权。于支票的情形，持票人同样得请求付款人付款，不能以出票人为付款请求权的行使对象。仅当付款请求权未能实现时，汇票或者支票的持票人才能向出票人追索。

### （三）本票为预约支付证券

本票的出票人，承诺于到期日由自己无条件地支付票据金额，属于一种"预约支付"。因此，本票是预约支付证券。就此而言，本票与汇票、支票不同。后两种票据，都是出票人委托他人付款，属于"委托支付证券"。于委托他人付款的情形，出票人与付款人之间应有"资金关系"。预约支付系出票人自己直接向持票人付款，资金关系并不存在。

### （四）本票是无需承兑但需见票的票据

本票不需承兑，但见票后定期付款的本票，以"见票"为必要程序。我国

《票据法》第79条规定，本票的持票人未按照规定的期限提示见票的，丧失对出票人以外的前手的追索权。日内瓦《统一汇票和本票法公约》第78条第2款规定，见票后定日付款的本票，须在第23条规定的期限内向出票人提示"签见"。统一法系各国也都依此为准，作了类似规定。可见，本票以"见票"为追索权保全方法。

所谓"见票"，是指一种程序，即本票的出票人因持票人按规定的期限提示本票，请求确定付款日期，在本票上签名并记载见票文义和时间的行为。见票是本票特有的一种现象。汇票虽然也有见票后定期付款的种类，但它通过提示承兑的程序，有效地确定票据付款日，不必为见票手续。本票无承兑程序，以见票来确定付款日期。支票是见票即付的票据，自无须见票后另定付款日，不存在见票程序。

（五）本票的出票人仅负付款责任而无承兑担保责任

由于本票是以出票人为主债务人的票据，故其不涉及承兑。因此，出票人不负承兑担保责任。

## ■第二节　本票的种类

### 一、票据法学上对本票的分类

在票据法学上，按照不同的标准，本票可被划分为多种类型。

（一）记名式本票、指示式本票和无记名式本票

按照本票上是否记载本票权利人名称，本票可作如此分类。这种分类的各种本票，意义与汇票中同一分类相同，仅是票种票名不同。例如，记名式本票与记名式汇票，相同处，均为记名式票据；不同处在于，一为本票，一为汇票而已。在区分的实益方面，本票与汇票的同一分类也相同。

（二）见票即付的本票、定日付款的本票、出票后定期付款的本票、见票后定期付款的本票

这一分类的标准与实益，与汇票的同一分类相同。明显差异之处在于，见票后定期付款的本票适用"见票"制度。

（三）银行本票和商业本票

这一分类的标准与实益，与汇票的同一分类相同。

（四）国内本票和国外本票

这是按照签发和付款地是否为本国所作的分类，被英美票据法所承认。凡是在本国境内签发并付款的，是国内本票，其他本票则为国外本票。国外本票遭拒绝的，无须作成拒绝证书。国内本票，是否作成拒绝证书，由持票人选择。

**二、我国票据法上的本票种类**

我国《票据法》第 73 条第 2 款规定，本法所称本票，是指银行本票。因此，现行法排除了商业本票。第 75 条规定，本票须记载收款人名称，否则本票无效，否定了无记名式本票。可见，我国票据法上的本票，必须是"记名式银行本票"。[1]

（一）银行本票的定义

现行《票据法》没有对银行本票下定义。如果按照该法第 73 条第 1 款对本票的定义，并稍加变动，那么即可认为，银行本票是银行签发的，承诺自己在见票时无条件支付确定的金额给收款人或者持票人的票据。

于《支付结算办法》第 97 条中，银行本票被定义为：银行本票是银行签发的，承诺自己在见票时无条件支付确定的金额给收款人或者持票人的票据。这一定义虽然没有票据法上的效力，但有助于认识和理解我国的银行本票。

银行本票和商业本票的区别之一是前者以银行的信用，后者以银行之外的出票人的信用，作为票据的担保。银行资金雄厚，票据可靠性强。商业本票，则极易因出票人资金不足，发生付款不能，使持票人权利落空或受到损失的情况。这也是我国《票据法》，未承认商业本票的一个重要原因。

（二）银行本票的种类

现行《票据法》未规定银行本票的种类。

根据票面额度是否预先确定，银行本票包括定额银行本票与不定额银行本票（《支付结算办法》第 99 条）。其中，定额银行本票面额为 1000 元、5000元、1 万元和 5 万元（《支付结算办法》第 102 条）。不定额银行本票，是指票面上没有预先印载的金额，可根据需要记载金额的银行本票。不定额银行本票并无额度限制。出票银行在开具银行本票时，应用压数机压印出票金额，且大小写应当保持一致（《支付结算办法》第 105 条第 1 款）。

根据银行支票的用途，银行本票又可被分为银行转帐本票和银行现金本票。前者仅得用于转帐，后者用于支取现金，也可用于转帐。用于支取现金的银行本票，应注明"现金"二字（《支付结算办法》第 98 条第 2 款）。银行在签发本票时，应当根据本票用途完成相应的操作：用于转帐的，在银行本票上划去"现金"字样；申请人和收款人均为个人需要支取现金的，在银行本票上划去"转帐"字样（《支付结算办法》第 105 条第 1 款）。

---

[1] 现行《票据法》之所以仅承认银行本票，主要原因在于当时商业信用状态不佳，承认商业本票容易引发风险。然目前我国的征信体系日渐完善，商业信用状况已大有改观，未来的《票据法》应当承认商业本票。参见吴京辉：《〈票据法〉修订：私法本性的回归》，载《法商研究》2013 年第 3 期。

按照《支付结算办法》及《票据法》的规定，银行本票的付款期不得超过2个月。

## 思考题

1. 与汇票相比较，本票有哪些特点？
2. 本票有哪些种类？我国《票据法》规定了什么样的本票？

第二十四章

第二十五章

# 出　票

**学习目的和要求**　理解本票出票的意义和效力，熟悉出票的绝对必要记载事项、相对必要记载事项和到期日。

## ■第一节　出票的意义与效力

### 一、出票的意义

本票的出票，是指出票人依票据法的规定，作成本票并将其交付收款人的票据行为。由此可见，本票的出票分为两个环节：一是出票人依照票据法的规定作成本票，即在本票凭证上记载有关记载事项并签章；[1]二是将作成的本票交付收款人。[2]

本票的出票与汇票的出票，在性质方面并无差异，皆属于单方法律行为、法定要式行为、无因行为、基本票据行为等。关于这一点，可进一步参见本书第四章第一、二节。

我国本票的出票人限为银行，且须经中国人民银行批准。[3]由于《票据法》不认可商业本票，银行之外的法人、自然人均不得签发本票。单位和个人在同一票据交换区域需要支付各种款项的，均可以向银行申请，请银行签发本票，然后持票进行结算（《支付结算办法》第 98 条第 1 款）。申请人使用银行本票，应向银行填写"银行本票申请书"，填明收款人名称、申请人名称、支付金额、申请日期等事项并签章（《支付结算办法》第 104 条第 1 款）。

除此之外，银行在出票时，必须具有支付本票金额的可靠资金来源，并保证支付（《票据法》第 74 条）。其中，"可靠资金来源"要求并不影响本票的效

第二十五章

---

[1]　根据《最高人民法院关于审理票据纠纷案件若干问题的规定》第 40 条第 3 项，银行本票上的出票人的签章，为该银行的本票专用章加其法定代表人或者其授权的代理人的签名或者盖章。

[2]　英国《汇票法令》第 84 条明文规定，本票未被交付者，出票行为未完成。

[3]　参见《票据管理实施办法》第 7 条。

力，其本质上属于票据的原因关系。银行欠缺可靠资金来源，仍继续出具本票的，本票可继续有效，但银行可能须负担相应的公法责任。

## 二、出票的效力

出票行为给收款人创设票据权利，为出票人设定票据责任。收款人可将本票背书转让他人，持票人对出票人享有票据权利。以下分别从持票人、出票人两个方面，析解本票出票的效力。

### （一）持票人取得本票权利，对出票人有付款请求权和追索权

本票权利是票据权利，自然包括付款请求权和追索权。与汇票相比，本票的付款请求权有其特点：持票人行使付款请求权，不需提示承兑，能够直接请求出票人履行付款责任，出票人则负有直接付款的责任，故本票付款请求权具有现实性和直接性。票据法学上将本票的付款请求权称为"现实的付款请求权"，将汇票的付款请求权叫做"期待的付款请求权"。这一点说明了本票请求权在效力方面的特点。

持票人对出票人有追索权。我国《票据法》第79条规定，本票的持票人未按照规定期限提示见票的，丧失对出票人以外的前手的追索权。这一条文，显然具有两层含义：①本票持票人对出票人以外的前手的追索权，因未按规定期限提示见票而丧失，不能向出票人以外的前手为追索行为；②本票持票人虽未按规定期限向出票人提示见票，仍然不丧失对出票人的追索权。我国《票据法》第80条第1款还规定，本票的追索权的行使，除第三章另有规定外，适用本法第二章有关汇票的规定。其中，第二章第68条第1款明确规定，汇票的出票人、背书人、承兑人和保证人对持票人承担连带责任，持票人对他们有追索权。因此，本票的出票行为，给了持票人对出票人的追索权。这一点，在立法例上也有实证，日内瓦《统一汇票和本票法公约》第78条第1款规定，本票出票人应负之责，与汇票的承兑人相同。表明本票持票人对出票人有追索权。从票据法原理来看，本票的出票人身兼出票人、付款人双重资格。既然出票是票据债务人，是持票人的连带债务人，持票人当然对其享有追索权。

### （二）出票人负有直接无条件付款的责任

出票人因出票行为，对持票人负担了直接付款、无条件付款的票据责任。

直接付款责任，是指持票人于到期日有权直接请求出票人付款，而出票人必须直接向持票人付款。本票是自付证券，出票人就是付款义务人，进而有别于由出票人委托第三人付款的汇票。出票人是主债务人、第一债务人，或出票人负担的是第一次的付款义务等，皆表明本票出票人付款责任的直接性。

无条件付款责任，是指出票人的直接付款责任具有绝对性。持票人于本票权利有效期内请求付款，出票人必须直接支付，不受任何条件的限制。持票人

未在付款提示期限内提示付款，未在提示见票期限内提示见票，未在规定期限内作成拒绝证书等，都不能成为出票人免除付款责任的条件。

在域外票据法上，当事人可在本票上记载"担当付款人"。存在担当付款人的本票，稍有例外：持票人应先向担当付款人请求付款，并在担当付款人不付款时，持票人才得向出票人请求付款，出票人仍对持票人负有直接的、无条件的付款责任。担当付款人制度有可能给持票人付款请求权的实现带来麻烦，因此我国《票据法》未予采用。

## ■第二节 出票的记载事项

### 一、绝对必要记载事项

我国《票据法》第 75 条第 1 款规定，本票必须记载下列事项：①表明"本票"的字样；②无条件支付的承诺；③确定的金额；④收款人名称；⑤出票日期；⑥出票人签章。所列事项皆为绝对必要记载事项，故缺少其中任何一项的，本票无效（同条第 2 款）。下面对这些事项作简要说明：

（一）表明"本票"的字样

此项即所谓"本票文句"，以显示该票据不是汇票、支票。本票文句均在票据正面。我国本票之文句，固定于票据正面上端居中处，且字体较其他事项之文字要大得多，意在醒目易见。我国本票之文句，已固定为"本票"二字，当事人不得使用"期票"等其他字样。[1]

（二）无条件支付的承诺

此项为"支付文句"，其形式不以"无条件支付或付给"之类的文字为限，只要显而易见地表明无条件支付的承诺，即为有效。本票的支付文句重在"支付承诺"之意义，以区别汇票和支票的"支付委托"意思。我国近几年使用的银行本票，习惯记载"凭票即付"之类字样。其与本票文句相结合，足以表示出票人自己无条件付款的承诺。

（三）确定的金额

本票的金额须确定，且应被清楚地记载于票面，不论所涉本票是定额银行本票，抑或不定额银行本票。我国票据法不认可空白授权本票，确定的金额是必不可少的记载事项。票据金额的记载方法和有关规定，与汇票相同。

---

[1] 可表明为本票者，还有庄票、信票、凭票、期票等文字，但我国《票据法》仅允许使用"本票"一词。

### （四）收款人名称

和域外票据法不同，[1]我国票据法当前不承认无记名本票，出票时须记载收款人姓名或名称。记载规则与汇票同，此处不再赘述。

### （五）出票日期

出票日期，即出票的年、月、日。出票日期与到期日、票据时效等有密切关系，应当准确记载。我国的本票仅为银行本票，出票人是银行，具体制作本票或者说是记载本票事项的，是银行的职员，记载手段则为电脑操作，一般不会错记日期，万一有误，收款人可要求改换票据。出票人和收款人均未发现日期错记，本票经背书转让第三人的，只要错记之日期不致使票据无效的，持票人可于到期日请求付款。我国银行本票系见票即付的票据，错记出票日，有可能延长或缩短本票到期日，不能不予注意。

### （六）出票人签章

银行本票的出票人为银行，由出票银行签章。签章的规则，与汇票并无区别，此处不再赘述。根据《最高人民法院关于审理票据纠纷案件若干问题的规定》第40条第3项，银行本票上的出票人的签章，为该银行的本票专用章加其法定代表人或者其授权的代理人的签名或者盖章。

## 二、相对必要记载事项

依《票据法》第76条的规定，本票的相对必要记载事项有二：

### （一）付款地

出票人记载付款地的，应当清楚、明确。本票未记载付款地的，《票据法》第76条第2款推定出票人的营业场所为付款地。《最高人民法院关于审理票据纠纷案件若干问题的规定》第6条也明确了这一点。

### （二）出票地

出票人记载出票地的，应当清楚、明确。本票未记载出票地的，《票据法》第76条第3款推定出票人的营业场所为出票地。

## 三、任意记载事项

本票上可记载《票据法》第75、76条规定的事项之外的其他出票事项。关于任意记载事项问题，具体参见本书第四章第三节。

## 四、不得记载的事项

出票人不得在本票上记载，任何限制票据权利或有害票据权利的事项。如

---

[1] 例如，英国《汇票法令》第83条第1款明文规定，本票既可为指示本票（promissory note to order），也可为不记名本票（promissory note to bearer）。

有记载，则该记载要么被视为未记载，不发生票据效力，[1]要么会导致本票无效。关于不得记载事项问题，具体参见本书第四章第三节。

**五、本票到期日**

我国《票据法》未把本票到期日规定为本票的必要记载事项。该法在第 78 条规定，本票自出票日起，付款期限最长不得超过 2 个月；在第 77 条规定，本票的出票人在持票人提示见票时，必须承担付款的责任。根据这两个条文，本票的持票人自出票日起，到出票日后 2 个月的期限内，随时可以向出票人提示见票，请求付款，而出票人则须于见票时予以付款。显而易见，银行本票是"见票即付"的票据，现行《票据法》仅认可这一种本票到期日。

就本票到期日的规定，域外立法更为丰富。例如，日内瓦《统一汇票和本票法公约》第 75 条第 3 项允许出票人记载付款日期，选定具体的到期日；该公约第 76 条第 2 款规定，未载付款日期的本票，视为见票即付。

值得注意的是，本票的付款期限与诉讼时效并不相同。[2]付款期限是指，持票人应当在 2 个月内完成提示付款，否则出票人有权拒绝受理。倘若持票人在 2 个月内完成提示，那么付款请求权自出票日起 2 年内罹于时效（《票据法》第 17 条第 1 款第 1 项）；倘若持票人逾期提示，但遭到拒绝，那么其应当在 6 个月内追索出票人，否则追索权罹于时效（《票据法》第 17 条第 1 款第 3 项）。根据《支付结算办法》第 111 条，本票的持票人超过提示付款期限不获付款的，可在票据权利时效内向出票银行作出说明，并提供本人身份证件或单位证明，请求出票银行付款。

**思考题**

1. 本票的出票有何效力？
2. 与汇票相比较，本票的绝对必要记载事项中有什么不同之处？
3. 按照我国《票据法》，如何确定本票的到期日？

---

[1]　例如，"汇款用途"并非本票的记载事项。参见朱甲与成龙建某某团某某司民间借贷纠纷案，浙江省高级人民法院（2008）浙民一终字第 74 号民事判决书。
[2]　参见陈某某、陈某忆与上海某某银行虹口支行所有权纠纷案，上海市虹口区人民法院（2013）虹民五（商）初字第 407 号民事判决书。

## 第二十六章

# 见　票

**学习目的和要求**　理解见票的意义和效力，重点掌握我国《票据法》上见票的意义和效力，了解见票的程序。

## ■第一节　见票的意义与效力

### 一、见票的意义

见票，是指本票的出票人因持票人的提示，为确定见票后定期付款本票的到期日，在本票上记载见票字样及日期，并且签名的行为。

由上述定义可见：①见票是本票出票人的行为；②见票由持票人提示本票而发生；③见票的目的是确定见票后定期付款的本票的到期日；④见票的方式，是出票人在本票上记载见票字样、签名并载明日期。

在日内瓦《统一汇票和本票法公约》及统一法系国家的票据法中，本票也有见票即付、定日付款、见票后定期付款、出票后定期付款四种到期日。其中，见票即付、定日付款、出票后定期付款三种本票，到期日已然确定，自无问题；见票后定期付款的本票，出票人不见票，便不能确定到期日。为确定这种本票的到期日，首先得由持票人向出票人提示本票，然后由出票人在本票上记载见票字样和见票日期，并签名。这样，本票的到期日便以见票日为起点开始计算，直到出票时记载的见票日后某一日期的到来，持票人即可请求付款。例如，出票时记载"见票后1个月付款"，出票日为1996年5月10日，提示见票的期限为1年，那么持票人要确定何日付款，就应在1996年5月10日至1997年5月11日之间的某一日期，向出票人提示见票，假定于1996年7月8日提示见票，并经出票人"签见"，见票日便是该日，满1个月即到1996年8月9日，即是付款日。

本票的见票和汇票的承兑，在性质和效力方面都不相同。从性质方面来说，承兑是一种附属的票据行为，见票则是准票据行为。从效力方面讲，承兑是承兑人接受付款委托，承担无条件付款责任的单方法律行为，发生承兑人无条件付款责任的效力；在承兑之前，付款人并无付款义务和承兑义务。见票虽然也发生法律效果，即到期日得以确定的效果，但是出票人在见票之前就负有无条件付款的义务和见票的义务，见票只是确定了履行付款义务的日期而已。

**二、见票的效力**

见票的效力表现在两个方面：①确定到期日。这是见票的基本效力。②保全追索权。持票人提示见票，出票人可能予以"签见"，也可能拒绝见票。出票人签见的，发生到期日确定之效果；拒绝见票的，持票人得在规定的期限内作成拒绝证书，以便行使追索权。持票人未在规定期限内提示见票的，则丧失对前手的追索权。

**三、我国《票据法》上见票的意义和效力**

我国《票据法》不承认见票后定期付款的本票，本无"见票制度"可言。然该法第73、77、79条三个条文中，均有"见票"字样。对此，当如何解释？为准确理解法条含义，不能不加辨析。

（一）"见票"具有两种意义

从字面意义讲，见票即见到票据，但这不是票据法上的意义。票据法上，见票的意义有二：

1. 票据债务人经持票人提示票据，验看审查票据的行为。如果持票人向付款人提示"见票即付"的票据，请求付款，那么付款人见票即应足额付款。

2. 见票后定期付款的本票的出票人，经持票人提示本票请求确定到期日，验看审查本票，并在本票上"签见"，签名与载明见票日期，然后将本票交还持票人的行为。这种意义上的见票，既可被理解成一种程序，即"见票程序"，也可被看作是一种制度，即"见票制度"。从程序和制度的角度看，见票为本票所特有，且为"见票后定期付款的本票"所仅有。汇票虽有"见票后定期付款的汇票"，但因汇票有"承兑"制度，经承兑日而确定到期日。汇票和本票，付款人责任发生前提不同：汇票之付款人因承兑而负担无条件付款义务，不承兑即无此责任；本票之出票人不需承兑，因其出票而负担绝对的直接付款责任，不见票，此责任仍然存在。因此，"承兑"与"见票"不可等同，不可替用，"见票"之独立存在成为必然。

（二）我国《票据法》中的"见票"是指请求付款

现行《票据法》仅认可"见票即付"一种本票。于此类本票的情形，持票人向出票人提示本票，即是请求付款，因为见票即付的本票，无须通过见票程序来确定到期日。因此，上述三个条文中的"见票"，应被理解为持票人向出票人提示本票、请求付款。《票据法》第77条即印证了这一点。根据该条规定，本票的出票人在持票人提示见票时，必须承担付款的责任。《支付结算办法》第108条规定得更为"痛快"：银行本票见票即付。

## ■第二节 见票的程序

### 一、概说

域外法上的见票程序，由持票人和出票人共同完成，可按照阶段被分为三个步骤：第一步，持票人提示见票，即向出票人提示本票，请求签见；第二步，出票人验看本票，无误时在本票上记载见票应记载的事项，是为"签见"；第三步，出票人将"签见"之本票交还持票人，持票人得以在到期日请求付款。上述三个步骤，可被简称为"提示见票""签见""交还本票"。下面分别加以析述。

### 二、提示见票

提示见票，是指见票后定期付款本票的持票人，于票据法所规定的期限内，向出票人提示本票，请求签见，以确定到期日的行为。

持票人应于票据法规定的提示见票期限内提示见票。日内瓦《统一汇票和本票法公约》第78条规定，该期限以其第23条规定的期限为准，即持票人须在出票日起1年内提示见票。[1]持票人未按规定的期限提示见票的，丧失对其前手的追索权，但对出票人仍享有追索权。

### 三、签见

持票人提示见票，应将本票交出票人验看。出票人验看无误时，应按照票据法规定，记载见票应记载事项。例如，德国《汇票与本票法》第78条第2款规定，见票后定期付款的本票，提示须由出票人在本票上证实并加注日期和签名。日本《汇票与本票法》第78条第2款、法国《商法典》第L512-7条有关的规定与德国《汇票与本票法》基本一致。

由此可见，见票的应记载事项有三项：①见票的文义，即已经见票的意思表示；②见票日期；③出票人签名。

### 四、交还本票

出票人签见之后，应将本票交还持票人。持票人于到期日，提示本票，请求付款。出票人拒绝签见的，应有拒绝证书，拒绝证书由持票人请求公证机关制作。

第二十六章

---

[1] 日内瓦《统一汇票和本票法公约》第23条，允许出票人缩短或延长这一期限，并允许背书人缩短这一期限。

以上所述见票程序，为外国票据法上之制度。我国《票据法》中未认可见票后定期付款的本票，自无这种见票程序的规定，且在实务中，亦无适用这种程序的票据关系。例如，《支付结算办法》第 108 条规定了"见票即付"。

**思考题**

1. 什么是见票？它有什么效力？
2. 如何理解我国《票据法》第 73、78 条和第 80 条所规定的见票？

第二十六章

**第二十七章**

# 汇票有关规定对本票的适用

**学习目的和要求**　理解本票为什么能够适用汇票的有关规定，掌握我国《票据法》对本票准用汇票规范的五个方面的规定。

## ■第一节　汇票有关规定对本票适用的意义和原因

### 一、汇票有关规定对本票适用的意义

汇票有关规定对本票的适用，是指因本票与汇票的部分规范相同，法律在不违反本票性质的前提下，规定本票适用汇票的有关规定。于票据法学上，这一适用也被称为汇票规范的准用。准用本质上属于，法律明文规定的"授权式类推适用"，是简化法律文本的一项重要立法技术。[1]

汇票有关规定准用于本票，是本票有限制地适用汇票的一些规定。因此，准用首先是可以适用，但又非完全适用或任意适用，而是以不违反本票性质为前提的适用。汇票与本票存在诸多共同指出，比如背书、保证、到期日、追索等，故两者的意义、特点、规则等可谓并无二致。因此，两者具有共同性，可合并立法。然汇票和本票又存在一些显著的区别，比如当事人、出票人责任、承兑或见票等，其客观规则又相差甚远，故不能统一规范。在这一情况下，对其区别点分别立法，就其共同点合并立法，兼顾各面并不影响本票的使用，自是两全之策。

### 二、本票适用汇票有关规定的原因

避免重复立法，是一个重要的原因。汇票在使用方面远比本票广泛，其规则对于本票在客观上有很多相同之处则是主要的原因。例如，日内瓦《统一汇票和本票法公约》关于汇票的规定有 74 个条文，本票则只有 4 条；凡是两种票据适用的相同规则，因汇票规范中已有条文，本票部分只指明适用汇票规范中的哪一条，就足以解决问题（参见该公约第 77 条）。还如，我国台湾地区"票

[1]　参见黄茂荣：《法学方法与现代民法》，中国政法大学出版社 2001 年版，第 306 页。

据法"第 124 条，详细列明了哪些汇票规范可适用于本票。英国《汇票法令》第 89 条也规定了准用问题。

从欧洲票据的发展史看，本票最初出现，后来在本票上附加支付委托书，逐渐演变出汇票，两种票据同样受到重视。不过，在异地贸易中，由于汇票的付款比本票要方便得多，所以汇票被更为广泛使用，而本票却因其付款地一般在出票人场所等方面的限制，较少被人们使用。于国际贸易中，汇票成为主要的支付工具，本票则远莫能比。考虑到这一情况，日内瓦《统一汇票和本票法公约》将这两种票据并列于一起，且以汇票为主作出规定，汇票的规范相对完整，比较详细，本票的规定则相当简略。凡本票与汇票相同之处，皆可适用汇票的有关规定，这样既满足了需要，又做到了立法的简约。

## ■第二节　汇票有关规定对本票适用的立法

### 一、立法模式

就汇票有关规定对本票的适用，统一法系和英美法系采取了不同的立法模式：统一法系采取"列举式立法"，而英美法系采取"概括式立法"。

所谓"列举式立法"，是指立法上逐一列举汇票的哪些规定，可适用于本票。日内瓦《统一汇票和本票法公约》第 77 条第 1 款规定，下列有关汇票的规定，凡与本票的性质不相抵触者，适用于本票；同条自第 2 款始，逐一列举汇票规范可用于本票者，比如"背书（第 11～20 条）""到期日（第 33～37 条）""付款（第 38～42 条）""拒绝付款的追索权（第 43～50 条、第 52～54 条）"。列举式立法的优点是，具体地指明本票得适用之汇票规范，方便实务中对有关法律的运用。

所谓"概括式立法"，也叫"排除式立法"，即法律规定汇票规范除明文排除者外，其余可适用于本票。英国《汇票法令》即是这种立法的典型。该法第 89 条第 1 款首先肯定本法第二部分（即关于汇票的规定）可适用于本票，然后作了限制和排除，明定以下有关汇票的规定不适用于本票：①提示承兑；②承兑；③作成拒绝证书后参加承兑；④成套汇票。概括式立法的优点是，明文排除汇票规范中不得适用于本票的部分，实务中只要遵守这些限制和排除，便可有效地适用汇票的规定。

### 二、我国《票据法》对本票准用汇票规范的规定

我国《票据法》第 80 条规定，本票的背书、保证、付款行为和追索权的行使，除本章规定外，适用本法第二章有关汇票的规定。本票的出票行为，除本章规定外，适用本法第 24 条关于汇票的规定。下面对这个规定作简要析解。

第二十七章

1. 我国《票据法》就汇票规范之准用问题，采用"概括式"和"列举式"相结合的立法方式。[1]由上述第 80 条之内容可见此特点，无需赘言。

2. 本票的出票，仅得适用本法第 24 条一个条文，《票据法》第三章关于本票之规定（第 73~80 条）共计 8 个条文，其中有 6 个条文涉及出票：第 73 条规定本票仅限银行本票，由此决定了只能签发这种本票；第 74 条关于出票人资金来源之规定，虽然涉及本票基础关系，反映出立法对本票诈欺的警惕和告诫，终与出票有关；第 75、76 条分别为本票的绝对必要记载事项和相对必要记载事项，与出票的密切关系自不待言；第 78 条为本票付款期限之规定，出票时必须奉行；第 80 条第 2 款，是出票准用第 24 条汇票"可以记载但不生票据上效力之事项"的规范。

3. 本票的背书和保证，完全适用汇票的有关规定。《票据法》第 80 条第 1 款虽规定"本票的背书、保证、付款行为和追索权的行使，除本章规定外，适用本法第二章有关汇票的规定"，但"本章"（即《票据法》第三章）并无条文涉及背书与保证。是故，本票之背书与保证完全适用汇票的有关规定，毋庸置疑。

4. 本票的付款，除本法第 77 条、第 73 条第 1 款的规定外，适用汇票付款的有关规定。第 73 条第 1 款规定，本票为"见票时无条件"付款的银行本票。第 77 条规定，持票人提示见票时，本票出票人必须承担付款的责任。这两条确立了，银行本票的到期日和出票人的直接绝对付款责任。于汇票付款相关规定中，可调整本票付款的条款包括：第 53 条第 2 款、第 3 款，第 54~57 条、第 59 条、第 60 条。

5. 本票的提示付款，不适用《票据法》第 53 条第 1 款第 1 项关于见票即付汇票提示付款的规定。第 53 条第 1 款第 1 项规定，见票即付的汇票，自出票日起 1 个月内向付款人提示付款。本票虽为见票即付，但《票据法》第 78 条规定，本票的付款期限最长不得超过 2 个月。具体期限到底为何，该条未作特别规定。持票人在本票付款期限内提示见票的，即对前手保有追索权。

6. 本票追索权的行使，适用《票据法》第 80 条和汇票追索权的有关规定。本票持票人在规定期限提示见票不获付款，或者有《票据法》第 61 条规定的法定原因不能提示见票的，得对前手行使追索权，适用该法第 62~72 条的规定。然这些规定中与本票性质不合者，比如有关承兑等规定，不得予以适用。

## 思考题

1. 为什么本票能够适用汇票的有关规定？
2. 我国《票据法》规定，本票的哪些行为，适用汇票的有关规定？

---

[1] 我国《票据法》第 93 条关于支票准用汇票规范的规定，也是采取这种做法。此处交代，下不另述。

第二十八章

# 第四编　支　票

第二十八章

## 支票的意义、特点与种类

**学习目的和要求**　理解支票的意义和特点，认识支票的主要种类。

## ■第一节　支票的意义和特点

### 一、支票的意义

支票，是指出票人签发的，委托办理支票存款业务的银行或者其他金融机构在见票时无条件支付确定的金额给收款人或者持票人的票据（《票据法》第81条）。针对支票的这个定义，可作如下说明：

（一）支票是一种票据

支票与汇票、本票一样，是以无条件支付一定金额为内容的有价证券。[1]支票具有票据的所有性质，比如文义性、无因性、法定要式性等。在统一法系立法体例中，支票是一类单独的票据，与汇票、本票区分。[2]英国《汇票法令》

---

〔1〕于司法实践中，有裁判［西安格瑞医药有限责任公司与陕西康利医药有限公司、孟凡峰票据损害责任纠纷案，陕西省高级人民法院（2016）陕民申511号民事裁定书］认为：出票人（买受人）在收款人（出卖人）未交付标的物的情况下，签发支票保留密码，是对自己的权利保护，并不违反《票据法》的相关规定；第三人在受让收款人交付的票据时未尽到审慎审查义务，未发现和质疑转账支票未填写密码的问题，应自行承担支票被拒付的责任。

〔2〕例如，日内瓦《统一汇票和本票法公约》和《统一支票法公约》并行存在，德国在制定可调整汇票与本票的《汇票与本票法》（*Wechselgesetz*）之后，专门就支票制定了《支票法》（*Scheckgesetz*）。

则将支票视为一种汇票（bill of exchange），其在第 73 条规定，支票是以银行为付款人的凭票即付的汇票。[1]

我国《票据法》第 2 条第 2 款规定，本法所称票据，是指汇票、本票和支票。可见，在我国法上，支票是一种独立于汇票、不同于本票的票据。不过，汇票的相关规定可适用于支票（《票据法》第 93 条）。

（二）支票是出票人委托办理支票存款业务的银行或其他金融机构付款的票据

1. 支票是委托证券。就此而言，支票与汇票同，而与本票异。英国《汇票法令》正是因为这一点，认支票为一种汇票。支票的基本法律关系当事人，包括出票人、持票人、付款人三方。出票人以出票记载事项中的委托文句，委托付款人进行付款。

2. 支票的付款人有资格限制。在域外票据法上，支票的付款人均限定为银行或者其他金融机构。就此而言，支票与汇票、本票均不相同。汇票和本票的付款人，并无资格限制。根据《票据管理实施办法》第 11 条，支票的付款人仅限于，经中国人民银行批准办理支票存款业务的银行、城市信用合作社和农村信用合作社。[2]

3. 支票的出票人与委托的付款人须有资金关系。①出票人须为委托付款人的存款账户开立人，即在付款人处有存款账户。[3]换言之，付款人须为出票人的开户银行（或信用社）。②出票人在付款人处开立的存款账户中，须有足以支付支票金额的存款额，否则付款人得以"空头支票"之法律规范为依据，不予付款。

我国《票据法》第 87 条规定，支票的出票人所签发的支票金额，不得超过其付款时在付款人处实有的存款金额；出票人签发的支票金额超过其付款时在付款人处实有的存款金额的，为空头支票，禁止签发空头支票。从表面看来，这一规定似乎表明，基础关系与支票关系未被分离，支票成为"要因证券"。其实则不然。支票虽为"委托证券"，但付款人实际上只是出票人的"付款代理人"，其以出票人的存款为出票人签发的支票付款。如果出票人存款账户内的金额不足支付，付款人同出票人之间又无特别约定，则付款人当然有权拒绝支付"空头支票"。持票人因"空头支票"不获付款时，对出票人或前手享有追索权，对付款人则无票据权利。

---

[1] 不过，英国在 1957 年制定了专门的《支票法令》（Cheques Act），用于补充、修订《汇票法令》中关于支票的规定。

[2] 现今，城市信用社和农村信用社已经逐步演化为商业银行，慢慢地成为历史现象。

[3] 参见《票据法》第 82 条与《票据管理实施办法》第 11 条。

（三）支票为见票即付的票据。

支票的效能，在于满足快速付款之需要，信用价值不大。因此，支票的付款时间以越短越好。见票即付，足可达到这个目的。我国《票据法》第 91 条虽然规定支票的持票人应当自出票日起 10 日内提示付款，但这并非到期日，而是提示付款的期限。自出票日至提示付款期限届满之间的任何一日，持票人都有权提示付款。《票据法》第 90 条规定，支票限于见票即付；第 89 条第 2 款规定，出票人在付款人处的存款足以支付支票金额时，付款人应当在当日足额付款。

## 二、支票的特点

与汇票、本票相比较，支票有下列特点：

（一）付款人资格受到限制

支票的付款人，限于出票人开立存款账户的银行和其他金融机构（《票据法》第 81 条）。银行和法定其他金融机构以外的法人，不能充当支票付款人，自然人更无此资格。汇票和本票的付款人则无此限制，但本票仅以银行本票为限。于我国支票实务中，出票人须以自己的开户银行或信用社买取空白支票凭证，以备签发。

（二）支票的出票人与付款人须有资金关系

汇票的出票人与付款人之间，不必先有资金关系。本票是出票人付款，也无资金关系可言。支票则不然。根据《票据法》第 87 条第 1 款，支票的出票人所签发的支票金额不得超过其付款时在付款人处实有的存款金额。

（三）支票的出票人与付款人之间先有支付委托合同

并非任何存款人都能使用支票。只有在银行或信用社开户，且与开户行或信用社订有支付委托合同的存款人，才能从开户行或信用社取得空白支票凭证，使用与签发支票。汇票的出票人和付款人之间，不需先有支付委托合同，出票人也可委托付款人付款。本票由出票人付款，根本无委托支付可言。

（四）支票为见票即付的票据

汇票有四种到期日。我国法上的支票仅有见票即付一种（《票据法》第 90 条），但大部分域外票据法也是如此。[1] 之所以如此，原因在于支票的主要功能是快速支付，信用价值极为有限。

（五）支票无需承兑或见票，提示票据就是请求付款

汇票，除见票即付者外，均有承兑程序；本票，则有见票制度。我国法上的支票为见票即付，并无见票程序，但本票以出票之银行为付款人，支票则是

---

[1] 日内瓦《统一支票法公约》第 28 条第 1 款规定，支票限于见票即付；任何相反规定视为无记载。英国《汇票法令》第 73 条第 1 款，规定支票是见票即付（payable on demand）的汇票。

出票人委托银行或其他金融机构为付款人。

（六）支票的主债务人是出票人

汇票的主债务人是承兑人或不需承兑的汇票的付款人，而支票的主债务人是出票人。虽然本票的主债务人也是出票人，但在支票的付款中，持票人向付款人提示票据，在本票的付款中，由出票人直接支付。

（七）支票的出票人负担保证付款责任

汇票的出票人负有担保承兑和担保付款的责任，本票的出票人则负担绝对、直接付款责任。与之不同，支票的出票人负有保证付款的责任。

（八）支票无需保证

汇票和本票都可涉及保证，且保证人与出票人负连带责任，但支票并不涉及保证及其产生的连带责任。

（九）支票不得记载担当付款人及预备付款人

汇票可任意记载担当付款人和预备付款人，本票可记载担当付款人。与之不同，支票不得加载此两类付款人。

（十）支票可为空白授权出票

依我国《票据法》第85~86条，支票出票时，金额、收款人名称，均可空白，之后由出票人授权持票人补记。汇票和本票的出票人，则不得签发空白票据。

（十一）支票有无记名式

我国《票据法》不允许汇票和本票采无记名方式，却认可支票可为无记名（第86条第1款）。日内瓦《统一汇票和本票法公约》和《统一支票法公约》，也是如此。

（十二）支票有划线制度

支票的法律制度，包括了划线支票之规定。划线支票的收款人仅限于银行或付款人的客户，安全性较大。汇票和本票均不得划线。

（十三）支票信用作用弱而支付功能强

支票为见票即付票据，提示付款的期限极短，一般在10数天左右。我国《票据法》第91条规定，除异地使用的支票由中国人民银行另定外，同城使用的支票，提示付款的期限为自出票日起10日内。《统一支票法公约》第29条规定，在出票国付款的支票，应于8日内提示付款，在付款国以外的国家签发的支票，应于20日或70日内提示付款。由于付款提示期限短，出票人自收款人处得到信用的时间就很短，支票的信用功能就很弱。汇票和本票的付款期限长，出票人从收款人处得到的信用的时间就长，票据的信用功能也就强。

（十四）支票仅限一份，不得有复本和誊本

在外国票据法上，汇票可有复本与誊本，本票可有誊本，支票却仅限一份，不准使用复本和誊本。我国《票据法》未认可复本与誊本制度，支票也仅准有一式一份。支票留有"存根"，且存根只供出票人留存备查和记账使用，并非支票的复本或誊本。

## ■第二节　支票的主要种类

### 一、指示支票和无记名支票

按照出票时是否记载收款人名称，支票分为指示和无记名式两种。支票记载收款人姓名或名称的，是指示支票，否则属于无记名支票。指示支票依背书而转让，无记名支票可单纯交付，也可背书。无记名仅限出票时未记载和单纯交付时不记载，背书转让和请求付款时，必须补记。我国《票据法》认可这两种支票。

### 二、现金支票、转帐支票、普通支票

按照支票支付方式，支票可以作此划分。现金支票是只能用于支取现金的支票。转帐支票是只能用于转账，不能支取现金的支票。既可支取现金，又可转账的，是普通支票。依《支付结算办法》第115条，支票上印有"现金"字样的为现金支票，印有"转帐"字样的为转帐支票，未印有"现金"或"转帐"字样的为普通支票。

### 三、一般支票和变式支票

按照支票当事人有无资格兼充，将支票分为一般支票和变式支票。

一般支票，是出票人委托自己的存款银行或其他金融机构于见票时向持票人无条件支付票面金额的支票。它的当事人包括三方，没有身兼两种当事人资格的现象。

变式支票，是指有当事人兼具两种当事人资格的支票。变式支票包括以下三种：①指己支票，即出票人记载自己为收款人的支票。②对己支票，即出票人载明自己为付款人的支票。③受付支票，即出票人以付款人为收款人的支票。关于对己支票和受付支票，可参考本书第十三章第二节中"变式汇票"部分。我国《票据法》第86条第4款，认可了指己支票。

### 四、其他支票种类

除上述分类外，一些票据法还规定了其他支票种类，主要有保付支票、划线支票。

保付支票，是付款人在支票上为保证付款之记载，负担绝对付款责任的支

票。美国《统一商法典》承认保付支票，其第 3－411 条第 1 款规定，对支票的保付即承兑。在持票人获得保付时，出票人及所有前手背书人均解除责任。可见，保付支票以付款人为唯一债务人。

划线支票，是指出票人、背书人、持票人在支票正面画平行线两道，将收款人限定于银行、其他金融机构或他们的客户的支票。划线支票，也被称为平行线支票。日内瓦《统一支票法公约》、英国《汇票法令》皆确立了划线支票制度。我国《票据法》并未规定划线支票，但《支付结算办法》第 115 条第 3 款认可此类支票。根据该款之规定，划线支票只能用于转帐，不得支取现金。

划线支票共有两种形式：①普通划线支票，其形式为，在支票正面划两条平行线，两线之间不记载文字或记载"银行"二字。这种支票的特殊性在于，付款人只能向银行付款或向银行的客户付款。②特别划线支票，即在两条平行线之间记载特定银行名称的支票。这种支票的特殊性在于，付款人只能向平行线内记载的银行付款。较一般支票，划线支票更具安全性，而特别划线支票，比普通划线支票的安全性更高。

在支票实务中，还有即期支票与远期支票的习惯性分类。即期支票是指支票上记载的出票日与实际出票日一致，可即时提示付款的支票。远期支票，是指把未来的一个日期记载为出票日的支票。日内瓦《统一支票法公约》第 28 条第 2 款规定，在载明为出票日期前作付款提示的支票，应于提示日付款。如果远期支票未载明可以于出票日前提示付款，就应在记载的出票日到来时，才能请求付款。我国《票据法》未认可远期支票。

## 思考题

1. 支票有哪些特点？
2. 支票有哪些主要种类？

第二十九章

# 出　票

第
二
十
九
章

> **学习目的和要求**　理解支票出票的意义、条件和效力，熟悉支票出票的绝对必要记载事项和相对必要记载事项。

## 第一节　出票的意义、条件和效力

### 一、出票的意义

支票的出票，是指在银行或者其他金融机构开立支票存款账户的人，依照票据法的规定作成支票并交付收款人的票据行为。

由此定义可知：①支票的出票是票据行为。出票属基本票据行为，可为持票人创设票据权利。支票的出票亦是如此。同时，支票的出票，具有无因性、要式性、文义性等票据行为所共有的特性。②支票的出票人，是在银行或者其他金融机构开立支票存款账户的主体。就此而言，支票与汇票、本票不同。银行汇票和银行本票由银行签发，无需票据存款账户；商业汇票由银行和其他金融机构之外的法人签发，也不需要满足这一条件。③支票的出票，须符合票据法关于支票的规定，记载必要记载事项、签名或签章，并将作成之支票交付至收款人。

### 二、出票的条件

我国《票据法》第82、87、88条规定了支票的出票条件。这些条件分述如下：

（一）出票人须在办理支票存款业务的银行或其他金融机构开立支票存款账户

此点可谓出票的前提条件。不具此条件者，无法取得空白支票凭证，签发的支票也得不到银行的认可，不能产生出票的效果。申请人开立支票存款账户时，应向银行或者有关金融机构提出书面申请。申请人应当使用其本名，提交证明身份的合法证件，预留申请人本名的签名式样和印鉴。

出票人在出票时开立支票存款账户的，支票有效；该账户嗣后被撤销的，并不影响支票的效力，出票人不得以此为由，拒绝承担支票责任。[1]若非如此，让支票受制于原因关系，必然会影响支票的流通性与安全性。

（二）出票人与其委托付款人之间有资金关系

此为支票的资金关系条件。不具备此条件者，不得签发支票。

1. 支票使用人须向支票存款账户内存入一定的资金，方可从支票存款银行或其他金融机构买得空白支票凭证。《票据法》第82条第2款中使用了"领用支票"一词。在票据实务中，银行或其他金融机构向领用支票凭证的主体，收取少量工本费。未存入资金者，自然不能领用支票凭证。

2. 出票人不得签发"空头支票"，即支票金额超过出票人付款时在付款人处实有的存款金额（《票据法》第87条第2款）。否则，出票人不仅无法使持票人获得付款，还要承担相应的私法责任与公法责任。就公法责任而言，出票人签发空头支票的，应当承担签发空头支票骗取他人财物的责任，构成刑事犯罪的，须受刑法的处罚；[2]除此之外，出票人即便欠缺骗取他人财产之意图，也要面临行政法上的惩罚。[3]就私法责任而言，可详述如下：

（1）即便《票据法》第87条第2款"禁止签发空头支票"，但该规定乃系管理性强制性规范，并不影响空头支票本身之效力。出票人在付款人处的实存资金低于支票金额，仅导致付款人有权拒绝付款之效果，所涉支票并不因此无效。这一见解体现了票据行为的无因性原理：支票关系独立于资金关系，且前者的效力不受后者之影响。[4]

（2）签发空头支票的出票人，应当承担被追索的责任。《最高人民法院关于审理票据纠纷案件若干问题的规定》第72条明文规定，出票人签发空头支票的，应当"依法"承担民事责任。此处的"依法"意指《票据法》第89条第1款，即出票人负有付款担保的责任。具言之，持票人在未获付款时，有权追索至出票人。[5]依《票据法》第93条及第71条，追索支付的范围不仅包括票面

---

〔1〕 参见范德鸿：《支票账户撤销不能免除出票人的票据责任——析京元公司诉富岭公司票据追索权纠纷案》，载《上海政法学院学报（法治论丛）》2015年第1期。

〔2〕 各国都有关于支票犯罪的刑事法律，我国《刑法》也不例外。根据该法第194条第1款第4项，行为人签发空头支票，骗取财物，且数额较高的，构成票据诈骗罪。

〔3〕 根据《票据管理实施办法》第31条，签发空头支票，不以骗取财物为目的的，由中国人民银行处以票面金额5%但不低于1000元的罚款。《支付结算办法》第125条还规定，出票人屡次签发空头支票的，银行应停止其签发支票。

〔4〕 参见于永芹：《空头支票法律效力探析》，载《法学论坛》2008年第1期。

〔5〕 参见河北龙赐威铁路工程有限公司与长安区迎家木地板经销处票据追索权纠纷案，河北省高级人民法院（2019）冀民申3387号民事裁定书；何泽廉与伍鉴棠、苏俊涉外票据追索权纠纷案，广东省高级人民法院（2004）粤高法民四终字第226号民事判决书。

金额，而且包括迟延支付的利息以及因追索产生的费用。

（3）签发空头支票的出票人，还会面临惩罚性赔偿。《票据管理实施办法》第 31 条第 2 分句规定，出票人签发空头支票的，持票人有权请求其赔偿支票金额 2% 的赔偿金。该条确立的赔偿金，本质上属于惩罚性赔偿，[1]是支票项下金额、利息、追索费用之外的、持票人可向出票人主张的款项。

（三）出票人须按照票据法有关规定，作成支票

1. 出票人应正确选用支票种类，意在支取现金的，应选用"现金支票"，为了转账支付的，应签发"转账支票"，以免因选用有误，影响支票的使用目的。

2. 出票人须按规定记载支票的必须记载事项。《票据法》第 84 条规定了支票的六项绝对必要记载事项，缺少其中之一的，支票无效。不过，支票金额可授权持票人补记。

3. 出票时的签名、签章，必须与出票人在委托付款人处预留的本名的签名式样和印鉴相符合，稍有不相符者，付款人即有权拒付。《支付结算办法》第 124 条规定，出票人不得签发与其预留银行签章不符的支票。否则，银行应当退票，并按票面金额处以 5% 但不低于 1000 元的罚款（《支付结算办法》第 125 条）。

4. 中国人民银行关于支票出票方面的一些规定，如书写要求、签章规则等，对支票的出票也有法律约束力。[2]于票据实务中，文字、数字书写错误、不能或不易辨认、印章倒签或错签位置、票据折叠等，都可构成不予付款的原因。

**三、出票的效力**

（一）收款人或者持票人取得票据权利

出票以交付为要件，收款人因此成为支票的持票人。根据《票据法》第 89 条，持票人得向付款人提示支票，并请求付款；当其未获付款时，可对出票人行使追索权。

（二）出票人负有担保付款的责任

《票据法》第 89 条第 1 款规定，出票人必须按照签发的支票金额承担保证向该持票人付款的责任。《票据法》第 93 条第 2 款还规定，支票的出票行为，

---

[1]　不过，《票据管理实施办法》是一项行政法规。从《立法法》第 8 条第 8 项（民事基本制度的法律保留）来看，《票据管理实施办法》第 31 条确立惩罚性赔偿的妥当性问题，尚值得进一步研究。于司法实践中，有判决拒绝支持持票人提出的"支票金额 2% 的赔偿金"请求，理由在于此等"赔偿金不属于《中华人民共和国票据法》第七十条所规定的追索权可以请求的金额和范围，《票据管理实施办法》的效力亦不能优于《中华人民共和国票据法》"［大连大显控股股份有限公司与于量票据追索权纠纷案，辽宁省高级人民法院（2015）辽民二终字第 00247 号民事判决书］。

[2]　例如，《支付结算办法》第 120 条。

除本章规定外，适用本法第 26 条关于汇票的规定，即支票的出票人出票后，承担保证支票付款的责任，并在支票得不到付款时，应当向持票人承担被追索的清偿责任，依本法第 70、71 条，向追索权人清偿支票金额、利息和有关费用。

（三）付款人取得依支票文义付款的权限

支票是委托付款的证券。出票人的支付委托，不能为付款人设定付款的绝对义务，而是给付款人授予"付款代理权"。付款人的付款代理权，以出票人存款账户内有足额资金为行使条件：有足额资金的，付款人应当在持票人提示付款的当日足额付款（《票据法》第 89 条第 2 款）；无足额资金的，支票构成"空头支票"，此时付款人因出票人的故意或过失而无法行使付款代理权，自然不应付款。从法理上讲，这一情况并不属于资金关系影响支票关系的情形，而属于付款代理人因无款可付陷入代理不能的情形。

## ■第二节　支票的记载事项

### 一、绝对必要记载事项

依《票据法》第 84 条之规定，支票应具备的绝对必要记载事项，包括以下六项：

（一）表明"支票"的字样

这一事项是"支票文句"，其作用在于表明票据种类，区别于汇票和本票。支票文句的记载方式、位置等，与汇票、本票相同。不同之处为在于，因支票有现金、转账等分类，文句中亦分别记载为"现金支票"或"转账支票"。值得注意的是，"实时通付款凭证"虽未载有支票文句，但实际上具有支票功能的，也可适用支票的相关规定。[1]

（二）无条件支付的委托

这一事项即是"委托文句"。委托文句一般表现为，"款项请从我账户内支付"字样或相同文义的文字。委托文句旨在表明，委托支付之金额乃出票人自己的存款，付款人只不过代为支付罢了。

（三）确定的金额

支票金额一般由出票人记载。不过，所需之金额有时难以预先明确，须待有关货款、酬金或其他用途之费用结算清楚，才能被具体确定。为避免多退少补或其他方面的麻烦，出票人事先不记载确定的金额，并授权持票人在请求付

---

[1]　参见杨秀发与贵州众世铭辉商砼有限公司票据追索权纠纷案，最高人民法院（2019）最高法民再 19 号民事判决书。

款时予以补记，对出票人、持票人都属便利。虽然《票据法》第 84 条将确定的金额定为支票必须记载的事项之一，但第 85 条又规定出票人可以授权持票人补记。因此，持票人在出票时可签发空白授权的支票，持票人请求付款时必须在授权范围内补记，未补记的支票，不得被使用。除此之外，持票人也可在转让支票时补记。授权补记本身是一项单方法律行为，授权的效果是持票人得代理出票人填写支票金额，进而对持票人产生票据约束力。[1]

持票人的补记超过限额，构成越权补记。《票据法》未规定越权补记问题。从票据法原理方面讲，越权补记应被认定为无效补记，付款人不应付款。然若支票上无限额之记载，出票人与持票人另以其他方式约定授权，持票人的补记即便超过约定金额，也应依支票文义负担票据责任，不得据此主张抗辩，除非持票人恶意或存在重大过失。[2]出票人与持票人之间的纠纷，属民法上的违约，不适用票据法。出票人可对越权补记人追究违约责任，但同时应负相应的举证责任。

（四）付款人名称

这一事项之内容、记载规则等，与汇票、本票相同。不过，支票的付款人仅得为出票人存款银行或者其他金融机构，在付款人行业特点方面，与汇票、本票有所区别。

（五）出票日期

支票出票日期之记载，在形式和内容方面与汇票、本票无异。出票日期是绝对必要记载事项，未记载出票日期的支票无效。不过，司法实践对于支票出票日期，采取了一定的缓和态度：欠缺出票日期的支票并非当然无效，持票人补记后的支票形式变得完整的，可以正常使用，出票人不得以出票时未填写出票日期为由，主张支票无效。[3]

除此之外，当事人是否可记载与实际出票日不符的日期，应予辨析。我国

---

〔1〕　不同观点，参见于永芹：《论空白票据的空白补充权》，载《当代法学》2005 年第 3 期。

〔2〕　参见张家勇、贾纯：《论空白支票补记权》，载《法学》1997 年第 4 期。日内瓦《统一支票法公约》第 13 条规定，签发记载不全的支票，如不按原订合约补全者，不得因未遵守该合约以对抗持票人，但持票人以恶意或严重过失取得支票者除外。

〔3〕　参见甲公司与刘某买卖合同纠纷案，上海市第一中级人民法院（2011）沪一中民四（商）终字第 1569 号民事判决书。不过，该判决书认为：基础关系当事人通过出票日期留白的支票清偿欠款的，支票虽未有效成立，但仍发生基础关系当事人合意变更基础债务到期日的推定效力，使原先确定的基础债务到期日转化为概括性的不确定到期日，并在持票人填写完整出票日并为提示付款时再行确定，基础债权诉讼时效的起算点也应依此判定。关于该判决之评析，参见陈旭：《支票出票日期留白对基础关系的法律影响》，载《人民司法（案例）》2012 年第 20 期。除此之外，还参见赵琦铭、辛野：《广州某佳经营部诉某强公司票据追索权纠纷案——空白票据的法律效力认定》，载《法治论坛》2019 年第 4 期。

《票据法》未认可远期支票，故远期支票原则上应被认定为不合法。但是，远期支票的持票人于记载的出票日到来之前，未向付款人提示付款的，付款人也不得而知，自不必过问；如果持票人提前提示付款，那么依《票据法》第 91 条"支票的持票人应当自出票日起十日内提示付款"之规定，付款人自可拒付；如果持票人待至所记载的出票日才提示付款，那么因其已届提示付款有效期，付款人应当付款。

（六）出票人签章

这一事项之记载，与汇票、本票相同，此处不再赘述。

## 二、相对必要记载事项

针对支票，《票据法》第 86 条规定了三个相对必要记载事项，即收款人名称、付款地与出票地。

支票上未记载付款地的，以付款人的营业场所为付款地（第 86 条第 2 款）。支票上未记载出票地的，以出票人的营业场所、住所或者经常居住地为出票地（第 86 条第 3 款）。

我国《票据法》允许出票人在出票时不记载收款人名称，签发无记名支票。第 86 条第 1 款规定，支票上未记载收款人名称的，经出票人授权，可以补记。持票人自行补记，出票人未表示异议的，视为其授权补记。[1]因此，收款人名称成为支票的相对必要记载事项，支票上不记载的，推定持票人为收款人。

## 三、任意记载事项

除了《票据法》第 84、85 条规定的事项外，支票还可以记载其他出票事项。然此等事项之记载，欠缺支票效力。

## 四、不得记载的事项

凡有悖支票性质和有害支票权利的事项，均不得记载于支票上。若有此种记载，皆为无效记载。《票据法》第 90 条特别规定，支票限于见票即付，不得另行记载付款日期。另行记载付款日期的，该记载无效。

**思考题**

1. 支票的出票，需要哪些条件？
2. 支票的出票有何效力？
3. 支票的绝对必要记载事项有哪些？相对必要记载事项有哪些？

---

[1] 参见何泽廉与伍鉴棠、苏俊涉外票据追索权纠纷案，广东省高级人民法院（2004）粤高法民四终字第 226 号民事判决书。

第三十章

# 汇票有关规定对支票的适用

**学习目的和要求**　　了解支票适用汇票有关规定的原理和我国《票据法》的有关规定。

## 一、概说

关于支票是否准用汇票的规定，不同法域因支票立法模式的不同，而存在一定区别。就支票立法而言，统一法系和英美法系按照各自对支票的认识，分别采用了"分立主义"和"合并主义"。统一法系国家认支票为另外一种证券，与汇票、本票差异悬殊，因此采取了单独立法。以日内瓦《统一支票法公约》为样本，统一法系各国都颁行了本国的独立存在形式的支票法。[1]"分立主义"立法的结果，支票的出票、背书、付款、追索权的行使等，都在支票法中具体规定，形成了独立、完整的支票法律规范体系，与汇票和本票法律体系并存于票据法律体系的格局。这种立法，自然不存在支票准用汇票规范的可能性。然在英美法系，支票与汇票、本票等合立于一部法律。在票据观念上，认支票为汇票的一种，故支票的许多方面直接适用汇票的规定。[2]

我国的民商立法，习惯上多参考借鉴大陆法系的立法模式和制度价值。因此，许多民商立法，透出浓重的大陆法系立法模式的色彩。20世纪末，英美法律和法学对我国的影响日渐增大，英美法上的一些概念、制度价值等，屡屡见诸法律文件。因此，我国民商事法律制度呈现出"混合继受"的特点。英美法系在票据立法上的模式，也被我国《票据法》采纳。《票据法》关于支票准用汇票有关规定的条款（第93条），体现了这一点。[3]

## 二、我国《票据法》关于汇票有关规定对支票适用的规定

现行《票据法》第93条规定，支票的背书、付款行为和追索权的行使，除

---

〔1〕　例如，德国制定了专门的《支票法》（*Scheckgesetz*），日本也有专门的《支票法》（小切手法）。

〔2〕　虽然英国制定了《支票法令》，但该法令仅有四个条文，补充与修订了《汇票法令》关于支票的规定。

〔3〕　我国台湾地区"票据法"也采取了合并立法的立法模式。该法一并调整了支票，并在第144条明文规定哪些汇票规范可适用于支票。

本章规定外,适用本法第二章有关汇票的规定。支票的出票行为,除本章规定外,适用本法第 24 条、第 26 条关于汇票的规定。对这一规定,略作析解如下:

（一）关于支票出票准用之汇票规定

依《票据法》第 93 条第 2 款,支票可适用两项汇票条文:一为第 24 条,二为第 26 条。前条为票据上"可以记载但不生票据上效力的记载事项"的规定,后条为出票人担保责任之规定。

（二）关于支票背书准用之汇票规定

《票据法》第四章关于支票的全部规定,共 13 条,并无支票背书之特别规定,故应完整适用汇票背书之规定。其中,涉及汇票承兑的规定应予排除,因为支票无需承兑。似有疑问的是,支票有效期短,能否被质押背书?从《民法典》第 440 ~ 442 条的规定看,支票可被质押,故当事人亦可对支票进行质押背书。

（三）关于支票付款准用之汇票规定

《票据法》第 93 条规定,除本章规定外,方可适用汇票有关规定。《票据法》第四章关于支票付款的有:第 83 条,支票支付方式与付款直接有关,付款人应按支票种类支现或转账;第 86 条,付款人应向持票人付款,在付款人营业场所付款;第 87 条,不得对"空头支票"付款;第 88 条,不得对与出票人预留本名的签名式样或印鉴不符的支票付款;第 89 条第 2 款,出票人于提示期限内提示付款的,出票人在付款人处的存款足以支付时,付款人应当在当日足额付款;第 91 条,持票人应在规定的提示付款期限内提示付款,逾期的,付款人可以不予付款,付款人不予付款的,出票人仍应当对持票人承担票据责任;[1]第 92 条,关于付款效果的规定,付款人依法付款后,对出票人、持票人再无责任,但是,以恶意或者有重大过失而错付的除外,应按第 57 条第 2 款办理。

除此之外,可以调整支票付款的汇票条文包括:第 53 条第 3 款（委托提示付款）、第 55 条（汇票的签收与交还）、第 56 条（委托收款或付款中的资金转移）、第 57 条（付款人的审查义务）、[2]第 59 条（付款的币种）、第 60 条（付款的效果）。

---

[1] 出票人的这一责任,实为被追索的清偿责任,应适用第 26 条、第 70 条、第 71 条。然于票据实务中,不妨由出票人收回已过期之支票,另签发一相同金额之支票。

[2] 例如,有判决［内蒙古乾坤金银精炼股份有限公司与中国农业银行兰州市七里河区支行票据纠纷案,最高人民法院（2011）民申字第 774 号民事裁定书］依《票据法》第 57 条认为:支票的付款人对提示付款的支票负有法定审查义务,对该义务的违反不得以银行内部规定作为抗辩;付款人履行其审慎审查义务后,合法的付款行为不受票据基础关系的影响;付款人未能识别出伪造印鉴的支票而错误付款的,属于重大过失,应当根据其过错承担责任;人民法院可以通过衡量当事人的过错程度,在出票人、持票人、付款人之间合理分配损失和风险。关于该案的评析,参见朱婧:《付款人未能识别出伪造印鉴的支票而付款的责任承担》,载《人民司法（案例）》2013 年第 10 期。

（四）关于支票追索权行使准用之汇票规定

支票不获付款的追索，除本应适用第 91 条外，还可准用第 61～72 条的规定。不过，对这些条文中与支票性质不合者，比如承兑、保证等规定，则应予排除。

**思考题**

1. 为什么支票能够适用汇票的有关规定？
2. 我国《票据法》规定，哪些支票行为准用汇票的有关规定？

# 第五编　涉外票据的法律适用

**第三十一章**

第三十一章

## 涉外票据的概念和法律适用规则

　　**学习目的和要求**　理解涉外票据的含义及其法律适用的特殊性，了解我国《票据法》规定的涉外票据的法律适用的基本规则，详细掌握我国《票据法》关于涉外票据的法律适用的具体规定。

## ■第一节　涉外票据的概念与法律适用

### 一、涉外票据的概念

　　涉外票据，是指出票、背书、承兑、保证、付款等行为中，既有发生在我国境内又有发生在我国境外的票据（《票据法》第 94 条第 2 款）。从这个定义可以看出，涉外票据不是以持票人是外国人为标准而界定，而是以票据行为在我国境内和境外发生的事实来确定。行为地而非主体身份，才是涉外票据的认定标准。[1]

　　由于国际贸易的发展，不同国家之间的票据往来成为普遍现象。不同国家的票据制度有所不同，国际之间的票据关系的法律适用，难免发生冲突。解决冲突的办法是确定票据行为的准据法，即涉外票据的适用法律。我国与外国的

---

〔1〕　关于涉外票据的界定问题，理论上并非毫无争议。具体可参见王承志：《涉外票据法律适用规则探析》，载《武大国际法评论》2006 年第 1 期。

经济往来，不可避免地发生涉外票据和它的法律适用问题：当出票人行为能力、票据行为方式及效力、追索权的行使等方面，我国法律与有关其他国家的法律规定不一致时，应以何法为准。易言之，当票据法规定不一致时，如何确定准据法。《票据法》第五章就此作了规定。

**二、涉外票据的法律适用**

票据关系是一种民事法律关系，《涉外民事关系法律适用法》虽未专门规定涉外票据关系的法律适用规范，但亦可被适用。现行《票据法》第95～101条，规定了涉外票据的法律适用问题，属于特别规范，自应优先《涉外民事关系法律适用法》而被适用。[1]值得注意的是，由于票据法以票据的流通性与安全性为主要目标，故票据法具有强行法色彩，禁止当事人自主选择准据法。[2]因此，《涉外民事关系法律适用法》第41条不能适用于票据关系。然现行《票据法》第97条第2款允许支票的当事人，协商选择适用付款地法律。这一规定不尽合理。[3]

不过，禁止当事人自主选择准据法，并不意味着排除当事人自主选择管辖法院，两者系不同事项。现行《民事诉讼法》第34条并未将票据纠纷纳入专属管辖，故当事人可就票据纠纷约定管辖的法院（《民事诉讼法》第35条）。[4]当事人未约定管辖法院的，票据纠纷应当由票据支付地或者被告住所地人民法院管辖（《民事诉讼法》第26条）。

概括而言，我国《票据法》关于涉外票据法律适用问题的规定，包括两个部分：一是第95条，确立了涉外票据法律适用的基本规则。[5]二是第96～101条，就某些具体方面确立了法律适用的具体规则。下文仅分析这两个部分。

■ **第二节 涉外票据的法律适用的基本规则**

**一、缔结或参加的国际条约优先适用的基本规则**

凡缔结或参加国际条约的国家，均采取"国际条约优先适用"规则：当国

---

〔1〕 就此，《最高人民法院关于适用〈中华人民共和国涉外民事关系法律适用法〉若干问题的解释（一）》第3条特别明确了这一点。

〔2〕 参见李健男：《涉外票据法律适用法的一般问题及我国的涉外票据法律制度》，载《法学》2000年第4期。

〔3〕 参见王承志：《涉外票据法律适用规则探析》，载《武大国际法评论》2006年第1期。

〔4〕 关于混淆两问题的判决，参见山东金典实业有限公司与比利时国家担保公司票据纠纷案，山东省高级人民法院（2016）鲁民辖终512号民事裁定书。

〔5〕 针对涉外票据关系的法律适用，《最高人民法院关于适用〈中华人民共和国涉外民事关系法律适用法〉若干问题的解释（一）》第4～5条，也明确了这一点。

内法与缔结或参加的国际条约规定不一致时，应优先适用该国际条约，除非缔约国或参与国作出了特别保留。我国亦不例外，《票据法》第 95 条第 1 款第一句即规定，中华人民共和国缔结或者参加的国际条约同本法有不同规定的，适用国际条约的规定。

目前，票据的专门公约包括日内瓦《统一汇票和本票法公约》《解决汇票、本票若干法律冲突公约》《汇票、本票印花税公约》《统一支票法公约》《解决支票若干法律冲突公约》《支票印花税公约》等。到目前为止，我国尚未参加专门性的票据国际条约，故其不能被用作裁判之依据。[1]当然，不排除未来参加的可能性。

**二、保留条款除外的基本规则**

如果我国对缔结或参加的国际条约的某些规定，声明保留条款，那么自不适用"国际条约优先"原则，而应以本国法为准。

**三、国际惯例补充适用的基本规则**

我国《票据法》第 95 条第 2 款规定，本法和中华人民共和国缔结或者参加的国际条约没有规定的，可以适用国际惯例。[2]

## ■第三节  涉外票据的法律适用的具体规定

我国《票据法》第 96～101 条，对涉外票据的民事行为能力问题、记载事项、附属的票据行为、追索权行使期限和有关条件、票据丧失后的票据权利保全程序等，作了法律适用方面的规定。

**一、关于票据债务人的民事行为能力**

根据《票据法》第 96 条，票据债务人的民事行为能力，适用其本国法律。但是，票据债务人的民事行为能力，依其本国法为无民事行为能力或者限制民事行为能力，而依行为地法为完全民事行为能力的，适用行为地法律。我国《票据法》的这一规定，借鉴和吸收了国际上有关立法的优点。

票据债务人的民事行为能力，事关其票据行为是否有效、票据是否有效等重大问题。因此，票据当事人的行为能力制度，是各国票据法的基本制度。涉

---

[1]  参见《中国西南资源联合开发公司与东亚银行珠海分行票据付款纠纷抗诉案》（广东省高级人民法院民事再审判决书）[北大法宝引证码：CLI. C. 370379]。

[2]  例如，国际商会制定的《统一托收规则》（*ICC Uniform Rules for Collections*）即属于一种国际惯例[韩国中小企业银行与天津三星电机有限公司票据付款请求权纠纷案，天津市高级人民法院（2007）津高民四终字第 119 号民事判决书；中国银行广州市沿江支行与广州古琅玛贸易有限公司票据权益纠纷案，广东省广州市中级人民法院（2005）穗中法民三初字第 220 号民事判决书]。

外票据中如何认定票据债务人的民事行为能力，国际上有三种立法模式：①依票据债务人本国法，即"本国法主义"。欧洲大陆一些国家采此立法。②依行为地法，即"行为地法主义"。英美等国如此规定。③一般适用其本国法，但本国法认其民事行为能力有欠缺而行为地法认为其为完全民事行为能力的，依行为地法。此为"折中主义立法"。由此可见，我国《票据法》采取了折中主义。德、日、瑞士等国票据法亦是如此。[1]

### 二、关于票据行为的方式

票据行为方式的法律适用，涉及出票的记载事项、背书、承兑、保证、付款等应适用何国法律的问题。统一法系国家的一般做法是，基本上适用行为地法，但有极少的例外；英美法也大体如此。[2]

我国《票据法》第97条、第98条，规定了票据行为方式的法律适用。按其规定，汇票和本票的出票记载事项，适用出票地法律；[3]支票的出票记载事项，适用出票地法律，但经当事人协议适用付款地法律的，依协议而办。[4]第97条仅提及了"记载事项"，但出票还包括签章与交付两个因素，不妨也一并适用出票地（或支票付款地）的法律。[5]依《票据法》第98条之规定，涉外票据的背书、承兑、付款、保证等行为，均一体适用行为地法律。[6]可见，我国关于涉外票据的行为方式的法律适用，采取了"基本上适用行为地法，但支票之出票，可依当事人协议"的立法。

### 三、关于追索权的行使和保全

追索权的行使和保全手续密不可分。票据权利保全手续欠缺，是追索权丧失的原因，而票据权利保全手续，应在付款人所在地作成。如此一来，必然涉及付款地法律。我国《票据法》第100条规定，票据的提示期限、有关拒绝证明的方式、出具拒绝证明的期限，适用付款地法律。域外立法也大体如此。[7]

追索权的行使期限，即追索权的时效，事关背书人、保证人、出票人等多

---

[1] 参见德国《汇票与本票法》第91条、日本《汇票与本票法》第88条。

[2] 参见德国《汇票与本票法》第92条、日本《汇票与本票法》第89条、英国《汇票法令》第1款。

[3] 德国《汇票与本票法》第95条作了相同规定。

[4] 出票地的判断首先应当以票据记载为准，支票未记载出票地的，以出票人的营业场所、住所或者经常居住地为出票地（《票据法》第86条第3款）。相关司法实践，参见何泽廉与伍鉴棠、苏俊涉外票据追索权纠纷上诉案，广东省高级人民法院（2004）粤高法民四终字第226号民事判决书。

[5] 参见王承志：《涉外票据法律适用规则探析》，载《武大国际法评论》2006年第1期。

[6] 参见韩国中小企业银行与天津三星电机有限公司票据付款请求权纠纷案，天津市高级人民法院（2007）津高民四终字第119号民事判决书（案涉票据出票地是韩国，但承兑与付款地是中国）。

[7] 参见英国《汇票法令》第72条第5款、德国《汇票与本票法》第97条、日本《汇票与本票法》第93条。

方面票据债务人。这些主体可能不同属一国,适用付款地和其他地的法律,对追索权的行使均为不妥。相较而言,适用出票地法律,更为妥当。我国《票据法》第 99 条规定,追索权的行使期限,适用出票地法律。[1] 除了追索权行使期限外,其他追索权的行使问题(如追索权行使条件),应当适用付款地法律。[2]

### 四、关于失票后票据权利保全程序

根据《票据法》第 101 条,票据丧失时,失票人请求保全票据权利的程序,适用付款地法律。这一规定和域外立法并无区别。[3]

上述关于准据法的具体规定,主要还是以纸质票据为适用对象。由于票据已呈现无形化之势,电子票据日益流行,票据行为通过票据系统完成,"行为地""付款地""出票地"之判断可能面临新的挑战。例如,居住在 A 国的甲,利用 B 国的票据交易系统,将一张电子汇票转让给居住在 C 国的乙,汇票的出票人是 D 国的丙,出票在同一交易系统中完成。于此,背书转让地是 A 国、B 国抑或 C 国,出票地是 D 国抑或 B 国,皆值得进一步研究。

## 思考题

1. 什么是涉外票据?
2. 我国《票据法》规定的涉外票据的法律适用的基本规则有哪些?
3. 我国《票据法》关于涉外票据的法律适用,有哪些具体规定?
4. 如何理解涉外票据的票据行为方式的法律适用问题?

第三十一章

---

〔1〕 德国《汇票与本票法》第 94 条也作了相同规定。

〔2〕 参见陆均贤与中山市广发物流有限公司票据追索权纠纷案,广东省中山市第二人民法院(2015)中二法民三初字第 50 号民事判决书。

〔3〕 参见德国《汇票与本票法》第 98 条、日本《汇票与本票法》第 94 条。

# 附　录

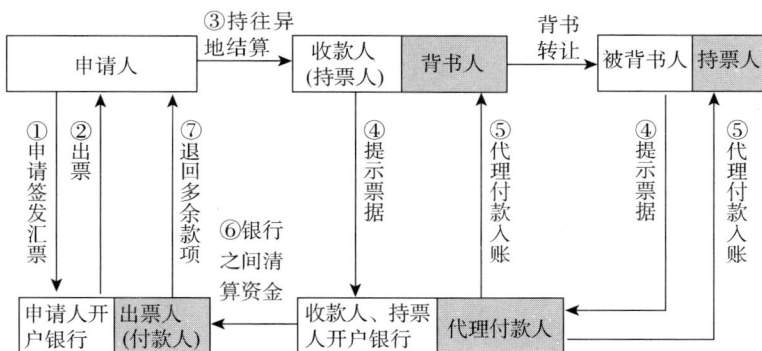

纸质银行汇票流转程序图

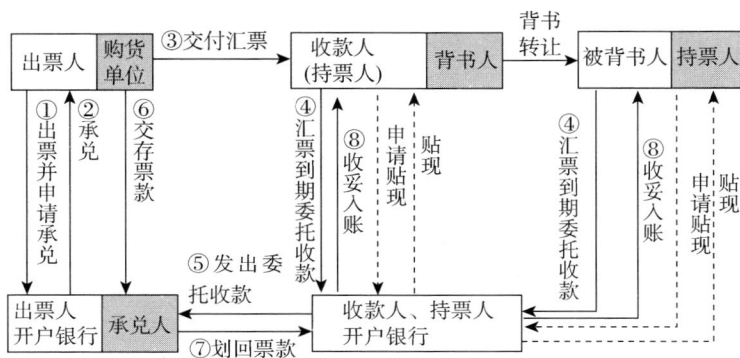

纸质银行承兑汇票流转程序图

附
录

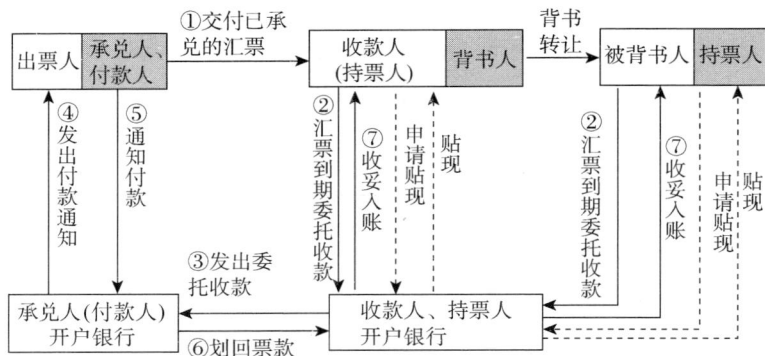

纸质商业承兑汇票流转程序图

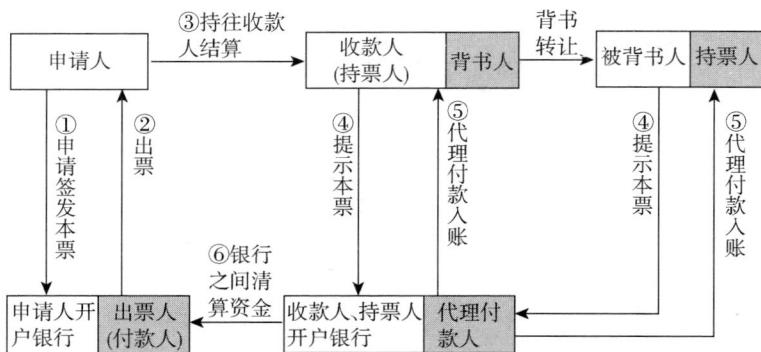

银行本票流转程序图

②交换进账单
并清算资金

| 出票人开户银行 | 付款人 | | 收款人开户银行 |

贷记支票流程

①出票并提示支票付款

③收妥入账并通知收款人

①出票并交付支票

背书转让

| 出票人 | | 收款人（持票人） | 背书人 | | 被背书人 | 持票人 |

借记支票流程

足额存款

②送交支票

④通知收款人并收妥入账

②送交支票

④收妥入账并通知持票人

③交换支票并清算资金

| 出票人开户银行 | 付款人 | | 收款人、持票人开户银行 |

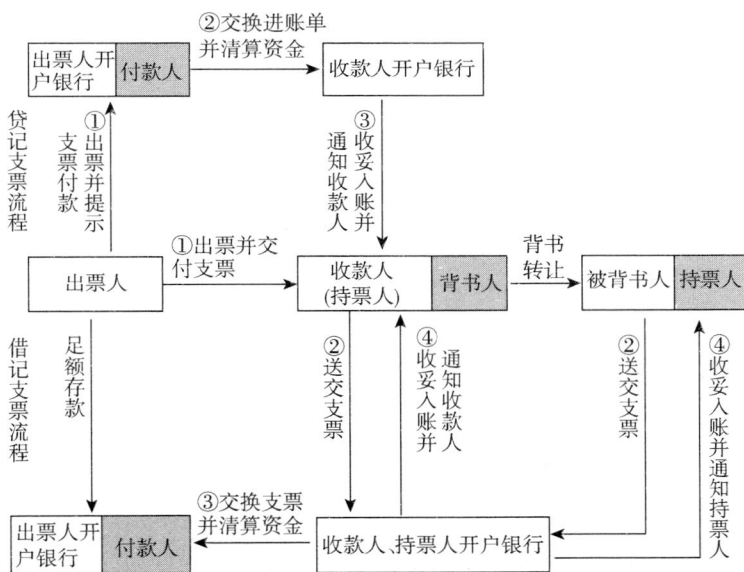

**支票流转程序图**

# 主要参考资料

## 一、著作类

### （一）中文类

1. 董安生主编：《票据法》，中国人民大学出版社 2009 年版。

2. 胡德胜、李文良：《中国票据制度研究》，北京大学出版社 2005 年版。

3. 黄茂荣：《法学方法与现代民法》，中国政法大学出版社 2001 年版。

4. 黄松有主编：《票据法司法解释实例释解》，人民法院出版社 2006 年版。

5. 金锦花等编著：《票据法》，中国政法大学出版社 2015 年版。

6. 李国光主编：《票据法及配套规定新释新解》，人民法院出版社 2006 年版。

7. 李国光主编：《解读最高人民法院司法解释·民事卷（1997～2002）》，人民法院出版社 2003 年版。

8. 李开远：《票据法：理论与实务》，五南图书出版股份有限公司 2004 年版。

9. 李永军：《民法总则》，中国法制出版社 2018 年版。

10. 梁宇贤：《票据法新论》，中国人民大学出版社 2004 年版。

11. 林咏荣：《商事法新诠》，五南图书出版公司 1989 年版。

12. 刘保玉主编：《担保纠纷裁判依据新释新解》，人民法院出版社 2014 年版。

13. 刘家琛主编：《票据法原理与法律适用》，人民法院出版社 1996 年版。

14. 刘甲一：《票据法新论》，五南图书出版公司 1978 年版。

15. 吕来明：《票据法学》，北京大学出版社 2017 年版。

16. 王保树主编：《中国商事法》，人民法院出版社 1996 年版。

17. 王利明：《民法总则研究》，中国人民大学出版社 2003 年版。

18. 汪世虎：《票据法律制度比较研究》，法律出版社 2003 年版。

19. 王小能编著：《票据法教程》，北京大学出版社 2001 年版。

20. 王志诚：《票据法》，元照出版有限公司 2015 年版。

21. 吴京辉：《票据行为论》，中国财政经济出版社 2006 年版。

22. 吴庆宝主编：《票据诉讼原理与判例》，人民法院出版社 2005 年版。

23. 谢怀栻：《票据法概论》，法律出版社 2017 年版。

24. 于莹：《票据法》，高等教育出版社 2004 年版。

25. 曾世雄、曾陈明汝、曾宛如：《票据法论》，元照出版公司 2005 年版。

26. 张国键：《商事法论》，三民书局 1980 年版。

27. 张龙文：《票据法实务研究》，汉林出版社 1976 年版。

28. 赵新华主编：《票据法问题研究》，法律出版社 2007 年版。

29. 郑洋一：《票据法之理论与实务》，三民书局 1997 年版。

30. 郑玉波：《票据法》，三民书局 1983 年版。

31. 朱庆育：《民法总论》，北京大学出版社 2016 年版。

32. 最高人民法院民事审判第二庭编著：《〈全国法院民商事审判工作会议纪要〉理解与适用》，人民法院出版社 2019 年版。

33. ［德］本德·吕特斯、阿斯特丽德·施塔德勒：《德国民法总论》，于鑫森、张姝译，法律出版社 2017 年版。

34. ［德］迪特尔·梅迪库斯：《德国民法总论》，邵建东译，法律出版社 2013 年版。

35. ［美］詹姆斯·W. 汤普逊：《中世纪晚期欧洲经济社会史》，徐家玲等译，商务印书馆 1992 年版。

36. ［美］美国法学会、美国统一州法委员会：《美国〈统一商法典〉及其正式评述》（第二卷），李昊等译，中国人民大学出版社 2005 年版。

37. ［日］末永敏和：《日本票据法原理与实务》，张凝译，中国法制出版社 2012 年版。

38. ［日］於保不二雄：《日本民法债权总论》，五南图书出版公司 1998 年版。

（二）外文类

1. Judah P. Benjamin and M. G. Bridge, *Benjamin's Sale of Goods*, Sweet & Maxwell, 2014.

2. Henry Campbell Black, *A Law Dictionary*, The Lawbook Exchange, 1995.

3. M. G. Bridge, *Personal Property Law*, Oxford University Press, 2015.

4. M. G. Bridge, Louise Gullifer, Gerard McMeel and Sarah Worthington, *The Law of Personal Property*, Sweet & Maxwell, 2013.

5. W. H. Buckler, *The Origin and History of Contract in Roman Law*, Cambridage University Press, 1895.

6. Peter Bülow, Heidelberger Kommentar zum Wechselgesetz (WechselG), *Scheck-*

*gesetz（ScheckG）und zu den Allgemeinen Geschäftsbedingungen*, 4. Aufl. , 2004.

7. John B. Byles, Maurice H. Megrah and Frank R. Ryder, *Byles on Bills of Exchange*, Sweet & Maxwell, 2002.

8. Hueck/Canaris, Recht der Wertpapiere, 12. Aufl. , 1986.

9. Müller-Christmann/Schnauder, Wertpapierrecht, 1992.

10. N. Elliott, J. Odgers, and J. M. Phillips, *Byles on Bills of Exchange*, Sweet & Maxwell, 2002.

11. Michael Furmston and Jason Chuah, *Commercial Law*, Pearson, 2013.

12. R. Goode and E. McKendrick, *Goode on Commercial Law*, Sweet & Maxwell, 2010.

13. A. G. Guest, *Chalmers and Guest on Bills of Exchange and Cheques*, Sweet & Maxwell, 2005.

14. Henry D. Jencken, *A Compendium of the Laws on Bills of Exchange*, *Promissory Notes*, *Cheques*, Waterlow and Sons, 1880.

15. Sergii Moshenskyi, *History of the Weksel*：*Bill of Exchange and Promissory Note*, Xlibris, 2008.

16. George Mousourakis, *Fundamentals of Roman Private Law*, Springer, 2012.

17. Parlementaire geschiedenis van het nieuwe burgerlijk wetboek Boek 3. Vermogensrecht in het algemeen, Kluwer, 1981.

18. James S. Rogers, *The End of Negotiable Instruments*：*Bringing Payment Systems Law out ofthe Past*, Oxford University Press, 2011.

19. F. G. Scheltema, Wissel-en chequerecht：Algemeen deel （ W. R. Meijer and J. Wiarda red. ）, Tjeenk Willink, 1993.

20. Karl Sieg, Handels-und Wertpapierrecht für Versicherungskaufleute, 1978.

21. Karl Sieg, Wertpapierrecht, 3. Aufl. , 1981.

22. Joseph Story, *Commentaries on the Law of Bills of Exchange*, The Lawbook Exchange, 2005.

23. Hans Josef Wieling, Sachenrecht. Band 1, 2. Aufl. , 2006.

24. Wolfgang Zöllner, Wertpapierrecht, 12. Aufl. , 1978.

25. R. Zwitser, Order-en toonderpapieren, Kluwer, 2006.

二、论文类

（一）中文类

1. 蔡睿：《民法典中连带债务人之一人事项所生效力的制度设计》，载《河北法学》2018 年第 12 期。

2. 曹海燕等：《票据关系与基础关系合并审理时的举证责任分配》，载《人民司法（案例）》2016 年第 23 期。

3. 曹守晔等：《〈关于审理票据纠纷案件若干问题的规定〉的理解和适用》，载《人民司法》2001 年第 4 期。

4. 陈芳：《票据行为意思表示探究》，载《法学评论》2009 年第 5 期。

5. 陈甦：《票据质押效力范畴界分辨析》，载《政法论坛》2022 年第 5 期。

6. 陈旭：《支票出票日期留白对基础关系的法律影响》，载《人民司法》2012 年第 20 期。

7. 成志宇：《空白背书的效力认定》，载《人民司法》2010 年第 14 期。

8. 董翠香：《论票据期后背书及其效力——兼论〈票据法〉第 36 条之修正》，载《政治与法律》2003 年第 3 期。

9. 董惠江：《我国票据伪造、变造制度的设计——围绕〈票据法〉第 14 条展开》，载《法商研究》2018 年第 2 期。

10. 董惠江：《票据行为实质要件之否定》，载《环球法律评论》2012 年第 1 期。

11. 董惠江：《票据法的坚守与发展》，载《中国法学》2010 年第 3 期。

12. 董惠江：《票据表见代理适用及类推适用的边界》，载《中国法学》2007 年第 5 期。

13. 董惠江：《浅析票据代理的若干问题》，载《河北法学》1997 年第 1 期。

14. 范德鸿：《支票账户撤销不能免除出票人的票据责任——析京元公司诉富岭公司票据追索权纠纷案》，载《上海政法学院学报（法治论丛）》2015 年第 1 期。

15. 傅鼎生：《我国票据制度未赋予交付转让的效力》，载《法学》2009 年第 12 期。

16. 傅鼎生：《票据行为无因性二题》，载《法学》2005 年第 12 期。

17. 郭站红：《期后背书制度新解》，载《法律科学（西北政法大学学报）》2013 年第 5 期。

18. 何志辉：《葡萄牙商法在澳门的延伸适用及其影响》，载《中西法律传统》2016 年第 1 期。

19. 纪步超：《背书禁止与背书涂销　恒丰银行是否享有票据权利》，载《法律适用》2008 年第 Z1 期。

20. 景象：《未以法定形式背书转让质押汇票，持票人不享有票据权利》，载《人民法院报》2021 年 4 月 22 日，第 7 版。

21. 李健男：《涉外票据法律适用法的一般问题及我国的涉外票据法律制

度》，载《法学》2000 年第 4 期。

22. 李伟群、卢忠敏：《再论票据代理制度中的若干法律问题——从中日票据理论对比的角度》，载《社会科学》2010 年第 5 期。

23. 李伟群：《我国票据无权代理制度的不足与完善》，载《法学》2010 年第 2 期。

24. 李中原：《不真正连带债务理论的反思与更新》，载《法学研究》2011 年第 5 期。

25. 刘江伟：《票据期后背书的法教义学分析》，载《西南政法大学学报》2021 年第 4 期。

26. 刘满达：《论电子票据适用票据法的可行性》，载《法学》2017 年第 6 期。

27. 刘永光、向佳丽：《日本票据法上的权利外观理论及其对我国的启示》，载渠涛主编：《中日民商法研究》（第十卷），法律出版社 2011 年版。

28. 孙倩：《电子票据代理应适用严格显名主义》，载《人民司法（案例）》2020 年第 5 期。

29. 王承志：《涉外票据法律适用规则探析》，载《武大国际法评论》2006 年第 1 期。

30. 王艳梅：《论票据关系对原因关系之影响》，载《当代法学》2015 年第 4 期。

31. 吴京辉：《〈票据法〉修订：私法本性的回归》，载《法商研究》2013 年第 3 期。

32. 谢石松：《试论票据代理中的法律问题》，载《中国法学》1996 年第 1 期。

33. 邢海宝：《票据公示催告的限缩与转向》，载《法学》2018 年第 5 期。

34. 熊毅、冒金山：《虚构票据丧失事实申请公示催告构成侵权》，载《人民司法（案例）》2014 年第 20 期。

35. 徐晓：《论票据利益返还请求权制度的废除》，载《法商研究》2015 年第 3 期。

36. 阳云其：《线下追索行为的合法性和有效性》，载《人民司法（案例）》2022 年第 5 期。

37. 杨代雄：《意思表示中的意思与意义：重新认识意思表示概念》，载《中外法学》2017 年第 1 期。

38. 姚强、王丽平：《汇票被冻结不影响善意持票人的票据权利》，载《人民司法（案例）》2015 年第 8 期。

39. 叶名怡：《论事前弃权的效力》，载《中外法学》2018 年第 2 期。

40. 于永芹：《空头支票法律效力探析》，载《法学论坛》2008 年第 1 期。

41. 于永芹：《论空白票据的空白补充权》，载《当代法学》2005 年第 3 期。

42. 俞宏雷：《经背书转让的最后持票人上海石化公司诉承兑人宜兴中行在承兑后以公安机关因收款人涉嫌诈骗扣押票据为由拒付请求付款案》，载最高人民法院中国应用法学研究所编：《人民法院案例选》（二〇〇二年第二辑·总第 40 辑），人民法院出版社 2002 年版。

43. 曾大鹏：《为我国票据利益返还请求权制度辩护——基于〈票据法〉第 18 条的法教义学分析》，载《华东政法大学学报》2020 年第 5 期。

44. 曾大鹏：《支付密码、单纯交付与票据流通性的法教义学分析——以〈2013 年度上海金融商事案例 7〉为重点的评释》，载《华东政法大学学报》2015 年第 6 期。

45. 曾维亮、范伟红：《不能仅以书写不规范认定票据无效》，载《人民司法（案例）》2015 年第 16 期。

46. 张家勇、贾纯：《论空白支票补记权》，载《法学》1997 年第 4 期。

47. 张雪楳：《票据纠纷案件新型疑难问题研究》，载《中国应用法学》2021 年第 5 期。

48. 赵琦铭、辛野：《广州某佳经营部诉某强公司票据追索权纠纷案——空白票据的法律效力认定》，载《法治论坛》2019 年第 4 期。

49. 周立杰：《空白背书的法律效力——青岛联创实业有限公司诉哈尔滨泰达商贸有限公司票据返还请求权纠纷案》，载山东省高级人民法院民二庭编、郝明金主编：《新类型民商事判例评析》，知识产权出版社 2006 年版。

50. 周正庆：《关于〈中华人民共和国票据法（草案）〉的说明——1995 年 2 月 21 日在第八届全国人民代表大会常务委员会第十二次会议上》，载《中华人民共和国全国人民代表大会常务委员会公报》1995 年第 4 期。

51. 朱婧：《付款人未能识别出伪造印鉴的支票而付款的责任承担》，载《人民司法（案例)》2013 年第 10 期。

（二）外文类

1. Paweł Czaplicki, "The Electronic Bill of Exchange Concept from an International Perspective", *Bialystok Legal Studies*, 26（2021）.

2. Benjamin Geva, "Forged Check Endorsement LossesUnder the UCC：The Role of Policy in the Emergence of Law Merchant From Common Law", *Wayne Law Review*, 45（2000）.

### 三、法律、法规和票据规章类

（一）中国法

1. 《中华人民共和国票据法》（《票据法》）

2. 《中华人民共和国民法典》（《民法典》）

3. 《中华人民共和国证券法》（《证券法》）

4. 《中华人民共和国民事诉讼法》（《民事诉讼法》）

5. 《中华人民共和国刑法》（《刑法》）

6. 《中华人民共和国立法法》（《立法法》）

7. 《中华人民共和国公司登记管理条例》

8. 《中华人民共和国企业法人登记管理条例》

9. 《最高人民法院关于审理票据纠纷案件若干问题的规定》

10. 《最高人民法院关于适用〈中华人民共和国民法典〉物权编的解释（一）》

11. 《最高人民法院关于适用〈中华人民共和国涉外民事关系法律适用法〉若干问题的解释（一）》

12. 《最高人民法院关于裁判文书引用法律、法规等规范性法律文件的规定》

13. 《最高人民法院关于适用〈中华人民共和国民法典〉有关担保制度的解释》

14. 最高人民法院《全国法院民商事审判工作会议纪要》（法〔2019〕254号）

15. 《电子商业汇票业务管理办法》

16. 《票据管理实施办法》

17. 《票据交易管理办法》

18. 《支付结算办法》

19. 《现金管理暂行条例》

20. 《动产和权利担保统一登记办法》

21. 《企业名称登记管理规定》

22. 《商业汇票承兑、贴现与再贴现管理办法》

23. 上海票据交易所《新一代票据业务系统票据包信息展示格式标准说明》

24. 上海票据交易所《新一代票据业务系统业务方案》

25. 上海票据交易所《贴现通业务操作规程（试行）》

26. 我国台湾地区"票据法"

27. 我国香港特别行政区《汇票条例》（*Bills of Exchange Ordinance*）

28. 我国澳门特别行政区《商法典（*Código Commercial*）》

（二）外国法

1. 美国《统一商法典》（*Uniform Commercial Code*）

2. 英国《支票法令》（*Cheques Act*）

3. 英国《汇票法令》（*Bills of Exchange Act*）

4. 英国《时效法令》（*Limitation Act*）

5. 德国《汇票与本票法》（*Wechselgesetz*）

6. 德国《支票法》（*Scheckgesetz*）

7. 《德国商法典》（*Handelsgesetzbuch*）

8. 《德国民法典》（*Bürgerliches Gesetzbuch*）

9. 《荷兰民法典》（*Burgerlijk Wetboek*）

10. 《荷兰商法典》（*Wetboek van Koophandel*）

11. 日本《汇票与本票法》（手形法）

12. 日本《支票法》（小切手法）

13. 日本《电子记录债权法》（電子記録債権法）

14. 澳大利亚《汇票法令》（*Bills of Exchange Act*）

15. 加拿大《汇票法令》（*Bills of Exchange Act*）

（三）国际条约

1. 日内瓦《统一汇票和本票法公约》（*Convention Providing a Uniform Law for Bills of Exchange and Promissory Notes*）

2. 日内瓦《统一支票法公约》（*Convention Providing a Uniform Law for Cheques*）

3. 日内瓦《关于解决本票与汇票若干法律冲突公约》（*Convention on the settlement of Certain Conflicts of Laws in Connection with Bills of Exchange and Promissory Notes*）

4. 日内瓦《关于解决支票的若干法律冲突的公约》（*Convention on the settlement of Certain Conflicts of Laws in Connection with Cheques*）

5. 《联合国国际汇票和国际本票公约》（*UN Convention on International Bill of Exchange and International Promissory Note of the United Nations*）

6. 联合国国际贸易法委员会《电子可转让记录示范法》（*UNCITRAL Model Law on Electronic Transferable Records*）

主
要
参
考
资
料